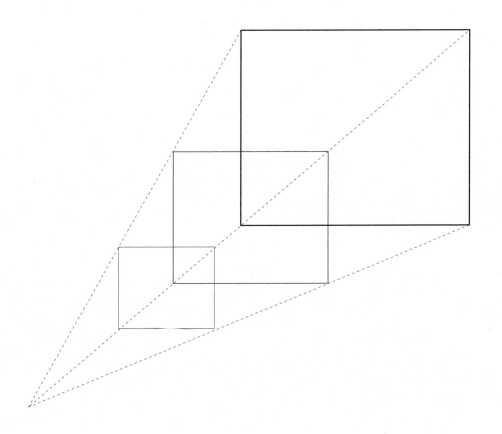

Transformation
of Hong Kong
Industrial Structure

香港產業
結構轉型

馮邦彥———著

責任編輯	程豐餘　張煒軒
書籍設計	陳德峰

書　　名	香港產業結構轉型
著　　者	馮邦彥
出　　版	三聯書店（香港）有限公司
	香港北角英皇道 499 號北角工業大廈 20 樓
	香港浸會大學當代中國研究所
	香港九龍塘浸會大學道 15 號
	教學及行政大樓 13 樓 AAB1301 室
香港發行	香港聯合書刊物流有限公司
	香港新界大埔汀麗路 36 號 3 字樓
印　　刷	陽光印刷製本廠
	香港柴灣安業街 3 號 6 字樓
版　　次	2014 年 7 月香港第一版第一次印刷
規　　格	16 開（170 × 230 mm）388 面
國際書號	ISBN 978-962-04-3641-3

© 2014 Joint Publishing (H.K.) Co., Ltd.

Published in Hong Kong

目錄
Content

Page

前　言　　　　　　　　　　　　　　　　　　　　　　　　vi

第 一 章　香港早期的產業結構：以轉口貿易為主導　　　001

第 二 章　第一次轉型：香港經濟的工業化　　　　　　　043

第 三 章　第二次轉型：香港經濟的服務化　　　　　　　077

第 四 章　戰後迅速崛起的支柱產業：地產與金融　　　　115

第 五 章　香港的產業組織：市場結構與企業組織　　　　161

第 六 章　香港產業結構轉型中存在的問題　　　　　　　203

第 七 章　回歸以來香港產業結構的演變與發展　　　　　249

第 八 章　回歸以來香港主要產業的轉型與發展　　　　　281

第 九 章　第三次轉型：邁向全球性國際金融中心　　　　313

第 十 章　第三次轉型：鞏固提升三大中心戰略地位　　　343

參考文獻　　　　　　　　　　　　　　　　　　　　　　371

前言 —————————————————————— Introduction

　　回顧香港開埠 170 多年以來的經濟發展史，不難發現香港產業結構的演變有以下兩個重要特點：

　　第一，香港產業結構的演變具有其特殊性。1841 年英國侵佔香港初期，香港基本上屬於海島型漁農社會，其產業結構頗為簡單，是一個以漁農業為主的經濟體系，捕魚、農耕是經濟的主要行業，漁民、佃農、石匠和市集商販構成社會的主體。不過，這種自給自足的自然經濟很快便被打破。1841 年 6 月 7 日，香港殖民當局宣佈將香港開闢為自由港，香港正式開埠。從 1840 年香港開埠到 1941 年日本侵佔香港前夕的整整 100 年間，隨著香港作為遠東貿易轉口港地位的形成與確立，香港逐步形成以轉口貿易產業為主導，以航運、倉儲碼頭及船塢業和銀行、保險等金融業為輔助的產業結構。這一時期，香港實際上已發展成為一個服務經濟體系。其產業結構的演化，並未遵循一般的發展規律，從第一產業部門轉移到第二產業部門，而是繞過第二產業部門直接跳躍到第三產業部門。這是香港產業結構演變的特殊性。

　　第二，從二次世界大戰結束到 1997 年香港回歸中國的 50 年間，香港經濟經歷了兩次產業結構轉型。20 世紀 50 年代，兩個特殊的歷史條件啟動了香港產業結構的第一次轉型。這兩個條件是：（1）1950 年朝鮮戰爭爆發，聯合國對華實施貿易禁運，受此影響，香港的轉口貿易一落千丈，傳統賴以生存的臍帶被卡斷；（2）受國共內戰以及中華人民共和國成立的影響，20 世紀 40 年代末至 50 年代初，上海以及內地其他城市的一批企業家移居香港，他們帶來了大量的資金、技術、人才及市場聯繫，為香港最初的製造業發展奠定了基礎。這兩個條件迅速推動了香港的工業化進程。這一時期，香港經濟起飛，並進入發展中國家和地區的前列。香港產業結構的第二次轉型，發軔於 20 世紀 70 年代後期並在 80 年代中後期取得明顯進展，到 90 年代末趨於完成，轉型的基本趨勢是“經濟服務化”，即從原來的出口和製造業為主的經濟模式，轉變為亞洲區一個與中國貿易和對外關係有著密切關係，由港口帶動並以服務業為主的經濟體系。這一時期，在中國改革開放的推動下，香港製造業大規模轉移到內地，特別是廣東珠江三角洲地區，雙方形成“前店後廠”的分工格局。這次產業結構的轉型，推動了20世紀80年代至90年代中期香港經濟的持續增長，並強化了香港作為亞太區國際貿易中心、航運及航空中心、國際金融中心的地位，發展成為全球最主要的服務經濟體系之一。不過，總體而言，戰後以來香港產業結構的兩次轉型，主要是在外部因素的推動或刺激下，根據自身比較利益在市場機制下自動調節的結果，技術進步在其中的影響力不算重要，這直接導致了香港產業結構的缺陷和問題。

到了20世紀90年代，香港產業結構轉型中存在的問題逐漸暴露，主要是：香港經濟的“空心化”，製造業轉型升級困難、步伐緩慢，其經濟地位迅速下降，而香港與內地“前店後廠”分工模式的局限性也日趨凸顯；隨著勞動成本和經營成本大幅上升，香港轉口貿易開始轉向離岸貿易，香港作為內地對外貿易的傳統中介地位亦開始下降，經濟增長動力進一步受到削弱。這一時期，隨著經濟轉型，在多種複雜因素的刺激下，香港地產、樓市、租金大幅飆升，扯動香港股市大幅上漲，並帶動通貨膨脹再度攀升，地產、股市的異常繁榮又刺激銀行金融業的空前景氣，造成港元資產的急劇膨脹，產生整個經濟中的“泡沫”成分，進一步推高香港整體的經營成本，嚴重削弱香港經濟的競爭力。與此同時，還衍生了一系列的社會問題，包括結構性失業以及貧富差距擴大等，不單直接影響整體經濟的持續發展，而且成為香港社會不穩定的重大因素。

1997年香港回歸後不久，即受到亞洲金融危機的衝擊，香港雖然成功捍衛了聯繫匯率制度，但面對亞洲外圍國家和地區貨幣的大幅貶值，其整體經濟陷入戰後以來最嚴重的衰退，產業結構升級轉型的壓力和迫切性大大增加。推動香港經濟的升級轉型，邁向高增值經濟，以維持和提升香港的國際競爭力，實際上已成為剛成立的香港特區政府、工商界以至整個社會的迫切任務。當時，董建華政府將香港未來的發展方向定位為“亞洲的首要國際都會”和“中國的一個主要城市”，並大力發展金融、物流、旅遊和工商業等四大支柱產業的產業政策。2008年，由美國次貸危機引發的金融海嘯席捲全球，受此衝擊，香港經濟從 2008 年第 2 季度起經歷了連續四個季度的衰退。面對全球經濟危機的衝擊，香港特區政府接納了香港經濟機遇委員會提出的關於發展六項優勢產業的建議，這些產業包括文化及創意產業、檢測和認證、環保、創新科技，以及教育、醫療。

在既有資源稟賦的支持和特區政府政策的倡導下，回歸以來香港產業結構展開了第三次轉型升級，其基本趨勢是服務業進一步邁向高增值方向：其一，製造業式微，香港經濟演變成全球服務業比重最高的經濟體之一。其二，金融、貿易及物流、專業服務及其他工商業支援服務、旅遊等四大產業在本地生產總值所佔比重總體呈上升趨勢，成為香港服務業的主體。其三，特區政府倡導的"六項優勢產業"有所發展，具有一定潛力，但仍遠未能成為香港經濟增長的新動力。根據筆者的觀察和研究，香港在 1997 年回歸以來的 17 年間，整體經濟及產業結構轉型升級並未取得成功，經濟的新動力主要源自"中國因素"帶動的金融業和旅遊及相關產業。這一時期，香港的經濟總量被土地及人口均為香港一半的新加坡超越，香港經濟前景堪憂。

根據香港的資源稟賦和比較優勢，筆者認為，香港作為亞太地區國際性金融中心，具有資金流通自由、金融市場發達、金融服務業高度密集、法制健全和司法獨立、商業文明成熟等種種優勢，最有條件發展成為亞洲區的全球性金融中心。香港最明顯的弱勢則是經濟體積小。因此，香港應深化與廣東珠三角地區，特別是深圳、廣州這兩大中心城市的金融合作，共同構建大珠三角金融中心圈，並進一步強化自身的戰略地位，特別是致力於發展成為中國企業首要的境外上市和投融資中心、亞太地區首要的國際資產管理中心、全球主要的人民幣離岸業務中心、亞洲人民幣債券市場等，致力發展成為全球性金融中心；與此同時，應積極鞏固和提升香港作為國際貿易及物流中心、國際旅遊中心和國際創新中心的戰略地位，構建所謂"1+3"的產業體系，從而繼續保持和提高其在國際經濟中的競爭力。

回顧過去半個世紀，面對風雲變幻的世界經濟形勢，香港憑藉著自己特有的優勢，成功地進行了兩次產業結構的轉型，推動了經濟的持續發展，躋身世界先進經濟體系之列，並從中演變出一套極富彈性和靈活性的經濟制度和經濟發展模式，積累了豐富的國際經驗，在國際經濟中確立了其獨特的角色和地位。應該說，香港有條件、也有優勢成功實現產業結構的第三次轉型，從而建立其作為"亞洲的紐約"或"亞洲的倫敦"的世界大都會地位。

然而，值得強調的是，香港未來的發展實際上存在不少值得憂慮的深層次問題，一些令香港在過去數十年間成功發展的積極因素似乎正在消失。根據筆者的研究，香港要成功實現第三次產業結構轉型，其政策前提是：第一，採取有效措施維持香港政治、經濟、社會的繁榮穩定，進一步改善投資營商環境；第二，特區政府和香港社會轉變"積極不干預"的思維方式，制定和實施"適度有為"的產業政策，積極推動經濟轉型；第三，深化與中國內地特別是廣東珠江三角洲地區的經濟融合，重建香港在國際經濟中的戰略優勢。

當然，從當前香港的現實情況來看，香港要成功實施上述政策，面臨不少的困難和障礙。正因為如此，不少論者認為香港經濟的最高峰已經過去，未來的發展很可能會走下坡路，問題是走得快還是慢。這種觀點並非沒有道理，實在值得引起警號。在亞太區的競爭格局中，香港將面對新加坡、上海甚至廣州、深圳的挑戰，如果應對不當，香港經濟從燦爛歸於黯淡絕非危言聳聽。因此，可以這樣說：香港產業結構的第三次轉型，前途是樂觀的，但道路卻是曲折的，或者說任重道遠，甚至可以說充滿不確定性。

本書根據筆者的上述理解，對香港自開埠以來 170 餘年，特別是二次大戰以來香港產業結構的演變、轉型進行了深入研究和全面剖析；並根據香港的資源稟賦和經濟發展態勢對其未來的轉型進行展望。倘若讀者能從中獲益、受到啟發，筆者將深感欣慰。

在本書即將出版之際，筆者要衷心感謝香港三聯書店，特別是要衷心感謝三聯書店常務副總編輯侯明女士和本書的責任編輯程豐餘女士、張煒軒先生。本書能夠出版、如期付梓、製作精美，是與她們的鼎力支持、熱忱協助和辛勤努力密不可分的。

當然，由於筆者水平有限，資料掌握未夠齊全，其中定有不少疵誤和錯漏之處，懇請識者指正。

馮邦彥 謹識

2014 年 5 月

第一章

香港早期的
產業結構：
以轉口貿易
為主導

| 第一節 | **基礎理論：產業結構演變的一般規律**

一、產業的界定與分類

在經濟研究中，經常使用的產業分類方法主要有三次產業分類法、標準產業分類法、資源密集度分類法及產業功能分類法等。

1. 三次產業分類法

三次產業分類法是產業結構研究中最重要的分類法之一，在國際上被廣泛採用。這種分類法最初由澳大利亞經濟學家費雪（Allan G.B. Fisher）於 1935 年在《安全與進步的衝突》（*The Clash of Progress and Security*）中首次提出。1940 年，科林·克拉克（C.G. Clark）在《經濟進步的條件》（*Condition of Economic Progress*）一書中，就經濟發展與產業結構變化之間的關係更具體地提出了三次產業分類法。克拉克將全部經濟活動劃分為第一次產業、第二次產業和第三次產業。根據克拉克的產業分類法：

第一次產業包括：農業、畜牧業、林業和狩獵業等；

第二次產業包括：製造業、建築業、採礦業、煤氣、電力、供水等；

第三次產業包括：商業、金融及保險業、運輸業、服務業、公務、其他公益事業、其他各項事業。

這種分類法又被稱為 "克拉克分類法"。

後來，許多學者如西蒙·庫茲涅茨（Simon Smith Kuznets）在《各國的經濟增長》（*Economic Growth of Nations*）一書中提出了與三次產業劃分類似的產業分類，他把第一、二、三次產業分別稱為 "農業部門"（A 部門）、"工業部門"（I 部門）和 "服務部門"（S 部門）。這三個部門具體包括的產業是：

A 部門：農業、漁業、林業、畜牧和狩獵；

I 部門：礦業、製造業、建築業、電力、煤氣、供水、運輸和通訊；

　　S 部門：商業、金融、房地產、政府機關、國防及其他服務業。

　　庫茲涅茨的三次產業分類法又被稱為"AIS 分類法"。

2. 標準產業分類法

　　標準產業分類法是為統一國民經濟統計的口徑而出現的。1971 年，聯合國為了統一世界各國的產業分類，頒佈了《全部經濟活動的國際標準產業分類索引》（ISIC），把"全部經濟活動"分為十大項，大、中、小、細四級，而且每級都規定有統一編碼。其中十大項是：

　　（1）農業、狩獵業、林業和漁業；

　　（2）礦業和採石業；

　　（3）製造業；

　　（4）電力、煤氣、供水業；

　　（5）建築業；

　　（6）批發和零售業、餐館與旅店業；

　　（7）運輸業、倉儲業和郵電業；

　　（8）金融業、不動產業、保險業及商業性服務業；

　　（9）社會團體、社會及個人的服務；

　　（10）不能分類的其他活動。

　　標準產業分類法的優點在於對全部經濟活動進行分類，並且使其規範化，具有很強的可比性，有利於分析各國各地的產業結構，而且與三次產業分類法聯繫密切。標準分類法是三次產業分類法的細化。

3. 生產要素密集程度分類法

　　生產要素密集程度分類法，是根據生產要素（土地、勞動力、資本、技術）在不同產業的組合比例和密集程度，以及不同產業在生產過程中對要素依賴程度的差異，將產業劃分為資源密集型產業、勞動密集型產業、資本密集型產業和技術密集型產業。資源密集型產業又稱"土地密集型產業"，與土地資源關係最為密切的是農礦業，包括種植、林牧漁業、採掘業等。勞動密集型產業是指資本和技術裝備程度較低，需集中較多勞動力從事產業經濟活動，勞動力要素對產業經濟活動影響程度最大的產業，如紡織業。資本密集型產業是指單位產品所需投資多，用於產業經濟活動的裝備佔較大比重，原材料及能源消耗多，資本有機構成高並對產業經濟活動影響程度最大的產業，如鋼鐵、石化。技術密集型產業是指需要較多的技術和管理要素，需綜合運用先進的技術和管理手段從事經濟活動，技術要素對產業經濟活動影響程度最大的產業，如 IT 產業。這種分類方法可以說明區域經濟發展的素質，預測產業結構的演變趨勢。

二、產業結構演變的一般規律

"產業結構"這一經濟範疇，從經濟學發展史上看是一個很新的概念。馬歇爾（Alfred Marshall）在其一系列名著《經濟學原理》（*Principles of Economics*, 1890）、《工業與貿易》（*Industry and Trade*, 1919）、《貨幣、信貸與商業》（*Money, Credit and Commerce*, 1923）等中首次提出了第四生產要素，即"組織"。馬歇爾所提出的"組織"概念，包含了企業內的組織形態、產業內企業間的組織形態、產業間的組織形態和國家組織等多元結構內容，這些觀點和思想已經十分接近於"產業結構"的概念。1957 年，日本經濟學家葆原三平發表題為《產業結構與投資分配》的論文，認為產業結構就是產業之間的結構，即在一個國家所有產業的淨產值或投入的資本等經濟指標在各產業中的分佈狀況或比例關係。1966 年，產業組織理論的創始人貝恩（J. S. Bain）在其著作《產業結構的國際比較》（*International Differences in Industrial Structure*）中，將產業結構解釋為產業內的企業關係，這實際上是指產業組織的市場結構。可以說，到了 20 世紀 60 年代，這個概念的意義和用法還都是相當混亂的，它既可被解釋為某個產業內部的企業關係，也可以解釋為各個產業之間的關係結構。其後，隨著產業經濟研究的進展，產業結構的研究領域及其內涵逐步明確起來，主張把產業結構理論、產業組織理論和生產力布局理論區分開。產業結構專指研究產業間關係的理論，而產業組織理論與生產力布局理論則分別專用於研究產業內部企業間關係和地區產業分佈及規律問題。

一般而言，所謂"產業結構"，主要是指一個國家或地區整體經濟中各產業、各部門之間質的聯繫和量的比例。它包括兩方面的內容：質的方面，產業結構由哪些部門、行業構成，各產業之間的聯繫或關聯方式，直接涉及的是結構高度與效益問題；量的方面，各產業部門在社會生產總量中所佔的份額，直接涉及的是結構均衡問題。一個國家 / 地區產業結構的狀況，是歷史、資源、技術和社會經濟政策等多種因素綜合起作用的結果，體現著社會各種資源在各產業中的分配。產業結構的內涵是多方面的，產業之間的生產、技術、經濟聯繫反映了產業間相互依賴、相互制約的制度和方式。產業間的數量比例關係，首先反映了各類經濟資源在各產業間的配置情況，其次反映了國民經濟總產出在各行業的分佈情況。

　　產業結構理論的思想淵源可以追溯到 17 世紀。幾個世紀以來，歐美一些經濟學家，包括威廉・配第（William Petty）、亞當・斯密（Adam Smith）、科林・克拉克、庫茲涅茨（Kuznets）、錢納利（Hollis Chenery）等，都對產業結構演變的一般規律，進行過深入的研究，並作出了重大貢獻。

1. 配第定律

　　早在 17 世紀，英國經濟學家威廉・配第在他的名著《政治算術》（*Political Arithmetick*）就指出：製造業比農業，進而商業比製造業，能夠得到更多的收入。在經濟發展中，這種不同產業之間相對收入上的差異會促使勞動力向能夠獲得更高收入的部門移動。這種關於產業的相對 "收入差" 推動勞動力就業結構變化的論點，被稱之為 "配第定律"。配第說明了產業之間會有收益差異，並且指出不同產業結構的國家會有不同的財富，譬如：當時人口大部分從事工業、商業和外貿的荷蘭，其人均國民收入要比歐洲大陸其他國家多得多。[1]

　　配第定律生效的前提是產業間有收入差距，但是，配第並沒有指出為什麼產業之間會產生收入的差異。配第定律生效的前提還需要勞動力在產業之間可以自由流動，而勞動力在產業之間的流動需要勞動力重新掌握新的產業知識，新的勞動力的培養也需要一個過程。所以，配第定律的作用是一個長期的過程，就業結構的變遷是一個長期的過程，如果考慮到制度對勞動力轉移的限制，那將需要更長的時間。

2. 斯密順序

　　18 世紀 70 年代，亞當・斯密在《國民財富的性質和原因的研究》（*An Inquiry into the Nature and Causes of the Wealth of Nations*）中，從資本要素投向的角度，對產業結構變革的歷史順序作出了精闢論述，並探討了這一歷史順序的深層動因。斯密指出："按照事物的自然趨勢，進步社會的資本，首先大部分投放在農業上，其次投放在工業上，最後投放在國際貿易上。

1 /

威廉・配第著：《政治算術》，商務印書館，1978 年，第 31 頁。

2 /

亞當·斯密著：《國民
財富的性質和原因的研
究》，上卷，商務印書
館，1972年。

3 /

馮海發著：〈結構變革的
歷史順序〉，載於《當代
經濟科學》，1989年第
三期。

這種順序是實際自然的。我們相信在所有擁有多少領土的社會，資本總是在某種程度上按照一定的順序投用。"[2] 在斯密看來，隨著社會的進步，資本投入將向農業—工業—貿易業的順序更變，是一個自然規律。有些學者把斯密的這一論斷稱為"斯密順序"[3]，即隨著經濟的發展，社會的產業結構必然發生由農業為主向工業為主再向貿易業為主的轉變。

"斯密順序"生效也是有前提條件的，就是國民社會的自主權與經濟獨立，而不是依附於或受控於帝國的殖民地。殖民地的產業結構是單一的，畸形的，很多殖民地是帝國主義的原料基地。殖民地獨立以後，相應的會有一個產業結構逐漸多元化的過程，雖然是積極參與國際分工，以某一產業為主，但是部分社會資本的投入也會逐漸轉向製造業與服務業。

"斯密順序"的深層次動因是需求導向。斯密認為，"不是市場上有了許多酒店，我們社會才有飲酒的風尚；而是社會上由於各種原因產生了好飲酒的風尚，才使市場上有許多的酒店。"社會資本的"斯密順序"是社會需求有序變動的反映。美國心理學家亞伯拉罕·H·馬斯洛（Abraham H. Maslow）在 1943 年發表的《人類動機的理論》（*A Theory of Human Motivation*）一書中提出了需求層次論，把人的需求按照從低到高，依次分為五個層次：生理需求、安全需求、社交需求、尊重需求和自我實現需求。只有低層次的需求滿足了，人類才能去追求更高層次的需求。正是人類的無極限欲望，推動了經濟的無極限發展。

3. 克拉克定律

20 世紀 50 年代，英國經濟學家科林·克拉克收集了 20 多個國家各部門的勞動投入和總產出的時序資料，進行了經濟史上一項著名的、開創性的統計研究。他的研究結論是：隨著經濟的發展，即隨著人均國民收入水平的提高，勞動力首先由第一次產業向第二次產業移動；當人均國民收入水平進一步提高時，勞動力便向第三次產業移動。勞動力在產業間的分佈趨勢是：第一次產業將減少，第二次、第三次產業將增加。這就是所謂的"克拉克定理"，即勞動力轉移規律。克拉克認為，他的研究只是印證了配第的觀點，故稱為"配第定理"。經濟史上把配第的觀點和克拉克的觀點統稱為"配第—克拉克定理"。

克拉克認為，勞動力從第一次產業向第二、三次轉移的原因，是由於經濟發展中各產業之間出現收入（附加價值）的差異，人們總是從低收入產業向高收入產業移動。這一研究結論不但可以從一個國家經濟發展的時間序列分析中得到印證，而且還可以從處於不同發展水平上的國家在同一點上的橫斷面比較中獲得肯定。也就是說：人均國民收入水平越高的國家，農業勞動力在全部勞動力中的比重相對越小，第二次、第三次產業的勞動力所佔比重相對越大。反之，人均國民收入水平越低的國家，農業勞動力所佔比重相對越大，第二次、第三次產業勞動力所佔比重相對越小。

4. 庫茲涅茨的分析

20 世紀 60 年代，美國著名經濟學家西蒙・庫茲涅茨在克拉克研究成果的基礎上，深化了產業結構演變的分析。1966 年和 1971 年，庫茲涅茨先後發表了《現代經濟增長：速率、結構和傳布》（*Modern Economic Growth: Rate, Structure and Spread*）和《各國的經濟增長：總產值和生產結構》（*Economic Growth of Nations: Total Output and Production Structure*）。這些研究，使他獲得了 1971 年的諾貝爾經濟學獎。

庫茲涅茨在他的兩部著作中，先後考察了眾多發達國家及發展中國家和地區在經濟發展過程中產業結構的變化，尤其是分別從長期趨勢和橫斷面去考察生產總值的增加時，各經濟部門在生產和勞動力中所佔份額的變化。他的結論是：隨著經濟的發展，在國民生產總額不斷增長和人均國民收入不斷提高的情況下，農業部門的產值份額和勞動力份額都趨於下降，工業部門和服務部門的產值份額和勞動力份額都趨於上升（準確來說是，工業部門產值份額持續上升同時，勞動力份額大體不變或略有上升；服務部門的勞動力份額上升幅度較大，產值份額大體不變或略有上升。庫茲涅茨把這種趨勢稱作產值結構的"工業化"和勞動力結構的部分"工業化"和部分"服務化"）。庫茲涅茨進一步分析了工業及服務業內部結構的變化趨勢：（1）製造業的份額上升幅度最大，大約佔工業部門的上升份額的 2/3；在製造業內部，與現代技術密切聯繫的新興部門增長最快，其在整個製造業總產值和勞動力中佔的份額都是上升的，相反，一些老的部門如紡織、服裝、木材、皮革加工等的相對份額是在下降的。（2）在服務業內部，教育、科研及政府部門的相對份額趨於上升。[4]

庫茲涅茨認為，現代經濟的不斷發展必然會影響產業結構的變化。在庫茲涅茨的研究中，經濟發展和結構變化是互相影響、相輔相成的。在庫茲涅茨看來，促進產業結構變化的具體動因有三：一是需求誘導。二是

4 /
安虎森著：《區域經濟學通論》，經濟科學出版社，2004 年，第 293 頁。

5 /
西蒙・庫茲涅茨著：《各國的經濟增長》，商務印書館，1985 年，第 344頁。

國際貿易。"國際貿易和其他的國際流動，由於反映各國間產品生產相對優勢變動的各國進出口結構不斷變動，從而也促使了一國的產出結構的改革"。[5] 三是技術革新。庫茲涅茨提出一個著名的"技術革新平均分佈模式"，即技術革新平均分佈在所有現存的生產部門的情況下，能大幅度改變產業結構。

　　庫茲涅茨依據人均國內生產值基準點價值份額，考察了總產值結構變動和勞動力分佈結構變動，從而揭示了產業結構變動的總方向。他進一步證明克拉克的發現並且更精確地說明了具有普遍意義的產業結構變動的一般趨勢。

5. 錢納利的標準產業結構研究

　　就在庫茲涅茨研究的同期，在世界銀行發展政策部出任副總裁的美國經濟學家錢納利等人也進行一個類似的龐大研究計劃，對戰後世界各國經濟發展、工業化、結構變化和發展政策作出全面的檢討。錢納利和他的合作者利用世界銀行資料庫中的大量經濟和社會數據進行多項比較研究，先後發表了《發展的形態：1950-1970》（*Patterns of Development, 1950-1970*）、《工業化和增長：比較研究》（*Industrialization and Growth: A Comparative Study*）等著作。

　　錢納利等人依據 101 個國家 1950 年至 1970 年間的統計資料，構造出了著名的"世界發展模型"，由發展模型求出一個經濟發展各階段的"標準化結構"，即經濟發展的不同階段所具有的經濟結構的標準數值。錢納利的研究顯示：隨著國民平均收入的提高，工業產出量在國內生產總值（GDP）中的比重呈上升趨勢，而第一次產業的產出量所佔比重則不斷下降。例如，人均國民收入達 200 美元時（以 1976 年美元計算），第一次產業的生產值佔 GDP 的 45%，工業生產約佔 15%；而當人均國民收入提高到 1,000 美元時，第一次產業所佔比重下降到 20%，工業生產則上升到 28%。

　　錢納利在"標準結構"的基礎上，進一步從 24 個半工業化大國的數據分析中得出"大國結構"。其結論是：大國在收入水平較低時就進入結構變革的迅速時期。擁有廣大國內市場的大國，在結構變革的進程中處於有利地位，這叫做結構變革的"大國效應"。錢納利"標準結構"為人們分析和評價不同的國家在經濟發展過程中結構組合是否正常提供了規範的依據。

6. 霍夫曼定理

1931 年，霍夫曼（Hoffmann）使用了近 20 個國家的工業結構方面的時間序列資料，重點分析製造業中消費資料工業和資本資料工業的比例關係。這個比例被稱為"霍夫曼係數"，即消費資料工業的淨產值與資本資料工業的淨產值之比。霍夫曼定理所揭示的規律是：霍夫曼係數在工業化的進程中呈下降趨勢。在工業化的第一階段，消費資料工業的生產在製造業中佔主導地位，資本資料工業的生產不發達，此時，霍夫曼係數為 5（變動區間為 +1，-1）；第二階段，資本資料工業的發展速度比消費資料工業快，但在規模上仍比消費資料工業小得多，這時，霍夫曼係數為 2.5（+1，-1）；第三階段，消費資料工業和資本資料工業的規模大體相當，霍夫曼係數是 1（+0.5，-0.5）；第四階段，資本資料工業規模超過了消費資料工業規模，霍夫曼係數小於 1。

霍夫曼比例是符合產業發展規律的，特別是符合工業化的前期發展趨勢，但該理論存在以下幾個缺陷：第一，不能全面反映產業結構的變動趨勢；第二，輕工業和重工業與消費資料工業和資本資料工業並非存在完全的對應關係；第三，會產生"優先發展重工業是工業化的必然要求"的偏頗思想；第四，未說明產業結構的服務化趨勢。針對這些缺陷，1966 年日本經濟學家鹽野谷裕一對霍夫曼比例作了以下修正：首先，糾正了"投資品工業"的概念，認為重工業應包括鋼鐵、機械、化學三大部門；其次，認為重工業的發展有一個飽和點，達到一定程度後其發展速度就要減緩，產業結構高級化將會出現新特徵，即服務業、信息技術、知識密集型產業的發展。

7. 赤松要的雁行模式

1932 年，日本學者赤松要（Kaname Akamatsu）在他的《我國經濟發展的綜合原理》文章中提出了著名的雁行模式。赤松要認為，日本的工業化遵循著雁行模式發展，即日本作為一個經濟落後的國家，受國內資源和市場的約束，只有主要依靠對外貿易向工業國輸出消費型產品，與工業國交換輸入工業設備，然後建立自己的工廠進行替代生產，以滿足國內需要，並進一步帶動國內相關產業的發展，最後實現工業產品的出口，產業結構得以不斷升級。上述過程繪成圖像，猶如雁群列陣飛行，故以雁行模式命名。

　　赤松要認為，在產業發展方面，後進國家的產業趕超先進國家時，產業結構的變化呈現出雁行形態，即：後進國家的產業發展是按"進口—國內生產—出口"的模式相繼交替發展。這樣一個產業結構變化過程在圖形上很像三隻大雁在飛翔，故稱之為"雁行形態說"。產業發展的雁行形態具體表現為，第一隻雁是國外產品大量進口引起的進口浪潮，第二隻雁是進口刺激國內市場所引發的國內生產浪潮，第三隻雁是國內生產發展所促進的出口浪潮。這個模式還有兩個變型，一個是產業發展的次序一般是從消費資料產業到生產資料產業，從農業到輕工業，進而到重工業的不斷高級化過程；另一個是消費資料產業的產品不斷從粗製品向精製品轉化，生產資料產業的產品不斷從生產生活用的生產資料向生產生產用的生產資料轉化，最終就使產業結構趨向多樣化和高級化。與雁行形態說相似的另外一個產業結構變化學說是產品周期理論，它是以本國工業開發的新產品在國內市場上的出現為出發點來分析產業結構的變化過程。實際上，雁行模式強調的是，落後國家的發展過程是先發展輕工業，然後發展重工業；是先進口，進行進口替代，最後實現出口的產業結構發展戰略。

三、主導產業的內涵、功能及其關聯產業

　　20世紀30年代，約瑟夫·阿羅斯·熊彼特（Joseph Alois Schumpter, 1883-1950）提出了著名的"創新"理論，並以此解釋經濟周期和經濟發展。他認為，創新是經濟發展的本質，創新的過程是一種不斷打破經濟均衡的過程，均衡的打破就是一種產業結構的演進，創新是企業家把從未有過的生產要素和生產條件的"新組合"引入生產體系，其結果實際上是一種產業突變。熊彼特雖然沒有直接研究主導產業理論，但他的創新理論為主導產業的形成、發展和更替提供了微觀基礎。

　　最早提出主導產業概念的是美國經濟學家艾伯特·赫希曼（A.O. Hirschman）。赫希曼主張，在資源有限的發展中國家，應該採取不均衡求均衡的發展戰略，對特定產業的重點投資，勢必造成該產業的供應過剩，即市場不足，這種不均衡因素對關聯產業造成一種拉力，促進其發展，而關聯產業的發展將使產業整體區域均衡；然後在新的層次上確定

新的主導產業，進行重點投資。這種戰略模式可以概括為："對特定產業的重點投資→需求不足→關聯產業投資→均衡→對新的特定產業的重點投資→……。"赫希曼在其《經濟發展戰略》（*The Strategy of Economic Development*）一書中，還提出了選擇主導產業的"產業關聯度標準"。

1960 年，美國經濟史學家沃爾特・W・羅斯托（Walt W. Rostow）在其代表作《經濟成長的階段》（*The Process of Economic Growth*）中，提出並系統闡述了產業經濟學的一個重要概念——主導部門。羅斯托在通過對英、美等西方工業國家經濟發展史進行系統研究的基礎上，明確指出：在經濟增長的任何特定階段，一個國家或地區的國民經濟中不同部門的增長率實際上存在廣泛差異，整體經濟的增長率在一定程度上是一些關鍵部門迅速增長所產生的直接或間接效果。這些起主要或先導帶動作用的關鍵部門，就是所謂的"主導部門"或"主導產業"。羅斯托把各經濟部門分為三類：主導增長部門、輔助增長部門、派生增長部門。羅斯托認為，主導產業（leading industry, dominant industry or trigger industry）是這樣一種產業部門："在這些部門中，革新創造的可能，或利用新的有利可圖或至今尚未開發的資源的可能，將造成很高的增長率並帶動這一經濟中其他方面的擴充力量。"

根據羅斯托的闡述，主導產業是指能夠依靠科技進步或創新獲得新的生產函數，能夠通過快於其他產業的"不合比例增長"的作用，有效地帶動其他相關產業快速發展的產業或一組產業，並同時具備如下三個特徵：能夠依靠科技進步或創新，引入新的生產函數；能夠形成持續高速的增長率；具有較強的擴散效應，對其他產業乃至所有產業的增長起著決定性的影響。隨著科學技術進步和社會生產力發展，特別是社會分工日益深化，帶動整個產業發展的已不是單個主導產業，而是幾個產業共同起作用。羅斯托將此稱為"主導部門綜合體"。他認為主導部門綜合體由主導部門和與主導部門有較強後向關聯、旁側關聯的部門所組成。如：最能體現技術進步的主導部門機械和與其有較強的後向關聯和旁側關聯的鋼鐵、電子、化工、電力、石油、汽車等部門組成的主導部門綜合體。

根據羅斯托的研究，主導產業對經濟發展的影響，主要表現在以下方面：

第一，主導部門對整體經濟的擴散效應。羅斯托在吸取熊彼特"創新理論"和赫爾曼的"不平衡發展理論"的基礎上，特別強調主導產業部門在經濟增長中的決定性作用。他認為，正確選擇主導產業是經濟成長中實現經濟起飛的基本條件。在經濟增長的任何階段，主導產業部門的迅速擴展都是經濟向前躍進的決定性因素。在經濟增長的不同階段，都會形成一系列迅速增長的具有高度生產力的主導產業部門（創新效應），這些部門將帶動其他產業部門的發展，從而使經濟不斷增長。關於主導產業部門對其他產業部門的帶動作用，羅斯托作了比較全面的分析，把這種帶動作用稱之為"擴散效應"，認為某些部門在各個歷史間歇的增長中，起到了不合比例增長的作用。這種擴散效應又具體包括後向效應、旁側效應、前向效應。羅斯托的擴散效應不僅限於產業間技術經濟聯繫的效果，還包含著對經濟社會發展更為廣泛的影響。

第二，主導部門發展對產業結構的轉換效應。羅斯托運用主導產業演替思想，將人類社會的發展分為六個"經濟成長階段"，包括傳統社會階段、起飛準備階段、起飛階段、走向成熟階段、高額群眾消費階段和追求生活質量階段等，每個階段都有其主導產業。羅斯托認為，主導部門往往是一個綜合體系，即主導產業群。一個國家或地區的不同經濟成長階段，對應著不同的主導產業群。在經濟成長從低級向高級演變的過程中，主導產業群也依次發生相應的更替，從而推動產業結構的轉換。羅斯托把經濟成長從低級到高級的演變進程劃分為 6 個階段，各個階段的主導產業群相應地構成一個轉換序列（表 1-1）。

表 1-1　羅斯托的經濟成長階段主導產業更替表

經濟發展階段	主導產業（群）
傳統社會階段	農業
起飛準備階段	農業及食品、飲料、煙草、水泥、磚瓦等初級工業部門
起飛階段	輕工、紡織等非耐用消費品製造業
走向成熟階段	鋼鐵、電力、機械等重型工業
高額群眾消費階段	汽車業
追求生活質量階段	服務業、城市和城郊建築業

第三，主導產業發展對整體經濟的技術進步效應。由於主導產業具有技術先進的特點，主導產業的發展必定會通過上述的擴散效應，誘導相關產業以及整個經濟的技術進步。

　　羅斯托的主導部門理論，基本上已為大多數國家和地區產業發展的歷史所證實。例如，戰後日本的主導產業就大致經歷了：輕紡工業（戰後至50年代中）—重化工業，包括鋼鐵、機械、石油、石化等（50年代中至70年代初）—汽車、家電等耐用消費品工業（70年代初至80年代初）—電子工業等組織知識密集型產業的演變過程。

　　不過，客觀而論，羅斯托的理論也有其不足之處，正如庫茲涅茨所說，主導部門的識別和延續需要詳細的說明和證據，這在羅斯托教授的討論中是缺乏的。

　　與主導產業相配套的是關聯產業、基礎產業等。關聯產業是指直接與主導產業在產品的投入、產出、技術等方面有聯繫，為主導產業發展進行配套、協作的產業。按照與主導產業的聯繫方式，可把關聯產業分成前向聯繫產業、後向聯繫產業和側向聯繫產業。前向聯繫產業是利用主導產業產品的產業，後向聯繫產業是為主導產業提供生產資料的產業，側向聯繫產業則是為主導產業提供技術、能源及其他服務的產業。基礎產業是指經濟社會活動的基礎設施和基礎工業，它在整個產業結構中起著基礎和決定性的作用，其產出量的增加構成整個經濟增長的先決條件。基礎產業有狹義和廣義之分，狹義的基礎產業指的是農業、能源（包括電力）、原材料工業、交通運輸、郵電通訊、城市公共設施等實物性基礎部門。廣義的基礎產業除了上述實物性基礎部門外，還包括一些提供無形產品或服務的軟基礎部門，如科學、文化、教育、衛生等部門。按其作用性質又可進一步分成生產性基礎產業、生活性基礎產業和社會性基礎產業。

　　與主導產業相關聯的還有支柱產業（mainstay industry）。支柱產業是指那些在國民經濟或地區經濟中佔有很大比重，構成國民收入的主要來源，對國家或地區的經濟增長起著舉足輕重作用的產業。支柱產業中的傳統產業通常是前一時期的主導產業，支柱產業中的新興產業通常是現在的主導產業；主導產業中比重大的產業是現在的支柱產業，主導產業中比重不大的產業是未來的支柱產業。其時間序列大致是：主導產業→支柱產業→衰退產業。支柱產業不等同於主導產業，因為支柱產業雖然在本區域的經濟總量擴張中佔有較大的比重，但在全國同類產業中所佔比重卻較小，或者與其他區域的同類產業相比並不具備發展的優勢，產品輸出率低，因而不能發揮區際分工的作用，也就不具有主導產業應有的功能。

| 第二節 | 香港貿易轉口港地位的確立及其主導產業

　　香港地處中國東南沿海，包括香港島、九龍半島、新界及附近 230 多個大小島嶼，陸地面積為 1,104.46 平方公里（2013 年 10 月）。其中，香港島是香港地區最重要的島嶼，面積約 78.59 平方公里（2013 年 10 月）。島上山多地少，地勢陡峻，連綿的山巒有的高達 600 米至 900 米。香港地處亞熱帶季風區，春季陰雨連綿，沿海岸濃霧瀰漫；夏季炎熱潮濕，常遭暴風雨和颱風襲擊，致使山泥傾瀉，房屋倒塌。正因為這些自然條件，直至鴉片戰爭前夕，香港仍未引起人們的普遍注意。

　　然而，香港確有其得天獨厚的區位條件和地理環境。香港地處廣東珠江口東岸，瀕臨南中國海和西太平洋，是中國南部的重要門戶。它位居亞洲太平洋的要衝，位處日本和東南亞諸國的航運要道上。最具戰略價值的是，香港島和九龍半島環抱的維多利亞海港，港闊水深，海港面積達 60 平方公里，最闊處近 10 公里，最窄處 1.6 公里，水深 9 米至 16 米，港內可同時停泊 150 艘遠洋輪船，吃水 12 米的遠洋巨輪可自由進出。港外有天然屏障，港內風平浪靜，是與舊金山、里約熱內盧齊名的世界三大天然良港之一。這種優越的地理條件，使它在開埠後的 100 年間，從對華鴉片走私基地發展成為亞太區著名的貿易運輸樞紐和轉口港。

　　1841 年英國侵佔香港初期，香港基本上是一個海島型漁農社會。據 1841 年 5 月 15 日香港政府公佈的數據，當時香港島的人口僅 5,450 人，散居於赤柱、筲箕灣、香港村等 20 個村落，主要是漁民、佃農、石匠、市集商販和少量的勞工。[6] 當時，九龍半島西岸的油麻地、何文田、大角咀及東岸的紅磡、大口環等地也散居著為數約 5,000 的漁農石匠，而後來被稱為 "新界" 的地區則聚居著以錦田鄧族、河上鄉侯族、粉嶺彭族、上水廖族及新田文族五大姓為主的居民，他們以農耕為業。[7] 很明顯，開埠之初，香港基本上處於中國傳統的自然經濟之中，其產業結構頗為簡單，是一個以漁農業為主的經濟體系，捕魚、農耕是經濟的主要行業，漁民、

6 /
《香港憲報》第 1 期，1841 年 5 月 15 日，載《中國叢報》第 10 卷第 5 期（1841 年 5 月），第 289 頁。

7 /
林友蘭著：《香港史話》，香港上海印書局，1978 年，第 116 頁。

佃農、石匠和市集商販構成社會的主體。

　　不過，這種自給自足的自然經濟很快就被打破。1841 年 1 月 25 日，英國佔領香港。同年 6 月 7 日，香港殖民當局宣佈將香港開闢為自由港，允許船隻自由出入，香港正式開埠。隨著香港開埠，原來一批以廣州、澳門為據點進行鴉片貿易和鴉片走私的英資洋行，紛紛進入香港，搶先在香港島北岸從銅鑼灣到中環地段建立據點，原先停泊在伶仃洋海面的鴉片躉船也相繼開進維多利亞海港。美、德、荷、法和意大利等國的洋行雖然還以廣州為基地，但他們也在香港招攬生意，裝卸貨物，推動了香港最初的轉口貿易。1841 年 6 月 14 日，義律代表香港殖民當局首次拍賣香港島北岸沿海土地，中標者包括 25 家洋行或私商，大部分是英資洋行。其中，怡和洋行投得銅鑼灣東角，林賽洋行投得灣仔春園，寶順洋行則投得中環地段。

　　1841 年 8 月，砵甸乍乘"女王"號炮艇抵港，接替義律主持香港的殖民開發，1843 年 4 月出任香港第一任總督。砵甸乍到香港後即著手制定香港的城市發展規劃，他將港島劃分為三個區域，即海域區、城市區、郊外區，規定離海岸 200 英尺範圍之內的區域為海域區，現今中環沿海地區、跑馬地、赤柱及香港仔等地為城市區，而其他地區則為郊區。[8] 後來，中環沿海地區發展成為維多利亞城。當時，怡和洋行在銅鑼灣東角經營，孟加拉志願軍則駐紮在西營盤，1842 年建築的皇后大道將東西兩個據點連接起來。皇后大道至海邊的沿海地區是洋行、貨倉的聚集地，商店則集中在燈籠洲，即後來銅鑼灣東角和灣仔春園一帶，後來向西發展，形成皇后大道的繁華商業區。1843 年底，即中英《南京條約》批文交換後不久，砵甸乍為維護西方殖民者利益，將中環維多利亞城中心劃為洋人專屬居住區和商業區，東西兩側為華人區，跑馬地一帶則供洋華上流社會打獵、郊遊之用。自此，域多利皇后街與花園道之間包括威靈頓街、雲咸街、雪廠街、畢打街在內的中環地區，逐漸成為洋行、銀行的集中地和洋人居住區，成為香港繁榮的核心商業區。

　　不過，香港開埠初期的經濟發展並非一帆風順。1842 年 8 月《南京條約》簽訂後，作為五口通商的口岸之一，上海得長江之利，腹地廣闊，已躍居全國最大的商港，香港的商業地位一度受到威脅，許多洋行都轉到上海發展。1845 年 8 月，香港 31 家英商曾聯名上書英國殖民地大臣，痛陳五口通商後香港地位的衰落。他們指出："香港已無商可營，島

8 /
沈永興主編：《從砵甸乍到彭定康——歷屆港督傳略》，新天出版社，1994 年，第 4 頁。

上只可供作香港政府及其官員駐節之地,並收容一批身無長物的貧民而已。"1846 年 4 月 6 日英國《泰晤士報》報導:"香港的商業地位已大為降落,今年以來,已有兩家老商行結束,兩家決定遷出香港,又有兩兩家考慮步其後塵,僅留一名書記,處理貨運或郵件。"1847 年 5 月 4 日,已退休回國的怡和洋行創辦人麥地遜(James Matheson)對英國下議院說:"要不是在殖民地的初期投入了巨資,建築了民房堆棧,如今又捨不得拋棄那些物業的話,全體英商都要把香港放棄了。"當時,香港政府庫務司在其報告中,甚至形容香港乃一全無前途之地,主張放棄香港。[9]

五口通商後,香港的經濟確實一度受到影響,貿易額也大幅下降,但是,香港作為新開闢的商港,憑著得天獨厚的地理條件,仍然繼續發展。19 世紀 50 年代,有兩項事件對香港經濟發揮了積極影響:首先是 1848 年和 1851 年美國加利福利亞州和澳大利亞悉尼先後發現金礦,掀起了淘金熱潮,大批中國勞工經香港遠赴美、澳當苦力,極大地刺激了香港苦力貿易的興起;其次是 1851 年洪秀全從廣西發動的太平天國運動,迅速席捲了大半個中國,上海及長江流域的商業活動備受影響,一批資金和勞力從動盪地區流入香港,香港的轉口貿易再趨活躍。

這一時期,香港貿易的主要對象是中國大陸,由中國經香港向英國、印度等地出口茶葉、絲綢;由英國、印度經香港向中國大陸出口洋貨、棉花和鴉片(表 1-2、1-3)。其中,以鴉片貿易最為重要。鴉片戰爭後,香港取代了早期的伶仃島成為洋行走私鴉片的大本營。英資洋行把鴉片從印度販運到香港,囤積在香港的鴉片躉船上,然後再分銷到中國沿海各口岸,像怡和洋行 700 噸的"霍爾曼·羅曼洛號"和寶順洋行的"約翰·巴里號"就終年停泊在維多利亞海港。後來發現將鴉片儲存在香港島上比放在海港躉船上更安全,且可節省人力財力,兩家洋行便轉而將鴉片存放在港島貨倉內。香港島實際上成為不沉的鴉片躉船。

香港作為"世界上最大的鴉片走私巢穴和貯存、轉運中心"的地位,前後保持達 30 年之久。[10] 鴉片貿易在早期香港貿易中的地位,可以在以下事實中得到充分的反映:1845 年,香港政府在年度報告中承認,鴉片是它的主要出口貨物。1847 年,香港出口總值為 226,130 英鎊,其中鴉片達 195,625 英鎊,佔 86.5%。1855 年,美國駐香港領事報告美國國務院稱:"我確實不知道此間是否有哪怕一家商號,不以某種方式從事這項貿易(指鴉片貿易——引者)或對它發生興趣。"[11] 香港的鴉片轉口貿易

9 /
元邦建著:《香港史略》,香港中流出版社,1988 年,第 113 頁。

10 /
余繩武、劉存寬主編:《十九世紀的香港》,麒麟書業有限公司,1994年,第 230 頁。

11 /
余繩武、劉存寬主編:《十九世紀的香港》,麒麟書業有限公司,1994年,第 230 頁。

直到 20 世紀才逐漸衰落。據統計，1864 年至 1904 年，香港的鴉片進口總值從 2,000 萬両增加到 3,700 萬両，不過，其在進口總值中所佔比重則從 39.2% 下降到 10.7%。

表 1-2　　1864-1904 年香港進口貨物概況（單位：萬両）

商品品種	1864 年	1884 年	1904 年
鴉片	2,000	2,600	3,700
棉織品	700	2,200	12,400
毛織品	500	350	350
五金	200	350	2,050
煤	—	150	800
火油	—	150	2,700
其他	1,700	1,400	12,500
合計	5,100	7,200	34,500

資料來源 /
《香港主權交涉史》，轉引自甘長求著：《香港對外貿易》，廣東人民出版社，1990 年。

表 1-3　　1864-1904 年香港出口貨物概況（單位：萬両）

商品品種	1864 年	1884 年	1904 年
絲	1,200	2,300	7,800
茶葉	2,900	2,900	3,100
棉花	600	1,000	2,400
豆	—	—	800
其他	400	1,400	9,900
合計	5,100	7,600	24,000

資料來源 /
《香港主權交涉史》，轉引自甘長求著：《香港對外貿易》，廣東人民出版社，1990 年。

這一時期，隨著美國加利福利亞州和澳大利亞悉尼先後發現金礦，香港還發展成為遠東的苦力貿易中心。據統計，1851 年至 1872 年間，從香港運往美洲、澳大利亞和東南亞的苦力華工就達到 320,349 人。[12] 苦力貿易不僅刺激了與它相關的商業的興旺，而且促進了美國舊金山和澳大利亞悉尼等地貿易的發展。由於舊金山的物價隨人口急增而暴漲，該地中國苦力的生活必需品均靠香港供應，其中包括大米、糖等等，甚至從香港運去大批木屋。僅 1848 年，香港即有 23 艘船運送上述貨品到加州。

12 /
嚴中平主編：《中國近代經濟史（1840-1894）》下冊，附錄，第 1602 頁，轉引自余繩武、劉存寬主編：《十九世紀的香港》，麒麟書業有限公司，1994 年，第 236-237 頁。

19 世紀 50 至 60 年代,受到太平天國運動的影響,內地大批華人富商紛紛南逃到香港,各種行商如雨後春筍般湧現。1858 年,香港政府在行業分類統計表中首次將 "行商" 單列,以示重視。當年共有 35 家,次年增加至 65 家。19 世紀 60 年代以後,行商的數量增長更快,1860 年為 77 家,1876 年已達到 215 家,到 1881 年更增加至 393 家,20 年間增長了 4.1 倍。行商中最矚目的就是南北行、金山莊的相繼冒起,成為香港開埠初期華商勢力崛起的標誌。當時,以南北行、金山莊為代表的行商,主要經營商品、貨物的轉口貿易,他們將內地華北及江南兩綫的物產,轉運到南洋、北美及澳大利亞,再將當地的貨品轉銷中國內地,由於適應海外華人社會的需求,因而獲得了快速的發展。

在洋行的鴉片貿易、苦力貿易及南北行、金山莊等行商的推動下,加上 19 世紀 60 年代末歐美各國開始將對外經濟政策的焦點,轉向爭奪銷售市場和原料產地,加上日本、菲律賓、越南等亞洲國家開放更多的港口,香港對外聯繫的範圍更加廣泛,香港和這些地區及歐美各通都大邑均互通郵電輪航,形成了進一步發展轉口貿易的巨大優勢。特別是 19 世紀 80 年代中期以後,香港的轉口貿易有了很大的發展,香港逐漸成為遠東各國商品的集散中心。據統計,1867 年,中國從香港進口貨物佔全部進口貨物的 20%,其中英國佔 15%,新加坡、澳大利亞、印度佔 4%,其他佔 1%。而到 1900 年,中國從香港轉運進入的貨物佔全部貨物的 40%,比 1867 年增加了一倍。[13]

13 /
余繩武、劉存寬主編:
《十九世紀的香港》,麒麟書業有限公司,1994年,第 258 頁。

從 1876 年至 1915 年這 40 年間,香港在中國對外貿易中佔有非常重要的地位。其中,經香港進口貨值在中國進口貨值總額中所佔比重大約在 30% 至 40% 之間,有的年份甚至達到 50%;而經香港出口貨值在中國出口貨值總額中的比重也在 20% 至 40% 之間,有的年份甚至超過 40%(表 1-4)。正如編制該表的作者所說:"各國與中國往來貿易以英為最巨,英人善貿遷之術……香港為樞紐,印度為外府。" 這時期,香港已奠定其作為中國及遠東貿易轉口港的地位。

不少研究香港的歷史學家,將 1898 年作為香港確立其遠東貿易轉口港地位,及進入新的發展時期的起端。事實上,這一年發生的兩件大事,對於香港最終確立貿易轉口港的地位都產生了深遠的影響。第一件是香港地域擴展到新界地區。19 世紀末,西方列強相繼在中國劃分勢力範圍,1898 年 6 月 9 日,英國政府強迫清政府簽訂《展拓香港界址專條》,強

表 1-4　　　1876-1915 年香港市場在中國外貿中所佔的比重（單位：両）

年份	中國進口值的香港比重			中國出口值的香港比重		
	中國進口總值	經香港進口值	香港所佔比重（%）	中國出口總值	經香港出口值	香港所佔比重（%）
1876	67,389,662	27,371,681	40.6	80,850,512	14,477,235	17.9
1881	93,883,635	31,189,395	33.2	71,452,974	17,661,418	24.7
1886	89,310,480	34,889,671	39.1	77,206,568	32,552,676	42.2
1891	136,111,839	68,155,959	50.0	100,947,849	37,707,661	37.3
1896	211,623,419	91,356,530	43.3	131,081,421	54,053,060	41.2
1901	277,139,735	120,329,884	43.4	169,656,757	71,435,703	42.1
1906	428,290,287	144,936,957	33.8	236,456,739	82,740,427	35.0
1911	482,576,127	148,249,335	30.7	377,338,166	103,669,742	27.5
1915	477,064,005	148,436,159	31.3	418,861,164	104,169,938	24.9

資料來源 /
黃炎培、龐淞編：《中國商戰失敗史》（1966 年龍門書店再版時取名《中國四十年海關商務統計圖表》）。

行租借深圳河以南、界限街以北的九龍半島及周邊 230 多個島嶼，即後來被稱為"新界"的地區，為期 99 年。新界地區納入香港版圖，使香港土地增加了 11 倍、人口增加三分之一。這無疑為香港經濟的發展提供了廣闊的空間及更多的人力資源。第二件是興建貫通香港與廣東的鐵路動脈——九廣鐵路。該鐵路於 1911 年 10 月全綫通車，使香港與以廣州為中心的華南地區的交通運輸更加便捷，進而透過中國的鐵路網絡溝通與華東、華中的聯繫。[14]

　　踏入 20 世紀，香港的轉口貿易獲得了迅速的發展，成為經濟發展最重要的動力，轉口貿易業成為當時整個香港經濟的主導產業。從統計數據看，1898 年，進出香港的貿易船隻總數為 11,058 艘，總噸位為 1,325 萬噸，但到 1913 年已分別增加到 21,867 艘和 2,294 萬噸，增幅近一倍。雖然第一次世界大戰期間，香港的轉口貿易一度陷入停滯，進出口貿易船隻的噸位數從 1914 年的 2,207 萬噸下降到 1918 年的 1,696 萬噸，跌幅達 23%。不過，戰後，香港的商人利用歐洲各國經濟疲弱無暇東顧的有利時機積極開拓遠東市場。1924 年，進出香港的貿易船隻總噸位達到 3,547 萬噸，比戰前最高記錄增加五成以上。1930 年，香港首次出現官方對外貿易統計數字，該年香港對外貿易總額達 8.12 億港元，其中出口總額達 3.57 億港元。[15]

14 /
馮邦彥著：《香港華資財團（1841-1997）》，三聯書店（香港）有限公司，1997 年，第 50-51 頁。

15 /
安德葛著：《晦暗無光的香港》（G.B. Endacott, Hong Kong Eclipse），牛津大學出版社，1978 年，第 23 頁。

1937 年，日本發動全面侵華戰爭，由於中日戰事對上海的影響以及後來上海的陷落，香港的對外貿易獲得意想不到的發展契機，呈現了空前的繁榮。抗日戰爭爆發前，中國沿海的三大港口分別是上海、天津和香港，其中又以上海港的吞吐量最大、地位最重要。然而，1937 年上海陷落後，途經長江口岸的貨物紛紛改道轉運香港，刺激了香港對中國內地貿易的蓬勃發展。1937 年，香港的進出口貿易達到創記錄的歷史高峰，當年錄得進出口貿易總額達 10.84 億港元，比 1930 年增加 33.5%，其中，出口總值 4.67 億港元，進口總值 6.17 億港元（表 1-5）。1938 年初，中國海關的統計數字表明，中國的對外貿易約有一半是通過香港進行的。這種盛況一直持續到 1938 年 10 月 21 日廣州陷落。

1940 年，香港的進出口貿易額達 13.745 億港元，比 1936 年大幅增加 71.8%。其中，出口達 6.218 億港元，進口達 7.527 億港元，比 1936 年分別增長 77.2% 和 66.4%（表 1-5）。[16] 其中，以糧食最多，布疋次之。這可能與戰時儲備的需求有關。這一時期，對外貿易業已成為香港經濟中最重要的產業。

16 /
香港上海滙豐銀行：《百年商業》，轉引自劉蜀永主編：《簡明香港史》（新版），三聯書店（香港）有限公司，2009 年，第166 頁。

資料來源 /
劉蜀永主編：《簡明香港史》（新版），三聯書店（香港）有限公司，2009年，第 171-173 頁。

表 1-5　　20 世紀 30 年代香港對外貿易概況（單位：億港元）

年份	對外貿易總值	出口總值	進口總值
1930	8.120	3.570	4.550
1933	9.012	4.003	5.009
1934	7.341	3.225	4.116
1935	6.360	2.710	3.650
1936	8.003	3.509	4.524
1937	10.844	4.673	6.171
1938	11.300	5.119	6.181
1939	11.276	5.334	5.942
1940	13.745	6.218	7.527

根據聯合國的國際標準產業分類，對外貿易包括轉口貿易屬於第 6 類產業——批發和零售業、餐館與旅店業。可以說，從香港開埠到 20 世紀 30 年代末的近百年間，隨著香港經濟的發展，特別是貿易轉口港地位的確立，香港經濟的主導產業已從原來的漁農業迅速被轉口貿易產業取代。

| 第三節 |　**轉口貿易的產業組織：洋行與行商**

　　香港開埠後的近百年間，作為主導產業的轉口貿易，其微觀企業組織是貿易公司，具體包括兩大類：外資的"洋行"和華商的"行商"（以"南北行"和"金山莊"為代表）。

一、外資的"洋行"

　　所謂"洋行"，亦即外商貿易公司（foreign firms），一般指近代外商在中國從事貿易的代理行號。清人吳熾昌在《客窗閑話續集·難女》曰："余舅金氏，以大海之洋行為業，自置洋船五，在東西洋貿易。"《二十年目睹之怪現狀》第四十九回講到："此刻有一個外國人，要在上海開一家洋行，要請一個買辦。"

　　洋行之於中國，最初約產生於 18 世紀 70 至 80 年代。1773 年，東印度公司確立了鴉片專賣制度，向中國展開大規模的鴉片貿易。1796 年，清政府宣佈禁煙，東印度公司向從事鴉片走私的英國自由商人發出特許證，轉由後者繼續進行鴉片走私。正是在這種背景下，一批由鴉片販子和自由商人組成的、主要從事對華貿易的私人貿易公司——"洋行"應運而生。據記載，中國的洋行最早可追溯到 1782 年在廣州開設的柯克斯·賴理德商號，即 1824 年創辦的馬尼亞克公司和 1832 年創辦的怡和洋行的前身。1834 年，東印度公司對華鴉片貿易的壟斷權被廢除後，外資洋行如雨後春筍般湧現，開始在中國經濟嶄露頭角。到 18 世紀末，廣州的英美"洋行"已達 24 家以上。其中，最著名的就是英資的怡和洋行、寶順洋行和美資的旗昌洋行。[17]

　　1841 年 1 月英軍侵佔香港後，香港隨即開埠。在英軍堅船利炮的保護下，廣州澳門一批與鴉片走私密切相關的外資洋行相繼進入香港，紛紛在香港島北岸從銅鑼灣到中環地段建立據點。到 1843 年底，香港的外

17/

馮邦彥著：《香港英資財團（1840-1996）》，三聯書店（香港）有限公司，1996 年，第 4-9 頁。

18 /
《香港殖民地歷史與統計概要（1841-1930）》，第 3 頁；《馬丁報告》，1844 年 7 月 24 日，英國殖民地部檔案，C.O.129/18——轉引自余繩武、劉存寬主編：《十九世紀的香港》，麒麟書業有限公司，1994 年，第 218 頁。

19 /
《孖剌報告名錄（1870 年）》，第 221 頁，轉引自郝延平：《十九世紀的中國買辦——東西方之間的橋樑》（yen-ping Hao, *The Comprador in Nineteenth Century China, Bridge between East and West*），1970 年，美國出版，第 120 頁。

20 /
余繩武、劉存寬主編：《十九世紀的香港》，麒麟書業有限公司，1994 年，第 318 頁。

21 /
勒費窩著：《清末西人在華企業：1842-1895 年怡和洋行活動概述》，第 29、48、166 頁。轉引自余繩武、劉存寬主編：《十九世紀的香港》，麒麟書業有限公司，1994 年，第 319 頁。

資洋行已增加到 20 多家，包括 12 家規模較大的和 10 家規模較小的英資洋行，6 家印度商行和來自新南威爾士的一批商人。[18] 這些洋行推動了香港轉口貿易（主要是鴉片貿易）的最初發展。1842 年鴉片戰爭以後，上海等五口通商，吸引部分洋行北上，香港洋行的發展因此一度停滯。但到 19 世紀 60 年代，香港迎來了開埠以來的初步繁榮，洋行的數量開始大幅增加，到 1872 年，香港洋行的數量已增加到 202 家。[19]

在總數 200 餘家的洋行中，形成了一批規模宏大、具壟斷地位的洋行，他們包括：怡和洋行、寶順洋行、太平洋行、林賽洋行、乜洋行、沙宣洋行、德忌利士洋行、瓊記洋行、旗昌洋行等。其中，號稱"商業大王"的英商怡和洋行、寶順洋行和美商的旗昌洋行、瓊記洋行等少數幾家大洋行控制了香港主要的商業活動。當時，貿易的主要方式是銀貨交易，自購自銷。由於中西交通和銀行業極不發達，消息遲滯，完成交易一般需要一兩年時間，為囤貨待售不得不呆滯巨額資金，缺乏資本實力的小洋行很難立足。[20]

這些洋行，主要以鴉片的轉口貿易為主營業務，同時兼營航運、銀行、保險等業務，擁有自己的船隊、碼頭、貨倉，以及經營匯兌和放款等銀行業務的代理店和保險部等。以怡和洋行為例，1863 年至 1864 年，怡和的營業額為 1,223 萬兩白銀，其中鴉片貿易為 723 萬兩，佔總營業額的 59.1%；其他業務的總和為 500 萬兩，不及鴉片生意的 70%。當時，怡和自行投資的鴉片貿易，年平均利潤率約為 15%，代理業務的利潤率為 4%。怡和將這些利潤投資於絲、茶貿易和航運、保險、匯兌及放款業務。[21] 此外，怡和、寶順、乜和旗昌等洋行還積極參與華工販運並牟取巨利。這一時期，鴉片貿易和牟取暴利成為外資洋行發展的基本特點。

19 世紀 70 年代以後，一方面由於輪船航運業和國際電訊的發展，使得中西貿易的周期縮短，資金周轉的速度加快，流動資金的需求量減少，致使僅有小額資本的洋行也能依靠穩步發展起來的外資銀行貸款，充當商業的代理人，與大洋行展開競爭。另一方面，中小洋行對資金的龐大需求，推動了外資銀行的崛起，逐漸取代了大洋行的銀行代理部，加強了洋行對銀行的依賴。國際貿易環境這兩方面的改變，使得中西貿易的傳統方式發生了巨大變化，少數大洋行壟斷商業活動的地位動搖，利潤下降。早期作為大洋行附屬和買辦的華商日趨活躍，並與前者展開激烈競爭。為了利用華商熟悉內地市場的優勢，並彌補自有資本的不足，外資洋行紛紛與香港本地華商"合作"，進行"聯合投資"，組建股份公司。1887 年香港有股份公司 26 家，次年增加到 36 家，1889 年達到 54 家，三年間增長一倍。[22]

面對日趨激烈的競爭，外資大洋行開始改變經營策略，將業務的發展重點從過去的商品交易（主要是鴉片貿易）逐漸轉向工業、金融業以及貿易服務性行業。其時，經過第二次鴉片戰爭，中國已開放越來越多的通商口岸，香港的大洋行對香港及內地各通商口岸的投資一再掀起高潮。這些洋行除了投資經營輪船航運、碼頭貨倉、船舶修造、保險、銀行等各種行號企業以外，還將投資的重點逐步轉向鐵路、工廠、礦山。最早的工業投資是為發展航運業而經營的船塢，稍後是利用中國原料而經營的加工工業，包括巢絲、製磚茶、製糖等，部分專為在中國市場銷售的若干輕工業，如火柴、肥皂、麵粉、捲煙、棉紡、食品等，以及應用在租界的公用事業。這些企業行號大都由多家洋行聯合集資創辦，獨資創辦者很少。各大洋行、大企業又通過聯合投資或交叉投資，建立起廣泛的企業聯繫，從而形成若干具重要影響力的財閥。這些大洋行和財閥，主要包括英資的怡和洋行、太古洋行、沙宣洋行、泰和洋行、仁記洋行、太平洋行，德資的禪臣洋行、禮和洋行、美最時洋行等。每家大洋行都擁有一二十家關聯企業。[23]

據統計，到 1941 年日本侵佔香港前夕，香港的洋行數目增加到約 400 家。其中最著名的有怡和洋行（Jardine, Matheson & Co. Ltd.）、太古洋行（Butterfield & Swire Co.）。此外，還有天利洋行（Gregory & Co., T.M.）、天和洋行（Banker & Co., Ltd.）、飛航公司（Aero Trading Co.）、太平洋行（Gilman & Co., Ltd.）、北力乞洋行（Blackhead & Co., F）、永利洋行（Moses & Co., Ltd. N.S.）、加藤洋行（Kato & Co., S.）、堯林珍洋行（Manners & Co., U.）、興盛洋行（Hannibal & Co., Ltd.）、免那洋行（Manners & Co., Ltd., John）、洛士利洋行（Loxley & Co.[China], Ltd., W.R.）、域景洋行（Wicking & Co., Ltd., Harry）、捷成洋行（Jebsen & Co.）、新中和洋行（Skott & Co., Ltd., H.）、新沙宣洋行（Sassoon & Co., Ltd., E.D.）、旗昌洋行（Shewan, Tomes & Co.）等。這些洋行的基本特點是：資金雄厚，營業數額大，1940 年香港洋行的平均營業額為 500 萬港元；他們一般在內地設有分行；其經營業務趨多元化，多數洋行的商業活動並不局限在一兩個行業之中。[24]

22 /
余繩武、劉存寬主編：《十九世紀的香港》，麒麟書業有限公司，1994年，第 321 頁。

23 /
余繩武、劉存寬主編：《十九世紀的香港》，麒麟書業有限公司，1994年，第 322 頁。

24 /
《行商轉變史》，載香港上海滙豐銀行編：《百年商業》，香港光明文化事業公司，1941 年；黃光域：《外國在華商業辭典》，四川人民出版社，1995 年。轉引自劉永蜀：《簡明香港史》，三聯書店（香港）有限公司，1998 年，第 173-174 頁。

　　這些大洋行中，最具實力和影響力的是英資的怡和洋行。怡和洋行創辦於 1832 年，其正式名稱是 "渣甸·麥地遜公司"（Jardine, Matheson & Co.），1906 年後改組為 "渣甸·麥地遜有限公司"（Jardine, Matheson & Co. Ltd.），是以其兩個創辦人威廉·渣甸（William Jardine, 1784-1843）和詹姆士·麥地遜（James Matheson, 1796-1878）的名字命名的。"怡和" 是它在廣州註冊時的行號。怡和洋行早期主要從事鴉片貿易，1872 年以後逐漸轉向商品轉口貿易，包括茶葉、生絲、土特產（北方的羊毛、毛皮、大豆、油類、油類種子和南方的桐油、茴香子、肉桂、生薑等）的出口與機器、五金、路礦器材、木材、軍火的進口。與此同時，怡和並從事航運、倉儲碼頭、交通運輸、金融保險、房地產、工業及公用事業等各個領域的經營業務。至 20 世紀上半葉，怡和在香港及內地的關聯企業已多達 20 餘家，主要包括：從事航運業的省港澳輪船公司（1860 年）、印—華輪船公司（1881 年），從事倉儲碼頭、船塢業的香港九龍碼頭及倉庫有限公司（1886 年）、香港黃埔船塢公司（1863 年）、上海公和祥碼頭公司（1871 年），從事金融保險業的諫當保險行（1836 年）、香港火災保險有限公司（1866 年），從事房地產業的香港置地公司（1889 年），從事工業的香港中華火車糖廠（1875 年）、汕頭怡和糖廠（1878 年）、怡和紗廠（1895 年）、上海怡和製材廠（1905 年）、上海怡和打包廠（1907 年）、上海怡和冷氣堆棧（1920 年）、上海霍葛鋼品公司（1934 年）、上海怡和啤酒有限公司（1935 年），從事公用事業的上海煤氣公司（1864 年）、上海自來水公司（1880 年）、香港電燈有限公司（1889 年）等。怡和透過這些關聯公司，將經營業務拓展到香港與內地的各通商口岸及各個領域，成為這一時期香港最大的財閥，被譽為香港的 "洋行之王"。怡和曾在它的廣告上驕傲地宣稱："在中國任何地方，只要哪裏有貿易活動，哪裏就有怡和洋行。"[25]

　　這一時期，香港另一實力雄厚的洋行是太古洋行。太古洋行於 1866 年在上海創辦，創辦人為英商約翰·塞繆爾·施懷雅（John Samuel Swire, 1825-1898）。早期，太古洋行作為英國太古公司（John Swire & Sons Co.）在中國的分支機構，[26] 主要在上海從事進出口貿易，將英國的毛紡織品運到中國銷售，同時將中國的茶葉、生絲等產品銷往英國、美國和澳大利亞。太古洋行於 1870 年 5 月在香港開設分行。在此前一年，施懷雅已預見到："香港將為未來航務貿易中最重要的東方碼頭。" 香港分行一成

25 /
《怡和洋行的復興（1945-1947）》，載陳寧生、張學仁編譯：《香港與怡和洋行》，武漢大學出版社，1986 年，第 145 頁。

26 /
馮邦彥著：《香港英資財團（1840-1996）》，三聯書店（香港）有限公司，1996 年，第 105-107 頁。

立，就被賦予與上海總行的同等地位，隨著時間的推移，它逐漸成為太古洋行在遠東地區的總部。繼香港之後，太古相繼在福州（1872年）、汕頭（1882年）、蕪湖（1884年）、漢口（1885年）、天津（1886年）、寧波（1888年）、鎮江和牛莊（1890年）、宜昌（1891年）、廣州（1892年）、廈門（1896年）、南京和煙台（1900年）、大連（1909年）、長沙（1912年）、青島（1913年），以及重慶（1929年）等城市建立分行，[27] 形成龐大的分銷網絡，從而將其經濟活動滲透到中國各通商口岸乃至更深的經濟腹地。

太古洋行創辦不久，就將業務拓展到航運代理。1872年，施懷雅家族在倫敦創辦太古輪船公司（The China Navigation Company），由太古洋行代理。1873年，太古輪船公司已幾乎承運了長江貨運的半數貨物。到20世紀30年代，太古輪船旗下的船隻多達90多艘，執長江航運的牛耳。19世紀80年代以後，太古還將經營業務擴大到與航運相配套的行業，包括製糖、船塢、倉儲碼頭、油漆生產與銷售，以及保險等。到第二次世界大戰前，太古洋行已發展成為一家以太古洋行為旗艦、以航運業為主幹、業務多元化的大洋行。旗下的關聯企業包括：太古輪船公司、太古糖廠（1881年）、太古船塢（1900年）、天津駁船公司（1904年）、永光油漆公司（1934年）、太古倉埠公司（1948年）等。[28]

怡和洋行和太古洋行的企業組織架構和業務領域，在一定程度上反映了當時在香港大洋行的基本概貌。

二、華商的"行商"（以"南北行"和"金山莊"為代表）

"行商"的起源最早可追溯到明清時代廣州的"十三行"。乾隆二十二年（1757年），清政府下令"番商將來只許在廣東收泊貿易"，並對絲綢、茶葉等傳統產品的出口實行嚴格控制，形成廣州"一口通關"局面。清政府授予行商以外貿特權，行商同時成為壟斷中外貿易的商業組織，以及清政府與外商之間的媒介，兼有外交職責。廣州十三行中，最著名的是廣東南海富商伍秉鑒經營的怡和行。當時，廣州十三行成為與兩淮鹽商、山西晉商並立的行商集團。鴉片戰爭後，中英簽訂《南京條約》，開放上海五口通商，允許外國商人在各通商口岸與華商交易，廣東喪失了外貿優勢，廣州十三行逐步衰落，"十三行"制度亦最終崩潰。

27 /
The Swire Group, *Key Years in The History of The Swire Group*，太古集團宣傳冊。

28 /
馮邦彥著：《香港英資財團（1840-1996）》，三聯書店（香港）有限公司，1996年，第36-38、107-118頁。

　　1840 年香港開埠後，"行商"逐漸成為在香港從事中外貿易的華人商號的統稱。不過，自此，行商已不再擁有對外貿易的專利，成為單純的貿易商行。19 世紀 50 年代，受到太平天國運動的影響，內地大批華人富商逃難到香港，各種行商如雨後春筍般湧現，其中，最矚目的就是南北行、金山莊的相繼冒起。以南北行、金山莊為代表的行商，與外資洋行一樣主要從事轉口貿易，將內地華北及江南兩綫的物產，轉運到北美、澳大利亞和南洋地區，再將當地的貨品轉銷到內地，由於適應海內外華人社會的需要，因而在短期內迅速崛起。據統計，1858 年，香港僅有行商 35 家，1870 年達 113 家，1876 年達 215 家，到 1881 年更增至 393 家（表 1-6），比 1858 年增長逾 10 倍。[29]

29 /
余繩武、劉存寬主編：
《十九世紀的香港》，麒
麟書業有限公司，1994
年，第 328 頁。

表 1-6　　1876-1881 年香港華商商號發展概況（單位：家）

年份	行商	零售商	米行	花紗	疋頭	洋貨	茶葉
1876	215	287	95	38	78	167	26
1881	393	2,377	128	58	109	191	51

資料來源 /
余繩武、劉存寬主編：
《十九世紀的香港》，麒
麟書業有限公司，1994
年，第 329 頁。

　　行商中，以南北行的歷史最悠久，影響最深廣。南北行的業務早在香港開埠前百多年間已相當活躍，主要由廣東潮汕地區的商人經營。19 世紀 50 年代，部分南北行商號鑒於當時太平天國運動蜂起，局勢動盪，又看到香港港口優良，地處華南要衝，外通五洋，航運業發達，遂轉以香港為基地經營南北行業務。1850 年，廣東澄海籍商人高元盛首先在港島文咸街開設元發行商號。翌年，廣東饒平籍商人陳煥榮在元發行附近開設乾泰隆商號。南北行商號發展很快，到 19 世紀 70 年代已增加到 30 餘家。著名的包括元發行、乾泰隆、合興行、義順泰行、怡豐行、順發行、怡泰行等。

　　1868 年，南北行同業組織——南北行公所成立，標誌著香港轉口貿易發軔時期華商最重要的行業——南北行正式形成。而南北行商號聚集的文咸西街後來亦被稱為"南北行街"。所謂"南北行"，即"集南北貨品以轉銷各地"的行商。這些行商所經營的業務，包括對北綫和對南綫的貿易，將北綫天津、上海、福州、廈門、汕頭等地的豆類、食油、雜糧、藥材和各類土特產品經香港轉銷到南洋各埠，又將南洋暹羅、新加坡、馬來西亞、緬甸、越南、印尼、菲律賓等地的大米、樹膠、錫礦、椰油、椰乾、沙藤、海產等貨品經香港販賣到中國沿海各埠，形成一個以香港為樞紐，北至華北各綫、日本，南至東南亞各國的貿易網絡。

　　香港的南北行是在 19 世紀末至 20 世紀初進入全盛時期的。據估計，在 20 世紀 20 年代，集聚在港島文咸西街、文咸東街、德輔道西、皇后街、永樂街一帶街區的南北行商號，多達 100 餘家，[30] 儼然成為中環商業區西側另一繁盛商業區域。南北行商號中，九成以上由廣東潮籍華商經營。這些南北行商號中，規模大者每年的營業額都在 2,000 萬港元以上。[31] 這一時期，南北行對其所經營的大宗貨物，包括大米、糖、藥材及南洋土特產等，多處於壟斷地位。以藥材為例，當時南北行 11 家大藥材行所組成的同業組織公志堂，實際上壟斷了經由內地四川、雲南、廣西、江蘇、浙江等十多個省份從上海、青島、武漢、重慶、天津各埠運往南洋的中藥材，以及經香港銷往內地的花旗參、胡椒、高麗參等非中國出產藥材。香港各種藥材舖都要到南北行公志堂屬下 11 家藥材行購買藥材。[32]南北行在香港轉口貿易中地位之顯赫，由此可見一斑。

　　金山莊的崛起源於 19 世紀 40 年代末和 50 年代初美國西岸和澳大利亞悉尼相繼發現金礦。1848 年，美國加州首先發現金礦，翌年即有大批華工經香港前往舊金山（San Francisco）開採金礦。在 1852 年內，約有 3萬名華工從香港乘船前往舊金山，航行於香港至舊金山之間的船隻則多達 44 艘。同期，還有大批華工前往秘魯、古巴乃至南洋各埠當"豬仔"。大批華人移民北美、澳大利亞和南洋，刺激了當地華人社會對中國貨品的需求，一批專門供應海外華僑的行商應運而生。專責販運貨品供應北美華僑的，稱為金山莊；專責販運貨品供應南洋華僑的，則稱為南洋莊。此外，還有秘魯莊、安南莊、暹羅莊、渣華莊、呂宋莊等。由於切合海外各埠華人社會的需要，金山莊、南洋莊等在短時間內迅速冒起，19 世紀 70 年代有 30 餘家，19 世紀末已增加到 100 餘家。[33] 到 1922 年，金山莊有 122家，1934 年增加到 127 家，1939 年約有 150 餘家。[34] 與溝通南北向貿易的南北行不同的是，金山莊主要溝通東西方的貿易，而且主要由廣府籍商人經營。以南北行、金山莊為代表的華商行商，大約掌握了當時香港對外貿易總額的四分之一，成為了推動香港轉口貿易的一股重要力量。

　　南北行的元發行和金山莊的和興號為行商的代表。元發行創辦於 1850 年，早期主要經營暹羅大米的進出口，東主高滿華在暹羅擁有 5 間碾穀廠。19 世紀 80 年代以後，元發行東主高舜琴先後在上海、牛莊、天

30 /
陳湜、李史翼編：《香港——"東方的馬爾太"》，上海華通書局，1930 年，第 210 頁。

31 /
賴連之著：《香港紀略》，香港上海萬有書局，1931 年，第 101頁。

32 /
魯言著：《香港南北行藥材商及壟斷事件》，載《香港掌故》（第 12集），廣角鏡出版社，1981 年，第 92-93 頁。

33 /
陳鏸勳著：《香港雜記》，中華印務總局，1894 年，轉引自《香港掌故》（第 9 集），廣角鏡出版社，1981 年，第74 頁。

34 /
劉蜀永著：《簡明香港史》，三聯書店（香港）有限公司，1998 年，第174 頁。

35 /

高貞白著：《從元發行的盛衰看南北行的發展》，載香港《信報財經月刊》，1977 年第 1 卷第 8 期，第 54-55 頁。高貞白為元發行東主高滿華的後人。

津、汕頭，以及南洋的安南、新加坡等地開設聯號，並在泰國開設元盛章、元得利兩家商號，在新加坡設有橡膠園，自營暹羅大米的進出口業務，並經辦安南、緬甸、新加坡的土特產品轉口內地。元發行又取得爪哇糖王黃仲涵的華南總代理權，經銷洋糖，並代理英資太古洋行的南洋貨運。元發行全盛時期，每年僅代客買賣的貨值就高達 1,000 多萬港元，收取佣金 30 萬港元左右。[35]

金山莊的代表是廣府籍華商李陞開設的和興號金山莊。和興號創辦於 1857 年，主要經營對北美的轉口貿易，並兼營苦力貿易、鴉片販賣、錢莊、賭業、地產等。與元發行的高滿華相比，李陞的投資較為廣泛。李陞發跡後，大量購置地產物業，包括後來港島的李陞街、堅尼地城的李寶龍台等，成為香港聞名的大業主。1889 年，他與怡和洋行買辦唐廷樞等合資開設廣州城南地基公司，購買土地，建築碼頭、堆棧。同年，香港最大的地產公司置地創辦，李陞亦是該公司的股東，成為該公司董事局中僅有的兩位華人董事之一。李陞還積極投資金融、航運及礦業等各個領域，包括 1877 年與人合夥籌資 40 萬港元創辦安泰保險公司，1883 年投資 10 萬兩白銀參與開發廣東中山的大嶼山鉛礦和儋州銀礦等。1900 年他逝世時，遺產高達 600 萬港元，比當時香港政府的稅收總收入還多 180 萬港元，堪稱當時香港華商的首富。[36]

36 /

賴特著：《商埠志》，第 184 頁，轉引自余繩武、劉存寬主編：《十九世紀的香港》，麒麟書業有限公司，1994 年，第 331 頁。

元發行與和興號的企業組織架構和業務領域，也可以在一定程度上反映了當時香港行商的基本概貌。

| 第四節 | 轉口港時期的支柱產業：航運、倉儲碼頭與船塢

　　香港作為遠東尤其是南中國的貿易轉口港和商埠，前後約經歷了 100 年的時間。這一時期，香港經濟的主導行業是轉口貿易業，其他行業基本上都是圍繞著轉口貿易而發展起來的，特別是航運、倉儲碼頭和船塢業，以及銀行、保險等金融業等。當時，製造業仍處於萌芽期，主要供本地應用，而且數目不多。製造業規模最大的主要是船塢、麻纜業，都是由對外貿易帶動的。而轉口貿易也促進了水電煤氣供應和建築業的發展。

一、航運業

　　隨著轉口貿易發展起來的經濟行業，首先是航運、倉儲碼頭和船塢業。香港最早的航運業，是由各洋行擁有的船隊推動的。鴉片戰爭前夕，怡和洋行已擁有一支由 12 艘大型帆船組成的船隊，正是由於擁有這支速度快捷、裝備精良的船隊，怡和洋行才能在對華鴉片貿易中建立壟斷優勢。香港開埠後，隨著各洋行進入香港，它們的船隊也遷入香港，以香港為基地穿梭於印度、香港和中國各通商口岸之間。19 世紀 60 年代，維多利亞海港中停泊著大批多桅帆船，滿眼是巨幅的風帆，纜索縱橫，彩旗飄曳，構成帆船時代的海港風情。帆船中許多是香港大洋行的快船，其中以怡和洋行、寶順洋行、麥域加洋行、丹拿洋行、仁記洋行和德忌利士洋行的快船最有名，高桅上懸掛著有特別標誌的彩旗，迎風招展，十分壯觀。大洋行以快船運貨，搶先運抵倫敦，是當年傳奇性的競爭。

　　從 19 世紀 60 年代起，航運業從帆船時代進入輪船時代，香港的各大洋行紛紛投資於航運業，組建輪船公司，在中國沿海和內河綫上展開激烈的競爭。這一時期，香港的航運業已擺脫了早期從屬於鴉片走私貿易的地位，蓬勃地發展起來。最早在香港組建的輪船公司是省港小輪公司（Hong

Kong and Canton Steam Packet Co.），創辦於 1848 年，由怡和、寶順以及絕大部分香港及廣州洋行籌建。省港小輪公司擁有"廣州號"和"香港號"兩艘姐妹輪船，經營香港至廣州航綫，從 1850 年 5 月開始，兩輪每周在港穗間通行 3 次。不過，省港小輪公司因經營不善，很快便於 1854 年停業。緊接著省港小輪公司經營省港航綫的是英國的倫敦半島東方輪船公司（Peninsula and Oriental Steam Navigation Company of London，簡稱 "P.& O."）。該公司於 1837 年獲英國政府特許經營印度航綫，1843 年在香港設立分公司，在上環設有辦事處 "鐵騎樓" 一座，師爺輩乃有神來之筆，稱之為 "鐵行"，沿用至今 100 餘年。19 世紀 50 年代後期，鐵行輪船公司經營的中國航綫，已從香港、廣州拓展至汕頭、廈門、福州等中國沿海通商口岸。1860 年，由怡和洋行參與投資的省港澳輪船公司（The Hong Kong Canton & Macau Steamboat Co.）成立，加入了香港、廣州及澳門之間的航運。當時，正值第二次鴉片戰爭，香港政府執行戰時法令，統制各航業，該公司得到港府支持，發給特許證經營，因而逐漸壟斷了華南內河及沿海的航運。

1869 年蘇伊士運河通航，大大縮短了歐洲至遠東的航綫，推動了香港遠洋航運業的發展。繼 "鐵行" 開拓香港的遠洋航綫之後，1861 年另一家英商輪船公司 "邊行"（Ben Line）亦首次派船來香港。1863 年，法國郵船公司加入歐洲和香港之間的定期航運。1866 年，美商太平洋郵船公司派輪定期航行香港至舊金山航綫。同年，英商霍爾特創辦海洋輪船公司（Ocean Steamship Company）派輪從倫敦經香港至上海。霍爾特的公司，又名 "藍煙囪輪船公司"（The Blue Funnel Line），因為它旗下的船隻，煙囪都一律塗上藍漆，俗稱之為 "藍煙囪船"，在中國沿海相當知名。1870 年，太古洋行、怡和洋行與旗昌洋行協議開闢中澳航綫，定期航行於福州、香港、馬尼拉和澳大利亞各港口。其後，陸續加入香港遠洋航運的還有意大利郵船公司、加拿大昌興輪船公司、北德意志路易公司、丹麥捷成洋行，以及日本大阪輪船公司等。[37] 這一時期，香港的航運業有了迅速的發展。據統計，1847 年香港港口停泊的船舶僅 694 艘，載重量 229,465 噸，到 1891 年已分別增加到 54,090 艘、74,542,161 噸，44 年間分別增長近 77 倍和 324 倍。而停泊香港港口的船舶中，每 100 艘就有 53 艘屬英商、31 艘屬華商、16 艘屬其他外商。[38] 可見，英商在航運業的激烈競爭中穩佔優勢，這種優勢一直維持至 20 世紀上半葉。

37 /
余繩武、劉存寬主編：《十九世紀的香港》，麒麟書業有限公司，1994年，第 242-243 頁。

38 /
陳謙著：《香港舊事見聞錄》，香港中原出版社，1987 年，第 57-59 頁。

19 世紀 60 年代以後，隨著各外資洋行將業務拓展至以上海為中心的中國大陸，中國沿海北洋航綫和長江航綫成為各洋行爭相追逐的目標。這些航綫利潤豐厚，600 海里短程航綫的運價，竟比中國至英國的遠洋運價還高，而上海至漢口之間的航綫，貨運運價每噸高達白銀 25 兩，一條輪船"往返一次的運費收入，即足敷插價成本"。[39] 當時，美商的旗昌輪船公司是長江的霸主，但怡和洋行卻透過其買辦唐景星主持的英國公正輪船公司和華商北清輪船公司分別參與了長江航運和沿海北洋航運。1872 年，太古洋行創辦的太古輪船公司，以大幅降價的辦法向旗昌在長江的壟斷地位發起挑戰，迫使旗昌在 1874 年與它達成長江聯運協議。1881 年，怡和創辦印—華輪船公司，自此，以太古、怡和為首的英資輪船公司成為中國內河及沿海航運的主力。

踏入 20 世紀，香港對華貿易迅速增長，受此影響，香港的航運業進一步發展。據統計，1990 年香港港口停泊的船舶為 82,456 艘，載重量 1,844.5 萬噸，到 1910 年已分別增加到 547,164 艘、3,653.4 萬噸，10 年間分別增長近 5.6 倍和 98.1%。其後，由於先後受到第一次世界大戰（1914-1918 年）、省港大罷工（1925-1926 年），以及世界經濟大蕭條（1929-1932 年）的影響，香港的航運業受到的衝擊較大。1935 年，進出香港船舶的總噸數為 4,347.4 萬噸，比一戰前最高峰 1913 年的 3,774.3 萬噸僅增加 15.2%。[40]

這一時期，特別是 20 世紀 30 年代，華商逐漸成為香港航運業的一股重要力量。其中的代表是廣東湛江富商許愛周家族。30 年代初，許愛周創辦順昌航業公司，經營湛江與香港之間的航綫。1937 年日本發動侵華戰爭，廣州不久亦告淪陷，省港客輪全部停航。當時湛江仍屬法租界，懸掛法國旗商船仍可航行，湛江便成為了當時中國的重要港口，大批物資從海外經湛江運往大西南。許愛周見航運業生意興旺，先後再創辦大安航業、太平航業、泰豐航業、廣利航業等航運公司，大量購置輪船，組成龐大船隊航行於廣州灣至香港及東南亞各埠，成為華南地區的航運鉅子。[41]

二、倉儲、碼頭業

轉口貿易在推動航運業發展的同時，亦帶動了香港倉儲碼頭業的發展。香港開埠初期，各洋行均有自設的倉儲碼頭，如怡和洋行在東角的

39 /
湯偉康、杜黎著：《租界 100 年》，上海畫報出版社，1991 年，第 80 頁。

40 /
劉蜀永主編：《簡明香港史》（新版），三聯書店（香港）有限公司，2009 年，第 167-169 頁。

41 /
〈許愛周家族發跡史〉，載香港《資本》雜誌，1989 年第 1 期，第 119-120 頁。

貨倉碼頭，就是香港最早期的深水碼頭。1863 年灣仔春園的麥奇利哥公司（Mc Gregor & Co.）修築了一座新碼頭，長達 250 英尺，伸入海中，潮低時水位亦達 26 英尺，這是香港第一座可供輪船停泊的現代化碼頭。1874 年，鐵行輪船公司也在上環設立貨倉碼頭，專供旗下船隻停泊。"鐵行"嫌上環地點不佳，1881 年遷到今日中環街市原址，其時干諾道中尚未填海，德輔道中便是海旁。稍後，"鐵行"貨倉碼頭繼續東移，遷往德輔道中 22 號。當時，各洋行的貨物通過船舶運到香港後，全靠苦力及駁船卸貨，待駁船靠岸後由苦力將貨物運送到各家洋行或貨倉，頗為不便。因此，香港商界早已渴望有獨立完整的碼頭貨倉系統。

1871 年，後來被稱為"殖民地之父"（The Father of the Colony）的英商保羅·遮打（Catchick Paul Chater, 1846-1926）[42] 創辦了香港第一家碼頭貨倉公司——香港碼頭貨倉公司，在灣仔海旁建設碼頭及貨倉，依照英國標準，用優質木材修建碼頭，用水泥建築倉庫，並購入起重機及手推車作卸貨之用。可惜，該公司創辦後股東僅籌到三分之二資本，資金不足，經營不理想，開業不久即負債累累，最後被迫破產。其碼頭貨倉在拍賣時由滙豐銀行以 8 萬港元投得，其後再由滙豐轉售予灣仔貨倉有限公司。

1874 年颱風襲擊香港，九龍半島尖沙咀海旁一帶有不少倉庫和碼頭東主破產，投資者自願將地段交還政府。1885 年，香港政府將尖沙咀臨海地段重新拍賣，由遮打投得。當時，該地段尚未發展，有充足的土地興建貨倉碼頭，且瀕臨深水港，可停泊大輪船，是建設貨倉碼頭的理想地點。1886 年，保羅·遮打與怡和洋行合作，創辦香港九龍碼頭及倉庫有限公司（Hong Kong and Kowloon Wharf and Godown Company Limited），資本為 170 萬港元。九龍倉在尖沙咀沿海地段建設兩座碼頭，因其形狀得名"九龍倉橋"。九龍倉除了在尖沙咀興建貨倉外，又收購了鐵行輪船公司的上環碼頭及怡和的上環碼頭。鐵行出售貨倉碼頭時，曾與九龍倉簽訂合約，該公司旗下輪船可使用九龍倉的尖沙咀碼頭貨倉，其收費 10 年不變。兩個上環碼頭後來獲香港政府批准填海，地價急漲，為公司帶來可觀利潤。1896 年，灣仔貨倉有限公司經營困難，要求與九龍倉合作，以挽救倒閉的危機。九龍倉在保證對方每年可獲得 8% 投資利潤的條件下，取得了該公司的控制權。自此，九龍倉增加了一座灣仔碼頭，以彌補尖沙咀碼頭的不足。

九龍倉創辦後一段時期，業務出乎意料的好，每年使用九龍倉碼頭的

42 /
馮邦彥著：《香港英資財團（1841-1996）》，三聯書店（香港）有限公司，1996 年，第 32-34 頁。

船舶直綫上升，不少歐洲輪船公司都致函表示支持九龍倉，船舶到港時即寄碇於九龍倉碼頭。1890 年，九龍倉的盈利比上年度增加一倍。到 20 世紀 30 年代末，九龍倉已發展成為香港一家以效率著稱的大型碼頭貨倉公司，無論在漲潮或退潮時，其碼頭都能夠同時停泊 10 艘吃水 10 米以上的遠洋貨輪。九龍倉還設有容量約 75 萬噸的貨倉，運輸貨棚備有專門設計的充足燈光和寬敞的貨場。貨倉是一座鋼筋混凝土的 6 層樓房，全都安裝了貨運電梯和起重機，同時設有能夠儲存 500 噸黃金或其他貴重物品的金庫或保險庫。公司還設有氣艇和駁船為繫在水鼓上的船隻卸貨，並經營一般貨物的轉運業務。九龍倉的創辦及其發展，使維多利亞海港有了嶄新的碼頭及貨倉設施，奠定了這個深水港的重要基礎。

三、船塢業

轉口貿易、航運業亦帶動了香港船塢業的起步與發展。早在 1843 年，英國人約翰‧林蒙船長曾在香港島東角附近開設了船排，製成了一艘載重 80 噸的小船 "塞拉蘇號"。1857 年，林蒙船長與德忌利士洋行的創辦人德忌利士‧拉伯勒合作，在石排灣海岸購地，開設一家造船廠，並興建了一座名為 "賀普船塢" 的旱塢。石排灣造船廠生意興隆，當時造得最多的一種船，是中葡合璧的帆船，船身是葡萄牙式，帆纜卻是中國式的，名叫羅沙船。引發中英第二次鴉片戰爭的 "亞羅號"，就是一艘羅沙船。

黃埔船塢和太古船塢的創辦是香港船塢業發展的里程碑。1863 年 7 月 1 日，因應航運業發展的需求，怡和洋行、鐵行輪船公司、德忌利士洋行等幾家船東聯合創辦了黃埔船塢（Hong Kong & Whampoa Dock Co.），由鐵行輪船公司駐香港監事托馬斯‧蘇石蘭（Thomas Sutherland, 1834-1922）出任主席。1865 年，黃埔船塢收購了石排灣造船廠和賀普船塢。1866 年，黃埔船塢根據公司法改組為有限公司，正式在香港註冊，資本 75 萬港元。由怡和洋行主席詹姆士‧惠代爾出任董事長，德忌利士輪船公司老闆拿蒲那任董事長秘書。1870 年，黃埔船塢與紅磡的聯合船塢公司（Union Dock Co.）合併，實力大增，成為當時香港最大的船塢公司。

19 世紀 70 年代初期，黃埔船塢幾乎佔有了廣州黃埔、香港及九龍所有大型船塢。不過，70 年代中期以後，九龍半島又先後出現了 8 家船塢公司與之競爭。黃埔船塢於是改變投資策略，決定重點在香港發展。它將廣州黃埔的柯拜船塢及其附屬設施，以 8 萬銀元的代價售予兩廣總督劉坤一，將所得資金在九龍紅磡興建一座現代化船塢。1880 年，黃埔船塢兼併了大角咀的四海船塢公司（Cosmopolitian Dock Co.），一躍成為香港修船和造船業的巨擘。1900 年，黃埔船塢的僱員達到 4,510 人，其設施不但能建造各式船舶，而且為來港商船及遠東海面的船隻提供各種修理服務。

踏入 20 世紀，香港船塢業迎來它的新發展。19 世紀下半葉，太古洋行旗下的太古輪船公司迅速發展成中國沿海及長江內河航運業的壟斷寡頭，對船舶修造業的需求日益迫切。1900 年，英國太古集團向英國政府提出申請，要求香港政府把他們在香港鰂魚涌投得的大片土地的租借期從 99 年延長至 999 年，以便興建一座規模宏大的造船廠。太古表示，船廠"對帝國來說將是極為寶貴的"。他們的申請獲得了批准。1900 年，英國太古集團的施懷雅家族、該公司的資深合夥人 J·H·斯科特，以及藍煙囪輪船公司老闆 R·D·霍爾特等合資在香港創辦了太古船塢公司（Taikoo Dockyard Co.），資本 80 萬英鎊，由太古洋行為代理人。同年，太古船塢在香港鰂魚涌太古糖場附近興建大型船塢，塢內的設施不但能負擔維修 2 萬至 3 萬噸輪船的任務，而且能建造萬噸級的輪船及生產引擎等多種機器。經過 9 年多時間，太古船塢終於建成，1910 年它為太古輪船公司建造了第一艘輪船。

太古船塢草創期間，塢內所僱用的固定工人，經常保持在數百人左右，在接到建造或維修大船的任務時，則增加到千人以上。不過，最初的兩年裏，太古船塢遇到黃埔船塢的激烈競爭，公司被迫將價格降到無利可圖的水平，每年的虧損額在 4 萬至 5 萬英鎊，陷入嚴重困境。經過長時間競爭和談判，1913 年兩家公司終於達成協議，共同壟斷香港的船舶修造業。後來，太古船塢有了很大的發展，它擁有當時最先進的技術設備，可與日本的造船業媲美，而其造價則比英國本土低廉。隨著航運業的發展，太古船塢不但為集團內各輪船公司以及香港英國海軍船艦提供全面的維修服務，而且逐漸包攬了中國，特別是華南地區的造船業務。太古輪船公司後期新增的船隻，幾乎全部都是由太古船塢建造的。太古船塢全盛時期，擁有僱員逾 5,000 人。1937 年抗日戰爭爆發後，中國沿海地區相繼淪陷，許多原來在上海等地維修的船隻，都要轉到香港，形成太古船塢與黃埔船塢的"黃金時期"。這一時期一直延至 1941 年日本侵佔香港才告結束。

| 第五節 | **轉口港時期的支柱產業：銀行和保險業**

一、銀行業

　　香港開埠之後，伴隨著轉口貿易發展起來的另一重要行業是銀行和保險等金融業。開埠初期，隨著首批洋行進入香港，他們的主要業務也轉移到香港，其中包括洋行的銀行業務，當時稱為代理店。早期洋行對華貿易的資金，就是主要由這些代理店提供的。其中最著名的是怡和、寶順、旗昌三大洋行的代理店。這些代理店從廣州或澳門移設香港，以便辦理大部分業務，主要是外匯買賣和貼現第一流的匯劃票據。不過，這種狀況並不能滿足規模較小的洋行的需要，因為代理店同時又是這批小洋行業務上的競爭對手，並不樂於經常向他們提供所需資金。

　　因應這種需求，一批以印度為基地的英國銀行迅速將業務擴展到香港，蠶食這些代理店的活動領域。1845 年，東藩匯理銀行（Oriental Banking Corporation）在香港開設第一家分行。其後，有利銀行（Chartered Mercantile Bank of India, London & China）、渣打銀行（Chartered Bank of India, Australia China）等相繼於 1858 年及 1859 年進入香港。當時，銀行的業務，主要是為洋行提供短期貿易融資和匯兌服務，如貿易押匯、貨幣兌換及自償性的商業票據貼現等，大都是圍繞著轉口貿易而展開的。

　　第二次鴉片戰爭後，中英相繼簽訂《天津條約》和《北京條約》，規定繼五口之後，中國進一步開放沿海的牛莊、天津等 7 個口岸和長江流域的鎮江、南京等 4 個口岸，使通商口岸增加到 16 個。沿海及長江流域大片腹地的對外開放，為外商提供了廣闊的貿易前景。這時，香港已被確立為西方列強尤其是英國對華貿易的基地，香港洋行的大班們均迫切感到創辦一家本地銀行的需要，以便為商人提供及時、充足的信貸，應付急劇膨脹的對華貿易，同時照顧香港政府需要大量資金展開港口碼頭、公用事業建設的要求。而當時洋行的代理店及幾家總行設在倫敦或印度的銀行，都無法適應客觀形勢的發展。這導致了香港一家本地註冊銀行——滙豐銀行的創辦。1864 年 7 月，在印度孟買的英國商人計劃開設一家在倫敦註冊、總部設在香港的"皇家中國銀行"。消息激怒了香港洋行的大班們，他們決定加快本地銀行的創辦。

滙豐銀行創辦時資本 500 萬港元，共 2 萬股，每股 250 港元，股東囊括了當時香港幾乎所有的大洋行。1864 年 8 月，由 15 人組成的滙豐銀行臨時委員會正式成立，主席由寶順銀行代表喬利姆擔任，成員包括鐵行輪船公司的蘇石蘭、瓊記洋行的赫德、乜洋行的麥克萊恩、香港巨富道格拉斯·拉潑來克、禪臣洋行的尼德、太平洋行的萊曼、費禮查洋行的史密脫、沙宣洋行的亞瑟·沙宣、公易洋行的羅伯特·布蘭特、廣南洋行的巴朗其·弗萊姆其、搬鳥洋行的威廉·亞當遜、畢洋行的赫蘭特、順章洋行的獵斯頓其·屯其肖，以及法律顧問波拉德。[43] 從委員會的組成看，滙豐銀行的股東包括了英國人、美國人、德國人、丹麥人、猶太人和印度人（帕西族人），他們大多數屬於最早在廣州建立洋行的商人。不過，在其後的歲月裏，除英商外的其他股東陸續退出，滙豐逐漸演變成英國人（蘇格蘭人）管理的銀行。

1865 年 3 月 3 日，香港上海滙豐銀行（The Hong Kong and Shanghai Banking Corporation）開業，總部設在中區皇后大道中 1 號向沙宣洋行租借的獲多利大廈。該大廈前臨海港，地點甚佳。1866 年，《滙豐銀行條例》（*The Hong Kong and Shanghai Bank Ordinance*, 1866）獲香港政府和英國財政部批准，滙豐銀行註冊為有限公司，並獲香港政府特許發行鈔票。19 世紀 70 年代中葉，"滙豐"的名稱開始使用，取其"匯款豐富"之意，1881 年這個名字已在滙豐銀行的鈔票上出現。[44] 滙豐銀行創辦之初，香港經歷了第一次嚴重的金融危機。1866 年，由於歐洲經濟危機波及印度和中國，對香港的貿易和金融造成災難性的打擊，先是印度的呵加剌銀行因為受到印度工潮影響，出現財政困難，其香港分行發生擠提，銀行宣佈破產。其後擠提風潮蔓延，多家基礎薄弱的銀行宣佈倒閉。風潮過後，原有的 11 家銀行僅幸存 5 家，即滙豐銀行、東藩匯理銀行、渣打銀行、有利銀行和法蘭西銀行。期間，滙豐銀行重要支柱之一的寶順銀行、乜洋行先後宣告破產，對香港經濟造成重大震撼。

1876 年，滙豐銀行傑出的銀行家托馬斯·傑克遜（Thomas Jackson, 1841-1915）出任總經理，滙豐銀行進入了快速發展的時期。這一時期，

43 /
柯立斯著、中國人民銀行金融研究所譯：《滙豐銀行百年史》，北京中華書局，1979 年，第 160-161 頁。

44 /
柯立斯著、中國人民銀行金融研究所譯：《滙豐銀行百年史》，北京中華書局，1979 年，第 8 頁。

滙豐在中國的業務發展極為迅速，在當時英國政府以及擔任中國海關總稅務司的英國人赫德的支持下，滙豐銀行取得了對中國政府的貸款優先權，以及獨家保管中國關稅和鹽稅的特權，並將貸款領域延伸到重要的鐵路、礦山及工廠。它不但在相當程度上影響著中國的對外貿易，而且在一段時期內左右著中國的滙兌市場，成為中國金融業中最具規模及影響力的外資銀行。隨著對中國業務的擴展，滙豐銀行的分行網絡從香港擴展到上海（1865 年）、漢口（1868 年）、廈門（1873 年）、福州（1877 年）、天津（1881 年）、北京（1885 年），以及海外的橫濱（1866 年）、神戶（1869年）、西貢（1870 年）、馬尼拉（1875 年）、新加坡（1877 年）、怡朗（1883年）、雅加達（1884 年）、曼谷（1888 年）、檳榔嶼（1890 年）和仰光（1891年）等。滙豐銀行的政策是逐漸在與中國有貿易關係的東方各港口建立分行網絡。這一政策對滙豐的發展極具戰略意義。

　　1880 年，滙豐銀行經營的業務已佔香港全部銀行業務的 50%。[45] 1898 年，滙豐銀行獲香港政府批准超過其資本額發行鈔票，條件是滙豐須將與超額數量相等的鑄幣或金銀存於庫房作為準備金。為此，滙豐銀行撥出 100 萬銀元存入庫房。從 1876 年到 1902 年傑克遜任總經理期間，滙豐銀行的資產從 4,300 萬港元增加到 2.8 億港元，每年盈利從不到 50 萬港元增加到接近 300 萬港元。1902 年，滙豐的資本額已增加到 2,500 萬港元，成為遠東著名的英資大銀行。[46] 對於滙豐銀行早期的成功，銀行歷史學家巴克斯特曾有這樣的評論："它一開始就開闢了新園地。它是在中國的英商滙兌銀行中，從該行活動地區中最重要的中心之一籌募資本、制訂方針和取得法人地位的第一家。它和當地的緊密聯繫，可以部分地解釋它從 1864 年以來的驚人發展以及現在它在中國的卓越地位。在資本雄厚、基礎穩固並經歷不少次異常的多事之秋和重要歷史的英國銀行同業中，它是享有無可爭議的領導地位的。"[47]

　　19 世紀末 20 世紀初，隨著香港商業和貿易的發展，外國銀行到香港開設分行者日多，主要包括法國的東方滙理銀行，日本的正金銀行、台灣銀行，美國的萬國寶通銀行、運通銀行、大通銀行，英國的大英銀行，荷蘭的小公銀行、安達銀行，以及比利時的華比銀行等。其中，美國萬國寶通銀行（National City Bank of New York），在中國通稱"花旗銀行"，總行設於紐約，是美國最具規模的商業銀行，分行遍設全球各主要貿易地區。萬國寶通銀行於 1900 年在香港開設分行，經營業務十分廣泛，除

45 /
T.K.Ghose 著、中國銀行管理培訓中心譯：《香港銀行體制》，中國銀行管理培訓中心，1989 年，第 4 頁。

46 /
柯立斯著、中國人民銀行金融研究所譯：《滙豐銀行百年史》，北京中華書局，1979 年，第 23頁。

47 /
巴克斯特著：《在華英國滙兌銀行之起源》，轉引自柯立斯著、中國人民銀行金融研究所譯：《滙豐銀行百年史》，北京中華書局，1979 年，第6-7 頁。

了一般商業銀行業務外，與中美貿易關係極為密切。當時，這些先後進入香港的外資銀行，都集中設址在港島中環維多利亞城東以昃臣道為界，西至畢打街的範圍內，這個地區逐漸成為香港著名的銀行區，並獲得政府特許，凡是進入該區的車輛一律不得任意鳴笛，以免影響各銀行的正常運作，故該區又有"禁區"之稱。銀行區內一棟棟大廈鱗次櫛比，其中最著名的建築物就是建於 1886 年的滙豐銀行大廈。

香港開埠初期，外資銀行的業務，主要是對從事轉口貿易的外資洋行提供融資和匯兌服務，本地客戶只限於規模最大的華資商行及少數殷商富戶，與華人社會鮮有聯繫。華商經營的業務，其信貸主要依靠由華人，尤其是來自廣東南海、九江、順德、四邑及潮汕等地的華人經營的"銀號"，即中國北方所謂的"錢莊"或"票號"。20 世紀初葉，隨著香港的轉口貿易的蓬勃發展，華人行商對使用押匯和信用證、支票的需求迅速增加，但傳統的銀號並不辦理此類業務，絕大多數銀號的資本額較小，利息高且信貸期短，具有較大的局限性。在這種歷史背景下，一批將西方銀行先進的經營方法與傳統銀號結合起來的華資銀行應運而生，主要包括：廣東銀行（1912 年）、大有銀行（1914 年）、工商銀行（1917 年）、華商銀行（1918 年）、東亞銀行（1919 年）、國民商業儲蓄銀行（1922 年）、嘉華儲蓄銀行（1924 年）、永安銀行和廣東信託商業銀行（1931 年）、香港汕頭商業銀行（1934 年）等。[48] 這批華資銀行與同期進入的外資銀行一起，形成香港開埠以來銀行業發展的第二次高潮。

20 世紀 30 年代，日本發動侵華戰爭，大批中國資金流入香港，期間一批華資銀行、銀號創辦，包括永安銀行（1931 年）、上海商業銀行（1932 年）、恒生銀號和永隆銀號（1933 年）、香港汕頭商業銀行（1934 年）、恒隆銀號（1935 年）和永亨銀號（1937 年）等。這一時期，內地的一批中國資本銀行進入香港，包括廣東省銀行（1929 年），廣西銀行（1932 年），交通銀行、上海商業儲蓄銀行、中南銀行（1934 年），金城銀行（1936 年），新華信託儲蓄商業銀行（1937 年），中國國貨銀行、聚興誠銀行、國華商業銀行、南京商業銀行（1938 年），中國實業銀行（1939 年）等，它們與早期進入的中國銀行（1917 年）、鹽業銀行（1918 年）等，構成香港銀行業中的一個新類別。到 1941 年日軍侵佔香港前夕，香港擁有的各類銀行已達 40 家左右。當時，由於內地遭受戰亂，政局動盪，大量資金湧入香港，香港銀行業呈現一片繁榮，1939 年出版的

48 /
馮邦彥著：《香港金融業百年》，三聯書店（香港）有限公司，2002 年，第 24-31 頁。

《香港華僑工商業年鑒》就指出：抗戰爆發以來，"吾人所有財力，多數集中本港，以致各大銀行營業，多有戶限為穿，拒而不納之勢"，"本港銀業，可謂極一時之盛"。[49] 戰前，香港各類銀行的業務多以匯兌、押匯、僑匯為主，以配合香港作為地區性商業中心和貿易轉口港的地位。

49 /
《香港略志》，載《香港華僑工商業年鑒》，1939年，第3頁。

二、保險業

1840 年香港開埠後，從事鴉片走私的英資洋行紛紛從廣州、澳門遷移到香港發展，它們為航運業而經營的保險業也在香港發展起來。

香港保險業中，歷史最悠久的當數 1805 年在廣州創辦的諫當保安行（Canton Insurance Society），又稱廣州保險行、廣州保險協會、諫當保安行或諫當水險行。該行是外商在中國創辦最早的一家保險公司，早期的發起者是英資寶順洋行與怡和洋行的前身。根據《怡和洋行史略（1832-1932）》的記載，早期諫當保險公司"似乎是由一些保險商組成的私人團體，……香港的所有知名洋行，每家都在裏面擁有一份或數份股份，而保險業務由怡和洋行經營。每年保險公司都向股東們提交一份有關這一年經營結果的書面報告，而且看起來總是有相當可觀的紅利可分。事實上，當時收到的保險費將使今天任何一位保險商垂涎三尺。"[50] 諫當保險行主要為外資洋行在對中國貿易（其中以鴉片貿易為最大宗）中的遠洋運輸貨物提供保險服務，其客戶就包括了它們的股東。該保險行每 5 年結算並改組一次，由寶順洋行和怡和洋行輪流負責經營，直到 1835 年這兩家洋行決定結束這一協定為止。

50 /
Jardine, Matheson & Co., 1832-1932, pp.36-37。轉引自聶寶璋編：《中國近代航運史資料》第一輯（上冊），上海人民出版社，1983年，第608-609頁。

1835 年，寶順洋行從諫當保安行撤出，諫當保安行解體。翌年，怡和洋行在諫當保安行的基礎上成立"諫當保險公司"（Canton Insurance Office Ltd.），其原始實收資本是 26,666 英鎊。當時，印度的代理商在爭取貨運時，就是"利用怡和的海運和保險服務來招徠他們各自範圍內的鴉片出口商"。諫當保險在怡和的經營下，保險範圍逐漸擴展到倫敦、印度和其他各地。不過，當時廣州遠洋貨運的保險業務主要是由各大洋行代理。據記載，1838 年，設在廣州的外資洋行約有 55 家，從事代理保險業務的外籍人員有 20 人，代理 15 家外資保險公司，包括倫敦保險公司、聯盟海險公司、海上保險公司等的在華業務。[51]

1841 年英軍佔領香港後，諫當保險公司即從澳門遷往香港，並於

51 /
吳越主編：《中國保險史》上篇，中國金融出版社，1998年，第18頁。

1842 年在香港註冊，成為香港最早的保險公司之一。該公司遷入香港後，並沒有放棄其在內地的業務。當時，中國被迫開放五口通商，西方各國開始在各開放口岸設立租界，引入現代貿易制度和現代化基礎設施。當時保險業發展迅猛，諫當保險率先投入到這一輪發展高潮中。1848 年，諫當保險在上海設立辦事處，承保範圍逐漸擴大到福州、上海、天津、汕頭等地區。直到 1860 年，該公司仍是中國唯一的保險公司，當時它還在莫斯科設有代理點，為使用跨西伯利亞鐵路的客戶承保。到 19 世紀 80 年代末，諫當保險公司已在內地十多個城市設有辦事處或者代理點，其中包括廈門、廣州、煙台、福州、漢口、九江、寧波、上海、汕頭和天津。[52] 1881 年，諫當保險根據第一部公司法正式改組為一家有限責任公司，總股本 250 萬美元，股本共計 10,000 股，每股 250 美元，已具備相當規模。

52 /
Lombard Insurance Group (1836-1986), pp.5.

1835 年，寶順洋行退出諫當保險公司後，即在廣州成立於仁洋面保安行（Union Insurance Society of Canton），獨立經營。據有關文獻記載，寶順洋行創辦的於仁保險，其原始實收股本為 50,000 美元，原始股東除了寶順洋行以外，還有英資的怡和洋行（Jardine Matheson & Co.）、特納洋行（Turner & Co.）以及美資的旗昌洋行（Russell & Co.）等。1866 年寶順洋行破產倒閉後，怡和、仁記、沙遜、祥泰、華記、義記、禪臣等香港 7 大洋行成為於仁的董事。該公司仍然是每 3 年結算一次，這慣例一直持續到 1874 年。由於該公司的客戶就是該行的股東，於仁的業務發展很快，先後於 1868 年和 1874 年在上海、倫敦設立分公司。1882 年 10 月 24 日，於仁保險根據《香港公司法》進行註冊，改組為一家股份有限責任制公司，額定資本為 125 萬美元，分為 500 股，每股 2,500 美元。

53 /
趙蘭亮著：《近代上海保險市場研究（1843-1937）》，復旦大學出版社，2003 年，第 29 頁。

54 /
E.LE Fevour, Western Enterprise in Late Ching China: A Selective Survey of Jardine, Matheson and Company's Operations 1842-1895, pp.136-137。轉引自聶寶璋編：《中國近代航運史資料》第一輯（上冊），上海人民出版社，1983 年，第 607 頁。

19 世紀 60 年代以後，隨著輪船時代的到來、1869 年蘇伊士運河的通航，以及 1871 年倫敦至遠東電報綫的架通等等所帶來的匯兌、航運及通訊等方面的便利，香港乃至整個遠東地區對外貿易的經營方式發生了重大變化，過去那種大一統的洋行經營體制逐步解體，洋行對那些"對外貿易的'外圍經濟部門'，如航運、保險、條約口岸設施以及銀行業的關切，超過了對貨物買賣的關切"，[53] 他們深刻地認識到了"保險業、銀行業如同航運業一樣，已發展成為這家洋行的至關重要的職能部門"。[54] 正是在這種特定的歷史背景下，香港各大洋行掀起了第一輪投資、經營保險業的熱潮，在香港創辦的外資保險公司主要有：1865 年太古洋行創辦的香港保寧保險公司（British Traders' Insurance Company Ltd.），1868 年怡和洋行創辦香港火燭保險公司（Hong Kong Insurance Company Ltd.），1870 年由旗昌、沙遜、瓊記等洋行創辦的香港維多利亞保險公司（Victoria Ins. Co.），等等。其中，香港火燭保險公司成為香港最具聲譽的保險公司。這一時期，各保險公司的業務仍主要由大洋行代理，如怡和洋行代理諫當保險公司、香港火燭保險公司、於仁洋面保險公司、孟買保險社、孟格拉保險社、特里頓保險公司、孟買海運保險公司等 8 家公司的保險業務；瓊記洋行代理美國 3 家保險公司。當時，香港保險業的發展仍與外資洋行從事的對華貿易密切相關，主要應用於保障船舶貨物及財產。大部分保險公司都以經營火險、意外保險及洋面保險等一般保險業務為主。

　　19 世紀後期，香港華商亦開始投資保險業，初期主要以附股形式投資於外資保險公司，僅限於收取股息，並無參與經營。1871 年 5 月，主要由華商創辦的華商保險公司宣告成立，總部設在上海，在香港開設分公司，該公司股本 150 萬元，其宗旨是 "把華商自己貿易的厚利收歸己有，在公司股份之中，務欲華人居其大半"。[55] 1877 年，香港金山莊和興號東主李陞與買辦何亞美等人合夥籌資 40 萬港元創辦安泰保險公司，按照西方企業經營方式去經營往來船隻的保險業務。該公司於 1881 年加入香港總商會，成為總商會第一家華資企業。安泰保險公司的創辦，被譽為 "19 世紀下半葉華人闖入洋商壟斷的商業和金融領域的重要一步"。[56] 到 19 世紀末，華商在保險業取得迅速的發展。這一時期華商創辦的知名保險公司有：萬安保險公司（1891 年）、義安水火險公司（1899 年）、福安洋面火燭保險兼貨倉公司（1900 年）等。此外，在報刊廣告上經常出現的還有宜安、全安、濟安、同安、普安、仁安、恒安等眾多保險公司，主要經營洋面火災保險及附揭匯兌貨倉等。[57]

　　進入 20 世紀，香港的保險業迎來了一個空前的低潮。1911 年，中國爆發辛亥革命，清皇朝瓦解，整個國家處於戰亂和分裂之中，世界運輸的隨機性也增加了，4 個月內不少於 41 艘輪船失蹤或沉沒，其中包括著名的泰坦尼克號，於仁為沉沒的泰坦尼克號支付了 4.2 萬英鎊。翌年，歐洲爆發戰爭，進入第一次世界大戰，商業陷入嚴重的困境。不過，直到 1915 年，於仁公司在年度報告說它仍然運作良好，並表示要給股東發放紅利。戰爭期間，於仁付出至少 2,000 萬元用於戰爭賠償，相當於（甚至高於）1914 年底公司的總資產。[58] 一次大戰後，保險業有了長足的發展。於仁加強了在中國內地的擴展，到 20 年代公司在上海、漢口、北京、天

55 /
聶寶璋編：《中國近代航運史資料》第一輯（上冊），上海人民出版社，1983 年，第 1436 頁。

56 /
施其樂著：《香港史片斷（一）》，載《英國皇家亞洲學會香港分會會刊》第 26 卷，1986 年，第 224-225 頁。

57 /
張曉輝著：《香港近代經濟史（1840-1949）》，廣東人民出版社，2001 年，第 144 頁。

58 /
Alan Chalakley, *Adventures and Perils: The First Hundred and Fifty Years of Union Insurance Society of Canton, Ltd.*, Ogilvy & Mather Public Relations (Asia) Ltd., pp.21.

津和廣州等地都設立了附屬機構，並控制了長江保險協會。這一時期，於仁的分支機構還擴展到倫敦、新加坡、悉尼、舊金山、西雅圖、多倫多、開羅、約翰內斯堡等世界各大城市，形成"遍佈世界的辦事網絡"，成為一家著名的跨國保險公司。

華商在保險業也有了進一步的發展。1915 年，永安公司創辦人郭氏兄弟在香港籌資 61 萬元，創辦了永安水火保險有限公司，業務發展迅速。1925 年，郭氏兄弟再創辦永安人壽保險有限公司，將保險業擴展到人壽保險。到 20 世紀 30 年代，永安水火保險公司的分支機構已遍設內地各大城市及東南亞各埠。同期，先施等多家華資公司都先後將投資領域擴大到保險業。據估計，到 40 年代初，香港的外資及華商保險公司已增加到超過 100 家。當時，外資保險公司實力雄厚，但在香港所設基本為分支機構，而華商保險公司則多將總部設在香港，"唯其中多屬數十萬或百餘萬資本者"。香港的保險業，基本由英資洋行主導，這些洋行只是在經營貿易及航運的同時，附帶做保險代理，因此險種較單一，以代理業務為主。

1935 年，在慶祝於仁成立 100 周年時，該公司董事長 S.H.Dodwell 指出："要從一個由商人在廣州創辦的小公司，發展成為由全球居民持股的跨國公司，需要預見和創造。我們今天的地位證明我們的先輩並不缺乏這種精神。" The Hon. Sir William Shenton 回應董事長發言時表示："沒有任何一種商業活動像保險一樣清晰地反映了商業活動的狀況，沒有其他哪種生意在國際貿易自由潮流中更加興盛。"[59] 這番話可以說是香港早期保險業的寫照。

總體而言，從 1840 年香港開埠到 1941 年日本侵佔香港前夕的整整100 年間，隨著香港作為遠東貿易轉口港地位的形成與最終確立，香港經濟逐步形成以轉口貿易產業為主導，以航運、倉儲碼頭及船塢業和銀行、保險等金融業為輔助的產業結構。根據世界銀行的統計，直到 1950 年，香港的第二產業，包括製造業、建築業以及水電煤氣供應僅佔本地生產總值的 16.8%，而第三產業則佔 79.6%，其中貿易及金融業佔 29.7%，運輸及通訊業佔 15.8%。[60] 香港在開埠首 100 年期間實際上已發展成為一個服務經濟體系。它的產業結構的演化，並未遵循一般的發展規律，從第一產業部門轉移到第二產業部門，而是繞過第二產業部門跳躍到第三產業部門。這是香港產業結構演變的特殊性。

59 /
Alan Chalakley, Adventures and Perils: The First Hundred and Fifty Years of Union Insurance Society of Canton, Ltd., Ogilvy & Mather Public Relations (Asia) Ltd., pp.28.

60 /
莫凱著：〈經濟發展與結構〉，載鄭宇碩編：《八十年代中期的香港》，香港大學出版印務公司，1985 年，第 95 頁。

第二章

第一次轉型：
香港經濟的
工業化

| 第一節 | 日佔時期及戰後初期的香港經濟

　　1937 年 7 月 7 日，日本藉蘆溝橋事變發動大規模的侵華戰爭，抗日戰爭爆發。一個月後，日軍佔領北京，開始向南推進。同年 11 月，日軍佔領上海華界。其後，日軍的勢力席捲大半個中國，國民黨政府退守大西南的重慶地區。1938 年 10 月，廣州淪陷。

　　1941 年 12 月 8 日，日本軍隊發動突然襲擊，偷襲美國珍珠港，同時佔領上海租界，太平洋戰爭正式爆發。這一天，日本空軍空襲香港，在港島中環金鐘兵房投下第一枚炸彈，隨後日軍 12 架轟炸機在 36 架戰鬥機的掩護下襲擊香港啓德機場，機場上 5 架英國皇家空軍戰鬥機及 8 架民用飛機被全部擊燬，太古船塢、印度軍營以及九龍城附近民居等地也先後中彈，香港陷入一片火海之中。與此同時，日軍在深圳河上架設浮橋，從陸路向香港發起進攻，12 月 13 日佔領九龍半島。在對英軍勸降未果之後，日軍對香港島進行狂轟濫炸，隨後登陸港島，於 12 月 25 日即耶誕節前夕攻佔整個香港，港督楊慕琦投降。短短十八天的戰爭中，香港居民不僅遭受慘重傷亡，而且大量的商店、房屋被炸燬。

　　日軍佔領香港後，於 1942 年元旦在九龍半島酒店設立軍政府兼理民政。1942 年 2 月，日本宣佈香港為日軍佔領區，任命陸軍中將磯谷廉介為香港總督，總督府設在中環滙豐銀行。在日軍三年零八個月的管治期間，日本佔領當局採取了以掠奪香港資源為核心的經濟政策，以支援所謂的"大東亞聖戰"。它透過兩家日本銀行──正金銀行和台灣銀行，接管了香港主要的外資銀行，包括英資的滙豐、渣打、有利，美資的萬國寶通（即花旗銀行）、大通等，還大量發行軍票進行掠奪，並對所謂敵國企業實行查封，怡和、太古等英資大公司在香港和中國大陸的絕大部分業務均告停頓，九龍倉在尖沙咀的碼頭貨倉遭到嚴重損毀，黃埔船塢、太古船塢、太古糖廠等均落入日軍手中。在對外貿易方面，佔領當局實行貿易壟斷政策，通過日本商人組成的香港貿易聯合會，控制了香港的海外貿易。

1942 年 3 月，日本當局公佈香港佔領地管理法，嚴格限制當地人民遷移和從事經濟活動。根據該法令，任何人出入境、在港居住或經營生意，都必須得到總督的批准。香港大部分公司、商行的生意陷於癱瘓。香港經濟陷入開埠以來最艱難的時期。

　　1945 年 8 月 15 日，日本宣佈無條件投降。第二天，日本軍官在香港宣佈天皇的"終戰詔"。當天，被日軍囚禁於港島赤柱的前香港政府布政司詹姆遜（F.C. Gimson）會見赤柱拘留營的日軍軍官，要求成立以他為首的港英臨時政府。當時，英國政府為了搶先抵達香港，命令停泊在菲律賓蘇比克灣的英國太平洋艦隊海軍少將夏慤（C.H.J.Harcourt）率皇家海軍開赴香港。8 月 30 日，夏慤率領的皇家海軍特遣艦隊抵達維多利亞海港。英國皇家海軍登陸港島後即接管香港，成立軍政府。1946 年 5 月，被日軍囚禁了三年零八個月的楊慕琦返回香港重任總督，接管了軍政府的行政權，並成立文官政府。港英政府完成了它對香港的重新佔領後，即採取一系列措施恢復香港的政治、經濟秩序，包括解除所有日本士兵和偽警察的武裝，將他們監禁起來。當局除了要求從赤柱拘留營釋放出來的 98 名英籍警察立即報到外，還緊急招募了 1,000 名臨時警察幫助維持治安，以結束短暫的無政府狀態。

　　1946 年，香港政局漸趨穩定，私營機構也開始復興。由於爆發國共內戰，內地的政治、經濟情況日趨混亂，大批移民湧入香港，香港人口從戰後初期的 60 萬急劇增加到 1950 年的 180 萬人，香港也迅速恢復了它作為遠東貿易轉口港的地位。1947 年，香港對外貿易總額達 27.7 億港元，比戰前最高年份的 1941 年的 13.7 億港元大幅增長了一倍以上。1951 年，香港對外貿易總額增加到 90.0 億港元，比 1947 年再增長 2.4 倍。貿易迅速恢復的原因，是香港對內地的貿易激增，中華人民共和國成立後急需加強對外經濟聯繫。而長期在內地發展的外資洋行，如怡和、太古等，這時也被迫陸續撤回香港，這些洋行從"在華貿易"轉向"對華貿易"，取得了迅速發展。[1]

1/
詳情參閱馮邦彥著：《香港英資財團（1841-1996）》，三聯書店（香港）有限公司，1997 年，第 136-144 頁。

| 第二節 | 產業結構的第一次轉型：工業化

　　20 世紀 50 年代，兩個特殊的歷史條件啟動了香港經濟的工業化進程，這是香港產業結構的第一次轉型。這兩個條件是：

　　第一，1950 年朝鮮戰爭爆發，美國通過聯合國對華實施貿易禁運，切斷中國與國際經濟的聯繫，以防止中國進口戰略物質。香港作為英國的管治地，被迫跟隨貿易禁運，轉口貿易一落千丈，傳統賴以生存的臍帶被卡斷，經濟增長動力驟然喪失，香港貿易轉口港的地位動搖，以轉口貿易為主營業務的外資洋行和華商行商均遭受重大打擊，導致 1952 年的經濟衰退。由於香港極度缺乏天然資源，加上當時逾百萬人口湧入，香港只能另謀出路，非資源密集型的製造業成為唯一的發展方向。

　　第二，受到國共內戰以及中華人民共和國成立的影響，20 世紀 40 年代末 50 年代初，上海以及內地其他城市的一批企業家移居香港，他們帶來了估計價值約 5 億美元的資金，一大批從海外訂購的機器設備，特別是紡織方面的機器設備、相應的技術、企業人才，以及市場聯繫。這些企業家及其帶來的資金、設備、技術、人才、市場聯繫，加上大批湧入香港的廉價勞動力，使香港經濟在資源的組合上發生了重大變化，為香港初期製造業發展奠定了基礎。

　　從 20 世紀 50 年代起，香港逐步走上工業化的道路。根據世界銀行的資料，1950 年，製造業佔香港本地生產總值的比重僅 9.0%，1955 年已增加到 21.8%，五年內在香港本地生產總值中所佔比重增加了近 13%。香港製造業的發展，初期主要是紡織、製衣、鞋、金屬製品等傳統工業，到 60 年代拓展到塑膠、電子（包括電器）、玩具、假髮等，工業化進入全盛時期。據統計，香港的工廠數量從 1950 年的 1,478 家增加到 1970 年的 16,507 家；同期，工人從 8 萬人增加到 55 萬人。1970 年，製造業佔香港本地生產總值的比重上升到 31.0%，達到歷史性高峰（表 2-1）。

表 2-1　　香港本地生產總值的產業分佈（以當時生產因素成本計）（單位：%）

產業	1950 年	1955 年	1960 年	1965 年	1970 年	1975 年	1977 年
農業	3.6	3.3	4.1	2.6	2.3	1.6	1.6
礦業	—	—	—	—	—	—	—
製造業	9.0	21.8	24.8	26.8	31.0	25.3	25.0
建築業	6.1	4.8	7.4	11.0	3.2	4.1	4.1
電力、煤氣及食水	1.7	1.6	1.7	1.9	1.9	1.7	1.6
運輸及通訊	15.8	9.4	13.1	10.9	7.4	6.1	5.9
貿易及金融業	29.7	21.2	20.9	20.7	21.7	22.2	22.3
其他	31.4	34.1	28.0	26.1	32.5	39.0	39.5
合計	100.0	100.0	100.0	100.0	100.0	100.0	100.0

資料來源 /
世界銀行，轉引自莫凱著：〈經濟發展與結構〉，載鄭宇碩編：《八十年代中期的香港》，香港大學出版印務公司，1985 年。

　　從表 2-1 可以看到 20 世紀 50 年代至 70 年代期間香港產業結構演變的基本軌跡：

　　第一，由於香港是從貿易轉口港和商埠起步發展其工業化，農業在香港經濟中長期以來不佔有任何可足稱道的地位。隨著工業化的進程，農業的相對體積進一步縮小。1950 年，農業佔香港本地生產總值的比重為 3.6%，1970 年下降到 2.3%，1975 年進一步降到 1.6%。到 20 世紀 70 年代中期，香港的稻田已被精耕的蔬菜田以及少量的花卉、水果地所取代。此外，也有一些農民從事養豬、養雞，以及養乳鴿、鵪鶉等。漁民則以海上捕撈為主，養殖為副。1975 年，全部漁農業產值僅 5.33 億港元。

　　第二，隨著工業化的展開，包括製造業、水電及煤氣供應、建築業在內的工業部門的地位越來越重要。據統計，1950 年，工業佔香港本地生產總值的比重為 16.8%，到 1965 年已增加到 33.9%，1970 年更增加到 36.1%。其中，製造業從 1950 年的 9.0% 增加到 1960 年的 24.8%，到 1970 年更達到歷史性的高峰 31.0%。這一時期，製造業已成為香港經濟最重要的行業。

　　第三，工業化時期，香港從轉口商埠迅速蛻變為遠東出口加工中心和工商並重的城市，在產業結構上可反映於服務業在本地生產總值中的比重從 1950 年的 76.9% 下降到 1965 年的 57.7%。不過，從 60 年代中期起，服務業的比重再度回升，到 1975 年升到 67.3%。由於沒有詳細的資料，我們很難知道其間服務業內各組成部分的變動。但是，服務業中的貿易及金

融業從 1950 年的 29.7% 急降至 1960 年的 20.9%，運輸及通訊業從 15.8%
降至 10.9%。這顯然是轉口貿易受到聯合國對華實施禁運打擊的結果。據
香港中文大學經濟系教授莫凱的分析，這一時期，服務業在香港本地生產
總值中比重的變化，初期的下降是由於傳統的服務行業出現收縮，而後期
的回升則是因為現代服務行業的增長、政府部門的不斷擴大和租金上升
所致。[2]

2 /
莫凱著：〈經濟發展與
結構〉，載鄭宇碩編：
《八十年代中期的香
港》，香港大學出版印務
公司，1985 年，第 95
頁。

　　香港勞動就業人口在各產業部門分佈的變化，也同樣反映了這一時
期香港產業結構變動的趨勢。表 2-2 以香港政府歷次全面人口普查所得資
料為根據。這份資料是從 1961 年開始，其時香港已初步轉變成一個工業
城市。從表 2-2 看，農業部門的就業人數在 1961 年為 8.76 萬，到 1981 年
降至約 4.86 萬，所佔比重從 7.4% 急降至 2.0%。同期，工業部門的就業人
數從 59.47 萬人增加到 119.10 萬人，所佔比重從 1961 年的 49.9% 增加到
1971 年的 53.6%，不過其後開始從高峰回落，到 1981 年回落至 49.5%。
其中，製造業成為香港經濟中僱用勞工最多的行業，1961 年已達 47.55
萬，到 1981 年更增加到 99.04 萬；不過，所佔比重從 1961 年 39.9% 上升
到 1971 年的 47.7%，到 1981 年回落至 41.2%。同期，服務業的就業人數
從 50.0 萬人增加到 116.45 萬，所佔比重則從 42.0% 增加到 48.3%。

表 2-2　　1961-1981 年香港勞動就業人口分佈（單位：人）

註 /
（　　）內的數字表示該行
業在整體就業人口中所
佔的比重。

資料來源 /
華潤貿易諮詢有限公司
編：《香港經濟貿易統計
彙編（1947-1987）》，
1988 年。

產業部門	1961 年	1971 年	1981 年
漁農業	87,581（7.4）	62,975（4.0）	48,560（2.0）
礦業	8,869（0.7）	4,518（0.3）	
製造業	475,520（39.9）	755,534（47.7）	990,365（41.2）
水、電、煤氣	18,978（1.6）	8,870（0.6）	14,669（0.6）
建築業	100,181（8.4）	83,158（5.3）	185,999（7.7）
運輸、倉儲、通訊	86,740（7.3）	114,722（7.2）	181,368（7.5）
零售、批發、進出口、酒樓、酒店業	131,279（11.0）	253,925（16.0）	461,489（19.2）
金融、保險、地產及商業服務		41,072（2.6）	115,870（4.8）
社區、社會及個人服務業	265,323（22.3）	233,359（14.7）	375,703（15.6）
其他行業	16,628（1.4）	24,716（1.6）	30,044（1.2）
合計	1,191,099（100.0）	1,582,849（100.0）	2,404,067（100.0）

表 2-3　　1960-1980 年香港對外貿易形態變化（單位：億港元）

年份	1960	1962	1964	1966	1968	1970	1972	1974	1976	1978	1980
總出口（X）	39.37	43.87	57.84	75.63	105.70	152.39	193.99	300.35	415.57	539.08	982.43
轉口（RX）	10.70	10.70	13.56	18.33	21.42	28.92	41.45	71.24	89.28	131.97	300.72
本地出口（DX）	28.67	33.17	44.28	57.30	84.28	123.47	152.45	229.11	326.29	407.11	681.71
製造業出口（MX）	25.71	30.38	40.87	54.06	80.46	118.39	147.19	221.08	316.56	391.98	654.46
總進口（M）	58.64	66.57	85.51	100.97	124.72	176.07	217.64	342.20	432.93	630.56	1,116.51
貿易總額（X+M）	98.01	110.44	143.35	176.60	230.42	328.46	411.64	642.55	848.49	1,169.64	2,098.94
貿易差額（X-M）	-19.26	-22.70	-27.67	-25.34	-19.02	-23.69	-23.64	-41.85	-17.36	-91.48	-134.08
RX/X	27.18	24.39	23.44	24.24	20.26	18.98	21.36	23.72	21.48	24.48	30.61
DX/X	72.82	75.61	76.56	75.76	79.74	81.02	78.59	76.28	78.52	75.52	69.36
MX/DX	89.68	91.59	92.30	94.35	95.47	95.89	96.55	96.50	97.02	96.28	96.03
(X-M)/X	-48.92	-51.74	-47.84	-33.51	-17.99	-15.55	-12.19	-13.60	-4.18	-16.97	-13.65
X/GDP	—	63.70	64.63	67.41	77.33	79.31	75.03	77.44	79.96	77.58	92.01
M/GDP	—	96.66	95.54	90.00	91.24	91.64	84.18	87.97	83.30	90.74	104.57
(X+M)/GDP	—	160.37	160.16	157.41	168.57	170.94	159.22	165.41	163.26	168.32	196.59

產業結構的轉型，導致在香港對外貿易形態上發生了深刻的轉變。主要有以下幾個特點：

第一，在香港總出口中，轉口貿易所佔比重大幅下降，而本地出口所佔比重則大幅上升。1959 年以前，香港的貿易統計並未將本地出口與轉口加以分類。二次大戰後，香港轉口貿易再度蓬勃發展，導致總出口值大增。1950 年，香港的總出口值達 37.15 億元，其中大部分為轉口貿易。其後朝鮮戰爭爆發，聯合國對華禁運，香港的轉口貿易受到重挫，總出口跌至 1954 年的 27.34 億港元，跌幅達 26.4%。1959 年，香港的總出口回升到 32.78 億港元，其中，本地出口 22.82 億港元，轉口 9.96 億港元，分別佔 69.6% 和 30.4%。20 世紀 60 年代以後，轉口貿易在香港總出口中比重持續下跌，從 1960 年的 27.18% 下降至 1970 年的 18.98%；而香港本地出口所佔比重則從 72.82% 上升至 81.02%，反映了香港從貿易轉口港到工業化的迅速演變過程（表 2-3）。

資料來源／
林聰標：〈香港的貿易結構與經濟成長〉，載邢慕寰、金耀基合編：《香港之發展經驗》，中文大學出版社，1985 年。

第二，製造業產品出口在香港本地出口和總出口中所佔比重高。香港製造業從起步之初就以出口為主導，1960 年製造業產品出口佔香港本地出口的比重已高達 89.68%，其後更逐步上升，到 1976 年增加至 97.02%，實際上已成為香港本地出口的主體。製造業出口在香港總出口中所佔比重由 1960 年的 65% 上升到 1970 年的 77%，其後雖有所下降，但直到 1978 年仍保持在 70% 以上。

第三，在對外貿易方面，香港持續出現貿易赤字。這是非常容易理解的現象，因為香港製造業所需要的機器設備以及原材料等，和市民消費所需物品，絕大部分需從海外進口。從絕對值看，香港的貿易赤字增長極快，1960 年不足 20 億港元，到 1980 年已達 134.08 億港元。從相對值看，1962 年香港貿易赤字達到高峰，佔香港總出口達 51.7%，但此後迅速下降，維持在 20% 以下。

第四，香港經濟對於對外貿易的依賴程度加深。60 年代初期，香港的出口總額及對外貿易總額與本地生產總值的比率，分別是 63.7% 和 96.7%，但到 1978 年已分別增加到 77.6% 和 168.3%，反映了工業化的進程使香港經濟的開放度加大，對對外貿易的依賴程度加深。這一時期，香港發展成為遠東地區重要的出口加工中心。

20 世紀 50 年代以後工業化的迅速發展，使香港經濟進入了一個持續高速增長的時期。據香港政府的統計，以當年價格計算，50 年代香港本地生產總值年均實質增長率高達 9.2%，已超過當時高速增長的西德、日本，以及美國、英國、新加坡、韓國等而居世界前列。

踏入 60 年代，香港經濟發展更加迅速。據香港政府的統計，以當年價格計算，香港本地生產總值在 1960-1969 年平均年增長率高達 13.6%；如果按不變價格計算，1962 至 1969 年間香港本地生產總值年均增長也達 11.7%（1962 年以前香港沒有以不變價格計算的資料）。而根據 1983 年世界銀行發表的報告，這個數據也僅次於同期高速增長的日本（10.4%）而居次位。這一時期，香港經濟起飛，進入發展中國家和地區的前列。

進入 70 年代，香港的製造業開始進入平穩發展時期，這時國際市場環境開始出現了一些不利因素。1973 年中東石油危機爆發後，大部分西方工業國家的經濟明顯放緩，導致了國際貿易保護主義抬頭，香港產品尤其是紡織製衣產品受到了紡織品進口配額的限制。當然，從另一角度看，這些配額又成為香港產品在與鄰近地區競爭中保持市場份額的有效保證。

當時在國際市場上，新加坡、韓國、台灣等正進入出口導向階段，香港因此面對亞洲其他三小龍的激烈競爭。這些因素使香港製造業出現內部結構的調整。

20 世紀 70 年代，香港製造業漸趨多元化，紡織、製衣在出口中的比重逐漸下降到 50% 以下，並開始向高檔市場發展；另一方面，電子、玩具、塑膠、鐘錶等行業則獲得迅速的發展。整體而言，製造業進入平穩發展時期。製造業在香港本地生產總值中所佔比重，也從 1970 年的 30.9% 這一歷史高峰逐漸回落，但仍然穩守在 25% 以上。

這一時期，在工業化的推動下，服務業得以迅速發展，經濟出現了多元化的局面，突出表現在金融、保險、地產以及商業服務等行業的勃興。據香港政府統計處的數據，1970 年，金融、保險、地產及商業服務在香港本地生產總值中所佔的比重僅 14.9%，但到 1980 年已上升到 25.9%，超過同年製造業的 25.1% 而成為香港經濟中的最大行業。這是香港產業結構即將進行第二次轉型的訊號。這一時期，製造業和金融業發展呈現出此消

表 2-4　　**1970-1980 年香港本地生產總值中各行業比重變化（以當時生產因素成本計，單位：%）**

產業部門	1970 年	1972 年	1974 年	1976 年	1978 年	1980 年
農業（及漁業）	2.0	1.6	1.5	1.4	1.3	1.0
工業	37.3	34.0	33.8	35.3	34.8	33.5
礦業及石業	0.2	0.1	0.1	*	*	*
製造業	30.9	26.9	25.8	28.2	26.5	25.1
電力、煤氣及食水	2.0	1.7	1.8	1.7	1.4	1.3
建築業	4.2	5.3	6.1	5.4	6.9	7.1
服務業	60.7	64.4	62.6	63.3	63.9	65.5
批發、零售、飲食及酒店業	19.6	20.1	20.8	21.0	21.1	19.2
運輸、倉庫及通訊業	7.6	6.2	6.9	7.3	7.2	7.2
金融、保險、地產及商業服務	14.9	20.5	17.6	17.8	20.4	25.9
社區、社會及個人服務	18.0	17.1	19.0	16.9	14.9	12.9
其他	0.6	0.5	0.4	0.3	0.3	0.3
合計	100.0	100.0	100.0	100.0	100.0	100.0

註 /
＊代表該項數據接近零。
資料來源 /
香港政府統計處。

彼長的態勢。1972 年的通貨膨脹使製造業飽受打擊，但卻帶來了金融業的蓬勃發展和投機熱潮。及至中東石油危機後，金融業一度停滯，而製造業卻在有利的外部條件下作出有力反彈，1976 年製造業在本地生產總值的比重一度重上 28.2%。到 70 年代末期，石油危機再次爆發，出口情況不利導致製造業停滯，但金融業卻因地產高潮和投機而再度蓬勃（表 2-4）。

| 第三節 | **香港迅速實現工業化的原因分析**

　　20 世紀 50 年代以後香港迅速實現工業化，有其特定的外部原因及內部的主客觀因素。從外部因素看，主要有兩點：

　　第一，戰後主要西方工業國產業結構的調整。二次大戰後，西方先進工業國家在新一輪科技革命的推動下，經濟進入了一個持續增長、相對繁榮的"黃金時期"，世界市場容量迅速擴大，減少關稅及國際貿易壁壘的自由貿易主義成為主流。這時，西方工業國家正進行產業結構調整，將勞動密集型產業轉移到發展中國家和地區，在國際市場留下了勞動密集型產品的空檔。當時，香港作為英國的管治地，享有英聯邦特惠制，其產品輸往英聯邦其他國家和地區，享有低稅優惠及其他種種便利。這些因素都為香港的工業化提供了良好的外部環境和殷切的市場需求。第二，當時國際市場上的競爭並不激烈。戰後，發展中國家基於西方工業國家掠奪、剝削的經歷以及長期存在的貿易逆差、國際收支不平衡等問題，在制定經濟發展戰略時，一般多從"進口替代"戰略開始。各國各地區經歷這一階段時間長短不一；長的如巴西、墨西哥等，經歷了數十年；短的如新加坡、韓國、台灣等，從 60 年代中期起開始轉向"出口導向"戰略，而香港可說是唯一的例外。與絕大多數新興工業國家及地區包括亞洲其他三小龍相比，戰後香港經濟並未經過"進口替代"階段就直接進入"出口導向"階段。這種情況使香港在當時國際市場上面臨較少強而有力的競爭對手，得以把握時機迅速實現工業化。

　　香港之所以未經進口替代階段就邁向出口導向的道路，主要基於當時內外環境的一些特定條件：首先，20 世紀 50 年代初香港人口僅 200 萬人，經濟及消費水平低，本銷市場極其狹小，製造業賴以發展的自然資源缺乏，加上香港長期擔任轉口港的角色，大部分消費品依賴進口，市民對進口商品形成偏好，實施進口替代策略缺乏資源及市場基礎。其次，香港自開埠以來一直實行"自由放任"的經濟政策，香港政府對經濟發展強調不干預主義。而自由放任政策，包括自由港政策和低稅制，對出口導向經濟則有天然推動作用。再次，從市場方面看，香港作為遠東的貿易轉口港，長期以來與國際市場形成密切聯繫。加上戰後世界各地日用消費品匱乏，香港又享有英聯邦特惠制，種種原因促使香港跳越進口替代階段而直接進入出口導向的工業化道路。

　　這一時期，海外市場的殷切需求帶動了香港製造業的高速增長。換言之，經濟增長的動力來自出口的擴張。20 世紀 80 年代期間，香港中文大學經濟系主任林聰標教授曾用美國經濟學家錢納利的方法，就香港在 1964 年至 1974 年間的經濟資料從事研究，得出 "出口帶引增長" 的結論。根據林聰標的研究，香港的傳統工業，如製衣、鞋、傢具等的增長主要來自出口擴張；進口替代的影響則微不足道；而包括科學、醫學、光學、測量及控制儀器、鐘錶等的精密儀器工業，由於停留在加工裝配的初級階段，其零配件都是從海外進口，因而出現巨大負進口替代效果（表 2-5）。[3] 當時，香港大學亞洲研究中心主任陳坤耀教授就認為："說香港的迅速發展是由於出口領先，也就是說迅速的經濟增長是出口的高速度發展所發動起來和加以維持的，這種說法對香港來說大體上是正確的……。香港的情況是，只有製造業產品能找到出口市場，工業化才能出現。在這個意義上，出口擴展使工業化成為可能，而工業化又產生較高的經濟增長率。再者，出口所得使一個國家有能力進口資本貨物，從而提高生產率以及增長率的作用。"

3 /
林聰標：〈香港的貿易結構與經濟成長〉，載邢慕寰、金耀基合編：《香港之發展經驗》，中文大學出版社，1985 年。

表 2-5　　1964-1974 年出口擴張、本地需求及進口替代對香港本地生產的相對影響

資料來源 /
林聰標：〈香港的貿易結構與經濟成長〉，載邢慕寰、金耀基合編：《香港之發展經驗》，香港中文大學出版社，1985 年。

工業種類	出口擴張	本地需求	進口替代	總和
成衣	89.23	5.07	5.07	100.00
鞋	71.69	34.27	-5.95	100.00
傢俬	67.46	38.76	-6.21	100.00
精密儀器	627.25	241.88	-769.13	100.00
上述四種	89.41	10.20	0.38	100.00
糧食	2.31	102.74	-5.05	100.00

　　這一時期，推動香港迅速實現工業化的內部因素主要有：

　　第一，香港製造業本地出口產品在國際市場上具有強大的比較利益優勢。香港製造業的基本特點是：屬加工裝配性質的勞動密集型工業、以生產輕紡消費品為主、且在多層工業大廈運作。這些特點顯示了香港的製造業是在比較利益的原則下發展起來的。香港資源短缺，地價昂貴，但擁有從內地湧入的大量廉價勞動力資源，以生產輕紡消費品為主且屬加工裝配性質的勞動密集型工業的發展，正可避開地價高昂、自然資源缺乏的劣勢而發揮勞動力資源的優勢。此外，香港政府實行的自由港政策及低稅制，使香港能以較低的成本取得所需原材料、半產品及資本貨物，種種因素使香港產品在國際市場上具有較強的競爭力。

第二，生產及市場的高度集中性。香港的製造業主要集中在紡織、製衣、電子、鐘錶、塑膠等少數行業上。據統計，僅紡織、製衣、電子（包括電子鐘錶及電子玩具）、塑膠（包括塑膠玩具）等 4 個行業的產品在香港本地出口中所佔比重，1960 年是 63.6%，1970 年是 66.4%，1980 年是 69.5%，行業高度集中且有進一步集中之勢。香港製造業產品的出口市場也相當集中，美國、中國內地、西德、英國及日本五大出口市場在香港本地出口所佔比重，1960 年是 54.1%，1970 年是 66.2%，1980 年是 59.7%。表 2-6 反映了 20 世紀 60 至 70 年代期間香港商品和市場的集中性。對於一個小型開放經濟來說，這種生產和市場的高度集中，使香港得以充分享受專業化的優勢，從而最大限度地提高生產和銷售的效率。

表 2-6　　香港本地出口的集中係數

年份	1964	1966	1968	1970	1972	1974	1976	1978
商品組成之集中係數	40.5	39.7	40.0	40.1	43.2	40.9	45.5	41.4
市場分佈之集中係數	36.4	40.6	45.3	45.1	44.4	37.5	39.1	41.0

資料來源 /
林聰標：〈香港的貿易結構與經濟成長〉，載邢慕寰、金耀基合編：《香港之發展經驗》，中文大學出版社，1985 年。

第三，香港經濟的高度適應性和彈性。這種適應性和彈性表現在兩個方面：一是對國際市場需求變動的適應力。香港製造業主要由中小企業構成，80% 以上的企業僱用的工人少於 20 人，這些企業管理層次少、勞動效率高，"船小好掉頭"，能根據國際市場的消費潮流，迅速改變生產經營，故香港素有"知風鳥"之稱。二是對經濟周期的適應性。在自由經濟政策之下，香港經濟在 60 年代至 70 年代期間具自動調節機制，其工資價格彈性之高在國際間少見。當經濟衰退時，香港經濟對就業和生產的減退會很快作出反應，導致實際工資下降，經營成本減低，從而增強香港產品在國際市場的競爭力，並刺激出口和產量的上升。同時，實際工資和物價的降低起了增加實際現金餘額的作用，進而刺激投資和消費。這種理論的分析在 1973 年至 1975 年的世界經濟衰退時得到證實。1974 年至 1975 年間，香港實際工資和物價下降，1975 年至 1977 年消費則迅速上升，1976 年和 1977 年香港經濟分別有 18% 和 12% 的高速增長。[4] 高度的適應力和彈性推動了香港出口的擴張，並帶動了製造業的持續增長。

第四，60 年代香港政府採取一些措施支持工業的發展。1960 年，香港政府制定法例，成立半官方的香港工業總會，以加強對工業發展環境的指導和研究。60 年代中，香港工業總會成立了三個技術中心，包括香港標準及檢定中心、工業設計中心以及包裝中心，使香港工業發展從環境、生產技術和設計、品質檢定到包裝出口等各方面都獲得較及時及有效的指導。1966 年，香港政府又相繼成立了半官方的香港貿易發展局和香港生產力促進局，以加強對香港工業生產力的提升和產品在國際市場的銷售。這些措施也在一定程度上推動了香港工業化的進展。

此外，香港開埠百年間轉口貿易的發展，帶給了香港一個有效率的銀行體系和現代化的通訊及交通系統，也是香港迅速實現工業化的原因之一。

4 /
戴維·萊思布里奇編著：《香港的營業環境》，上海翻譯出版社，1984 年，第 17-18 頁。

| 第四節 | 工業化時期香港製造業發展歷程

　　香港的製造業已有較長的歷史，但真正的大發展則是在 20 世紀 50 年代以後，到 70 年代初期達到巔峰，至 80 年代中期開始大規模向周邊的亞洲地區，尤其是廣東珠江三角洲地區轉移。這段時期，製造業作為香港經濟的主導產業，帶動了香港的繁榮發展，並推動了香港經濟的起飛。

一、萌芽時期（1841-1941 年）

　　香港早期的製造業是由香港作為一個繁榮的貿易轉口商埠而衍生的，首類工業是修船業，而首項本地產品是一艘船，於 1843 年在銅鑼灣東角下水。1860 年，香港仔開設了一個大型的乾船塢。為滿足各類船隻補給人員的需要，香港在 1878 年創辦第一家煉糖廠。1899 年，香港開辦第一家繩索製造廠，也主要是為了應付航海業的需要而設。1899 年，一家水泥廠——青洲英坭從澳門搬遷到香港。[5]19 世紀末 20 世紀初，香港商人不斷嘗試在本地創辦新的工業。第一家紡織廠在 1899 年創辦，但幾年後即結束經營。1902 年，香港開始出現藤器業。1906 年，香港新界地區開設了鐵礦廠及麵粉製造廠。1910 年，香港又出現棉質汗衫及背心織造業。在這些工業中，部分在經營時逐漸奠下穩固的基礎，但由於當時轉口貿易日益蓬勃，因此這些工業的經營鮮為人們所注意。第一次世界大戰爆發時，香港的製造業主要由一些與海港運作有關的企業及少量山寨廠組成。1914 年至 1918 年第一次世界大戰期間，由歐洲提供給香港的各種貨品供應中斷，香港逐漸轉為自行生產這些貨品，包括汗衫、毛巾、餅乾、香水、香煙等，輕紡工業逐漸有了初步的發展。1922 年，香港開設了一家擁有 30 部手織機的織造廠，1927 年又開設了一家電筒廠。

　　香港製造業的第一次蓬勃發展，是在 20 世紀 30 年代初至 1941 年香港淪陷前。1931 年九一八事變後，隨著日本對華侵略加劇，大批內地工

5 /
香港政府工業署：《1990年香港製造業》，1990年，第 7-8 頁。

6 /
香港政府工業署:《1990
年香港製造業》,1990
年,第 7-8 頁。

7 /
饒美蛟著:〈香港工業發
展的歷史軌跡〉,載王賡
武主編:《香港史新編》
上冊,三聯書店(香港)
有限公司,1997 年,第
373-374 頁。

廠陸續到香港開業,推動了二戰前香港工業的最初發展。1937 年抗日戰爭全面爆發後,上海的華資大工廠在香港設廠的就有美亞織造廠、天廚味精廠、新亞製藥廠、捷和鋼鐵廠等。據 1937 年的統計資料顯示,當時在紡織廠工作的工人已有 5.8 萬人,在船舶建造及維修業工作的工人也有 1.6 萬人。據估計,1941 年香港開設的工廠數目,約有 1,200 家。[6] 當時,多數工廠生產外銷為主的產品,涉及範圍包括塑料鞋、毛織品、棉織品、手電筒、五金和搪瓷製品等。[7] 戰前香港工業的發展和港產品的大量出口,使香港的貿易形態發生變化,為戰後香港工業化和貿易形態的轉變,奠定了基礎。可惜的是,1941 年 12 月日本侵佔香港後,萌芽中的香港製造業遭到徹底破壞,實際上已蕩然無存。

二、起步發展時期(戰後至 50 年代末)

二次大戰後,香港以貿易轉口港的角色再度發展,製造業也重新起步,初期主要是以本地市場為對象,大部分是從事生產棉綫、布疋、針織品、搪瓷製品、橡膠製品、手電筒及塑膠製品的中小型工廠。當時規模最大的工業仍是造船業,所製造的輪船是鞏固其時香港作為地區貿易中心地位的支柱。這時期,也有數家繩索製造廠及相關支援工業公司,為造船業提供配套服務。50 年代初朝鮮戰爭爆發,聯合國對中國實施貿易禁運政策。當時,美國關注中國產品由香港轉口,因此實行制裁香港產品進口的措施,並規定從 1951 年 4 月起,所有香港產品必須附有產地來源證才可在美國清關,而英聯邦國家也基於同樣的理由,要求港產品付運時須備有產地來源證。從這時起,香港產品(Made in Hong Kong)便和中國產品(Made in China)有了明顯的區別。

這一時期,從上海等內地大城市移居香港的企業家開始嶄露頭角,為香港製造業的發展奠下基礎。最早發展起來的是紡織業。1947 年,江蘇無錫實業家唐炳源移居香港,在香港創辦第一家紡織企業——南海紡織有限公司,在荃灣青山道開設大規模紡織廠。1948 年,上海紡織企業家王統元派遣 80 名優秀技術人員和工人從上海到香港,創辦香港紡織有限公司。南海紡織與香港紡織成為紡織行業的先驅。到 1950 年,香港的紡織廠增加到 421 家,分別從事紡紗、織造、針織及紡織品整染等不同工作,所僱用的工人達到 2.5 萬人,分別佔當時全港工廠總數約 29% 和僱員總人數的 31%，超過造船業而成為香港製造業中最大的行業。

　　1950 年代至 1960 年代，相繼創辦的著名紡織企業還有：查濟民的中國染廠（1951 年），陳廷驊的南豐紡織有限公司（1954 年），曹光彪的永新企業有限公司（1964 年），周文軒、安子介、唐翔千等的南聯實業有限公司（1969 年）。這些紡織企業多為規模大且設備先進的工廠。當時，香港的紡織業已被視為“全世界最現代化的紡織業之一”。香港的紡織廠，生產各種優質的棉綫、人造絲、絲綢、毛綫，以及梭織、針織、整染及成品布疋。紡織業為當時新興的製衣業提供了發展所需的原材料。香港的紡織業可以說是上海大亨的天下。據估計，20 世紀 50 年代香港的紡織廠中，只有一家並非由上海人擁有；而在 1978 年，上海籍華商擁有的紡織廠數目約佔總數的八成。**8**

　　製造業內部結構的這種變化可從當時香港政府勞工署登記或註冊的工廠所僱用的工人數目的資料中反映出來。戰後初期的 1947 年，運輸設備業（當時的運輸設備業，主要從事進出口船隻的維修工作，實際上即修造船業）所僱用工人人數佔全製造業僱用人數的比重，高達 30% 以上。不過，到 1952 年 ，由於受到聯合國對華貿易禁運和香港轉口貿易式微的影響，這一比重急跌至 11.7%，其後更逐步下降，到 1967 年跌至 4.1%。這一數據變化反映了修造船業地位逐漸衰微的過程。同期，紡織業僱用工人所佔比重，從 1947 年的 19.7% 增加到 1952 年的 32.1%，取代了修造船業而成為製造業中最重要的行業。50 年代期間，紡織業的比重雖有所下降，但其僱用工人的比重仍維持在 30% 上下，是製造業中的主導行業（表 2-7）。

　　伴隨著紡織業的發展，製衣業也迅速發展起來。香港製衣業創自 1935 年。1941 年日本侵佔香港，製衣業癱瘓。戰後受到東南亞各國需求的刺激，製衣業再度起步發展，但不久即遭到 1951 年聯合國禁運的打擊，再度陷入低潮，直到 1953 年香港製衣廠商購進新型電動衣車後，才蓬勃發展起來。1947 年，製衣、鞋及紡織成品這一行業僱用工人的比重僅 2.6%，但到 1957 年已增加到 8.5%，1962 年進一步上升到 19.2%，已超過金屬製品而成為製造業中僅次於紡織業的行業。

　　這一時期，發展較快的製造業還有鞋類、電器、食品及飲料、塑膠製品及金屬製品等。不過，這些工業均高度依賴勞動力，產品種類也十分有限。以電器業為例，香港早期的電器工業幾乎專門製造手電筒，大多以分

8 /

查濟民著：〈上海大亨壟斷香港紡織業〉，載香港《信報財經月刊》，1988 年 10 月，第 56 頁。

資料來源 /
香港政府統計處。

表 2-7　　1947-1967 年香港製造業各行業僱用人數的比重（單位：%）

行業	1947 年	1952 年	1957 年	1962 年	1967 年
食品	4.4	5.3	4.8	3.4	2.3
飲料	0.6	1.0	0.7	0.7	0.7
煙草製品	1.2	1.7	0.9	0.6	0.3
紡織	19.7	32.1	30.7	27.5	25.4
製衣、鞋及紡織成品	2.6	2.7	8.5	19.2	19.5
皮草及毛皮製品	0.3	0.2	0.3	0.1	0.2
木製品	0.7	1.1	1.6	1.2	1.2
傢具及裝置品	0.6	0.8	0.7	1.2	1.0
紙製品	0.2	0.5	0.4	0.7	0.8
印刷及出版	5.3	6.7	5.0	4.2	3.8
化學品	4.6	3.7	2.1	1.5	1.0
樹膠製品	8.0	5.8	5.7	2.9	2.5
非金屬原料製品	2.2	2.2	1.5	0.8	0.8
基本金屬	0.9	1.1	1.2	1.1	0.7
金屬製品	11.5	16.8	18.8	11.1	8.6
機械	2.0	2.8	1.6	2.2	1.6
電器	2.0	1.7	1.8	2.6	5.7
運輸設備	30.7	11.7	7.8	6.0	4.1
其他	2.5	1.9	5.2	13.0	16.8
合計	100.0	100.0	100.0	100.0	100.0

9 /
香港貿易發展局研究
部：《香港製造業現況與
前景》，1998 年，第 7
頁。

包形式為 Ray-O-Vac 及永備（Ever-Ready）等海外牌子進行生產。從多方面看，香港早期的手電筒製造商可說是最早從事原件製造（OEM）的行業。同時，香港的金屬製品也採取相近的發展模式，以製造搪瓷製品及鋁製品為主。[9]

三、高速發展時期（60 年代初至 70 年代初）

踏入 60 年代，中國政府明確宣佈對香港實行 " 長期打算，充分利用 " 的穩定政策，加上東南亞一些國家的政局動盪，軍事衝突頻繁，排華浪潮時起時伏，世界各地的投資者紛紛進入香港，大量資金的湧入使香港製造業進入了一個高速發展的時期。此時，香港製造業的發展也表現出許多與 50 年代不同的特點。

第一，製造業的發展開始受到政府的重視。香港政府開始為工業發展提供一些必要的支持，包括制定法例，成立香港工業總會和香港科學管理協會（1960 年）、香港貿易發展局（1966 年）、香港出口信用保險局（1966 年）、香港生產力促進中心（1967 年），以及香港訓練局（1973 年）等半官方機構，為香港工業的發展提供生產、推銷、保險、人力資源培訓各方面的指導（表 2-8）。

表 2-8　20 世紀 50-60 年代香港政府加強對工業發展的支持和指導措施

部門	成立年份	職責
勞工處	1946	擬定勞工法例，確保香港履行國際勞工協約所訂的義務，包括學徒訓練、發展就業、公共衛生、工業、勞資關係及礦務等工作。
工商署	1950	處理海外貿易關係、發展工業、促進投資、簽發來源證、管制貿易、徵收及保障應課稅品的稅收。
香港工業總會香港科學管理協會	1960	對工業發展環境進行研究和指導。
香港貿易發展局	1966	負責促進及發展本港國際貿易、推銷香港產品、改善進口貿易。
香港出口信用保險局	1966	協助受保客戶承擔因顧客破產、拖欠貨款及拒絕付款而招致的損失。
香港生產力促進中心	1967	提高本港工業生產力和鼓勵廠家更有效地利用資源。
香港訓練局	1973	就設立精細人力訓練制度所必需的措施提出意見，以適應本港經濟發展。

第二，外資增加了對香港製造業的投資。在香港工業化初期，外資對香港製造業的投資甚少。據香港政府工商署的調查，1960 年外資工業企業只有 27 家，連同合資企業的本地資本，總投資額僅 4.7 億港元。60 年代期間，香港製造業高速發展，吸引了更多外資來香港設廠，尤其是開設電子廠。據統計，到 1971 年，外資企業已增加到 160 多家，包括有本地資本的合資企業的總投資額超過 20 億港元，如果扣除本地資本不計，淨外資也高達 7.6 億港元。外資來港設廠，極大地推動了香港製造業的技術進步，成為這時期製造業高速發展的重要原因之一。

第三，到 60 年代中期，香港製造業更趨現代化和集中化，而香港產品也已漸為歐美市場所接受，香港出口得以平均每年實質增長 15% 的

速度擴張，殷切的海外市場需求帶動了製造業的高速發展。據統計，從
1960 年到 1970 年，香港製造業工廠總數從 5,346 家增加到 16,507 家，製
造業工人從 21.8 萬增加到 54.9 萬，十年間分別增加 2.09 倍和 1.52 倍。同
時，香港本地產品出口值從 28.67 億港元增加到 123.47 億港元，十年間增
加了 3.31 倍。這一時期，製造業內部結構進一步演變，傳統的工業，諸
如修造船業、樹膠製品業、金屬製品業等行業進一步萎縮，而紡織、製
衣等行業則持續發展。值得注意的是，在 20 世紀 50 年代突飛猛進且勞動
力集約程度不高的紡織業，增長明顯放緩，開始表露疲態，這主要是因為
當時香港的紡織品，特別是棉織品出口，已經開始受到西方國家的配額限
制。1959 年，根據《蘭開夏協議》，香港被迫自動限制棉紡品銷往英國。
1962 年，《關稅及貿易總協定》訂立了所謂《棉紡織品長期協定》，由進
口國與出口國舉行雙邊談判去決定限銷數量。當時，與香港簽訂雙邊協議
的國家計有美國、歐洲共同體各國、加拿大、挪威、瑞典及澳大利亞等。
該協定於 1973 年底約滿後改由另一項《多種纖維紡織品貿易協定》取代。

20 世紀 60 年代，香港的製衣業獲得高速發展，取代紡織業成為製造
業的主導行業。與紡織業不同，香港製衣業廠商一般規模細小。這一時
期，從眾多規模細小的中小型廠商中，逐漸崛起多家大型企業集團，其
中著名的包括林百欣的麗新製衣集團、陳俊的鱷魚恤、陳瑞球的長江製
衣等。據統計，1960 年時，紡織業僱用的工人較製衣業為多，但到 1970
年，製衣業的僱員數目卻比紡織業多出兩倍。製衣業的產品種類也越來
越多樣化，包括棉質汗衫、免熨長褲、時款衣裙以及各類針織品，製成品
大多出口外銷，只有少部分供本銷。這時期迅速發展的，還有一些新興行
業，如電器、電子、塑膠、玩具和曾經盛極一時但迅即消逝的假髮業。

四、增長放緩及多元化時期（70 年代初至 80 年代中）

1970 年前後，有三件重要事件相繼發生，對香港工業的發展產生重
要影響：首先，香港成為《關稅及貿易總協定》（GATT）成員，而中國
內地則未能加入；其次，多重針對香港產品的貿易障礙陸續撤除，1971
年美國取消對香港產品必須附有產地來源證的要求，而日本、歐洲經濟共
同體（EEC）及英聯邦國家也先後給予香港 "發展中經濟體系" 的待遇，
讓香港享受優惠關稅稅率；第三，雖然一般香港產品享有較低關稅的優

惠，但紡織及成衣品仍然受到美國、加拿大及歐共體的入口配額限制。這
幾個因素使香港的紡織、製衣增長放緩，而電子、玩具、塑膠等行業卻迅
速勃興，形成多元化的發展態勢。

踏入 70 年代，尤其是 1976 年以後，美國、加拿大及歐共體對香港
的紡織、成衣品入口實施嚴厲的配額制度，香港基於雙邊原則，被迫放
棄《關稅及貿易總協定》及最惠國原則所規定的進入市場權利，香港政府
實行出口配額制度，這些管制普遍削弱了紡織、製衣業的增長潛力。在海
外市場需求增加時期，對仍具競爭力的產品來說，香港無法輸出超過配額
限制的數量。而鄰近地區如韓國、台灣、新加坡等競爭對手，已開始對一
向雄踞國際市場的香港構成威脅。在種種因素的影響下，香港的紡織及成
衣出口增長大幅放緩，1976 年至 1978 年以固定價格計算僅錄得 0.9% 的
年均增長率，遠低於前期的增長率；而同期非紡織品出口增長則達 18.0%
（表 2-9）。

**表 2-9　　1968-1978 年紡織、成衣品出口值的平均每年增長率（以固定價格計算每
　　　　　年 %）**

資料來源 /
香港經濟多元化諮詢委
員會：《1979 年經濟
多元化諮詢委員會報告
書》，1979 年。

產品	1968-1972 年	1972-1976 年	1976-1978 年	1968-1978 年
紡織品	10.3	7.9	0.2	7.3
非紡織品	54.4	33.5	18.0	38.1
所有紡織品及成衣	10.6	10.3	0.9	7.8

這一時期，香港的紡織、製衣業總體而言仍在穩步增長。據統計，
從 1970 年到 1979 年，紡織及製衣業廠家從 4,839 家增加到 13,304 家，
所僱工人從 23.85 萬人增加到 37.81 萬人。不過，紡織、製衣業廠家及所
僱工人所佔比重則從 1975 年最高峰的 33.8% 及 51.8% 下降到 1979 年的
31.5% 及 43.4%。同期，香港成衣及紡織品出口總值從 56.13 億港元增長
到 241.96 億港元，但其在香港本地產品出口總值中所佔比重則從 1975 年
最高峰時的 54% 逐漸回降到 50% 以下（表 2-10）。這趨勢一方面顯示了
紡織及製衣業的擴展正逐漸減慢，另一方面也反映了新興工業的崛起。

同期，一些新興工業，如電子、塑膠、鐘錶及玩具等均發展迅速。
香港電子業創始於 20 世紀 50 年代，當時只有少數工廠以進口的日本電子
組件裝嵌簡單的晶體管收音機，而首家真正的電子廠，是一間於 1950 年

資料來源／
恒生銀行：《恒生經濟季
刊》，1980 年第 7 期。

表 2-10　　20 世紀 70 年代香港紡織及製衣業的發展概況

年份	工廠		僱用工人		出口	
	數目（間）	佔製造業比重（%）	人數（萬人）	佔勞動人口比重（%）	總值（億港元）	佔總出口比重（%）
1970	4,839	28.1	23.85	40.5	56.13	45
1973	9,735	33.4	28.84	46.0	98.06	50
1975	10,484	33.8	35.19	51.8	123.47	54
1977	12,435	33.1	35.38	46.9	166.04	47
1979	13,304	31.5	37.81	43.4	241.96	43

成立的晶體管收音機，專為索尼（Sony）進行裝配工序。60 年代初，幾家美國著名的電子公司到香港設廠，裝嵌分立組件，如磁芯存儲組件、二極管、晶體管和電容器等，推動了香港電子業的急速發展。1960 年，香港電子工廠僅 4 家，但到 1970 年已增加到 230 家，僱用工人人數也從 183 人增加到 3.8 萬人。踏入 70 年代，香港電子業進入大發展時期，到 1980 年，電子工廠數目達 1,316 家，僱用工人 9.3 萬人，所生產的產品已從普通的晶體管收音機擴展到卡式錄音機、電子鐘錶、電子計算機、電子玩具、電視機、電視遊戲機、電腦記憶系統等。1976 年探測火星的美國太空船“維京”一號和二號內部電腦系統裝置，就有香港製造的電子記憶配件。從 70 年代中期起，電子業已取代紡織業而成為香港製造業中僅次於製衣業的第二大行業。

　　除了電子業外，鐘錶、玩具業也發展得很快。香港的鐘錶業最初是由相關的紡織、皮革及金屬製品業衍生出來的。早期的鐘錶製造商大多以生產棉質、皮革或金屬帶起家。二次大戰前，鐘錶屬貴重的奢侈品，因此香港有很多專門修理鐘錶的工匠，而香港鐘錶業在發展的初期階段也主要是生產零件供本地使用。這些專門生產手錶所需的金屬零件、皮革產品以及其他元件的小型公司，成為推動香港鐘錶業起步發展的重要力量。50 年代以後，香港鐘錶業開始發展到機械錶的裝嵌，但所需的重要元件錶芯均須依賴進口。到 70 年代，隨著電子業的急劇發展，特別是製錶方面數碼技術的發展，香港鐘錶業迅速發展成重要的工業部門。1970 年，鐘錶業工廠僅 229 家，但到 1980 年已增至 1,509 家，所僱用工人數目也從不足 1 萬人增加到 4.9 萬人。1978 年，港製手錶出口達 4,938 萬個，比 1977 年激增 45%。當年香港手錶出口數量超過日本而居世界第一位，出口值則低於瑞士、日本而居世界第三位。

香港的玩具業，也是從早期的塑膠花工業衍生出來。50 年代的塑膠花廠商，到 60 年代普遍轉向生產塑膠筷子及塑膠收音機外殼。踏入 70 年代，這些塑膠品廠商利用他們製造優質模具的專長開始生產簡單的塑膠玩具。60 年代末以後，玩具業獲得蓬勃發展。由於港產玩具價格便宜，吸引了越來越多的海外玩具公司以特許或合約形式在香港生產玩具，而本地玩具廠商也開始參與大型的國際玩具展覽會，藉以提高香港作為優質玩具供應商的形象。1972 年，香港取代了日本的位置，成為世界最大的玩具出口地，這個地位一直保持至 1987 年被台灣超越為止。表 2-11 反映了這一時期香港製造業多元化的發展趨勢。

表 2-11　1960-1985 年香港製造業主要行業的出口值變化情況（單位：億港元）

行業	1960 年	1965 年	1970 年	1975 年	1980 年	1985 年
紡織	5.50 (19.3)	8.34 (16.6)	12.77 (10.3)	21.45 (9.4)	45.35 (6.7)	78.23 (6.0)
製衣	10.10 (35.2)	17.73 (35.3)	43.37 (35.1)	102.02 (44.6)	232.58 (34.1)	449.12 (34.6)
電子	—	2.12 (4.2)	10.74 (8.7)	27.41 (12.0)	134.17 (19.7)	270.14 (20.8)
塑膠	2.62 (9.1)	6.59 (13.1)	15.19 (12.3)	19.67 (8.6)	61.24 (9.0)	106.78 (8.2)
鐘錶	0.17 (0.6)	0.30 (0.6)	2.08 (1.7)	7.97 (3.5)	65.76 (9.6)	95.73 (7.4)
玩具	1.15 (4.0)	3.76 (7.5)	10.44 (8.5)	14.67 (6.4)	47.26 (6.9)	93.21 (7.2)

註 /
（　）中數字是該行業在有關年份內佔整體製造業的百分比。

資料來源 /
香港政府工業署：《1990 年香港製造業》。

70 年代後期，香港製造業的增長開始受到土地和熟練工人不足等因素的制約，原有比較優勢漸失。這時，香港政府也覺得香港製造業過分依賴一些傳統行業和部分海外市場，從長遠來說，將會妨礙香港經濟的發展。因此，1977 年 10 月，港督麥理浩委任了以財政司夏鼎基為主席的"經濟多元化諮詢委員會"，以研究香港經濟進一步邁向多元化的方向和政策措施。1979 年 11 月，經濟多元化諮詢委員會經過近兩年的研究，向港督提交了報告書。該報告書就多元化發展提出了 47 項政策建議。[10] 其中的重點建議有 6 項，包括：發展與促進對中國的貿易及經濟關係；增加

10 /
香港經濟多元化諮詢委員會：《1979 年經濟多元化諮詢委員會報告書》，1979 年，第 285-561 頁。

工業用地的供應；推廣金融及財務服務行業；成立一個法定的工業訓練委員會，專責協助有關工業訓練及教育事宜；政府應積極改善工業與技術支援設施及服務；政府應主動吸引更多海外工業在香港投資，以推動香港的對外貿易。從上述建議看，委員會提出的發展路向，是要推動香港製造業從勞動密集型向資本技術密集型的升級轉型及進一步推動香港經濟的多元化。

| 第五節 | **工業化時期香港製造業的特點及其地位**

一、工業化時期香港製造業的基本特點

從 20 世紀 50 年代至 80 年代中，作為整體經濟的主導產業，香港製造業的基本特點是：

第一，以出口為導向，原料和市場兩頭在外。

香港的製造業以出口為導向，原料和市場兩頭在外的特點，明顯反映在它的對外貿易結構上。從表 2-12 看，在香港的進口貿易結構中，60 年代以來除了礦物燃料（主要是燃油）一項外，食物及原料的比重都不斷下降，包括食品及牲畜、飲料及煙草、原料（生皮、油籽、木材、樹膠、礦砂、紙漿、原棉等）和化學品等；而其他屬於半製成和製成的工業產品和機械設備等，則不斷上升。在出口貿易結構中，原來所佔比重不大的各類初級產品，更加日漸式微。按原料分類的製成品一類也大幅減少，這類物品包括皮革及製品、樹膠製品、木製品、紙及製品、棉紗及紡織品、非金屬原料製品、金屬材料及製品等；而比重大幅增加的則有機械（主要是電器和電子產品），而其他製成品（包括成衣、鐘錶、儀器、玩具、塑膠產品等）也有可觀的增長。從外貿結構的變化可見，香港的製造業主要是從日本、韓國、台灣等海外地區輸入原材料、半製成品和機械設備，經加工裝配製成各種產品以供出口，銷售至美國、歐洲等海外市場。隨著製造業的發展，這種趨勢日益明顯，出口的產品也相當集中。

香港中文大學教授莫凱以出口率為出口量佔總銷售量的百分比計算，1971 年香港製造業產品的平均出口率是 65%（表 2-13）。不過，有學者就認為這種計算並不符合香港的實際情況。一般估計，香港製造業產品的出口率至少在 80% 至 90% 水平。之所以產生這種差異，是由於香港的產品中有相當部分是原材料或半製成品，其中有部分雖用於本銷，但是直接用

表 2-12　1960-1980 年香港對外貿易的結構（單位：%）

資料來源 /
香港政府統計處。

年份	進口					港產品出口				
	1960	1965	1970	1975	1980	1960	1965	1970	1975	1980
食品及牲畜	24.6	23.7	18.7	21.0	11.1	4.6	2.7	1.6	1.5	1.2
飲料及煙草	2.2	2.7	2.1	2.0	1.4	0.5	1.3	0.4	0.2	0.2
原料	10.8	10.3	7.9	7.4	3.2	4.8	2.2	1.9	1.0	1.6
礦物燃料	4.0	3.5	3.2	7.7	8.2	—	—	—	—	0.1
動植物油脂	1.0	0.7	0.6	0.8	0.4	0.1	0.1	—	—	—
化學品	7.0	5.8	6.3	6.0	5.6	1.8	1.1	0.8	0.8	0.8
按原料分類的製成品	32.5	29.8	31.3	28.6	38.1	27.0	22.1	15.0	13.5	11.4
機械及運輸設備	11.2	14.8	17.8	17.4	20.0	4.8	6.9	11.8	14.6	18.3
其他製成品	6.7	8.7	11.9	9.1	12.1	58.6	63.7	68.9	68.3	66.3
合計	100.0	100.0	100.0	100.0	100.0	100.0	100.0	100.0	100.0	100.0

表 2-13　1971 年香港各製造行業出口率（單位：%）

註 /
出口率指出口量佔總銷
售量的百分比。

資料來源 /
莫凱：〈經濟發展與結
構〉，載鄭宇碩編：
《八十年代的香港》。

行業	出口率	行業	出口率
食品	19.37	化學品	50.76
飲料	1.77	樹膠製品	87.61
煙草製品	33.54	塑膠製品	82.48
紡織	47.06	非金屬原料製品	21.23
製衣	93.42	基本金屬	19.02
皮具	37.30	金屬製品	72.38
鞋	83.37	機械	59.34
木製品	53.71	電器及電子產品	81.11
傢具及裝置品	56.61	運輸設備	59.13
紙製品	4.21	專業用品	66.49
印刷及出版	24.38	其他	38.39
整體出口率			64.95

在香港製造業的生產綫上，如紗廠的棉紗成為布廠的原料，布廠的布成為製衣廠的原料等等。在銷售方向上，這些原料是本銷產品，但作為產品的最終用途，卻是出口產品的組成部分，因此，港製產品的出口率至少要高於 65%，一般估計在 80% 至 90% 水平。[11] 不過，無論是 65% 還是 80% 至 90%，香港製造業以出口為主，原料和市場兩頭在外卻是不爭的事實。

11 /
甘長求著：《香港經濟教程》，中山大學出版社，1989 年，第 143 頁。

　　香港製造業以出口為主導，原因是多方面的，主要有：（1）香港本銷市場狹小；（2）在逾百年的轉口港時代，香港市民已形成對外國進口商品的消費偏好；（3）部分廠商不願意其產品在本地銷售，以防止被別人迅速仿製；（4）部分海外訂貨客戶規定廠家所生產的產品不能流入香港或其他市場，以保證對產品的高度控制；（5）部分外資在香港設廠生產，目的是為了返銷本國（以美資的電子業最多），或是為了外銷（以日資紡織廠為主）。美國著名經濟學家波特（Michael Porter）指出，缺乏本土市場並不會妨礙個別行業發展。他認為只有"必須進行大量研究開發工作，需倚賴規模經濟效益，或不明朗因素極多的行業，才最需要龐大的本土市場"。根據波特的國家競爭理論，本土市場細小，反而會刺激個別行業的發展。由於本地市場規模有限，廠商惟有向海外拓展，以擴大產品銷路。而本地消費者日趨精明，將促使廠商不斷改良產品以適應海內外市場的需要。波特的理論正是香港多個製造業行業崛興的寫照。

　　第二，製造業以勞動密集型產業為主體。

　　傳統測量工業行業的生產因素密集度是採用資本與勞工比率。美國經濟學家賴利（H. B. Lary）在 1968 年提出一個新觀點，認為資本密集度應該用每一僱員的增值來表示。賴利的觀點是假定每一名僱員的增值能夠清楚反映有關工業的資本密度，同時可以使人力及實物資本的投入獲得統一的運用。因此，他認為每一僱員的增值是衡量資本密集度的良好混合指數。找出工業行業的生產因素密集度，就可以計算每一僱員增值佔所有工業的百分率。假定所有工業行業的每一僱員增值為 100，按照賴利的標準，指數在 100 以下者為勞動密集型工業。

　　香港中文大學管理系教授饒美蛟曾以賴利的理論對香港製造業的生產因素密集度進行研究。他發現，1973 年，香港的勞動密集型產業的產值佔製造業總產值的 93.5%，而資本密集型產業則僅佔 6.5%。勞動密集型產業以紡織、製衣、塑膠、電子等行業為主，幾乎囊括了香港製造業的所有主要行業。[12] 根據他的研究，從 1973 年到 1986 年期間，香港製造業

12 /
饒美蛟著：〈香港產業結構的轉型——兼論香港華南經濟"一體化"的構思〉，載香港《信報財經月刊》1993 年 12 月，第 37-38 頁。

中的資本密集型產業略有增加，但變化不大，僅非電子類的工業機器比例有所增加。在勞動密集產業方面，紡織業的比例明顯下降，從 1973 年的 31.2% 降至 1986 年的 18%，而 "電子產品、用具、儀器及供應品" 及 "科學儀器、鐘錶及光學產品" 的比例則顯著上升。

　　香港製造業所生產的產品，絕大部分屬輕紡消費品。以大部分消費品來說，在產品的製造過程中，即由產品構思至最終消費者，不同的階段所產生的附加值，其分佈呈 "U" 型。這個過程的前端牽涉附加值較高的活動，如產品設計、原型製造、生產設計及類似的製造前活動；後端則涉及多種製造後的活動，如品質控制、測試及認證、牌子開發、運輸及市場推廣等。實際的製造過程則在 "U 型曲綫" 的中間部分進行，所生產的附加值也偏低。

　　根據香港貿易發展局研究部的研究，70 年代期間，香港產品的附加值，主要來自實際的製造工序，也即 "U 型曲綫" 的中間部分。由於香港廠商主要為外國生產商、批發商及進口商製造產品，附加值較高的前端並非他們的專長。此外，由於大部分工廠東主是工人出身，並無科技學術背景，他們多數也不懂得依賴附加值的前端活動來維持產品的競爭力。據 1976 年的中期人口普查結果顯示，持有大學學位的製造業僱員比例已下降至 1.7%。由此可見，香港廠商部分由於先天條件不足，部分由於對生產過程較為熟悉，因此大多選擇效力於附加值 "U 型曲綫" 的中間部分密集發展。[13]

　　整體而言，香港製造業的增加值在生產總額中所佔的比率明顯偏低，而僱員報酬在增加值中所佔比重又明顯偏高，表 2-14 反映了香港製造業以勞動密集型產業為主體的特點。

　　第三，以輕紡工業為主，內部產業結構呈輕型化。

　　中山大學林江教授曾對香港製造業的霍夫曼比例進行研究，他將食品、衣著、紡織、皮革、紙品及印刷列作輕工業部門，將化學、橡膠、金屬裝備、電機電子、運輸設備列作重工業部門，結果得出霍夫曼比例在香港從未下降到 1 以下（表 2-15）。換言之，香港製造業從未出現過 "重工業化" 趨勢。由於受到資源缺乏等種種條件的限制，香港的重工業一直難以發展，輕紡工業則長期擔當主要角色，又以紡織、製衣業為核心，直到 90 年代，紡織、製衣業產品出口值在香港產品出口值中所佔比重仍保持在四成左右。正如林江所指出："香港的製造業表現了其頑強不變的輕型

13 /
香港貿易發展局研究部：《香港製造業現況與前景》，1998 年，第 11-12 頁。

表 2-14　　1980 年香港製造業各行業的生產力和勞力密集程度（單位：%）

行業	增加價值在生產總額所佔比率	僱員報酬在增加值所佔比率
製造業	23.7	71.2
成衣（針織品除外）	30.2	79.1
電動及電子產品	22.5	66.0
紡織品（包括針織品）	24.2	69.6
塑膠製品	31.2	71.2
金屬製品	32.9	71.2
其他	26.9	67.0

資料來源 /

香港政府統計處：《本地生產總值估計（1966-1990）》。

表 2-15　　1973-1989 年香港製造業的霍夫曼比例（單位：億港元）

年份	1973	1976	1978	1980	1982	1984	1986	1989
輕工業產值	65.16	78.66	102.92	162.09	188.45	271.60	335.17	473.08
重工業產值	39.22	51.21	76.91	133.99	162.78	235.78	270.65	347.98
霍夫曼比例（%）	1.65	1.54	1.30	1.21	1.16	1.15	1.24	1.36

資料來源 /

林江：《香港產業結構論》，四川人民出版社，1994 年，第 33 頁。

化特徵，這與大多數國家或地區製造業的格局和路向顯著不同"。[14] 實際上，被其列入重工業部門的一些行業，諸如電子、橡膠等，嚴格而言在香港並不屬於重工業，香港製造業內部結構表現出持續輕型化的特點。

　　第四，生產和銷售的相對集中及專業化。

　　香港的製造業以輕紡工業為主，門類比較集中，產品類別也比較狹窄。50 至 60 年代期間，紡織、製衣兩個最主要行業產品的出口，就佔香港本地產品出口值的 50% 以上。70 年代以後，電子業取代紡織業地位，製衣、電子兩個最大行業出口產品的比重，也一直佔香港本地產品出口值的 50% 以上。香港最重要五個行業的產品出口值，也一直佔本地產品出口值的六成半以上，在 70 年代中至 90 年代初，所佔比重更高達七成半（表 2-16）。

14 /

林江著：《香港產業結構論》，四川人民出版社，1994 年，第 33 頁。

資料來源 /
香港政府工業署：《1996
年香港製造業》。

表 2-16　　1970-1995 年各主要製造行業在本地產品出口值中所佔比重（單位：%）

行業	1970 年	1975 年	1980 年	1985 年	1990 年	1995 年
製衣	35.1	44.5	34.1	34.5	31.9	31.9
電子	8.7	12.0	19.7	20.8	25.9	27.7
紡織	10.3	9.4	6.7	6.0	7.5	6.1
鐘錶	1.7	3.5	9.6	7.4	8.5	5.9
玩具	8.5	6.4	6.9	7.2	2.2	0.9
小計	64.3	75.9	77.0	75.9	76.0	72.5

　　從銷售來看，香港製造業產品的出口市場也相當集中，其中，20 世紀 90 年代中期以前，美國一直是香港本地產品的最大出口市場，所佔比重長期維持在 30% 以上，1985 年達到 44.4%，直到 90 年代中期，其最大出口市場地位才被中國內地所取代。除了美國、中國內地之外，德國、英國、日本也一直是香港的主要出口市場。據統計，70 年代初至 90 年代中，這五大出口市場所佔比重基本都維持在 60% 以上，最高達到 72.3%（表 2-17）。正如香港中文大學教授林聰標所指出："在任何情況下，一個小型的開放經濟在商品分類和市場分佈上，都會有一定程度的出口集中，這正是唯一能充分享用專業優勢的方法。香港的經驗告訴我們：勞力密集工業品輸出及生產專業化實是發展中國家最有效的經濟發展方法"。[15]

15 /
林聰標著：〈香港的貿易
結構與經濟成長〉，載邢
慕寰、金耀基合編：《香
港之發展經驗》，中文大
學出版社，1985 年。

資料來源 /
香港政府工業署：《1996
年香港製造業》。

表 2-17　　1970-1995 年港產品出口市場比重變化情況（單位：%）

市場	1970 年	1975 年	1980 年	1985 年	1990 年	1995 年
中國內地	0.2	0.1	2.4	11.7	21.0	27.4
美國	42.0	32.1	33.1	44.4	29.4	26.4
德國	8.0	12.5	10.8	6.2	8.0	5.3
英國	12.0	12.2	10.0	6.6	6.0	4.7
日本	4.0	4.2	3.4	3.4	5.3	5.1
小計	66.2	61.0	59.7	72.3	69.7	68.9

二、製造業在香港經濟中的地位

　　工業化時期，製造業在香港經濟中的地位，突出表現在以下幾方面：

　　第一，它是香港經濟中最主要的產業部門。

　　從歷史發展來看，二次大戰後，香港製造業迅速起步發展，60 年代進入高速增長時期，推動了香港整體經濟的起飛。1970 年，製造業的生產增值達 59.13 億港元，它在本地生產總值中所佔的比重達到 30.9%，創出歷史最高紀錄。這一時期製造業成為香港經濟中最重要的產業部門，對整體經濟的發展發揮了主導作用。70 年代以後，製造業在本地生產總值中的比重雖有所下降，但到了 80 年代後期仍維持在 20% 以上。1987 年，製造業作為香港經濟第一大產業的地位被廣義貿易業取代，當年它的生產總值達 757.61 億港元，以當年價格計算已比 1970 年增長超過 11.8 倍（表2-18）。

表 2-18　　1970-1980 年代香港製造業發展概況（單位：億港元）

年份	製造業增加值 （億港元）	製造業增值佔 GDP 比重（%）	年份	製造業增加值 （億港元）	製造業增值佔 GDP 比重（%）
1970	59.13	30.9	1980	305.49	23.8
1971	64.55	28.1	1981	360.49	22.8
1972	74.44	26.9	1982	363.90	20.7
1973	90.18	26.5	1983	441.40	22.8
1974	90.89	25.8	1984	555.35	24.1
1975	99.54	26.9	1985	530.71	21.9
1976	131.97	27.4	1986	627.79	22.3
1977	157.89	26.9	1987	757.61	21.7
1978	186.46	26.5	1988	831.82	20.1
1979	255.98	26.6	1989	860.62	18.3

資料來源 /
香港政府統計處。

　　第二，它在相當時期內是香港經濟的基礎。

　　從 50 年代至 70 年代，以出口為導向的製造業高速增長，推動了香港整體經濟的起飛。踏入 80 年代，製造業對香港本地生產總值的直接貢獻雖然已有所下降，然而由製造業的發展所帶動香港經濟各部門的增長依

然是巨大的。據香港工業總會經濟研究部的一份研究報告指出，1983 年
製造業對香港經濟的直接貢獻，即佔本地生產總值約 22.7%，而製造業對
香港經濟的間接貢獻，即由其引發的其他行業活動，諸如電力、煤氣、
水、建築、進出口、飲食、運輸、財務、保險等行業，約佔本地生產總值
的 18.5%，因此製造業對香港經濟的總貢獻佔本地生產總值的 41.2%（表
2-19）。可見，製造業在相當一個時期仍是香港經濟的基礎。

表 2-19　1983 年製造業對本地生產總值的貢獻（單位：%）

註 /
表內黑體數字為總和。

資料來源 /
香港工業總會。

產業部門	直接貢獻	由製造業引發的比率	直接 / 間接貢獻
電力、煤氣及水	2.4	32.4	0.8
建築	6.3	40.4	2.5
批發及零售、出入口貿易、酒店及餐廳	19.5	38.8	7.6
運輸儲存及通訊	8.2	22.6	1.9
金融、保險及商業服務	17.8	31.8	5.7
製造業的間接貢獻（約數）			**18.5**
製造業的直接貢獻			22.7
製造業在生產總值中的整體貢獻			**41.2**

第三，製造業對香港經濟的增長和穩定具有重要影響。

20 世紀 70 年代以後，製造業從巔峰滑落，相應地，香港經濟的增
長速度也呈下降的趨勢。據統計，60 年代香港經濟的年均實質增長率是
9.1%，70 年代是 8.9%，80 年代是 6.5%，90 年代則進一步跌至 5.5% 左
右。這其中當然受到某些重要因素的影響，如經濟發展到一定水平後其增
長率會因基數增大而放緩等，但是，製造業的式微乃是其中重要原因之
一。根據清華大學香港經濟研究課題組的一項研究，香港經濟增長率從
60 年代的 9.1% 下降到 90 年代的 5.5% 左右，主要是由於綜合要素生產率
對經濟增長的貢獻不斷下降，從 60 年代的 47% 下降到 90 年代的 22%（表
2-20）。影響綜合要素生產率增長的因素很多，主要包括技術進步、資源
再配置、經濟中的規模效益、人均受教育程度等。根據該課題組的研究，
香港自 70 年代以後在後三種因素上一直表現良好，沒有明顯的變化，因
此香港經濟中綜合生產率增長率下降的主要原因可能是技術進步速度的下

降，而造成香港技術進步緩慢，從宏觀的角度來看，主要是由於香港製造業，特別是高科技產業發展的緩慢。[16]

　　製造業還對香港經濟的穩定性具有重要影響。美國經濟學家格雷戈里和斯圖爾特曾指出："經濟增長的穩定性問題在實踐中具有重要意義。因為任何一個時點上的經濟潛力的損失，都是不可彌補的。如果某一機制由於周期不穩定，在各個時點上未能發揮它的生產潛力，那就無法實現它在整個時期內的可能增長率。"據清華大學香港經濟研究課題組的研究，1979 年至 1990 年香港經濟增長的波動係數，與其他國家和地區相比處於較高的水平（表 2-21）。這其中的原因，除了香港經濟的開放度較高外，主要是製造業的大規模內遷導致香港經濟過分依賴服務業。製造業向來有"經濟穩定器"之稱，由於商品可以銷售到世界各地，受時間和空間的限制較小，因此它的風險分散，不易受到一個國家或地區經濟波動的干擾；而服務業大多在本地創造，並在本地消費，服務對象相對集中，穩定性相對較差。

16 /
董新保主編：《高科技與香港經濟》，三聯書店（香港）有限公司，2000年，第 47-48 頁。

表 2-20　20 世紀 60-90 年代香港投入及綜合要素生產率的增長（單位：%）

時期	GDP 年增長率	勞動投入增長率	資本投入增長率	全部要素投入增長率	綜合要素生產率增長率
60 年代	9.10	2.97	7.60	4.82（53）	4.28（47）
70 年代	8.96	3.92	6.85	5.39（60）	3.58（40）
80 年代	6.49	2.06	7.41	4.57（70）	1.92（30）
90 年代	5.71	1.99	7.04	4.46（78）	1.25（22）

註 /
括號內的百分比，是全部要素投入增長和綜合要素生產率增長各自對經濟增長的貢獻率。

資料來源 /
董新保主編：《高科技與香港經濟》，三聯書店（香港）有限公司，2000年，第 47 頁。

表 2-21　1979-1990 年 GDP 增長率波動程度的國際比較

國家（地區）	平均增長率（%）	絕對波動係數（%）	相對波動係數（%）
香港	7.2	3.98	0.55
中國內地	8.6	3.27	0.38
美國	2.7	2.33	0.87
日本	4.4	1.02	0.23
新加坡	7.5	3.60	0.48
韓國	7.8	3.97	0.51

資料來源 /
董新保主編：《高科技與香港經濟》，三聯書店（香港）有限公司，2000年，第 51 頁。

　　該課題組還計算了 1980 年前和 1980 年後兩個時期香港經濟增長的波動係數，發現 1980 年以來香港經濟不僅平均增長速度下降，而且經濟的不穩定性也在上升（表 2-22）。而這段時期，正是製造業在香港經濟中的地位不斷下降，服務業的地位越來越重要的時期。

表 2-22　香港不同時期經濟波動係數的比較

資料來源 /
董新保主編：《高科技與香港經濟》，三聯書店（香港）有限公司，2000年，第 52 頁。

時段	平均增長率（%）	絕對波動係數（%）	相對波動係數（%）
1970-1980 年	9.1	4.31	0.475
1981-1995 年	6.2	3.32	0.535

　　第四，製造業在香港經濟中的地位，還表現在它對香港就業的貢獻。

　　據統計，20 世紀 60 年代和 70 年代期間，製造業僱用的勞動人口佔香港就業總人口的四成或以上。即使到了 80 年代，它提供的就業職位仍高達 90 萬左右，超過本地勞動力總數的三分之一。90 年代後期，製造業所僱用的工人人數下跌至不足 30 萬人。製造業的式微，造成嚴重的結構性失業，這是金融、貿易等服務行業所不能解決的。一般而言，金融、貿易等服務業的資本集約程度高於製造業，同等數量的資本投於金融業、貿易業，所能僱用的人員少於製造業。因此，製造業對社會的就業和穩定具有重要意義。

第三章

第二次轉型：
香港經濟的
服務化

| 第一節 | **從製造業主導轉向服務型經濟**

一、關於 "經濟服務化" 的內涵與表現

所謂 "經濟服務化"（Economy Servicizing），是指隨著產業規模及結構升級，各種生產要素包括資本、技術、勞動力等從農業向製造業過渡，進而再向服務業轉移；當服務業擴大到一定的規模和程度，即一國的服務業在國民生產總值中的產值和就業人口中的比例均超過 60% 以上並不斷增加，即表明該國已進入經濟服務化階段。從國民生產總值的比例來看，最早出現經濟服務化的美國，20 世紀 60 年代服務業就業人口取得的收入就已超過國民生產總值的 60%。1973 年美國社會學家貝爾指出了美國經濟從產品型經濟向服務型經濟轉變的特徵，其標誌是美國服務業的勞動力與 GDP 比重（1969 年分別達到 60.4% 與 61.1%）已經超過工業與農業之和。截至 20 世紀 80 年代後期，不僅發達國家普遍出現了經濟服務化的趨勢，而服務業在發展中國家所佔比重也出現了持續上升的變化。據世界銀行估計，一些中等收入國家的服務業就業人數，已佔全部就業人口的 50% 以上，而且不少國家有 1/3 的勞動力集中在服務部門就業。

一般認為，經濟服務化趨勢表現為三方面的特徵：首先，是產業結構服務化，表現為服務產業在經濟體系中的地位不斷上升並成為產業結構的主體。其次，是生產型產業的服務化，表現為工業等生產型產業（非服務性產業）內部服務性活動的發展與重要性增加，形成生產—服務型體系，反映了服務活動在經濟領域的廣泛滲透，如早在 1980 年，75% 以上美國工業增加值就已經由工業內部的服務性活動所創造。第三，是形成以服務活動為主的服務型經濟。近 20 年的實踐證明，服務經濟中成長最快並發揮主導作用的是信息產業、知識產業。美國經濟學家約·奈斯比（John Naisbitt）在他的《大趨勢》一書中曾富有遠見地認為："知識生產力已經成為生產力、競爭力和經濟成就的關鍵。知識產業已經成為最重要的產

業，這個產業提供經濟社會生產所需要的重要資源"。目前，這種預測已成為現實：經濟合作與發展組織（OECD）主要成員國的知識經濟已經超過其國內生產總值的 50%；而由美國發動的一場全球性信息產業革命正極大地推動著經濟發展和產業結構的演變。

二、第二次產業結構轉型的特徵：經濟服務化

香港產業結構的第二次轉型，發軔於 20 世紀 70 年代後期並在 80 年代中後期取得明顯進展，到 90 年代末趨於完成，轉型的基本趨勢則是"經濟服務化"。這一時期，香港迅速崛起為亞太區國際金融中心，並藉中國開放改革之機發展成為內地特別是華南地區的貿易轉口港和工業支援中心。這是第二次產業結構轉型的重要標誌。

香港社會各界對是次產業結構轉型的表述可以說大同小異。1989 年底，當時香港政府的規劃環境地政司班禮士在其發表的〈蛻變中的時代〉一文中表示："到 90 年代末期，香港將會由原來的出口和製造業為主的經濟模式，差不多徹底轉變為亞洲區一個與中國貿易和對外關係有著密切關係，由港口帶動並以提供服務為主的經濟體系。"90 年代中期，嶺南大學校長陳坤耀教授認為："80 年代中期，香港開始走向全面的服務性行業，包括金融、電訊、展覽中心、廣播、航運……等。"他指出，這一時期香港經濟不斷轉型，逐漸成為一個營運中心，而其中最重要的轉變，就是香港第二次成為貿易轉口港，轉口港全面復蘇。[1] 1996 年《恒生經濟月報》發表的〈日益重要的香港服務業〉亦指出："過去 20 年，香港已成功建立為一個服務中心，並在金融、黃金及外匯買賣方面與其領導地位的倫敦、紐約及東京並駕齊驅。香港也是全球最繁忙的港口之一，擁有全球最高之貨櫃吞吐量，多年來服務業的急速增長，已令香港在服務業出口方面位列全球第十大。"

香港產業結構從製造業主導轉向服務型經濟，可反映在各行業在本地生產總值中所佔比重的變化，主要有以下幾點：

第一，從 20 世紀 80 年代中期開始，製造業對香港本地生產總值的貢獻急速下降。70 年代中後期以來，製造業在香港經濟中的地位已開始下降，但在 80 年代前期，除了 1982 年跌至 20.8% 外，它在本地生產總值中所佔比重仍維持在 22% 以上。不過，自 80 年代中期起，香港製造業開始

1/
盧永忠著：〈陳坤耀論香港經濟轉型〉，香港《資本》雜誌，1995 年 11 期，第 18 頁。

大規模向內地，尤其是廣東珠江三角洲地區遷移，雙方逐漸形成"前店後廠"的分工格局。從這時起，製造業在香港本地生產總值中所佔比重急速下跌，1987 年和 1989 年先後被廣義的貿易業和廣義的金融業所超越，到 1998 年已跌至 6.2%，其經濟重要性日趨下降（表 3-1），令香港經濟呈現所謂"產業空洞化"的態勢。

表 3-1　　20 世紀 80-90 年代各主要行業在香港本地生產總值中的比重（單位：%）

資料來源／
香港政府統計處。

年份	製造業合計	服務業合計	批發零售、進出口貿易及酒店業	運輸倉庫及通信業	金融、保險、地產及商業服務	社區、社會及個人服務	樓宇業權
1980	23.7	67.5	21.4	7.4	23.0	12.1	8.9
1981	22.8	67.5	20.3	7.4	23.0	12.9	9.2
1982	20.8	69.3	20.0	7.7	22.5	15.2	10.2
1983	22.9	67.5	20.4	8.2	17.6	16.0	11.2
1984	24.3	67.3	23.1	7.8	15.6	15.4	10.2
1985	22.1	69.6	22.8	8.1	16.0	16.7	10.5
1986	22.6	69.2	22.3	8.2	17.0	16.0	10.1
1987	22.0	70.3	24.3	8.6	17.9	14.5	9.8
1988	20.5	72.0	25.1	9.1	18.9	13.9	9.9
1989	19.3	73.1	25.0	8.9	19.5	14.1	10.3
1990	17.6	74.5	25.2	9.5	20.2	14.5	10.6
1991	15.4	76.4	25.9	9.6	22.7	14.9	10.9
1992	13.5	78.9	26.1	9.7	24.7	15.1	11.1
1993	11.2	81.3	27.0	9.5	25.8	15.7	10.8
1994	9.2	83.4	26.2	9.7	26.8	15.9	12.2
1995	8.8	83.8	26.6	9.8	24.4	17.3	13.3
1996	7.3	84.4	26.7	9.8	25.1	17.6	13.1
1997	6.5	85.2	25.4	9.1	26.2	17.9	13.9
1998	6.2	84.7	24.0	9.3	25.6	17.9	14.5

　　第二，服務業在香港經濟中的地位迅速上升。製造業的內遷、在內地迅速擴張，以及由此增加對服務業的需求，均刺激並推動了香港服務業的迅速發展。這一時期，香港服務業無論在絕對產值還是相對比重都呈現迅速上升的趨勢。1980 年，服務業在本地生產總值比重是 67.5%，到了

1990 年上升到 74.5%，1997 年更達 85.2%（表 3-1），香港逐漸成為世界上最依賴服務業的經濟體系之一。從 1994 年起，服務業的出口總值超過本地產品出口總值，香港服務業出口總值位列全球第十大。

第三，服務業呈現多元化發展趨勢，其中以廣義貿易業和廣義金融業這兩大行業的地位最重要。從 1987 年起，被稱為"廣義貿易業"的批發、零售、進出口、酒樓及酒店業超越製造業成為香港經濟的最大行業，該行業在本地生產總值所佔比重，1986 年是 22.3%，到 1996 年已達到 26.7%的歷史高峰，反映了這一時期香港經濟由港口帶動的特點。配合對外貿易尤其是轉口貿易的發展，運輸、倉庫及通訊所佔比重也從 1986 年的 8.2%上升到 1996 年的 9.8%。而被稱為"廣義金融業"的金融、保險、地產及商業服務業，其所佔比重雖然在 80 年代前期因地產、金融危機而有所下降，但從 1987 年起再度回升，到 1996 年增加到 25.1%，成為服務業中與廣義貿易業並駕齊驅的另一重要經濟行業（表 3-1）。

勞動力的就業結構也反映了同樣的發展趨勢。根據香港政府工業署的調查，1980 年製造業僱用的勞動力達到 89.2 萬人，從絕對值看這是歷史上的最高峰。80 年代以後，製造業僱用勞工人數開始下降，1990 年降至 73 萬人。踏入 90 年代，製造業僱用勞工人數銳減，到 1995 年減至38.6 萬人，不及高峰時期的一半。製造業在勞動就業人口中所佔比重也從 1980 年的 46.0% 急跌至 1995 年的 15.3%。期間，大量勞動人口從製造業轉移到服務業。據統計，1980 年，廣義貿易業僱用工人人數是 44.7 萬人，到 1995 年增至 103.1 萬人，其所佔總勞動人口比重從 23.1% 上升到40.9%。廣義貿易業取代製造業而成為僱用工人人數最多的經濟行業。同期，廣義金融業僱用工人人數從 12.7 萬人增加到 37.5 萬人，所佔比重從6.5% 上升到 14.9%（表 3-2）。

三、香港對外貿易形態的轉變

是次產業結構的轉型，導致香港對外貿易形態也發生相應的變化。從表 3-3 可以看到以下特點：

第一，轉口貿易在香港總出口所佔比重從 1970 年的 18.98% 回升到1997 年的 85.4%。20 世紀 80 年代以後，香港轉口貿易開始大幅增長。據統計，從 1980 年到 1998 年，香港的貿易轉口額從 300.7 億港元增加到

表 3-2　　1961-1995 年各主要經濟行業僱員人數（單位：千人）

註 /
（1）括號內數字表示有
關行業佔該年合計總數
的百分比；
（2）1961 年至 1971 年
數字指各年人口普查所
收集的工作人口數字，
這些數字包括外發工
人、自僱和失業人士，
因此不能直接與 1980 年
以後只包括受僱於各機
構人士的數字比較；
（3）＃字表示該格數據
已包括在 "批發、零售、
進出口貿易、飲食及酒
店業" 項下。

資料來源 /
香港政府工業署：《1996
年香港製造業》。

產業部門	1961 年	1971 年	1980 年	1985 年	1990 年	1993 年	1995 年
製造業	476（40.0）	677（42.8）	892（46.0）	849（39.2）	730（29.5）	508（20.5）	386（15.3）
批發、零售、進出口貿易、飲食及酒店業	131（11.0）	182（11.5）	447（23.1）	590（27.2）	815（33.0）	958（38.7）	1031（40.9）
金融、保險、地產及商用服務業	＃	26（1.6）	127（6.5）	179（8.3）	273（11.0）	336（13.6）	375（14.9）
運輸、倉庫及通訊業	87（7.3）	115（7.3）	75（3.9）	95（4.4）	130（5.3）	153（6.2）	170（6.7）
社區、社會及個人服務業	265（22.3）	312（19.7）	167（8.6）	203（9.4）	250（10.1）	275（11.1）	298（11.8）
其他	232（19.5）	270（17.1）	230（11.9）	251（11.6）	273（11.0）	246（9.9）	259（10.3）
合計	1,191（100.0）	1,583（100.0）	1,939（100.0）	2,167（100.0）	2,471（100.0）	2,477（100.0）	2,520（100.0）

表 3-3　　1980-1998 年香港對外貿易形態的轉變（單位：億港元）

註 /
＊RX/X 至（X+M）/GDP
各項的單位為 %。

資料來源 /
《香港統計年刊》，1999
年版。

年份	1980	1985	1989	1992	1994	1996	1998
總出口（X）	982.40	2,351.50	5,705.10	9,249.50	11,700.10	13,979.20	13,476.50
轉口（RX）	300.70	1,052.70	3,464.10	6,908.30	9,479.20	11,857.60	11,592.00
本地出口（DX）	681.70	1,298.80	2,241.00	2,341.20	2,220.90	2,121.60	1,884.50
總進口（M）	1,116.50	2,314.20	5,627.80	9,553.00	12,507.10	15,355.80	14,290.90
貿易總額（X+M）	2,098.90	4,665.70	11,332.90	18,802.50	24,207.20	29,335.00	27,767.40
貿易差額（X-M）	-134.10	+37.30	+77.30	-303.50	-807.00	-1,376.60	-814.40
RX/X*	30.60	44.77	60.72	74.72	81.02	84.82	86.02
DX/X	69.40	55.23	39.28	25.28	18.98	15.18	13.98
（X-M）/X	-13.65	+1.59	+1.35	-3.28	-6.90	-9.85	-6.04
X/GDP	92.01	90.23	108.91	118.68	115.74	117.29	106.28
M/GDP	104.57	88.60	98.65	122.58	123.72	128.84	112.70
（X+M）/GDP	196.59	178.63	216.33	235.23	239.46	246.12	218.98

11,592.0 億港元，18 年間增加逾 37.55 倍，每年平均增長率接近 22.5%；
同期，香港本地出口值僅從 681.7 億港元增加到 1,884.5 億港元，增幅是
1.76 倍，平均年增長率僅約 5.9%。這使轉口貿易在香港總出口值中所佔
比重從 30.60% 上升到 86.02%，實際上已成為總出口的主體。轉口貿易的
大幅增長，主要由"中國因素"所帶動：一方面是 1979 年中國改革開放
以後，中國對外貿易加快發展，經香港轉口的貨品大幅增加；另一方面
隨著香港製造業的大規模內遷，從港或經港輸入中國內地的設備、半產
品、原材料，以及內地加工裝配，經港轉銷海外的產品均大幅增長。據統
計，1980 年，中國供應及吸納的轉口貨值在香港貿易轉口值中所佔比重
是 43.4%，到 1998 年已增加到 94.8%，反映出 80 年代以來，香港已重新
確立其作為中國內地對外貿易最重要的貿易轉口港地位。

第二，在對外貿易方面，香港仍持續出現貿易赤字，但從相對值來看
已逐漸減少。20 世紀 80 年代中後期，香港對外貿易逆差已大為改善，多
個年份均出現盈餘。不過，進入 90 年代以後，貿易赤字再度出現，絕對
值上升的幅度頗大，1992 年是 303.4 億港元，到 1996 年增加到 1,376.6 億
港元，4 年間增加 3.5 倍。但從相對值來看，貿易逆差對總出口的比率基
本維持在 10% 以下，有的年份還降至 3-6% 左右。這在一定程度上反映了
轉口貿易對香港貿易逆差的改善作用。

第三，香港經濟依賴對外貿易的程度進一步加深。從 80 年代中期
起，隨著轉口貿易的蓬勃發展，帶動了整體貿易和經濟的增長，香港經濟
的對外開放度進一步加大。從對外貿易總額相對於本地生產總值的比率來
看，1985 年是 178.63%，到 1996 年已上升至 246.12%。在亞太地區，香港
與新加坡一樣，都是以對外經濟為主的表表者，其對外貿易的依賴程度進
一步加深。

| 第二節 | 產業結構第二次轉型的原因及影響

一、香港產業結構第二次轉型的原因分析

　　根據羅斯托的經濟成長階段論，當一個社會的經濟進入成熟階段以後，其經濟結構必然相應地發生變化，經濟主導部門將轉移到耐用消費品生產或服務業方面。20世紀80年代以後，香港產業結構的急速轉型，有其深刻的內外社會背景。從內部因素看，主要是：

　　第一，香港製造業原有的比較優勢逐步喪失，而新的比較優勢尚未建立。

　　由於缺乏自然資源及土地，香港的製造業長期以來偏重輕紡工業，且屬加工裝配性質的勞動密集型產業，而土地及資本密集型重工業及其他初級工業的發展則受到極大的限制，工業多元化無法展開。即使是輕紡工業，門類也較集中，產品類別較狹窄，在80年代中期佔最大比例的依次是製衣、電子、塑膠、鐘錶、玩具、電子。1985年這幾類產品出口值就佔香港本地總值的84.2%，而受僱於這幾個行業的勞工也佔製造業勞工總數的七成以上。

　　進入80年代以後，這種勞動密集型產業一直受到勞工短缺、工資和土地成本不斷上漲的困擾。據統計，80年代後期經濟高速增長，香港的失業率一度低至1.1%的歷史低水平，就業不足率僅0.8%，實際上已形成全民充分就業，而勞工短缺嚴重影響著各行業的發展。當時，製造業工人的平均工資不及服務業工人平均收入的六成，在吸收勞動力方面處於競爭劣勢，社會青年和畢業學生均不願到工廠就業。70年代以後，香港的土地、勞工成本持續大幅上升。據統計，70年代以來，港產品出口每擴大一倍，工業用地價格就上漲三倍。80年代初期，香港就業勞動人口的平均工資約為1,500港元，但到90年代中期已超過10,000港元。工資及工業用地價格的大幅上升進一步推高生產成本。80年代中期以後，香港製

造業原有的比較優勢已逐步喪失，其在國際市場的競爭力也日漸削弱。

　　與此同時，香港製造業的新比較優勢卻因企業規模小、投資行為短期化，以及政府的不干預政策而遲遲未能建立。香港的製造業主要由中小企業構成，這些中小企業大都缺乏資金，再投資能力不足，真正具備現代科技知識和管理知識的現代企業家不足，企業內科技人才缺乏，尤其是專業技術人才如工程師、資料控制專家、技師、運作經理及電腦專家等數量明顯不足，因而缺乏開發的能力，偏重生產低檔及低科技產品。80 年代期間，由於存在所謂香港前途信心問題，製造業投資偏向短期化，長期投資不足。上述種種因素，再加上香港政府的不干預政策對製造業發展支持不足，導致香港製造業在大規模將勞動密集型產業內遷珠江三角洲的同時，並未能迅速向資本技術型產業轉移，新的比較優勢遲遲未能建立。

　　根據 1985 年亞洲四小龍高科技產品在經濟合作與發展組織國家的市場佔有率及排列次序資料，在 27 種高科技產品中，台灣佔 14 項，韓國佔 5 項，而香港僅佔 4 項。據統計，80 年代後期香港製造業的升級轉型至少要比台灣、韓國、新加坡等其他亞洲三小龍要落後 5 年以上。這種態勢，嚴重影響了香港製造業的發展及其在國際市場的競爭力。

　　第二，服務業的生產力和邊際利潤遠高於製造業，使資金和勞動力大量從製造業流向服務業，推動了服務業的高速增長。

　　這一時期東亞經濟的崛起，加上香港製造業大規模內遷廣東珠江三角洲，都使周邊地區對香港的服務業提出了更殷切的龐大需求。根據香港政府工業署的統計，1984 年製造業的增值額在其生產總值中僅佔 27.9%，而僱員薪酬開支（勞工成本）佔增值額的比重則高達 62.7%，可見製造業的邊際利潤已非常微薄。相比之下，廣義貿易業和廣義金融業的增值額在其生產總值中的比重卻分別高達 57.9% 和 71.9%，而僱員薪酬開支則只佔其增值額的 45.1% 和 36.0%。製造業與服務業在生產力和邊際利潤的這種巨大差別在 1994 年並沒有明顯改善（表 3-4）。這種差別的長期存在，導致資金和勞動力大量從製造業流向服務業，成為這一時期服務業迅速增長的主要因素。

　　這時期，製造業和服務業每名僱員的生產力差距更大。根據 1994 年的數字，製造業每名僱員的平均增值額是 19.95 萬元，廣義貿易業和廣義金融業分別是 24.70 萬元和 63.08 萬元，分別是製造業的 124% 和 316%。很明顯，製造業與服務業在生產力與邊際利潤方面的差距，是香港產業結

資料來源／
香港政府工業署：《1996
年香港製造業》。

表 3-4　　製造業與服務業的生產力和邊際利潤比較（單位：%）

產業部門	增值額佔生產總額比率		勞工成本佔增值額比率	
	1984 年	1994 年	1984 年	1994 年
製造業	27.9	29.3	62.7	57.4
批發、零售、進出口、酒店及酒樓	57.9	53.4	45.1	52.0
金融、保險、地產及商業服務	71.9	74.1	36.0	30.7
運輸、倉庫及通訊業	43.3	52.7	48.6	44.9
社區、社會及個人服務	60.1	59.3	75.9	81.9

構轉型的重要因素之一。

　　從外部因素看，香港產業結構的急速轉型的原因，主要有兩方面：

　　其一是西方工業國家貿易保護主義抬頭以及亞洲四小龍在國際市場上的競爭加劇。1973 年中東石油危機後，西方工業國家因經濟增長放緩而紛紛採取貿易保護措施。踏入 80 年代以後，貿易保護主義氣氛日益高漲，歐洲共同市場及美國已先後對香港輸入的錄像帶、彩電、相簿、錄音帶及牛仔布等多種產品提出傾銷指控，不僅對香港廠商造成沉重的心理打擊，而且在相當程度上影響了香港產品的訂單和銷售。這一時期，發展中國家和地區已紛紛加入國際市場的競爭，香港正面對台灣、韓國、新加坡等其他亞洲三小龍在高科技產品方面，以及東盟國家在勞動密集型產品方面的激烈競爭，有利的國際環境已逐漸喪失。

　　其二是中國的改革開放。70 年代末 80 年代初，中國實施改革開放政策，先是在毗鄰港澳的廣東深圳、珠海、汕頭，以及福建廈門開設經濟特區，80 年代中更開放廣東珠江三角洲地區，直接促成了香港製造業大規模北移，使其勞動密集型產業得以利用內地廉價的土地和勞動力資源，繼續保持香港產品在國際市場的競爭優勢。據香港工商專業聯合會發表的研究報告《香港二十一──展望香港經濟十年路向》估計，至 90 年代初，"在華南地區，有 300 萬以上工人直接受僱於港資公司，以全國計算，受僱者更多達 500 萬人。香港的廠家，約七成半在中國設廠，單以廣東省一地計算，所得的合資經營企業和加工工廠，便分別為 32,000 家和 80,000家。香港出口的機械設備，估計六成銷往中國。至於香港的國際電訊接收，也有三分之一以上是往返中國的"。[2] 當時，香港出口商品中，在中

2／
香港工商專聯：《香港
二十一──展望香港
經濟十年路向》，1993
年，第 16 頁。

國內地製造的部分佔 60% 以上的，有成衣、紡織品、電器用品、皮革、玩具、鞋履、旅遊用品及旅行袋等，電子產品接近六成，而不足四成的僅珠寶、鐘錶兩項。

根據香港貿易發展局於 1991 年對 2,895 間香港公司的調查研究，製造業大規模北移後，留在香港的公司主要從事貿易融資檔案處理、業務洽談、運輸、產品設計、商品買賣、研究與發展、市場推廣、市場研究、售後服務等，以及作為集團的總部，至於包裝、製造、裝嵌及加工等工序大部分已內移到珠江三角洲地區。香港與內地之間已形成了所謂"前店後廠"的合作模式，香港成為中國內地，主要是以珠江三角洲為核心的華南工業支援中心，而珠江三角洲則成為香港龐大的生產基地。很明顯，香港產業結構轉型的直接動因，是中國改革開放促成香港製造業的大規模北移，並由此對香港服務業提供了更龐大的需求。

二、第二次產業結構轉型對香港經濟的影響

產業結構第二次轉型對香港經濟的影響，從積極的方面看主要有：

第一，推動了 20 世紀 80 年代至 90 年代中期香港經濟的持續增長。

20 世紀 80 年代以來，曾經作為香港經濟成長主要動力的出口導向型製造業，因內受勞工短缺、成本上漲的困擾，外受貿易保護主義及鄰近地區競爭的威脅，其生產力正迅速下降。產業結構轉型的結果，是製造業內移廣東珠江三角洲，其生產基地擴展到整個華南地區，並利用內地廉價的土地及勞動力資源繼續在國際市場上保持強大的競爭力，而服務業則迅速崛起。香港經濟內部，大量的資金和勞動力轉移到增值額高和邊際利潤高的行業，這種轉移給香港經濟注入新的增長動力。80 年代中期以後，服務業已取代製造業成為香港經濟持續增長的動力。80 年代後期，香港經濟持續數年高速增長，年平均增長率達到雙位數字。80 年代末 90 年代初，由於受到內地整頓經濟的影響，香港經濟一度放緩，但在 90 年代前期持續維持約 5.5% 的增幅。

第二，增強了香港作為亞太區國際貿易中心、國際航運及航空中心及國際金融中心的地位。

隨著製造業大規模內遷，香港不僅從昔日遠東的加工裝配中心蛻變成亞洲區內，尤其是華南地區的工業支援中心，而且重新確立其作為區內

最重要自由港和貿易轉口港的地位。據統計，由於轉口貿易的蓬勃發展，香港對外貿易總額急速增長，從 1979 年的 1,618 億港元增加到 1995 年的 28,205 億港元，16 年間增長 16.43 倍。這一時期，香港的貿易地位從全球第 23 位躍居第 8 位，僅次於美、德、日、法、英、意及加拿大，成績之佳令全球商界矚目。到 90 年代中後期，香港共擁有約 10 萬家貿易公司，匯集了各類採購公司、貨運代理商和貿易融資專才，組成了全球最龐大、技術最先進的專業隊伍，其市場網絡已伸延至全球近 150 個國家和地區。香港成為了亞洲地區貿易展覽之都、舉世聞名的國際貿易中心。

轉口貿易的蓬勃發展還帶動了航運、航空、倉儲、碼頭、通訊、保險、金融以及旅遊業的發展。這一時期，香港鞏固及提升了其作為亞太區重要的航運、航空中心的地位，與全球各地形成海陸空立體交通運輸網絡。1987 年，香港的葵涌貨櫃碼頭超過荷蘭鹿特丹，成為全球第一大貨櫃港；1995 年處理的標準貨櫃單位超過 1,200 萬個，連續多年保持世界首位。當年，由香港擁有、控制及管理的船隻達 1,161 艘及 5,600 萬載重噸位，香港船東已躋身世界最大船東和船隻管理者之列，與挪威、英國、希臘、日本等國同業分庭抗禮。而香港啟德機場也成為全球第二大繁忙的國際空運貨物基地和世界第四大繁忙的國際客運機場，經營來往香港航班的國際航空公司超過 60 家。

80 年代初，香港已確立區內國際金融中心的地位。隨著產業結構的轉型，這地位日益鞏固。到 90 年代中期，香港成為國際性大銀行集中地，世界首 100 家國際性大銀行中有 85 家在香港經營業務，香港還一度成為全球五大繁忙證券市場之一及亞洲第二大資本市場，其銀團貸款金額在亞洲居首位。1995 年，香港躍居全球第五大外匯市場，日平均外匯交易量達 910 億美元。

踏入 90 年代，尤其是 1992 年春鄧小平南巡廣東之後，中國的改革開放進入新階段，香港的上市公司及大財團相繼掀起投資內地商業零售、房地產、服務業以及大型基礎設施的熱潮。據統計，截至 1996 年，中國實際吸收的外資中，約有 56.8% 來源於香港，其中相當部分是在香港銀行體系籌措或利用香港股市集資，這無疑強化了香港融資中心的地位。同時，90 年代以來大批中資企業的"紅籌股"和內地國企的"H"股來香港上市，香港逐步發展成"中國的紐約"。從上述發展態勢來看，香港作為亞太區國際性金融中心的地位得到了進一步的鞏固。香港正逐步向亞太區商業大都會的角色演變。

不過，香港產業結構的轉型也隱含著不少消極因素。其中重要的有兩點：

其一是香港經濟的“產業空洞化”。香港製造業大規模內遷的同時，資本技術密集型產業並未相應發展起來。製造業在自身的升級轉型中困難重重，步履蹣跚，使其在香港經濟中的地位急劇下降，出現了所謂“產業空洞化”的趨勢。部分工商界人士擔心，香港經濟若過分依賴服務業而忽略製造業，會進一步加深其經濟的無根性和投機性，導致經濟波動加劇。他們呼籲推動製造業向資本技術密集型升級，以保留一個高科技且具有競爭力的製造業環節，維持一個平衡的經濟架構。可惜，知易行難，90 年代中期以後製造業的地位甚至不如運輸、倉儲及通訊業。有人擔心，倘若製造業進一步式微，不但會影響到香港經濟的整體發展，還可能造成一系列棘手的社會問題，諸如結構性失業等等，實在有必要引起有關方面的重視。

其二是通貨膨脹高企。產業結構引發的另一個後遺症是通貨膨脹的惡化。80 年代後期，香港通貨膨脹高企在雙位數水平，後來雖然有所回落，但直到 90 年代中期仍維持在 8% 至 9% 的高水平。持續的高通脹嚴重侵蝕香港經濟的競爭力，令生產經營成本大幅上升，不但製造業難以承受，到 90 年代中期就連部分服務業也逐漸吃不消，出現了所謂的“第二次轉型”（即服務業中勞動密集型行業也步製造業的後塵外移）。這些隱患一直潛伏到 1997 年，直至亞洲金融風暴襲來才總爆發。

| 第三節 | 轉口貿易業：80 至 90 年代經濟增長的火車頭

　　20 世紀 80 年代以後，香港經濟從"起飛"時期轉向"成熟"時期，其主導產業並非從輕紡工業轉向重化工業，而是重新轉向對外貿易業（主要是轉口貿易業），這是它的特殊性。對外貿易業在香港經濟發展史中一直佔有重要地位。香港開埠初期，對外貿易業尤其是轉口貿易業一直是香港經濟的主導產業，這一地位直至 20 世紀 50 年代才逐漸被製造業取代。80 年代中期以後，隨著製造業的大規模內遷，轉口貿易業取代了製造業而再次成為香港經濟增長的火車頭，在香港經濟中再度扮演重要角色。

一、戰後香港對外貿易業的發展歷程

　　戰後至 1997 年香港回歸，香港的對外貿易，大致經歷了兩個發展階段：從 1951 年至 1979 年是以加工貿易為主的階段，1979 年至 1997 年為轉口貿易再度急速發展的階段。

　　第一個時期：本地進出口貿易主導時期（1951 年至 1979 年）。

　　二次大戰結束後，香港的對外貿易迅速恢復，1947 年香港對外貿易總額達 27.67 億港元，其中出口總值 12.17 億港元，進口總值 15.50 億港元，均超過戰前的最高水平。可惜，好景不長，1950 年朝鮮戰爭爆發，以美國為首的聯合國通過決議對中國實行所謂全面"禁運"，香港的轉口貿易遭受嚴重打擊。從 50 年代中期起，香港的輕紡製造業迅速發展，以紡織、成衣為主體的本地產品出口貿易迅速增加，並帶動了以原材料、零部件和機器設備為主的進口貿易相應發展，從而扭轉了整體貿易下跌的趨勢。1955 年，香港對外貿易總額回升，到 1959 年增至 82.77 億港元，已接近禁運前的水平。這一時期，香港本地產品出口從 1951 年的 5.5 億港元增加到 1959 年的 22.8 億港元，8 年間增長 3.1 倍，平均每年遞增約

表 3-5　　20 世紀 50 年代香港對外貿易發展概況（按當年價格計算，單位：億港元）

年份	貿易總額		進口值		總出口值							貿易差額[2]
							港產品出口值			轉口值[1]		
	金額	比上年增減 %	金額	比上年增減 %	金額	比上年增減 %	金額	比上年增減 %	比重（%）	金額	比上年增減 %	比重（%）	
1951	93.03	—	48.70	—	44.33	—	5.50	—	12.4	38.83	—	87.6	-4.37
1952	66.78	-28.2	37.79	-22.4	28.99	-34.6	6.80	+23.6	23.4	22.19	-42.9	76.6	-8.80
1953	66.06	-1.1	38.73	+ 2.5	27.34	- 5.7	7.40	+ 8.8	27.1	19.94	-10.1	72.9	-11.39
1954	58.52	-11.4	34.35	-11.3	24.17	-11.6	8.66	+17.0	35.8	15.51	-22.2	64.2	-10.18
1955	62.53	+6.9	37.19	+8.3	25.34	+4.8	10.00	+15.4	39.5	15.34	-1.1	60.5	-11.85
1956	77.76	+24.4	45.66	+22.8	32.10	+26.7	11.15	+11.5	34.7	20.95	+36.6	65.3	-13.57
1957	81.66	-5.0	51.49	+12.8	30.16	-6.1	12.00	+7.6	39.8	18.16	-13.3	60.2	-21.33
1958	75.83	-7.1	45.94	-10.8	29.89	-0.9	12.63	+5.3	42.3	17.26	-5.0	57.7	-16.05
1959	82.77	+8.5	49.49	+7.7	32.78	+9.7	22.80	+80.5	69.6	9.96	-42.3	30.4	-16.72
年均增減	-1.3%		+0.2%		-3.7		+19.5%			-15.6%			

20%。而轉口貿易則相對減少，從 1951 年的 38.83 億港元減至 1959 年的 9.96 億港元。1959 年，香港本地產品出口在總出口所佔比重達 69.6%，而轉口貿易則下降至 30.4%。香港對外貿易逐漸從以轉口貿易為主轉變為以出口加工貿易為主（表 3-5）。

　　20 世紀 60 年代，由於製造業高速發展，香港本地產品出口大幅增長，從 1959 年的 22.82 億港元增加到 1969 年的 105.18 億港元，10 年間增加了 3.6 倍，其在香港總出口的比重也進一步上升到 79.7%。同期，轉口貿易雖然已扭轉了萎縮的趨勢，但增長緩慢，從 1959 年的 9.96 億港元增加到 1969 年的 26.79 億港元，10 年間增加僅 1.7 倍，其在總出口的比重則降至 20.3%。由於香港產品出口的擴大，也帶動了以原材料、零部件為主的進口貿易的增加，1959 年香港進口總值為 49.49 億港元，到 1969 年已增至 148.93 億港元，10 年間增加了 2 倍（表 3-6）。1969 年，香港對外貿易總值增至 280.9 億港元，比 1959 年 82.77 億港元增加了 2.4 倍，平均年增長率高達 13.1%，遠高過 50 年代 5.0% 的水平。這一時期，香港本地產品的海外市場迅速擴大，美國、英國、西德、日本、加拿大、澳大利亞、新加坡、瑞典、荷蘭等相繼成為香港主要的出口市場。

註 /
（1）轉口值比重是指港產品出口值與轉口貨值的比例。
（2）貿易差額的負值是指香港貿易的逆差。
資料來源 /
華潤貿易諮詢有限公司編：《香港經濟貿易彙編》表 2-1，轉引自甘長求，《香港對外貿易》，廣東人民出版社，1990 年。

資料來源 /
香港政府統計處。

表 3-6　　20 世紀 60 年代香港對外貿易發展概況（單位：億港元）

| 年份 | 貿易總額 | | 進口 | | 港產品出口 | | 轉口 | | 貿易赤字 |
	金額	比上年增長 %	金額	比上年增長 %	金額	比上年增長 %	金額	比上年增長 %	金額
1960	98.01	+19.1	58.64	+18.5	28.67	+25.6	10.70	+7.5	19.26
1961	99.00	+ 1.0	59.70	+ 1.8	29.39	+ 2.5	9.91	-7.4	20.40
1962	110.45	+11.6	66.57	+11.5	33.17	+12.9	10.70	+ 8.0	22.70
1963	124.03	+12.3	74.12	+11.3	38.31	+15.5	11.60	+ 8.4	24.21
1964	143.34	+15.6	85.51	+15.4	44.28	+15.6	13.56	+16.9	27.67
1965	154.94	+ 8.1	89.65	+ 4.8	50.27	+13.5	15.03	+10.8	24.35
1966	176.60	+14.0	100.95	+12.6	57.30	+14.0	18.33	+22.0	25.34
1967	192.30	+ 8.9	104.49	+ 3.5	67.00	+16.9	20.81	+13.5	16.68
1968	230.42	+19.8	124.72	+19.4	84.28	+25.8	21.42	+ 2.9	19.02
1969	280.90	+21.9	148.93	+19.4	105.18	+24.8	26.79	+25.1	16.96
60 年代增長率	+13.07%		+11.65%		+16.51%		+10.4%		

　　進入 70 年代，香港經濟先後遭到世界經濟危機、能源危機、股票市場暴跌等衝擊而處於動盪之中。其間，製造業的發展步伐雖有所放緩，但進一步向現代化和多元化發展，原有的紡織、製衣等傳統行業開始採用新的技術和設備，降低成本，繼續擴大出口規模，而新興的電子、鐘錶、儀器、化工等行業則發展迅速，出口大增。到 1979 年，香港本地產品出口值達 559.12 億港元，比 1969 年的 105.18 億港元增長了 4.3 倍，年均增長率達 18.18%，成為戰後本港產品出口增長率最高的年代。這一時期，香港不少產品在國際市場中嶄露頭角，在世界出口中居於首位或前列。60 年代初，香港的塑膠花出口超過意大利而居首位。1972 年，香港玩具出口超過日本榮登冠軍寶座。1973 年，香港成衣出口超過意大利而位列世界第一。1978 年，香港出口手錶數量超過瑞士而位居榜首。其他產品，如收音機、照相機、理髮器、人造首飾、電池電筒等出口也都居於世界出口首位或前列。

　　20 世紀 70 年代，香港轉口貿易逐漸改變緩慢發展的狀況，主要因為香港周邊地區經濟的快速發展，特別是 70 年代後期中國開始實行改革開放政策，香港對它們的轉口貿易日益增加。1979 年，香港的轉口貿

易達到 200.2 億港元，比 1969 年的 26.79 億港元增加 6.6 倍，年均增長率
22.3%，超過香港產品出口同期的年均增長率。該年，香港轉口貿易佔總
出口的比重回升到 26.4%。此時，香港的進口貿易也取得較快發展，從
1969 年的 148.93 億港元增加到 1979 年的 858.37 億港元，10 年間增長了
4.8 倍，平均年增長 19.1%。由於香港產品出口、轉口及進口貿易均全面
高速增長，1979 年香港對外貿易總額達到 1,617.71 億港元，比 1969 年增
長 4.8 倍，平均年增長率達 19.13%。香港的對外貿易在國際貿易中的重要
性日益顯露，其作為國際貿易中心的地位進一步鞏固。

　　從 50 年代到 70 年代的 30 年間，隨著香港的對外貿易從轉口貿易轉
向本地進出口貿易，早期主導香港對外貿易的洋行地位發生了深刻變化。
1978 年 11 月，英資洋行英之傑的主席韋‧彼得在接受記者訪問時，論及
戰後香港的最大轉變時表示："在本港經濟發展形式不斷轉變的過程中，
本港貿易行地位的轉變，令我留下深刻的印象。當我剛剛來香港的時候，
本港擁有很多不同形式的貿易行，它們主要經營轉口業務，主要市場是內
地，一方面是將歐美的貨品轉運中國，然後將中國的原料運往歐美。當
時貿易行的地位極為崇高，幾乎能夠把持中國大部分的對外貿易。但至
1949 年新中國成立後，美國首先實施禁運，其後韓戰爆發，聯合國緊跟
美國採取全面禁運的行動，使本港的轉口業務一落千丈，很多貿易行在這
時遭到淘汰。

　　"幸而本港在這時候開始發展本身的製造業，並能獲得顯著成就，在
這時候貿易行開始以出入口為業務的中心，將傳統的轉口貿易放在次要地
位。由於競爭激烈，有不少貿易行不能適應情勢的轉變，在弱肉強食的社
會中被淘汰，而剩下來的貿易行也不斷進行合併，逐漸成為幾家規模龐大
的貿易行，它們為鞏固本身的業務，除了經營貿易之外，也開始發展其他
如製造業的業務，令規模不斷擴大，逐漸成為今天本港的幾家大行。而
在蛻變的過程中，雖然有不少貿易行遭受淘汰，但也有不少新的貿易行
加入，但能經過這段時間仍然屹立不倒的貿易行，可說少之又少，使人無
限感慨。"[3] 這番感慨深刻反映了隨著香港經濟的轉變，洋行由盛轉衰的
過程。

　　同樣的情況也發生在華資的商行，以南北行、金山莊為代表的華人
商行，自 50 年代聯合國對華實施貿易禁運後便一蹶不振。不過，值得重
視的是，這一時期，也有一些大型的華資貿易公司突圍而出，包括著名的

3 /
歐陽儀著：〈英之傑集團
如何掌握這個市場〉，
載香港《信報財經月
刊》，第 2 卷第 8 期，
第 52-53 頁。

利豐公司、大昌貿易行等。利豐公司（Li & Fung Co.），1906年由馮柏燎與李道明在廣州創辦，是中國第一家由本地華商直接從事對外貿易的華資出口公司。1937年，利豐將業務重心轉移到香港，註冊成立利豐有限公司。戰後，馮氏家族重整利豐業務，並因應香港的經濟轉型而調整經營方針，將業務的重點從出口內地產品轉向代理香港本地製造產品的出口，包括成衣、玩具、電子產品、爆竹、塑膠花以及傳統的陶瓷和工藝品等。60年代，世界貿易保護主義抬頭，紡織品出口開始實施配額制度，利豐因出口成衣數量龐大，成為香港最大的成衣出口商之一。[4]1973年4月，利豐在香港上市，其後向外拓展採購、銷售網絡，先後在台灣、新加坡、韓國、馬來西亞、泰國等地開設分公司。利豐在逐步拓展地區性採購網絡的同時，也將其業務從單純的採購代理向供應鏈的上、下游延伸，從單純的中間商擴展到"生產計劃的管理者和實施者"。

　　大昌貿易行於1946年創辦後，即積極在中國內地及海外拓展商業網絡，發展對中國內地的轉口貿易。1954年，大昌行被香港政府指定為香港首批進口米商及儲糧倉庫之一。大昌行積極發展香港本銷市場，從泰國、美國和中國內地選購精米供應香港市場，又從加拿大、澳大利亞、新西蘭、丹麥、瑞典、挪威、英國及日本等地採購各類山珍海味，包括鮮凍鮑魚、各式魚鮮、鮮凍豬牛羊鹿等肉類及雞鵝鴨鴿等禽類，以及各類油類、糖品、飲料等，成為香港最大規模的多元化食品供應商之一，其開設的大昌食品市場連鎖店更發展至遍佈港九各區。1962年，大昌行開始經營汽車銷售代理業務，先後收購或創辦了合眾、合群等8家汽車公司，成為香港主要的汽車銷售代理商之一。到了80年代，大昌已發展成大型綜合性貿易商，被譽為與英資洋行齊名的"本地老牌洋行"。[5]

　　第二個時期：轉口貿易再度急速發展時期（20世紀80年代至90年代末）。

　　1979年，中國實行改革開放政策，對外貿易迅速發展，香港作為中國對外貿易轉口港的地位再度受到重視。80年代中期以後，香港製造業大規模內遷，使傳統的貿易方式出現突破性的發展，由單純的商品貿易形態向資本—技術貿易形態過渡，從港或經港輸入內地的機器設備、原材料以及經港轉口海外市場的內地加工裝配產品均大幅增加，從而推動了香港轉口貿易的急速發展。據統計，1979年香港轉口貿易額為200.2億港元，到1997年增加到12,445.39億港元，18年間增長超過61.16倍，年均

4 /
哈特臣著、黃佩儀譯：《錦霞滿天——利豐發展的道路》，廣州中山大學出版社，1993年，第69頁。

5 /
馮邦彥著：《香港華資財團（1841-1997）》，三聯書店（香港）有限公司，1997年，第115-120頁。

表 3-7　　20 世紀 80-90 年代香港對外貿易發展概況（單位：億港元）

年份	貿易總額	進口	總出口	港產品出口	轉口
1979	1,617.71	858.37	759.34 （100.0）	559.12 （73.6）	200.20 （26.4）
1984	4,448.11	2,233.70	2,214.40 （100.0）	1,379.36 （62.3）	835.04 （37.7）
1989	11,332.91	5,627.81	5,705.09 （100.0）	2,241.04 （39.3）	3,464.05 （60.7）
1994	24,207.22	12,507.09	11,700.13 （100.0）	2,220.92 （19.00）	9,479.21 （81.0）
1997	30,710.40	16,150.90	14,559.45 （100.0）	2,114.10 （14.5）	12,445.39 （85.5）

註 /
（　）裏數字表示佔該年
總出口的比重。

資料來源 /
香港政府統計處。

增長率高達 26%，轉口貿易在總出口中所佔比重則從 26.4% 大幅上升到 85.5%；同期，香港產品出口從 559.12 億港元增加到 2,114.1 億港元，增長 2.7 倍，年均增長率僅 8%，其在總出口中所佔比重也由 73.6% 下降至 14.5%（表 3-6）。這就顯示香港的對外貿易從上一時期以加工貿易為主再度轉變為以轉口貿易為主，香港重新成為中國內地最重要的貿易轉口港。

　　轉口貿易的蓬勃發展帶動了香港對外貿易的大幅增長。據統計，從 1979 年到 1997 年，香港的對外貿易總額從 1,617.71 億港元增加到 30,710.4 億港元，18 年間增長 17.98 倍，年均增長率高達 18%，其中總出口值從 759.34 億港元增加到 14,559.45 億港元，進口值從 858.37 億港元增加到 16,150.9 億港元，18 年間分別增長 18.17 倍和 17.82 倍（表 3-7）。轉口貿易還帶動了香港的運輸、倉儲、通訊、保險、金融以及各服務行業的發展，從而推動了整體經濟的增長。可以說，20 世紀 80 年代中期到 90 年代中期，對外貿易業尤其是轉口貿易業已取代製造業而成為香港經濟的主導產業，是帶動整體經濟增長的火車頭。

二、20 世紀 80 年代至 90 年代香港對外貿易的基本特點

　　20 世紀 80 年代至 90 年代期間，香港對外貿易的發展趨勢，主要表現出以下幾個基本特點：

　　第一，香港與海外市場貿易聯繫的重心發生了明顯轉移，從歐美地區移向亞洲地區。

表 3-8　　1979-1997 年香港產品出口市場發展概況（單位：億港元）

註 /
（　）裏數字表示佔該年
港產品出口總額的比重。

資料來源 /
香港政府統計處。

地區	1979 年	1984 年	1989 年	1994 年	1997 年
亞洲	76.48 （13.7）	261.63 （19.0）	782.38 （34.9）	1,057.15 （47.6）	1,054.65 （49.9）
中國內地	6.03 （1.1）	112.84 （8.2）	432.72 （19.3）	610.09 （27.5）	638.67 （30.2）
台灣	7.06 （1.3）	16.11 （1.2）	44.60 （2.0）	60.76 （2.7）	70.29 （3.3）
北美	204.35 （36.5）	659.35 （47.8）	784.60 （35.0）	655.92 （29.5）	589.46 （27.9）
美國	187.97 （33.6）	613.74 （44.5）	721.60 （32.2）	614.19 （27.7）	550.73 （26.1）
西歐	194.84 （34.8）	330.11 （23.9）	533.96 （23.8）	397.18 （17.9）	388.66 （18.4）
英國	59.74 （10.7）	104.97 （7.6）	146.38 （6.3）	102.92 （4.6）	107.23 （5.1）
德國	63.44 （11.3）	95.22 （6.9）	157.57 （7.0）	128.11 （5.8）	103.21 （4.9）
香港產品出口 總額	559.12 （100.0）	1,379.37 （100.0）	2,241.04 （100.0）	2,220.92 （100.0）	2,114.10 （100.0）

表 3-9　　1979-1997 年香港轉口貿易目的地概況（單位：億港元）

註 /
（　）裏數字表示佔該年
轉口貿易總額的比重。

資料來源 /
香港政府統計處。

地區	1979 年	1984 年	1989 年	1994 年	1997 年
亞洲	128.23 （58.2）	577.04 （69.1）	1,903.01 （54.9）	4,918.70 （51.9）	6,707.74 （53.9）
中國內地	13.15 （6.0）	280.64 （33.6）	1,034.92 （29.9）	3,328.35 （35.1）	4,438.78 （35.7）
日本	24.77 （11.2）	46.33 （5.5）	222.68 （6.4）	547.45 （5.8）	777.24 （6.2）
北美	21.35 （9.7）	130.68 （15.6）	774.46 （22.4）	2,242.76 （23.7）	2,788.84 （22.4）
美國	19.95 （9.1）	121.09 （14.5）	720.33 （20.8）	2,100.77 （22.2）	2,613.72 （21.0）
西歐	23.08 （10.5）	46.90 （5.6）	493.05 （14.2）	1,495.70 （15.8）	1,913.60 （15.4）
英國	3.74 （1.7）	9.76 （1.2）	89.18 （2.6）	273.18 （2.9）	390.66 （3.1）
德國	4.59 （2.1）	10.73 （1.3）	135.02 （3.9）	416.17 （4.4）	463.36 （3.7）
香港轉口貿易 總額	220.20 （100.0）	835.04 （100.0）	3,464.05 （100.0）	9,474.21 （100.0）	12,445.39 （100.0）

　　從香港產品的主要出口市場看，1979 年美國市場所佔份額為 33.6%，1984 年曾一度高達 44.5%，不過其後逐步下跌，到 1997 年已跌至 26.1%。同期，西歐市場也從 34.8% 下跌到 18.4%，其中英國市場從 10.7% 下跌到 5.1%，德國市場從 11.3 下跌至 4.9%。相比之下，亞洲市場所佔份額則穩步上升，從 1979 年的 13.7% 上升到 1989 年的 34.9%，1997 年進一步升至 49.9%。亞洲市場比重大幅增加，主要由於中國內地市場份額從 1979 年 1.1% 急增到 1997 年的 30.2%，已超過美國而成為香港產品第一大出口市場（表 3-8）。

　　然而，轉口市場則呈相反趨勢。1979 年至 1997 年，美國和西歐所佔的市場份額分別從 9.1% 和 10.5% 上升到 21.0% 和 15.4%，其中，英國從 1.7% 上升到 3.1%，德國從 2.1% 上升到 3.7%。反觀亞洲市場，儘管中國內地市場急劇擴大，所佔份額從 6.0% 大幅上升到 35.7%，但整體市場份額仍從 58.2% 下跌至 53.9%（表 3-9）。

　　造成上述兩種相反趨勢的主要原因，顯然與香港製造業大規模內遷，對外貿易形態從以本地出口貿易為主轉向轉口貿易為主有莫大關係。儘管如此，總體而言，香港與海外市場聯繫的重心從歐美市場轉向亞洲市場已成大趨勢。從香港總出口（包括香港產品出口和轉口）來看，1979 年至 1997 年期間，美國和西歐所佔的份額分別從 26.7% 和 28.0% 下跌到 21.7% 和 15.8%，而亞洲則從 26.3% 上升到 53.3%，其中，中國內地所佔份額從 2.5% 大幅上升到 34.9%，中國已超越美國、西歐而成為香港最大的貿易夥伴（表 3-10）。從進口市場來看，同期美國和西歐所佔份額也從 12.1% 和 17.9% 分別降至 7.8% 和 12.2%，而亞洲市場則從 62.4% 進一步上升至 75.6%，其中，除日本的比重有所下跌外，中國內地、台灣、韓國等主要進口市場均有所上升，中國內地所佔比重更從 17.6% 上升至 37.7%。可以說，除美國外，香港的主要進口市場均在亞洲（表 3-11）。

　　第二，轉口貿易再次成為香港對外貿易的主要組成部分。

　　20 世紀 80 年代以來，香港與海外市場聯繫的重心從歐美市場逐漸移向亞洲地區，一方面固然反映出亞太區經濟的蓬勃發展，地區內投資及貿易急速成長，以及全球貿易集團區域化的趨勢，更重要的是反映了在中國改革開放不斷深化的背景下，香港在對外貿易所擔當的角色或功能發生了重大變化，即香港再度回歸中國對外貿易的轉口港角色。據統計，1979 年至 1997 年的 18 年間，香港總出口價值以當年價格計算增長了 18.2 倍，

表 3-10　1979-1997 年香港主要出口、轉口市場概況（單位：億港元）

註 /
（　）裏數字表示佔該年
總出口值的比重。
資料來源 /
香港政府統計處。

地區	1979 年	1984 年	1989 年	1994 年	1997 年
亞洲	204.71 （26.3）	838.67 （37.9）	2,685.35 （47.1）	5,975.85 （51.1）	7,762.39 （53.3）
中國內地	19.18 （2.5）	393.48 （17.8）	1,467.64 （25.7）	3,938.44 （33.7）	5,077.45 （34.9）
北美	225.70 （29.0）	790.03 （35.7）	1,559.06 （27.3）	2,898.68 （24.8）	3,378.30 （23.2）
美國	207.92 （26.7）	734.83 （33.2）	1,441.93 （25.3）	2,714.96 （23.2）	3,164.45 （21.7）
西歐	217.92 （28.0）	377.01 （17.0）	1,027.01 （18.0）	1,892.88 （16.2）	2,302.26 （15.8）
英國	63.48 （8.1）	114.73 （5.2）	235.56 （4.1）	376.10 （3.2）	497.89 （3.4）
德國	68.03 （8.7）	105.95 （4.8）	292.59 （5.1）	544.28 （4.7）	566.57 （3.9）
總出口價值	779.32 （100.0）	2,214.41 （100.0）	5,705.09 （100.0）	11,700.13 （100.0）	14,559.49 （100.0）

表 3-11　1979-1997 年香港主要進口市場概況（單位：億港元）

註 /
（　）裏數字表示佔該年
進口總值的比重。
資料來源 /
香港政府統計處。

地區	1979 年	1984 年	1989 年	1994 年	1997 年
亞洲	535.39 （62.4）	1,659.85 （74.3）	4,193.86 （74.5）	9,646.71 （77.3）	12,216.92 （75.6）
中國內地	151.30 （17.6）	557.53 （25.0）	1,966.76 （34.9）	4,708.76 （37.6）	6,083.72 （37.7）
日本	193.20 （22.5）	526.20 （23.6）	932.02 （16.6）	1,950.36 （15.6）	2,216.46 （13.7）
台灣	60.35 （7.0）	173.43 （7.8）	518.87 （9.2）	1,073.10 （8.6）	1,245.47 （7.7）
韓國	25.29 （2.9）	72.89 （3.3）	254.65 （4.5）	575.51 （4.6）	732.26 （4.5）
北美	109.44 （12.7）	257.08 （11.5）	490.15 （8.7）	959.41 （7.7）	1,358.62 （8.4）
美國	103.65 （12.1）	243.77 （10.9）	462.34 （8.2）	893.43 （7.1）	1,253.81 （7.8）
西歐	153.56 （17.9）	299.61 （13.4）	702.89 （12.5）	1,462.02 （11.7）	1,971.93 （12.2）
進口總值	858.37 （100.0）	2,233.70 （100.0）	5,627.81 （100.0）	12,507.09 （100.0）	16,150.90 （100.0）

其中香港產品出口僅增長了 2.8 倍，而轉口貿易則增長 61.2 倍，令轉口貿易在香港總出口中所佔比重從 26.4% 上升到 85.5%，轉口貿易已成為香港經濟增長的主要動力。期間，中國供應及吸納的轉口貨值在香港轉口貿易總值中所佔比重，從 34.3% 升至 93.8%，即九成以上的香港轉口貿易均與中國內地有關（表 3-12）。

表 3-12　　1979-1997 年內地供應及吸納轉口貨值概況（單位：億港元）

項目	1979 年	1984 年	1989 年	1994 年	1997 年
轉口總值	200.20 （100.0）	835.04 （100.0）	3,464.05 （100.0）	9,479.21 （100.0）	12,445.39 （100.0）
中國供應的轉口貨值	56.63 （28.3）	281.07 （33.7）	1,882.71 （54.3）	5,458.31 （57.6）	7,234.16 （58.1）
中國吸納的轉口貨值	13.15 （6.0）	280.64 （33.6）	1,034.92 （29.9）	3,228.35 （35.1）	4,438.78 （35.7）
中國供應及吸納轉口貨值佔轉口總值比重（%）	34.3	67.3	84.2	92.7	93.8

註 /
（　）裏數字表示佔該年轉口貨值總額的比重。
資料來源 /
香港政府統計處。

　　導致這種演變的原因主要是：首先，80 年代以來中國內地擴大對外開放，積極發展對外貿易，中國產品借助香港發達的國際銷售網絡和完善的運輸、通訊、金融及商業服務系統，大大加快開拓國際市場的步伐；其次，中國內地透過香港的中介作用，與台灣等地的間接貿易、間接投資以及其他經濟活動急速發展；最重要的是，在中國開放政策的推動下，香港製造業大規模內遷以珠江三角洲為核心的華南沿海地區，香港發展成區內的工業支援及管理中心，而華南沿海地區則成為香港龐大的生產基地，雙方形成 "前店後廠" 的分工格局。這種經濟結構的轉變導致香港對外貿易角色的轉換，也成為香港產品主要出口市場和轉口市場所佔比重呈兩種相反趨勢的主因。以玩具業為例，1997 年玩具業的港產品出口值僅得 13.63億港元，但是如果把香港境外生產網絡的產量計算在內，玩具業在 1997年的整體出口值便高達 735.75 億港元。這種情況正是香港對外貿易角色轉換的寫照。

　　第三，在對中國內地的貿易中，外發加工貿易佔有重要地位。

　　80 年代以來，香港與中國內地的貿易急速發展，中國內地已成為香港最大的貿易夥伴、最大的進口來源、本港產品最大的出口市場，而作為轉口市場更遠遠超越其他國家。其中，重要的原因是香港製造業的大規模內移,出現大量外發中國內地的加工貿易。表 3-13 反映了外發加工貿易在對中國貿易中所佔有的重要地位。其中,進口一項是指來自中國內地所有貨品之中,曾以合約形式將原料或半成品運往內地加工後重新運返香港的部分所佔的比率。除紡織品、金屬及金屬製品外,其他產品所佔比重均在 70% 以上,音響及影視器材、鐘錶、玩具及體育用品等幾類所佔比重甚至高達九成以上,反映這些產品的大部分加工工序,已經內移到內地沿海地區。

資料來源 /
莫凱:《香港經濟的發展和結構變化》,三聯書店(香港)有限公司,1997年。

表 3-13　1989 年及 1994 年中國內地與香港的加工貿易比重(單位:%)

產品	進口		本地產品出口		轉口	
	1989 年	1994 年	1989 年	1994 年	1989 年	1994 年
紡織品	12.8	30.3	84.8	79.4	71.5	78.3
成衣	84.5	83.1	85.1	96.4	87.3	69.0
塑膠及製品	73.4	87.1	83.9	79.8	58.0	58.5
機械及電機	77.8	82.2	56.7	57.0	24.9	29.7
音響及影視器材	85.2	94.7	94.6	90.6	43.1	46.2
鐘錶	94.6	96.4	98.5	98.7	93.5	97.9
玩具及體育用品	94.1	94.2	96.4	93.8	60.1	73.6
金屬及金屬製品	30.2	51.1	64.2	54.4	37.8	40.4
其他	44.7	71.5	59.1	49.7	28.3	24.9
合計	58.1	75.9	76.0	71.4	43.6	43.3

"本地產品出口"一項,是指香港所有輸到中國內地的半成品或產品中,有合約在內地經過加工後再運回香港的部分所佔的比率。"轉口"一項是指經香港轉口到內地的原材料、半成品或產品中,有合約在中國內地經過加工再運回香港的部分所佔的比率。本地產品出口中涉及的外發加工貿易整體所佔比重已高達 70% 以上,而轉口貿易中外發加工貿易的比重也在 40% 以上,由此反映出香港貨品在內地加工之盛。大量的原材料、零部件、半成品和產品因外發加工在香港與內地之間往返運輸,使香港與內地之間的進口、出口和轉口在貿易統計數字上大幅增加,也導致了兩地交通和貨運的頻繁。[6]

表 3-14 反映 20 世紀 90 年代香港對中國的外發加工貿易的發展趨

6 /
莫凱著:《香港經濟的發展和結構變化》,三聯書店(香港)有限公司,1997 年,第 134-135 頁。

勢。這一時期，輸往內地的港產出口貨品和轉口貨品中，外發加工貿易所佔比重已漸趨穩定，反而香港對內地的總出口中，外發加工貿易比重有所下降。當然，在由中國內地進口的貨品及原產地為中國內地而經港輸往其他地方的轉口貨品中，涉及外發加工貿易的比重都有所上升，反映了在華南沿海地區外發加工的香港廠商，越來越多用兩地的原材料、零部件進行加工裝配的客觀現實。

表 3-14　香港涉及外發中國內地加工的貿易比例（單位：%）

資料來源／
香港政府統計處。

年份	1989	1992	1994	1995	1996	1997	1998
輸往內地的港產出口貨品	76.0	74.3	71.4	71.4	72.8	76.1	77.4
輸往內地的轉口貨品	43.6	46.2	43.3	45.4	43.2	44.7	44.1
輸往內地的整體出口貨品	53.0	52.4	47.7	49.0	46.9	48.6	48.1
由內地進口的貨品	58.1	72.1	75.9	74.4	79.9	81.2	82.7
原產地為內地經本港輸往 其他地方的轉口貨品	N.A	78.3	82.0	82.2	86.0	88.4	87.6

第四，貿易逆差有所改善，但 20 世紀 90 年代中期以後再趨惡化。

長期以來，香港的對外貿易一直存在貿易逆差。據統計，從 1947 年至 1984 年的 37 年期間，香港的外貿逆差從未中斷。80 年代初期，香港的貿易逆差佔進口總值的比重曾高達 12%。不過，總體而言，自 80 年代以來香港的貿易逆差有所改善，1985 年以後還連續 7 年出現貿易順差，1993 年順差達 263.46 億港元，佔該年進口總值的 2.5%。這種趨勢顯然與同期香港外貿結構轉變、轉口貿易高速增長有密切關係。不過，自 90 年代中期起，香港的貿易逆差再趨惡化，1997 年貿易逆差高達 1,591.41 億港元，佔該年進口總值的 9.9%。這種情況也與同期轉口貿易增長速度放緩有關（表 3-15）。

就分區而言，香港的貿易逆差突出表現在亞洲區。1979 年香港對亞洲區的貿易逆差為 330.68 億港元，到 1997 年更增加到 4,454.53 億港元。相反，香港對歐美地區的貿易自 60 年代起一直存在順差，1997 年對歐美地區的順差達 2,350.01 億港元，可彌補亞洲區貿易逆差的 52.8%（表 3-16）。因此，80 年代以來，香港對外貿易的重心儘管從歐美地區移向亞洲，但實際上並沒有減低歐美市場的重要性。事實上，由於香港轉口的內

表 3-15　20 世紀 80-90 年代香港對外貿易平衡情況（單位：億港元）

註 /
＊ 表示接近零。
資料來源 /
香港政府統計處。

年份	貿易差額	佔進口總值的比重（%）	年份	貿易差額	佔進口總值的比重（%）
1979	-99.03	11.5	1989	+77.28	1.4
1980	-134.08	12.0	1990	+26.56	0.4
1981	-162.12	11.7	1991	+130.96	1.7
1982	-155.08	10.9	1992	-303.42	3.2
1983	-147.43	8.4	1993	+263.46	2.5
1984	-19.29	0.9	1994	-806.25	6.5
1985	+37.33	1.6	1995	-1,469.94	9.9
1986	+5.89	0.6	1996	-1,376.64	9.0
1987	+0.86	＊	1997	-1,591.41	9.9
1988	+57.29	1.1	1998	-814.43	6.0

表 3-16　20 世紀 80-90 年代香港對外貿易的分區平衡情況（單位：億港元）

資料來源 /
香港政府統計處。

年份	1979	1984	1989	1994	1997
亞洲	-330.68	-821.17	-1,508.51	-3,670.86	-4,454.53
中國內地	-132.12	-164.05	-499.12	-770.32	-1,006.27
北美	+116.26	+532.95	+1,068.91	+1,939.27	+2,019.68
美國	+104.27	+491.06	+979.59	+1,821.53	+1,910.64
西歐	+64.36	+77.40	+324.12	+430.86	+330.33
英國	+19.98	+27.70	+105.91	+122.05	+135.04
德國	+40.28	+50.85	+154.56	+257.08	+181.39
其他	-51.03	-191.53	-192.76	-494.48	-513.11
貿易差額總數	-99.03	-19.29	+77.28	-806.25	-1,591.41

地貨品是以西方工業國家，尤其是以美國市場為主的，歐美市場對香港的重要性更加突出。

　　香港龐大的對外有形貿易逆差一向靠對外服務貿易（無形貿易）的順差來補償。1978 年以前，香港的運輸、旅遊、保險、金融、廣告和市場調查、電影和電視、酒店管理、新聞傳播等無形貿易的收支順差可以補償有形貿易逆差，但是自 1978 年以後，由於進口增加較多，無形貿易收支盈餘不足以補償有形貿易逆差，致使香港經常性項目的國際收支從 1978 年起連續 6 年出現赤字。1984 年至 1994 年期間，由於服務出口的迅猛發展，服務貿易順差大幅增加，香港經常性項目的國際收支再轉為順差。

不過，從 1995 年起，服務貿易順差已不能彌補龐大的有形貿易逆差，國際收支再出現赤字。由此可見，香港服務貿易的順差對補償商品貿易的逆差，平衡香港國際收支起了重要的作用。

三、對外貿易業在香港經濟中的地位

20 世紀 80 年代至 90 年代，對外貿易業在香港經濟中的地位，主要表現在以下幾個方面：

第一，它自 20 世紀 90 年代起成為香港經濟中最大的產業部門。

對外貿易業（即進出口貿易業）是廣義的貿易業（包括批發、零售、進出口貿易、酒樓及酒店）中最重要的行業，它的增加值長期以來一直佔廣義貿易業的一半以上，90 年代更上升至六成以上。1987 年，廣義的貿易業超過製造業而成為香港最大的經濟行業，其時對外貿易業在本地生產總值中的比重仍比不上製造業。不過，隨著對外貿易業的迅速發展，該行業在 1991 年以 16.2% 的比重超過了製造業的 15.4%，從而成為香港經濟中最大的產業部門（表 3-17）。

表 3-17　製造業和進出口貿易業在本地生產總值的比重變化（單位：%）

年份	1980	1985	1990	1991	1993	1995	1996	1997
製造業	23.7	22.1	17.6	15.4	11.1	8.8	7.3	6.5
進出口貿易	10.7	12.6	15.3	16.2	17.5	18.2	18.3	17.7

資料來源 /
香港政府統計處。

對外貿易業同時也是服務業中最重要的行業。這一時期，香港的服務業迅猛發展，一批具競爭優勢的群集行業乘勢崛起，包括運輸與後勤服務、貿易與相關服務、金融與商業服務、基建與地產發展、通訊與傳媒、旅遊與觀光等，其中對本地生產總值貢獻最大的首推對外貿易業（表 3-18）。1997 年，對外貿易業的 96,000 家公司，僱用了逾 50 萬的勞動力，相當於香港總勞動人口的四分之一。

第二，對外貿易業帶動了香港經濟各行業的發展。

80 年代中期以後，對外貿易業已成為香港經濟增長的火車頭，帶動了香港各行業的發展。在製造業方面，自 80 年代中期製造業大規模北移，從 Made in H.K 轉變為 Made by H.K 後，它需要依託香港為貿易轉口

表 3-18　香港主要服務行業對本地生產總值的貢獻

註 /
* 表示接近零。

資料來源 /
米高·恩萊特等：《跨越危機：香港競爭優勢綜論》，香港貿易發展局研究部，1999 年。

行業類別	1990 年		1995 年		貿易成分
	億港元	比重（%）	億港元	比重（%）	
批發貿易	94,580	2	140,980	1	中
零售貿易	201,560	4	328,840	3	低
進出口貿易	855,930	15	1,845,710	18	高
食肆	186,890	3	262,450	3	低
酒店	68,260	1	127,230	1	高
運輸及相關服務	404,840	7	742,140	7	中
倉儲	12,210	*	15,470	*	低
通訊	112,220	2	264,380	3	中
金融	346,000	6	944,870	9	高
保險服務	45,550	1	118,240	1	中
地產	540,680	10	1,004,800	10	低
商業服務	199,030	4	411,940	4	中
政府機構營辦的社區、社會及私人服務	312,410	6	713,120	7	低
商業機構營辦的社區、社會及私人服務	324,440	6	717,000	7	低
私營非牟利機構營辦的社區、社會及私人服務	176,430	3	329,440	3	低
總計	3,881,030	70	7,996,610	77	

港以維持與國際市場的聯繫，經港輸入所需的機器設備、原材料和零部件，及經港外銷在內地加工裝配的產品。對外貿易業的發展是製造業得以生存和發展的前提。

對外貿易業的蓬勃發展還帶動了與外貿相關的港口碼頭、倉儲的建設，以及香港的海運、空運、金融、保險、通訊等行業的發展。由於對外貿易的發展，香港成為亞洲區首屈一指的運輸與後勤服務中心，擁有全球最繁忙的貨櫃港口，而香港機場的空運貨物吞吐量也躍居全球之冠。1997 年，香港的海運和空運服務業共有 8,000 多家公司（包括空運與海運公司，以及為這些公司提供配套服務的企業），合共僱用了近 10 萬人，估計單是貨運代理公司，就聘用了 2.2 萬人。[7] 據統計，從 1980 年至 1995 年，運輸、倉庫及通訊業在香港本地生產總值中所佔比重就從 7.4% 上升

7 /
米高·恩萊特等著：《跨越危機：香港競爭優勢綜論》，香港貿易發展局研究部，1999 年，第 5 頁。

至 10.1%，已超過製造業的貢獻。對外貿易還直接或間接地促進了旅遊業、房地產業、批發零售業的發展。在旅遊業方面，目前來港的旅客中，估計有三成以上是與商務有關的。

第三，對外貿易業提高了香港作為國際貿易中心的地位。

香港自開埠以來的百多年間，對外貿易一直是香港經濟的重要支柱和發展動力，有學者將它視為"推動增長的引擎"。不過，香港對外貿易的急速發展，並崛起為亞太區著名的國際貿易中心，在全球貿易中佔據重要地位，則是 20 世紀 80 年代以來的事。1979 年，香港的對外貿易在全球排名第 23 位，到 1995 年已躍居第 8 位，僅次於美、德、日、法、英、意及加拿大。而香港的服務出口也從 1994 年起躋身全球十大商業服務出口地區之列。香港作為國際貿易中心地位的提高，還反映在香港內部經濟，表現於香港經濟對外貿的依賴。從 1979 年到 1997 年，香港對外貿易總值與本地生產總值的比率，已從 150% 提高到 232%。數據顯示，香港外貿總值每增長 1%，本地生產總值就增長約 0.7%。

| 第四節 | **香港與新加坡產業結構轉型的比較**

一、香港和新加坡產業結構轉型的相同點

香港與新加坡有許多驚人的相似之處：它們都是海島型城市國家／地區，地理位置優越，處於國際航道的要衝，是世界著名的自由港；它們都曾長時期經歷了英國的殖民統治，繼承了有效率的行政、法律體系；其經濟都在 20 世紀 60 年代至 80 年代間取得了高速增長，與韓國、台灣一同被列為"亞洲四小龍"，並跨入"新興工業化國家／地區"行列，在世界上取得矚目的成就。事實上，香港與新加坡在產業結構的演變過程中也有許多相似之處。

第一，它們都經歷了以傳統的轉口貿易為主體的產業結構時期。

根據庫茲涅茨的研究，世界各國產業結構演變的一般規律，是隨著經濟的發展，從農業社會轉向工業社會，再從工業社會轉向後工業社會或服務型經濟社會的。然而，香港和新加坡近現代經濟的發展，則是從貿易轉口港起步。誠然，香港和新加坡開埠前，都曾是不顯眼的小漁村，基本上屬海島型的漁農社會。但它們在開埠後，都憑著其優越的地理位置和天然良港，成為亞太區著名的貿易轉口港。轉口貿易業成為其經濟結構中最重要的產業。因此，香港和新加坡走上工業化道路時，不是從漁農社會而是從貿易轉口港起步的。正因為如此，轉口港時代所建立的基礎設施和所發展的與海外市場的聯繫，有利於它們日後發展"出口導向"型的工業。

第二，它們都經歷了高速發展的"工業化"時期。

20 世紀 50 至 60 年代，隨著科學技術的進步和先進工業國勞動成本的不斷提高，在世界範圍內出現了一次大規模的產業結構調整。在這次產業結構調整中，發達國家在實現產業結構升級的同時，將一些勞動密集型產業向發展中國家或地區轉移，自己則致力於發展資本、技術密集型產業。以香港、新加坡為首的一些發展中國家或地區，及時把握這一良機，

利用自身的有利條件，適時採取“出口導向”發展戰略，實現了工業化，推動了經濟起飛，形成學術界所說的“新興工業化國家／地區”。這一時期，香港和新加坡都成為亞太區重要的製造中心。

第三，20世紀80年代中期以後它們都進入了後工業化或服務經濟時代。

香港和新加坡作為城市經濟，其第三產業在整體經濟中一直佔有重要地位。即使在高速增長的“工業化”時期，雖然出口導向型製造業成為經濟發展的主導產業，但第三產業在國民經濟中仍佔絕大比重。實現工業化後，它們的產業結構都轉向第三產業，其中進出口貿易、金融等行業都成為服務經濟的重要行業。1997年，香港本地生產總值中，服務業佔了85.2%，其中，批發、零售、進出口貿易、飲食及酒店業佔25.4%，金融、保險、地產及商用服務業佔26.2%；該年，新加坡國內生產總值中，服務業佔71.5%，其中金融和商業服務佔30.9%，貿易佔18.8%。這一時期，香港和新加坡同為亞太區主要的貿易中心、航運、航空中心、金融中心以及旅遊中心。

二、香港和新加坡產業結構演變的差異

誠然，香港和新加坡的發展道路在某些方面又截然不同，特別就產業結構演變而言，因兩地的具體條件不同，尤其是所採取的經濟政策不同，更存在著不少差異，主要表現在：

第一，實行“工業化”的最初推動力和發展戰略不同。

50年代初，作為香港經濟生命綫的轉口貿易遭受以美國為首的聯合國對華禁運政策的嚴重打擊，經濟陷入全面衰退。這時，從內地移居香港的一批實業家，主要是紡織業企業家，利用當時香港勞動力價格低廉、產品成本較低、又享有英聯邦特惠稅待遇的優勢，開始創建現代紡織工業，推動了最初的工業化進程。如果說香港的工業化首先由民間企業家推動，那麼新加坡的工業化則主要由政府推動。正是新加坡政府實施以發展工業為中心的經濟多元化政策，啟動了最初的工業化進程。

香港從邁向工業化之初，就直接進入“出口導向”階段，而新加坡則是先進入“進口替代”階段，才轉入“出口導向”。50年代初，香港人口僅200萬人，本銷市場狹小，製造業賴以發展的自然資源缺乏，加上香

港長期扮演轉口港角色，大部分消費品依賴進口，市民對進口商品形成偏好，實施"進口替代"戰略缺乏資源及市場基礎。因此，香港並未經歷"進口替代"階段就直接進入了"出口導向"階段。相反，新加坡獨立初期，一度與馬來西亞合併，政府希望新加坡的工業能佔領馬來西亞的龐大市場，因而首先實行"進口替代"戰略。其後，新加坡從馬來西亞分離出來，有關構想落空，才轉向"出口導向"。這種差別，使香港的出口工業佔了先機，特別是使它的紡織、製衣業獲得更多配額，這也是它的紡織、製衣業能夠長期保持競爭優勢的重要原因之一。

第二，在產業結構演變過程中，香港的製造業本身並未經歷明顯的升級轉型，而新加坡則經歷了這種轉型，這是香港與新加坡在產業結構轉型中最重要的差別。

現代產業結構理論表明，產業結構變動引起的轉型有兩個特徵：首先是新科技革命引起的工業或製造業的升級轉型，使之從勞動密集型產業轉向資本、技術密集型產業；其次是工業或製造業的升級轉型造成勞動生產力的提高，從而刺激服務業的需求和供應，推動服務業的發展和升級。因此，產業升級的前提條件是製造業本身的升級。

70 年代末 80 年代初以來，隨著世界產業結構的調整，及西方發達國家製造業從重化工業逐漸轉向高加工化工業以及以資訊產業為核心的新興工業，新興工業化國家／地區即緊跟西方發達國家的調整，加快向工業化過渡。"亞洲四小龍"中，韓國、台灣、新加坡均能跟上這一調整，推動自身產業，尤其是製造業從勞動密集型轉向資本、技術密集型。以新加坡為例，80 年代期間，新加坡通過引進外資，從而引進外國的先進技術，成功地建立起以電子電器、石油提煉、機械製造（主要是造船）為主體的製造業，實現了產業結構的升級和優化，建立起門類相對齊全、結構相對合理、以資本和技術密集型的重化工業為中心的產業結構。70 年代至 80 年代，香港也力圖跟上這一調整，電子業的崛起就是證明。然而，香港最終因種種主客觀條件的制約，始終未能完成製造業本身的升級轉型。80 年代中期以後，香港的製造業尚未完成升級轉型，基礎性工業和資本、技術密集型工業還未確立優勢，這些行業已大規模北移珠江三角洲。進入90 年代，香港本土的製造業仍未能顯著改變內部結構。因此，香港產業結構的演變有明顯的先天不足，其中一個重要的表現，就是它與技術進步的脫節（表 3-19）。

表 3-19　**香港製造業的技術結構（單位：%）**

年份	1970	1980	1985	1988	1990	1993
技術密集型產業	13	25.6	24.2	25.8	26.8	28.3
勞動密集型產業	87	74.4	75.8	74.2	73.2	71.7

註 /
根據《香港經濟年鑒》
的統計資料整理，技術
密集型產業包括電子、
機械、交通工具、精密
儀器、家電、金屬製造
等，其餘均列入勞動密
集型產業。

資料來源 /
國世平：《香港經濟的平
穩過渡及未來繁榮》，
深圳海天出版社，1997
年，第 301 頁。

　　由於這種差別，新加坡的產業結構明顯優於香港。新加坡在產業結構調整的過程中，製造業一直佔有重要地位，是經濟增長的雙引擎之一。1997 年，新加坡製造業在國內生產總值中仍佔 24.3%，政府的目標是要確保中長期內製造業至少佔國內生產總值的 25%，並保持每年至少增長 7% 的發展勢頭。相比之下，香港製造業卻在 90 年代呈萎縮之勢，1997 年，香港製造業在本地生產總值中所佔的比重僅達 6.5%，令整體經濟結構失調，出現了"空心化"的危機。

　　第三，香港產業結構的調整相對被動，主要受市場機制的誘導；而新加坡產業結構的調整則主要是新加坡政府主動調整經濟發展戰略和政策的結果。

　　縱觀戰後數十年來兩地產業結構的演變，香港主要依靠國際宏觀經濟環境的轉變和市場機制的作用，政府在其中只起輔助作用。香港兩次產業結構的轉型都說明了這一點。相比之下，新加坡政府在產業結構的轉型中充分發揮了主導作用，政府通過制定一系列經濟發展戰略和產業政策，指導並直接參與產業結構的轉型。

　　以香港第二次產業轉型為例，70 年代後期，由於內受土地、勞工成本不斷上升的壓力，外受國際市場貿易保護主義日益抬頭、競爭日趨激烈的挑戰，香港工業界感到過分依賴某些傳統產品和市場的危險，遂提出"多元化"的口號。1979 年，經濟多元化委員會向政府提交報告書，就是希望政府出面推動產業調整。然而，受到政府"積極不干預"政策的制約，成效並不顯著。70 年代末 80 年代初，中國推行改革開放政策，使香港廠家得以利用內地充裕而廉價的土地和勞動力資源，繼續維持其在國際市場的競爭力。在巨額利潤的吸引下，香港製造業完成了大規模的北移，從而推動了是次產業結構的轉型。可以說，中國的改革開放這一外部因素，是導致香港是次產業轉型的直接動因。中國的改革開放，為香港大批製造業企業北移提供了前提條件，這在客觀上減弱了香港製造業升級轉型的要求。與亞洲其他三小龍相比，香港對產業、產品升級換代的壓力較小。

二次大戰以來香港產業結構的調整，可以說深受其經濟腹地——中國內地，尤其是以珠江三角洲為核心的華南地區經濟發展影響，新加坡在這方面則相對獨立。正如美國學者萊恩特（Michael J. Enright）等人所說："中國對香港經濟所起的影響，儘管並非決定性，但也往往非常重要。香港從一個轉口港變成一個製造業中心，再變成一個服務和製造業活動精練的後援部隊，就是中國經濟的對外封閉和對外開放所促成的。"[8] 因此，實質上，香港產業結構的第二次轉型，不僅是從製造業經濟轉向服務經濟，而且是從封閉式的海島經濟轉向以華南地區為腹地的大都會經濟。這一轉型改變了香港，也促進了香港的繁榮。

三、香港與新加坡兩地經濟政策的比較

戰後以來，香港與新加坡經歷了差不多相同的經濟發展歷程，都取得了舉世矚目的成就，它們都躋身於"亞洲四小龍"之列，成為"新興工業化國家／地區"。然而，兩地政府所實施的經濟政策有很大的差異，這對它們的經濟發展和產業結構的演變產生了什麼影響呢？

香港政府長期以來實行的是不干預政策。70 年代以前，香港政府基本採取"自由放任"（Laissez-Fair）的經濟政策。70 年代以後，時任財政司夏鼎基重新修訂為"積極的不干預"（Positive Non-intervention）政策。所謂"積極的不干預"政策，即是指除非有明顯證據證明市場失效（market failure，即市場機制發生故障而不能正常運行），否則，政府對私營企業不作任何干預。根據夏鼎基的解釋，"積極不干預"政策包括兩方面的內容：

第一，政策實施的主導方面是不干預主義，強調維護市場機制自由運作的重要性。夏鼎基指出："積極不干預主義是指一種看法，認為政府如果試圖計劃分配私營部門可用的資源，和強行打擊市場力量的運作，對一個經濟體系的增長率，特別是一個以對外貿易為主的經濟體系，通常都是徒勞無功和有害的。"他強調：在面對一項干預建議時，經權衡利弊，結論大多是以不干預為佳，因為待以時日，市場力量必然會為短期的困難提供最佳的解決辦法。[9] 在這種經濟思想指導下，香港政府實行了一系列自由經濟政策，包括審慎的財政政策、自由港和自由貿易政策，以及自由化

8 /
恩萊特（Michael J. Enright）等著、曾憲冠譯：《香港優勢》，牛津大學出版社，1997 年，第 68 頁。

9 /
夏鼎基著：〈政府政策與經濟的成功〉，載香港《信報財經月刊》，第 60 期。

的金融政策，使香港成為國際經濟中高度開放的自由經濟體系。

第二，在市場失效的情況下，不排除必要的合理干預。"積極不干預"不等於"自由放任"。夏鼎基指出："積極這個形容詞的含義至為重要。在面對一項干預主義的建議時，港府不會立即認為這項建議必然是不正確的。""不是說，要使市場力量有效及公平地發揮作用的限制因素及基本規律就沒有必要，恰恰相反，例如說，由於市場不完善而引致壟斷的情況出現時，干預主義就成為必要了。再者，如果市場增長過速，以致常規無法加以抑制，或者為了公眾利益著想而須加以監管時（典型的例子是金融市場），就可能通過法律形式設立限制和基本規律的架構。又或者，如果毫無限制地追求個人利益的行動，在總體經濟和總體金融方面已產生不良影響，在這種情況下就可能干預。"不過，他強調："這種在個別情況下合理的干預，須小心確保不會產生不良的累積效果。" **10**

20 世紀 70 年代以後，香港政府對經濟的干預，主要集中在市場失效的幾種情況：（1）"公共財產"（Public Goods），即關係到投資環境的基礎設施的建設。（2）"界外效益"（Externality），主要指勞工訓練、推行工業村計劃等。（3）"市場不完善"（Market Impotence），主要指對公用事業的管制。香港政府對經濟的直接干預主要集中在地產業和金融業這兩個行業。在土地市場，政府以土地所有者的身分直接介入經營和管理，它對土地的一級市場形成高度的壟斷，控制著對各類土地的推出供應時間、方式和數量。在金融業，政府的直接干預主要集中在對危機的處理和監管上。此外，香港政府還運用利率等經濟槓桿間接調節經濟，並運用法律手段管理經濟。香港政府十分重視經濟立法，使整個社會的經濟活動得以納入法制軌道。在香港立法局批准通過的 500 多項成文法規中，經濟法規就有 200 多項。

香港的"積極不干預"政策，深受英國古典經濟學派的自由經濟學說影響，因而更強調維護市場價格機制的正常運作，防止市場失效，要求盡量避免用不恰當的行政干預使市場受到抑制或扭曲，以便市場這隻"看不見的手"發揮調節作用，使社會資源得到最優配置。相比之下，香港經濟體系更具靈活性和彈性，它能因應國際市場需求的變動和外部環境的變化而迅速調整，從而獲得最大的經濟利益。因此，一般而言，香港勞動生產率的提高，要遠優於新加坡。根據美國麻省理工學院教授楊格（Alwyn Young）的一項研究，以產值增長來源區分，1977 年至 1990 年間，香港

10 /

夏鼎基著：〈政府政策與經濟的成功〉，載香港《信報財經月刊》，第 60 期。

的產值增長中，約有 23% 來自勞動力投入，42% 來自資本積累，其餘
35% 來自勞動生產率的提高；同期，新加坡的產值增長中，約有 26% 來
自勞動力投入，74% 來自資本積累，勞動生產率則幾乎完全沒有提高。
這就是說，在 70 至 80 年代的 20 年間，香港經歷了勞動生產率的迅速增
長，而新加坡的勞動生產率則沒有顯著改善，其經濟增長主要依靠資本積
累，特別是海外資本和本地的國民儲蓄。這種情況的產生，究其原因，主
要是新加坡政府的全面干預經濟的政策，導致該國的生產成本不必要地偏
高，原因是舊技術尚未在整體經濟中取得全部效益前，就過早地引進新技
術又未能迅速掌握新技術。[11]

11 /
林江著：《香港產業結構
論》，四川人民出版社，
1994 年，第 111-112
頁。

相比之下，新加坡實行的是"積極、直接干預"政策。新加坡本身國
土狹小，資源貧乏，在經濟的起步階段，工業和現代商業幾乎是空白，私
人企業力量弱小，市場體系也十分薄弱，都無法發揮應有的主導作用。因
此，新加坡政府採取了全面的、積極的直接干預經濟的政策，在經濟發展
過程中發揮主導作用，對推動產業結構的升級轉型具有重要影響。新加坡
政府的經濟政策主要有以下幾個重要方面：

第一，制定經濟發展計劃，並通過政府領導的機構直接參與經濟活
動。自 1959 年獨立以來，新加坡政府根據各個時期經濟發展的不同需
要，分別制定五年、十年等經濟發展計劃，以指導經濟發展。新加坡政府
極重視在宏觀上為其經濟發展制定總體戰略和各個階段的具體發展規劃。
當然，新加坡實行的是市場經濟，政府制定的各種經濟發展計劃，並非
具有指令性質，但是，政府巧妙地將對經濟的干預與自由市場經濟結合起
來，以保證經濟的協調發展。為了使經濟按政府所制定的計劃發展，新加
坡政府還透過直接領導各種機構積極參與經濟活動。新加坡政府領導的機
構分為兩大類，一類是法定機構，附屬於政府的各個部門；另一類是政府
直屬的國有資產企業，其主管由政府直接任命委派。新加坡政府透過各個
法定機構，如經濟發展局、貿易促進局、科學技術局、旅遊促進局、房屋
發展局、城市重建局、國家公用局等，貫徹和執行政府的發展戰略和政策
措施。以經濟發展局為例，該局自 1961 年成立以來便先後制定和執行了
多項產業發展計劃，並闢建了以裕廊工業區為代表的 30 多個工業區，對
新加坡吸引外資及實現工業化起了關鍵作用。新加坡政府還通過它直接控
股的企業，如淡馬錫控股有限公司等，取得某家企業全部或部分股權，或
通過政府參股的新加坡開發銀行等取得某家企業全部或部分股權。政府參

與企業投資的規模，主要集中在國民經濟的一些重要部門，如鋼鐵業、修船造船業、運輸和通訊業、金融保險業等。

第二，政府直接投資基礎設施，完善投資環境，並採取各種優惠政策吸引外資。新加坡民族資本薄弱，因此，新加坡政府極重視吸引外國資本以發展本國經濟。為此，新加坡政府不遺餘力地展開基礎設施的建設，直接投資於一些投資額大、回報期長、資金周轉慢的大型基本建設，大力發展機場、港口、交通運輸、通訊、水電以及工業區等。新加坡政府根據各個時期經濟發展的需要，通過制定對不同行業、不同領域的具體的鼓勵投資政策，引導和調整外資的投資方向，以配合新加坡的經濟發展計劃。新加坡政府的吸引外資政策取得了極大成功。到 20 世紀 90 年代初，製造業75% 以上的投資來自國外的私人直接投資。外資的進入，有力地促進了整個製造業的升級轉型，促進了製造業的發展。在金融業方面，新加坡同樣採取了積極吸引外資的政策。1968 年，新加坡率先開闢了亞洲美元市場。1978 年，新加坡政府全面取消外匯管制，包括取消外匯的批准手續和外匯交易的限額。1989 年，新加坡為鼓勵亞洲美元債券市場的發展，宣佈豁免投資於亞洲美元債券的利息稅。1990 年，政府又宣佈對以新加坡為金融及財務中心的跨國公司給予稅務優惠，其公司的溢利稅從原來的32% 調低至 10%，比香港的 16% 還要低。通過各種吸引外資的措施，新加坡極大地促進了金融和商業服務業的發展，提高和鞏固其國際金融中心的地位。

第三，重視發展科技和教育，大力開發人力資源。新加坡政府極重視科技發展。1991 年，為配合知識經濟的發展，新加坡政府設立國家科技局，專責加強新加坡的科技基礎建設和科技人才隊伍的建設，以促進知識的增長和科技商品化。1996 年，新加坡政府宣佈推行為期五年的“國家科技 2000”計劃，為新加坡科技發展鋪平道路，並為 21 世紀的經濟發展奠定基礎。新加坡政府認為，高技術和知識化的人才是推動國民經濟發展的基礎。因此，新加坡政府極為重視教育。為了開發人力資源，提高人力質素，政府從普及教育做起，採取政府辦學、政府協助辦學和私人辦學三種形式。小學、中學、大學教育或全部免費，或收費很低。新加坡的教育經費在國家預算中的比重，最低年份佔 12%，最高年份達 35%。政府還積極發展技術教育，大學設有技術學院和管理學院，為各類產業培養專門人才。

　　新加坡政府通過經濟發展計劃、直接及間接的投資、實行優惠政策吸引外資等種種措施，推動經濟發展及產業的轉型，從而建立起相對合理的產業結構。它的產業升級是在技術進步的基礎上進行的。相比之下，香港產業結構的調整，因缺乏政府政策的有力配合，且與技術進步脫節，製造業尚未完成升級轉型，已大規模地轉移到內地，導致 90 年代中後期香港經濟出現"產業空洞化"的危機。

第四章

戰後迅速崛起的
支柱產業：
地產與金融

| 第一節 | **地產業的發展及地產集團的崛起**

　　從 1841 年香港開埠到 1997 年，地產業的發展大致經歷了四個時期。

一、萌芽時期（1841 年至 1941 年）：置業收租為主要經營方式

　　地產業在香港有悠久歷史。1841 年 6 月 14 日，香港殖民當局第一次拍賣"官地"，揭開地產業發展的序幕。從 1841 年香港首次"賣地"到 1941 年日軍侵佔香港的百年間，隨著經濟的發展，對土地、房屋需求的增加，推動了土地開發和房屋建設的展開。然而，從總體來看，由於當時經濟發展水平等因素的限制，房地產業作為一個現代產業基本上仍處於萌芽狀態，它主要是依附建造業而發展的，故當時多稱之為"建築置業"，許多從事地產業的公司都稱為置業公司。

　　當時，英資洋行和大公司佔據了港島及九龍半島的大片土地，最著名的地產公司是 1889 年由英商遮打及怡和洋行董事凱瑟克（J. J. Kewick）創辦的"香港置地及代理有限公司"（The Hong Kong Land Investment and Agency Company）。置地從創辦起，一直在港島中環商業區廣置物業，到 20 世紀 30 年代後期，其所擁有的物業，總值已超過 1,100 萬港元，成為香港中區最大的業主。[1] 這一時期，香港的華人富商，從早期的華人買辦（何東、莫仕揚）和南北行時期的行商（和興號金山莊東主李陞），到經營百貨的澳大利亞華僑（永安的郭氏家族等），以至利希慎、馮平山、許愛周、張祝珊等世家大族等，在經商獲利之餘，都在香港廣置地產物業。

　　當時，地產業的主要經營方式是置業收租，即今天所說的地產投資，地產發展並未成為整個行業的主流，土地、房屋的買賣也不多。根據香港政府的統計，二次大戰爆發前的 1938 年，香港全年地產買賣僅 3,750 多宗，其中新界地產買賣就佔了 2,100 多宗，主要原因是當時農村經濟破產，農民逃荒，被迫將田產賣給地主。[2] 至於房屋的買賣，交易並不多，

1 /
Nigel Cameron, *The Hong Kong Land Company Ltd. — A Brief History*, Offset Printing Co.,1979, pp.31.

2 /
《香港商業手冊》,《香港經濟導報》, 1960 年, 第 214 頁。

二級市場更不發達，土地和房屋的買賣尚未成行成市。置業收租儘管是地產業的原始經營方式，但仍然給大業主和置業公司帶來可觀的收益。據《東華三院發展史》的記載，置業收租的利息相當豐厚。1873 年，東華醫院以 3,240 兩銀購入港島永樂街一座樓宇，以月租 36 兩租出，一年租金收入 432 兩，假如扣除 32 兩作差餉，年收入為 400 兩，8 年即可回收投資。戰後初期新興地產商霍英東的回憶也印證了這一說法，他指出："當年（指戰後初期）的發展商如利希慎、何東、廣生行、陸海通等，都是很傳統的以建樓收租為主，通常建築期是 1 年至 2 年，大約收租 6 年至 7 年後，亦即是說，前後差不多要 8 年至 9 年才可以歸本。" [3]

二、起步發展時期（戰後至 1960 年代）：地產經營方式的轉變

二戰時期，香港經歷了日軍三年零八個月的統治。期間，香港經濟停滯，城市人口也從 1941 年最高峰時期的 163 萬人驟減至 60 萬人，大量房屋遭到損壞。據 1946 年的統計，當時香港完全被毀壞的房屋達 8,700 幢，部分被毀壞的達 10,300 幢。[4] 二次大戰後，香港經濟開始復元，人口急劇增加，到 20 世紀 50 年代初增加到 200 萬人，大批香港居民和內地新移民被迫在唐樓天台上、大街旁、城區周圍的山坡上搭建起大量棚屋、木屋，甚至"紙皮屋"，形成了許多人口稠密的木屋區，"房荒"成為當時社會經濟中一個嚴重問題。

在這種歷史背景下，一些新興的地產發展商，如吳多泰、霍英東等，推動了地產經營方式的變革。吳多泰早期從廣州移居香港，戰後創辦鴻星營造有限公司，1947 年首創"分層出售"的售樓制度。[5] 1954 年，霍英東創辦立信置業有限公司，首創售樓說明書，並推介"分期付款"的售樓方式。[6] 50 年代中後期，"分層出售"、"分期付款"的售樓方式逐漸成為地產業的主要經營方式，刺激了社會上對房地產的有效需求，也加快了地產發展商的資金周轉速度，從供應和需求兩個方面促進了地產業的起步和發展。

1953 年朝鮮戰爭結束後，香港經濟開始轉型，邁向工業化道路。這一時期，香港政府通過一系列立法刺激地產業的發展，除了 1947 年頒佈的《租務管制條例》鼓勵業主對舊樓宇拆卸重建之外，1955 年又對舊《建築物條例》進行修訂，鼓勵興建高層建築物，以減低樓宇供應的成本。

3 /
盧永忠著：〈霍英東再創新高峰（霍英東訪問記）〉，載香港《資本》雜誌，1995 年 5 月號，第 86 頁。

4 /
Building Reconstruction Advisory Committee, Final Report, Hong Kong, 1946, Appendix 2,pp.13.

5 /
吳多泰著：〈分層出售的回憶〉，載吳多泰：《私語拾記》，國際鴻星集團投資有限公司，1994 年，第 82-83 頁。

6 /
冷夏著：《霍英東傳（上卷）》，香港名流出版社，1997 年，第 12 頁。

與此同時，香港政府亦同意地產商以"分層出售"、"分期付款"的方式
經營地產，又運用《收回官地條例》對市區內一些混亂、擠迫或破舊的
街區進行迫遷，進一步增加市民對樓宇的需求。在種種有利因素的刺激
下，地產業迅速繁榮起來，投資大幅增加，大批新建樓宇落成，其中主要
是普通住宅樓宇，但寫字樓、店舖、廠房和倉庫也開始大量興建。據香
港政府差餉物業估價署在政府憲報公佈的數字，1954 年香港共建成新樓
宇 938 幢，1956 年增加到 2,817 幢，短短兩年增長了 2 倍。從 1954 年到
1958 年，地產發展商用於建築及地基工程費的投資，從 9,542 萬港元增加
到 25,860 萬元，4 年間增幅達 171%。據估計，當時香港普通住樓的建築
費及地基工程費與地價的比率，約為 2：3，因此地產商的投資總額約 21
億港元，這在當時是一個頗為驚人的數額（表 4-1）。

表 4-1   1954-1958 年香港地產業發展概況

資料來源 /
《香港政府憲報》，1954-
1958 年。

年份	1954	1955	1956	1957	1958	合計
新建樓宇（幢數）	938	2,280	2,817	1,995	1652	9,682
建築及地基工程費（萬港元）	9,542.4	14,751.1	16,176.4	17,528.7	25,859.6	83,858.2
估計投資總額（億港元）	2.4	3.7	4.0	4.4	6.5	21

20 世紀 50 年代，在旺盛需求的刺激下，地價、樓價大幅上漲；舊樓
宇拆建成風，新建樓宇開始從戰前的 3 至 4 層向高空發展。1955 年，霍
英東向利氏家族購買了利園山一幅地皮，興建了當時全香港最高的住宅大
廈——樓高 17 層的蟾宮大廈。此後，新建樓宇從中區、銅鑼灣、北角等
地區逐漸向尖沙咀、旺角、大角咀、青山道、紅磡、筲箕灣、深水埗等地
區擴散，香港城區規模進一步擴大。隨著地產業的蓬勃發展，地產置業公
司激增。據估計，1956 年至 1957 年的繁榮時期，香港的地產置業公司，
包括兼營的商號約有 500 家至 600 家之多。不過，據當時行內人士反映，
資本在 10 萬港元以上的約有 150 家，資本在 1,000 萬港元以上的約有十餘
家，包括立信置業、大昌置業、大元置業、大生建業、錦興置業、恒生置
業、希慎置業、華源置業、利東公司、廖創興等。其餘大部分是小資本置
業公司，甚至是被行內人士稱為"皮包公司"的個人經營置業公司。

20 世紀 60 年代初，香港人口激增至 300 萬，經濟起飛，市民收入提

高，尤其是專業人士收入激增，刺激了他們對自置住房的需求。這時期，地產業蓬勃發展，物業交投暢旺，地價、樓價、租金大幅上漲，而商業樓宇、廠房貨倉則成為新興地產市場。據統計，60 年代初中期，香港每年的物業交投平均在 12,000 宗以上，比 50 年代的 8,000 宗以上，大幅增加50%。由於地產市道暢旺，經營地產業利潤豐厚，許多本地資本、來自東南亞的南洋資金，以及外國資金都投入房地產業，一時間地產置業公司激增。據估計，到 60 年代初，香港的地產置業公司已激增到 1,500 家，60年代中更增加到超過 2,000 家，其中規模較大、資本較雄厚的地產公司約有 200 家。這些公司除經營地產業外，亦兼營工程建築業務。不過，絕大部分公司仍屬小本經營公司，"一樓一公司"的情況相當普遍。

　　這一時期，置地仍然是香港最大的地產公司，被譽為香港"地產皇冠上的明珠"。香港一些老牌華商亦在地產業大顯身手，在中環、灣仔、銅鑼灣、西環等地擁有大批物業，包括在銅鑼灣擁有龐大地皮物業的利希慎家族、在港九各區擁有大量地產的何東家族、永安郭氏家族，在地產業積極投資的許愛周家族、張祝珊家族，以及廣生行、陸海通等。當時，新興的地產商正迅速冒起，主要有：霍英東的立信置業，彭國珍的嘉年地產，廖氏家族的廖創興企業，陳氏家族的大昌地產，郭得勝、李兆基、馮景禧的新鴻基企業，陳曾熙的恒隆，以及從製造業崛起的李嘉誠、王德輝、陳廷驊等。

　　1965 年和 1967 年，香港先後爆發銀行危機和"反英抗暴"的政治運動，觸發了戰後以來最嚴重的一次地產危機，地價、樓價、租金大幅暴跌，樓宇空置率高企。1966 年底，中區商業樓宇地價從最高峰的每方英尺 2,000 元至 2,500 港元跌至 600 至 800 港元，跌幅達 70%。1967 年，地價再普遍下跌 50% 左右，香港政府的賣地收入約為 4,379 萬港元，僅為 1962 年最高峰時的 2.34 億港元的 18.7%（表 4-2）。不過，在這次危機中，一批新興的地產發展商，如李嘉誠、郭得勝、李兆基、鄭裕彤、王德輝等，以其高瞻遠矚的戰略眼光看好香港整體經濟和地產業的長遠發展前景，他們及時把握時機，大量收購賤價拋售的地產物業，在財富發生重大轉移的危機中，一舉奠定了日後在香港地產業大展鴻圖的基礎。

表 4-2　　1851-1970 年香港售賣官地所收取的地價收入（單位：港元）

年期	時間長度	總收入
1951-1900 年	50 年	4,223,058.44
1901-1920 年	20 年	5,655,048.87
1921-1941 年	20 年	29,989,868.03
1946/47-1955/56 年度	10 年	67,617,711.64
1956/57-1960/61 年度	5 年	177,375,655.35
1961/62 年度	1 年	107,225,301.38
1962/63 年度	1 年	234,402,780.18
1963/64 年度	1 年	207,157,985.13
1964/65 年度	1 年	143,295,983.24
1965/66 年度	1 年	75,859,685.12
1966/67 年度	1 年	50,623,349.27
1967/68 年度	1 年	43,785,984.08
1968/69 年度	1 年	43,757,254.32
1969/70 年度	1 年	120,392,786.28
合計	104 年	1,311,362,451.33

註 /
依據 1851 年 1 月 2 日英國國務大臣所發的 222 號指令，公開拍賣官地以收取地價的辦法於 1851 年開始。如地價仍分期繳付者，只有實際收得的帳目才被包括在每年總收入內。

資料來源 /
香港政府：《香港 1971》。

三、快速發展時期（20 世紀 60 年代末至 80 年代初）：大批地產公司上市

　　從 20 世紀 60 年代末至 80 年代初，香港地產業又經歷了兩次地產循環周期。這是香港地產業的快速發展時期。1968 年，政治危機過後，香港政局轉趨穩定，經濟迅速復蘇，工業化進程亦趨完成，除了紡織、電子、玩具、塑膠及鐘錶業迅速發展，旅遊、金融及商業服務等服務行業亦開始勃興。60 年代後期，許多新興的華資公司已初具規模，對在股票市場掛牌上市籌集資金需求殷切。然而，當時主要由英資控制的香港證券交易所（簡稱 "香港會"）規定的上市條件極為嚴格，不少規模頗大的華資公司的上市申請都被拒之門外。但客觀需求推動了股票市場的發展，1969年 12 月 17 日，香港遠東交易所有限公司創辦，打破了香港會的長期壟斷，香港證券市場形成 "四會並存" 的局面，各證券交易所面對激烈的同業競爭，均不同程度地降低公司上市的標準和要求，這為發展中的新興公

司提供了上市的良機，香港股票市場也迎來了戰後以來第一個高潮。

這期間，大批地產公司紛紛藉股市高潮在香港各證券市場掛牌上市。這一熱潮在 1972 年下半年至 1973 年 3 月間達到了高峰。據不完全統計，從 1972 年 7 月至 1973 年 3 月 19 日恒生指數達到 1,774.96 點歷史高位的 9 個月間，在香港上市的地產公司至少有 65 家。其中，在 1972 年下半年上市的有 34 家，日後在香港地產業大展鴻圖的地產集團，幾乎都是在這期間上市，包括信和地產（7 月 20 日）、合和實業（8 月 21 日）、新鴻基地產（（9 月 8 日）、恒隆（10 月 21 日）、鷹君（10 月 26 日）、長江實業（11 月 1 日）、永泰建業（11 月 6 日）、廖創興企業（11 月 13 日）、新世界發展（11 月 23 日）及大昌地產（12 月 11 日）。踏入 1973 年，地產公司上市更呈現空前的熱潮。據不完全統計，從 1 月 1 日至 3 月 19 日短短兩個多月間，在香港上市的地產公司至少達 31 家，幾乎相當於 1972 年下半年的總和。

大批公司在香港上市，得以充分利用股市功能，通過公開發售新股、配股，或將股票在銀行按揭貸款籌集大量資金發展業務，或在股市中收購兼併，迅速壯大公司的資產規模，實力作三級跳。其中的典型，即當時被稱為香港"地產五虎將"的長江實業、新鴻基地產、合和實業、恒隆和大昌地產等。以李嘉誠創辦的長江實業（集團）有限公司為例，該公司在香港掛牌上市後，1973 年 2 月至 1983 年 5 月的 10 年間先後 13 次發行新股、供股及派紅股，藉此籌集龐大資金收購地產物業或公司股權，致使公司資產規模迅速擴大。[7] 1972 年長江實業上市時，市值僅約 1.26 億港元，到 1981 年底市值增加到 78.77 億港元，在香港股市中成為僅次於置地的第二大地產公司。新鴻基地產的市值亦從 1971 年上市初期的約 4 億港元增加到 1981 年底的 43.77 億港元，在香港股市中成為僅次於置地、長江實業、新世界地產的第四大地產公司。[8] 這一時期，其他的新興地產商還有恒基兆業、華懋集團、南豐集團、信和地產和鷹君等。

20 世紀 60 年代末以後，香港市區的商住土地日漸短缺，地價節節上升，建築樓宇的土地成本日益昂貴。地產商為"地盡其用"，進一步向高空發展，在繁榮商業區內策動大規模的商廈重建、興建計劃，大批甲級寫字樓相繼落成。部分發展商更瞄準市區內一些大幅的非住宅用地，向政府申請更改土地用途，興建大型私人屋邨。首開先河的是當時被稱為"世紀最大私人樓宇發展計劃之一"的美孚新邨。1972 年，英資太古集團創

7 /
參閱《長江實業（集團）有限公司年報》，1973-1983 年。

8 /
馮邦彥著：《香港地產業百年》，三聯書店（香港）有限公司，2002 年，第 133-135 頁。

辦太古地產有限公司，並於 1978 年在太古船塢原址建成現代化大型私人屋邨——太古城，包括 50 幢 28 層至 32 層高的高尚住宅大廈，總投資達 13.5 億港元。其後相繼興建的有沙田第一城、置富花園、德福花園、愉景灣等。

　　1976 年，中東石油危機過後，香港經濟經過短暫調整後全面復蘇。當年，中國一舉粉碎 "四人幫"，結束了為期十年的 "文化大革命" 動亂，並開始推行 "四個現代化" 計劃。這一時期，香港人口持續膨脹，社會結構轉型以及中國改革開放所帶來的繁榮，都推動了房地產市場的快速攀升。在住宅樓宇方面，長期以來在地產市場扮演重要角色的唐樓已被逐漸淘汰，代之而起的是高層住宅大廈和大型私人屋邨。1976 年至 1981 年，私人住宅的建成量從 15,425 個單位增加到 34,475 個，5 年間增幅高達 124%。在商業樓宇方面，無論是供應、銷售都相當暢旺，中環、尖沙咀等繁華商業區都掀起重建高級商廈的熱潮，新興的商業區如灣仔、銅鑼灣、尖東等地各類商業樓宇紛紛落成，高聳的摩天大廈逐漸取代以往的舊樓，香港商業區的面貌煥然一新。1976 年香港寫字樓的落成面積僅 217 萬平方英尺，到 1982 年已增加到 396 萬平方英尺，增幅高達 82.5%。

　　這一輪的地產高潮在 1981 年達到巔峰。當時，地價、樓價、租金相繼創下歷史記錄，投機熾熱。但是，地產業中的種種不利因素已相繼出現：世界經濟衰退已令香港經濟不景氣，利率持續高企，港元不斷貶值，內部消費萎縮，公司利潤下降，其後更爆發銀行危機，而香港前途問題亦逐漸浮現。1982 年 9 月，英國首相戴卓爾夫人乘福克蘭群島一役大勝之勢訪問北京，向鄧小平提出以 "主權換治權" 的方式解決香港前途問題，遭到拒絕，結果觸發了 1982 年的地產市場崩潰。

四、 過渡時期的地產大升浪（1984 年至 1997 年）：地產經營高度集中

　　1984 年 12 月，中英兩國經過長達 22 輪的談判，終於在北京簽訂關於香港前途問題的《聯合聲明》。自此，香港步入 1997 年回歸中國的過渡時期。根據《聯合聲明》，英國政府將於 1997 年 7 月 1 日把包括香港島、九龍半島及新界在內的整個香港交還中國，中國政府將恢復對香港行使主權，並根據 "一國兩制" 方針，在香港設立特別行政區，實行 "港人

治港"、"高度自治"，維持香港社會經濟制度 50 年不變。《聯合聲明》附件三還規定，在過渡時期港英政府每年批出的土地，限於 50 公頃，但不包括批給房屋委員會建造出租公屋所用土地。

在過渡時期，香港政治前景趨向明朗，經濟發展蓬勃展開，中國的改革開放迭起高潮，特別是 1992 年鄧小平南巡後中國擴大對外開放，令香港作為亞太區國際金融貿易中心，以及國際資本進軍內地市場的橋頭堡地位進一步加強，刺激外商和中資機構到香港投資或設辦事處，種種利好因素都推動香港地產業進入新一輪循環周期的上升階段。物業市場由住宅樓宇帶動，其價格自 1991 年起連年大幅跳升，香港輿論形容為"像裝上一級方程式引擎馬達般一發不可收拾"。1996 年，香港豪宅售價平均升幅達 30% 至 40%，1997 年上半年再上升約 30%。豪宅樓價的大幅上揚帶動整體物業市場。1997 年中，位於金鐘的甲級寫字樓遠東金融中心每平方英尺樓價升至 17,500 港元，比 1996 年同期上升了 60%。[9]

在過渡時期的地產大升浪中，隨著市區土地資源日漸短缺，地價、樓價不斷上漲，地產發展項目的規模越來越大，經營房地產所需要的資金也日見龐大，大批早年從事地產業的中小型地產發展商逐漸被淘汰。經過激烈的競爭、收購、兼併，為數約十個規模宏大、實力雄厚的大型地產集團逐漸成為左右市場的主導力量。其中，著名的大地產發展商主要有：長江實業、新鴻基地產、恒基地產、新世界發展、華懋集團、信和集團等；而大地產投資商則有：九龍倉、太古地產、恒隆 / 淘大、希慎興業、置地等。這一時期，香港地產業已逐漸形成經營高度集中的局面。

其中的典型，當屬李嘉誠領導的長江實業集團。20 世紀 70 年代末至 80 年代中，李嘉誠以高瞻遠矚的戰略眼光為長江實業制定新的發展策略，即動用大量現金收購那些潛質優厚的英資上市公司，這些公司的共同特點就是擁有龐大的土地儲備、因經營保守而股價長期偏低、大股東對公司的控制權不穩。1979 年 8 月和 1985 年 1 月，長江實業先後購入和記黃埔，並通過和記黃埔收購香港電燈的控制性股權，成為控制四家上市公司的綜合性大企業集團，市值高達 353.9 億港元。其後，長實將和記黃埔擁有的黃埔船塢舊址發展為包括 96 幢住宅大廈的黃埔花園。在整個 80 年代，長實集團先後完成了 60 多項地產發展項目，約佔當時香港物業市場的 20%。[10] 踏入 90 年代，長實先後策動四大私人屋邨的發展計劃，包括匯景花園、麗港城、海怡半島和嘉湖山莊，成為香港地產業的領導者，被

9 /
馮邦彥著：《香港地產業百年》，三聯書店（香港）有限公司，2002 年，第 238-239 頁。

10 /
長江實業宣傳冊：《積極建設發展，繪畫香港新貌 —— 長江實業九十年代發展計劃》，1989 年。

稱為"大型私人屋邨之王"。

　　與長江實業的"對外擴張"明顯不同,新鴻基地產主要通過"內部擴張"發展。20世紀70年代以後,新鴻基地產圍繞地產發展向上下游拓展業務,除了收購原有的建築、管理服務公司外,還相繼開設保安消防設備工程、設計工程(則師樓)、機械電機工程部門等,又增設財務公司、保險公司、混凝土公司、水泥生產廠、建築機械供應公司等附屬機構。到80年代中期,新鴻基地產擁有的附屬及聯營公司約100家,形成了從投資控股、地產發展及投資、樓宇建築、機械工程及混凝土生產、物業管理及代理,到財務金融及保險等一條龍服務的垂直式發展的大企業集團。新鴻基地產擁有龐大的土地儲備,一直以地產發展為主,並且強調"貨如輪轉",長期在香港地產市場佔有最大份額,被稱為香港"地產巨無霸"。從1992年到1998年,該公司一直穩居香港股市十大地產公司的榜首。

| 第二節 | **地產業發展特點及其在香港經濟中的地位**

一、戰後香港地產業和地產市場發展的基本特點

第一，實行以"價高者得"為主要特徵的批租制度，使香港房地產市場呈現高度商品化和契約化的特質。

香港的土地資源高度稀缺。從土地供應方面看，香港原有土地面積約1,036 平方公里，加上自 1887 年以來填海所得 68 平方公里（佔 6.5%），總面積達 1,104.46 平方公里。但是，香港山多地少，可耕地僅佔 6.7%，實際用於建設的土地也只佔 16.8%。受到地貌的限制，香港只能在沿海岸一帶的狹窄空間發展（圖 4-1）。從土地需求方面來看，戰後以來，香港

資料來源 /
香港特區政府。

圖 4-1　香港的地貌概況

人口急增，從戰後初期的 60 萬增加至 90 年代中期的 700 萬。香港經濟更獲得了快速的增長，對土地的需求日益迫切。供應與需求嚴重不平衡，形成了對香港有限土地的高度壓力，也構成發展上的根本結構性缺陷。

香港土地資源的結構特質，對香港經濟社會的發展構成了重大制約，長期以來一直考驗香港社會的解決能力，包括如何安置日益增多的人口？如何有效解決這些人口的基本生活需求？如何適應經濟快速發展的龐大需求？從過去的實踐看來，香港主要採取三種方式處理土地稀缺的問題：（1）填海造地：20 世紀 80 年代中填海區佔全港城市用地的 30% 以上，1/4 人口住在填海區；（2）改變地貌：包括沼澤、池塘、山嶽和丘陵；（3）改變原有的土地規劃與利用方式。這種在有限土地資源結構中，不斷改變空間的使用，以安置持續增加的各種社會、經濟需求的嘗試，都深刻表明香港社會的重要特質。

香港的土地制度正是在這種特定的背景下形成和發展的。1997 年以前，作為英國的殖民地，香港的土地制度與其他大部分國家或地區所實施的永久業權制（freehold system）不同。以英國為例，除少數王室封邑外皆屬民間私有，土地所有者對土地擁有全面、絕對、可以世代相傳的永久業權，亦稱屬主權（absolute title）。但在香港，法律上所有土地均屬英王所有，並由香港總督代表王室處理。這種土地制度的特點，就是反映所有權與使用權相分離的批租制度。其主要內容包括：

（1）土地所有權與經營權分離。土地所有權屬英王室，土地使用權允許自由有償轉讓。香港政府把土地使用權以一定期限和條件批租給承租者或地產發展商，並允許該土地使用權在期限內自由轉讓、抵押、繼承或贈送。

（2）政府對土地發展保持有效的監管。香港政府以土地所有者和行政管理當局的雙重身分，通過批租契約、《建築物條例》、《城市規劃條例》等保持對土地發展的有效監管。

（3）在土地管理中建立了一套稅收制度，為政府財政收入提供了一個經常性的重要來源，並成為香港低稅制的基礎。[11]

因此，香港俗稱的"賣地"準確說是批租，私人土地買賣只是買賣有關土地一定期限的使用權。香港俗稱的"業主"，其真正身分只是政府的租客。批租方式包括公開拍賣，價高者得、公開招標、私人協議、臨時租約等。大部分土地批租期限為 75 年或 99 年。新九龍及新界土地則以 75

11 /
參閱馮邦彥著：《香港地產業百年》，三聯書店（香港）有限公司，2002年，第 21-25 頁。

年又可續期 24 年（或 99 年）但減去最後 3 天的年期批出，一律從 1898 年 7 月 1 日起，到 1997 年 6 月 27 日期滿。

為了有效實施這套制度，香港政府制訂了一系列有關地權制度及批租制度的法律，包括《房屋條例》、《房產轉讓及業權條例》、《土地登記條例》、《政府（收還）地產權條例》、《官地回收條例》、《差餉條例》、《建築物條例》、《城市規劃條例》等等。這些條例都有極詳盡細則，清楚界定土地交易中各方的權益和義務。此外還規定地產交易須經由律師辦理。這就有效保證了地產市場的公平競爭和有效運作。可以說，香港地產市場正常發展的制度性前提之一，就是法制體系的公平與有效運作。

批租制度最根本的特質，就是土地使用權透過契約形式出售給承租人。在契約關係下，香港土地由出租、管理、規劃所有、買賣、交換轉移到回收等所有相關事項上，都受到嚴格的法律的管制與保障，形成高度商品化、契約化。這種以"價高者得"為主要特徵的批租制度，使香港稀缺的土地資源得以最大限度地發揮其潛力和效益。因為在法律上，香港政府擁有全港土地的所有權和最終業權，得以制訂土地發展計劃；在經濟上，賣地收入所得資金使港府有條件實施其計劃，如推行大規模的填海闢地工程。事實上，香港自開埠以來，就一直積極推行填海計劃。更重要的是，該制度使港府壟斷一級市場的同時，使地產的二級市場高度商品化、市場化，它的公開拍賣、價高者得的批租制度，使香港稀缺的土地資源得以落在最有效率的經營者手中，在相當大程度上杜絕了土地浪費現象。

第二，地產業發展與金融業和證券市場緊密結合，形成高度證券化和資本化的特徵。

20 世紀 50 年代地產業逐漸風行"分層出售、分期付款"的售樓制度以後，金融業在地產業發展中所扮演的角色越來越重要。在金融業貸款業務中，房地產業和建築業歷來佔有很高的比重。進入 90 年代以後，隨著地產業的迅速發展。金融業對地產、建築業的貸款所佔比重甚至超過五成。據統計，從 1992 年到 1998 年，建築及物業發展及投資、樓宇按揭貸款總額就從 3,688 億港元增加到 10,058 億港元，其所佔金融業在香港使用的貸款總額中的比重也從 40.5% 上升到 51.4%，由此可見地產業對金融業影響之深（表 4-3）。每當地產市道景氣，樓價攀升，地產業對銀行貸款需求就急劇增加，給金融業帶來豐厚利潤和繁榮景象，而一旦地產業調整，樓價大幅下跌，銀行業就會出現大量呆壞帳，甚至觸發金融危機。這

資料來源 /
《香港統計年刊》，1996
年，1999 年。

表 4-3　　20 世紀 90 年代金融業對地產、建造業的貸款（單位：億港元）

年份	1992	1993	1994	1995	1996	1997	1998
建造及物業發展與投資	1,445	1,804	2,491	2,622	3,330	4,403	4,161
樓宇按揭貸款	2,243	2,680	2,985	3,492	4,219	5,408	5,897
小計	3,688	4,484	5,476	6,114	7,549	9,811	10,058
在香港使用的貸款總額	9,099	10,758	12,586	13,982	16,372	20,373	19,578
所佔比重（%）	40.5	41.7	43.5	43.37	46.1	48.2	51.4

種密切關係已經被近數十年香港經濟發展反覆證明。

　　20 世紀 70 年代初大量地產公司在香港股票市場掛牌上市以後，地產業與股票市場亦緊密結合起來，並使股市成為一個以地產業為主導的證券市場。1996 年底，地產建築股總市值為 10,793 億港元，佔股市總值 34,760 億港元的 31.05%，在各類股票中比重最高，遠在綜合企業股（25.98%）、金融股（23.17%）、公用事業股（10.28%）、工業股（7.21%）以及酒店股（1.98%）之上。如果考慮到大部分綜合企業股亦以地產發展為主體，則地產建築類股票在總市值中所佔比重更高達 50% 以上。據仲量行估計，香港股市總值中，房地產的價值至少佔七成以上。香港股市的這種特殊結構反映了地產業在香港股市中的重要地位。每當地產市道高漲，地產股市值上升，都帶動整體股市向好，而地產上市公司趁機通過發行新股、認股權證、配股等方式集資拓展，則進一步推高大市。相反，一旦地產市道不景，地產公司盈利就會下跌，股價下調就會拖低大市，形成所謂"股地拉扯"的現象。

　　地產業與銀行、股市的緊密結合，使香港房地產這一"不動產"成為高度資本化的資產。當然，香港地產業的資本化，需要一系列制度的配合，這些制度包括：

　　（1）清晰的產權制度：香港土地制度簡單、清晰，土地使用權進入市場流轉、資本化受到的牽制力相對較弱，為土地使用權的資本化提供了一個高效、低成本的前提。

　　（2）發達的資本市場：香港為國際性金融中心，銀行體系發達，資本市場完善，監管健全，為土地資本化提供了一個廣闊的交易平台。資本市場的多樣化、規範化、便利化與開放性，促進了土地資本化的順利實現。

像香港這樣擁有如此豐富、有效資本市場資源的城市，在全球屈指可數。

（3）完善的土地估價體系。

（4）以服務業尤其是生產性服務業為主的產業結構。

（5）精簡而高效的政府：政府不會通過干預土地資產資本化來尋租或解決財政資金短缺問題。

其中重要的一環，就是要建立完善的土地估價體系。眾所周知，土地資產資本化，涉及的核心問題是土地資產價格的確定。正常情況下，普通商品價值會隨著時間推移而逐漸下降，而土地等自然資源則往往因其有限性而趨於上升。因此，土地資產價格的確定有一套相對獨立的專業方法，即土地估價。如何為市場提供優質、公平、合理的土地估價服務，成為土地資產資本化的一個關鍵。

香港的土地估價服務包括兩類：公務性質的業務，涉及屋宇署、規劃署、地政總署、土地註冊處及差餉物業估價署等政府部門。這些部門因為稅收、賣地、買賣房屋、租賃房產而需要進行估價，如差餉物業估價署為了徵收差餉會按一定日期對房地產進行估價，擁有非常豐富的房地產市場資料，而地政總署為了土地資產評估業務的需要，也擁有一批數量可觀的測量師。至於私人性質的房地產估價業務，則主要是測量師行、地產發展商、銀行等，為了租賃、抵押、公司上市、訴訟等各種原因聘用測量師。香港承襲英國建立測量師制度，1984 年成立了測量師學會。要成為測量師學會的會員，必須經過嚴格的考核。

為了適應發展的需要，香港政府大力扶持包括測量在內的公眾服務，房地產評估業務因而得到充分發展，擁有大量高質素的專業人才，能夠滿足土地估價的實際需要。同時，為維護測量師行業的公正性，香港政府及測量師學會制定了一套詳細、合理的專業標準。這些制度為香港地產業的資本化提供了前提條件。

第三，地產市場具高度的投機性，並呈現出周期性發展的態勢。

香港地產經營中的投機性主要表現在以下兩個方面：

一是"炒樓花"制度。"炒樓花"當初是從"分層出售，分期付款"衍生出來的。"樓花"之所以受炒樓者歡迎，主要是買樓只需要預付樓價的小部分，而當樓價上升時，就可獲得厚利。例如，樓價是 300 萬港元，炒樓者在樓宇落成前只需付出樓價的 20%，即 60 萬港元；假如樓價在樓宇落成前上升了 30%，即樓價的 20% 從 60 萬港元上漲為 90 萬港元，炒樓者在賣出後便可獲得 150% 的利潤。"樓花"實際成為一種期貨,買家看好未來樓價走勢,才肯以現價買入。因此,"炒樓花"大大加劇了香港地產市場的投機性。炒風熾熱時,曾出現輪候排隊四日三夜搶購樓花的歷史紀錄,並出現職業炒家及集團式炒樓的現象。1985 年金鐘大型地鐵上蓋物業發售時,差不多演變成騷動。1986 年大埔的海寶花園發售時,更發生輪候人打鬥、仇殺釀成命案的事件。1997 年初的炒豪華住宅熱潮中,一個輪候購房的籌碼竟以超過 200 萬港元的天價成交。

二是"股地拉扯"現象。地產業與股票市場的緊密結合,形成所謂的"股地拉扯"現象,進一步加深了這兩個市場的投機性。"股地拉扯"使得"蚊"型地產公司可以在幾年內膨脹成地產大集團,而幾年後又會倒閉清盤。其中典型的就是佳寧集團的崛起及覆沒。1977 年佳寧集團成立之初,註冊資本僅 500 萬港元,它利用當時香港經濟迅速增長、地產市場和股市興旺的機會,一方面積極介入炒樓活動,從地產樓價上漲過程中賺取差額利潤;另一方面則利用股票上市、發行新股集資,以及把急速升值的物業、股票按揭,獲取大量資金購買物業,以滾雪球的速度迅速膨脹。在短短三四年間,佳寧就發展成業務遍及保險、銀行、航運、旅遊及地產等範疇,資產接近一百億港元的大財團。佳寧旗下的地產公司佳寧置業,也一度躋身十大地產公司之列。但是,這個建築在沙灘上的帝國,在 1982 年地產衰退的衝擊下很快崩潰,1983 年因負債累累而被清盤。佳寧集團的興衰,充分暴露了香港房地產業的高度投機性。

地產業的投機性掩蓋了市場真實的供求關係。80 年代初地產高潮時,樓價已遠遠超出市民的實際承受能力,但由於銀行提供九成按揭貸款,大小炒家只要動用一億港元,便在市場形成十億港元的購買力。在虛假的繁榮下,地產發展商願意以更高的價格購入土地,刺激地價一再飆升,出現所謂"麵粉貴過麵包"的現象,進一步刺激投機活動。1982 年至 1984 年的地產市道崩潰,就是由這種虛假繁榮促成的。正是在這種投機性的推動下,加上外部西方經濟周期爆發的經濟危機,以及政治影響等其他因素,使香港的地產市場發展呈現周期性發展的態勢。

二次大戰以來,香港地產業經歷了七個循環周期,分別是戰後至1952 年的第一個周期、1953 年至 1958 年的第二個周期、1959 年至 1967年的第三個周期、1968 年至 1974 年的第四個周期、1975 年至 1984 年的第五個周期、1985 年至 2003 年的第六個周期,以及 2004 年以來的第七個周期。除了第六個周期外，其餘六個周期最短的約六七年，最長的約十年，平均約八九年。從這幾次地產周期看，大概每個周期有五年多時間處於上升階段，二至三年處於下降階段。每個階段中的高峰期，是股市最興旺的時期。這時，一般樓價已上升到用家無力負擔的地步，樓宇銷售往往持續數月是"有價無市"，市場只有投機性資金的活動支撐大市。這是香港地產周期從盛而衰的轉折點。高潮之後，隨之而來的是暴跌，地產周期進入危機、蕭條階段，直到受有利因素刺激而開始復蘇，進入另一個周期。

至於第六個地產周期，即從踏入過渡時期的 1985 年起，至香港回歸後的 2003 年，其跨度時間長達 16 年。其中，上升階段長達 10 年以上，已打破了舊有的規律。究其原因，主要與香港回歸和產業結構轉型有關。《聯合聲明》附件三規定，在過渡時期港英政府每年批出的土地限於 50 公頃。土地供不應求，是這一時期的基本特徵。隨著製造業大規模轉移到珠江三角洲，香港與內地形成"前店後廠"的分工格局，香港邁向服務經濟，成為跨國公司進軍中國的橋頭堡，大量資金從海外湧入香港，港商在內地賺取的豐厚利潤也回流香港，刺激了香港股市、地產的持續興旺。

二、地產業在香港經濟中的地位和作用

長期以來，地產業與香港經濟同步發展。尤其經過 20 世紀 70 年代以來的發展，地產業已成為香港的主要產業之一，在香港經濟中具有舉足輕重的影響，被稱為"香港經濟的寒暑表"。地產業在香港經濟中的地位主要表現在以下方面：

第一，地產業是香港經濟的支柱產業。

20 世紀 90 年代中期，香港政府統計處曾對地產活動作過系統的調查統計。根據它的定義，地產業包括：（1）擁有作為發售或租賃用途的私人發展工程的機構單位，在統計期間相關的建造工程正積極展開，其中包括私人機構參建居屋計劃及夾心階層住屋計劃，但純粹或主要供本身使用的地產發展或純粹為持有土地而成立的公司，則不包括在內；（2）僱用兩人或以上的地產租賃、經紀或代理及保養管理服務機構單位或地產企業的附屬公司。[12]

根據這一定義，地產業包括三個行業，即地產發展兼 / 或租賃業、

12 /
《香港地產活動回顧》，載香港政府統計處編：《香港統計月報》，1998年 11 月。

地產保養管理服務業，以及地產經紀及代理業。據統計，1996 年地產業
的營運機構單位共有 8,299 個，就業人數 64,028 人，比 1987 年分別增加
101% 和 92%。其中，地產發展兼 / 或租賃業的營運單位有 5,463 個，佔
總數的 66%；以服務及租項收入和增加價值計算，該行業佔整體地產業的
63% 和 89%。從事地產保養管理服務的單位有 439 個，僅佔總數的 5.3%；
但在就業方面卻佔總數的 55.2%。而地產經紀及代理機構則有 2,397 個，
佔總數的 29%（表 4-4）。由此可見，地產業是以地產發展兼 / 或租賃業
為主體，以地產保養管理服務業或地產經紀及代理業為輔助。

　　20 世紀 80 至 90 年代，香港整體經濟、個別產業或產業本身，都表
現出一些值得注意的演變趨勢。整體而言，隨著中國內地改革開放、香港
工廠大規模北移，製造業在香港本地生產總值中所佔比重急速下跌，而服
務業的比重則進一步增加，主要表現為進出口貿易業和金融、地產業的提
升。就地產業來說，80 年代初高峰時期它在香港 GDP 的比重曾一度達到
13.6%，其後在 1984 年低挫至 6.4%，再逐步回升，到 1996 年地產業的增
加價值達 1,157 億港元，佔香港 GDP 的比重回升到 10.2%。這時期，地產
業已超過製造業、金融業等而成為香港經濟中僅次於進出口貿易的第二大
行業。

　　當然，這裏指的是僅僅是狹義的地產業，如果將香港本地生產總值中
的地產業、樓宇業權，以及建造業加總視為廣義的房地產業，則這一時期
其在香港經濟中的比重，低則佔 21.7%，高則超過三成（表 4-5），成為香
港經濟最重要的支柱產業。正如學者分析指出："香港經濟中的房地產是
一具備重要地位的產業，是一個可以創造重要財富並影響香港經濟表現的
產業。將她從中抽掉，香港也就不成其為香港。……必須擺在整體香港
社會經濟結構的歷史視野中，房地產的意義才能真正彰顯。"[13]

　　第二，地產業是香港財政收入的重要來源，構成香港低稅制的基礎。
　　地產業對香港財政收入的貢獻首先表現在賣地收入上。據統計，從
1971 至 1972 年度到 1997 至 1998 年度的 27 年間，香港政府的賣地收入
累計高達 2,554.23 億港元，佔同期財政總收入 13.5%。具體而言，賣地收
入佔財政總收入的比重在各年度變化頗大，從 70 年代中期起逐年上升，
到 80 年代初期達到高峰。1980 至 1981 年度，賣地收入佔財政總收入的
比重一度高達 35.1%，其比率之高在西方經濟中也較罕見。進入過渡時期
以後，由於賣地收入須對半平分，分別撥歸港府和中英土地委員會轄下的

13 /
林寶安著：〈市場、政
府與財團──香港房地
產的特質與社會經濟意
義〉，載高承恕、陳介玄
主編：《香港：文明的延
續與斷裂》，聯經出版
事業公司，1997 年，第
211 頁。

表 4-4　　1996 年香港地產業的基本情況（單位：百萬港元）

行業組別（香港標準行業分類）	機構單位（家）	就業人數（人）	地產發展計劃的毛利	服務及租項收入	增加價值
地產發展兼／或租賃	5,463（65.8%）	10,908（17.0%）	59,571.9（100.0%）	34,515.2（62.9%）	87,208.4（88.6%）
地產保養管理服務	439（5.3%）	35,343（55.2%）	N .A.	11,835.3（21.5%）	4,866.3（4.9%）
地產經紀及代理	2,397（28.9%）	17,776（27.8%）	N .A.	8,557.9（15.6%）	6,388.9（6.5%）
總計	8,299（100.0%）	64,028（100.0%）	59,571.9（100.0%）	54,908.4（100.0%）	98,463.6（100.0%）

註 /
（1）在括號內的數字表示佔總數之百分比；
（2）N .A. 代表不適用。

資料來源 /
香港特區政府統計處：
《香港統計月報》，1998
年 11 月。

表 4-5　　1980-1997 年廣義地產業在香港本地生產總值中的比重（%）

年份	地產業	樓宇業權	建造業	合計
1980	13.6	8.9	6.6	29.1
1981	13.4	9.2	7.5	30.1
1982	12.2	10.2	7.3	29.7
1983	7.6	11.2	6.4	25.2
1984	6.4	10.2	5.4	22.0
1985	6.6	10.5	5.0	22.1
1986	6.9	10.1	4.8	21.8
1987	7.3	9.8	4.6	21.7
1988	8.4	9.9	4.7	23.0
1989	9.1	10.3	5.2	24.6
1990	9.7	10.6	5.4	25.7
1991	9.5	10.9	5.5	25.9
1992	11.3	11.1	5.1	26.5
1993	11.0	10.8	5.2	27.0
1994	12.4	11.7	5.2	29.3
1995	9.9	13.3	5.4	28.6
1996	10.2	13.1	5.8	29.1
1997	10.9	13.9	5.8	30.6

資料來源 /
香港政府統計處。

表 4-6　　20 世紀 70-90 年代香港政府賣地收入概況（單位：億港元）

資料來源 /
香港政府統計處。

財政年度	政府賣地收入	財政總收入	賣地收入佔財政收入百分比（%）
1971/72	2.69	35.41	7.6
1972/73	6.69	49.36	13.6
1973/74	3.19	52.41	6.1
1974/75	2.87	58.75	4.9
1975/76	3.46	65.20	5.3
1976/77	5.57	74.94	7.4
1977/78	18.31	102.33	17.9
1978/79	20.08	125.57	16.0
1979/80	28.45	167.96	16.9
1980/81	107.70	302.90	35.6
1981/82	96.77	343.13	28.2
1982/83	50.48	310.98	16.2
1983/84	22.67	304.00	7.5
1984/85	42.67	385.25	11.1
1985/86	38.95	436.95	8.9
1986/87	38.86	486.02	8.0
1987/88	39.74	608.75	6.5
1988/89	67.58	726.58	9.3
1989/90	76.69	824.29	9.3
1990/91	42.43	895.23	4.7
1991/92	94.86	1,145.00	8.3
1992/93	92.24	1,351.11	6.8
1993/94	193.76	1,666.02	11.6
1994/95	205.86	1,749.98	11.8
1995/96	228.96	1,800.45	12.7
1996/97	295.08	2,083.58	14.2
1997/98	659.31	2,812.26	23.4
合計	2,485.92	18,964.41	13.5

土地基金，賣地收入在政府財政總收入的比重有所減少，但到 1997 年至
1998 年度又回升至 23.4%（表 4-6）。

　　除賣地收入外，香港政府還直接或間接地向土地、房屋徵收多種稅
項，包括地稅、物業買賣印花稅、物業稅、差餉，以及地產發展商的溢利
稅、利息稅等。此外，港府還有物業及投資收入。據統計，從 1994 年至
1995 年度到 1998 年至 1999 年度的 4 年間，僅差餉和政府物業投資兩項便
累積達 386.81 億港元，約佔同期財政總收入的 4.9%（表 4-7），換言之，
如果將賣地收入、差餉、政府物業及投資以及其他相關收益加總，在政府
財政總收入中所佔比重估計平均達 20% 或以上。地產業為政府財政收入
提供了一個經常性的重要來源，成為香港實行低稅制的基礎，對香港財政
收入的穩定具重要意義。

　　誠然，香港政府在拓展土地方面所付出的成本也相當大。其中，僅
"土地和土木工程"一項開支即佔港府財政總開支的 5% 至 10% 左右。此
外，港府公共服務支出中的"運輸"和"水務"等項，每年耗資不菲，其
中相當部分也與開拓土地、增加土地價值有關。業內人士認為，地產業的
好壞直接影響港府財政收支的平衡，並進而影響港府的財經政策，對香港
社會經濟的發展有特殊的作用。

　　第三，地產業對香港經濟各行業有重要的影響，被譽為"香港經濟的
寒暑表"。

　　地產業對香港經濟的各個主要行業都有重要影響。與地產業關係最密
切的是建築業，地產業興旺必然帶動建築業的繁榮，而地產業的調整則首
先影響建築業的發展，如 70 年代中到 80 年代初，香港地產業持續興旺，
使建築業也相應出現了長達 8 年的繁榮期，建築開支從 1975 年的 39.96 億
港元增加到 1982 年的 247.87 億港元，7 年間增幅達 5.2 倍。然而，1982
年至 1984 年間地產業衰退，使建築業陷入困境，開工地盤大幅減少，政

表 4-7　　1994/95-1997/98 年度差餉、物業及投資的收入概況（單位：百萬港元）

年度	1994/95	1995/96	1996/97	1997/98	合計
財政總收入	178,998	180,045	208,358	218,226	785,627
一般差餉	5,156	5,806	6,785	6,258	24,005
物業及投資	2,103	2,488	2,926	7,159	14,676
佔財政總收入比重	4.1%	4.6%	4.4%	6.1%	4.9%

資料來源 /
香港政府統計處。

府工程也因財政困難而收縮，1984 年成為該業 10 年間首次出現衰退的年份。踏入過渡時期以後，地產市道復蘇，建築業再次迅速發展。1997年，建築業的生產總值達 731.39 億港元，比 1985 年的 120.38 億港元增長了 5 倍，由此可見地產業與建築業的密切關係。此外，地產業透過與金融業、股票市場的密切聯繫，影響香港經濟的各個領域、各個環節，成為了"香港經濟的寒暑表"。

| 第三節 | 金融業的發展及金融集團的崛起

　　二次大戰後至 20 世紀 90 年代，香港金融業大致經歷了兩個發展時期。

一、戰後蛻變時期（戰後至 1960 年代末）：銀行、保險業的轉型

　　二次大戰結束後，百業復興，香港銀行業得到了迅速發展。1946年，中國內戰烽火再起，政局動盪，國內不少富裕人家和大商號紛紛將家眷安頓到香港，大量資金再次湧入。據估計，1947 年至 1950 年間流入香港的資金，加上無形的貿易順差，相當於國民所得的 48%。[14] 這一時期，香港金融市場呈現了異常的繁榮景象，香港各種類型的銀行如雨後春筍般建立起來。1946 年底至 1948 年，香港各種類型的銀行從 46 家急增至143 家。由於沒有法律限制，任何公司，特別是金銀首飾店、匯兌公司等都登記為銀行。這些銀行不少從事投機或違反香港貿易及外匯管理規定的活動，引起了政府的關注。

　　1948 年 1 月 29 日，香港政府制定並頒佈第一部銀行法律——《1948年銀行業條例》，首次給銀行確定明確的定義，規定凡從事銀行業務機構須向政府註冊繳費、領取牌照，並呈交年度帳表，又決定成立銀行諮詢委員會。儘管該銀行條例的規定極為寬鬆，也很不完善，但對當時銀行業的發展產生正面影響。1948 年，香港政府首次向銀行發放牌照，領取牌照的銀行共有 143 家。其後，香港銀行數目逐漸下降，銀行的素質也逐步提高，到 1954 年香港政府第一次公佈比較完整的銀行業資料時，香港的持牌銀行減為 94 家。這對保持金融業的穩定發展起了積極的作用。

　　20 世紀 50 年代以後，香港銀行業業務開始發生重大轉變，從過去戰前單純的貿易融資逐漸轉向為迅速發展的製造業和新興的房地產業提供貸

14 /
周亮全著：〈香港金融體系〉，載王賡武主編：《香港史新編（上）》，三聯書店（香港）有限公司，1997 年，第 348頁。

15 /
華僑日報編印：《香港年
鑒（1951）》上卷《金融》
篇，第 17 頁；《香港年
鑒（1952）》上卷《金
融》篇，第 9 頁；《香港
年鑒（1953）》上卷《金
融》篇，第 17 頁。

16 /
T. K. Ghose, *The Banking
System of Hong Kong*,
Butterworth & Co(Asia)
Ltd, 1987, pp.65-66.

17 /
Frank H. H. King, *The
History of The Hongkong
and Shanghai Banking
Corporation Volume
IV*, "The Hongkong
Bank in the Period
of Development and
Nationalism, 1941-
1984", Hong Kong
and Shanghai Banking
Corporation, 1988,
pp.351-352.

款。推動這一轉變的原因主要有兩點：首先，1949 年中華人民共和國成立後，隨即實施嚴厲的外匯管制，所有與內地的業務往來只能通過指定的數家銀行進行；其後聯合國對中國實行貿易禁運，香港的轉口貿易迅速萎縮。凡此導致了銀行業傳統的押匯、匯兌業務的衰落。[15] 其次，1953 年朝鮮戰爭結束，香港經濟邁上工業化道路，製造業、房地產業迅速崛起，為銀行業提供了新的業務。正如經濟學家古斯（T. K. Ghose）所指出：香港的工業化 "使經濟結構發生了決定性的變化，無論消費領域還是本港企業，都成為了銀行的主要市場"。[16]

滙豐銀行是香港銀行界中首先轉型的銀行之一。當時，香港的工業化已經起步，不但紡織業、製衣業生氣勃勃，塑膠、電器業也在發展。滙豐銀行從這種轉變中看到香港經濟的發展前景以及它對滙豐重建的深遠意義。1948 年，滙豐首次對香港紡織業提供貸款，1950 年它打破了近百年的傳統慣例，直接和來自上海的華人實業家打交道，向他們提供發展工業所急需的資金。[17] 滙豐銀行在對香港工業貸款及進出口貿易融資中所獲取的利潤，抵銷並超過了它喪失對華貿易的全部損失。東亞銀行也開始調整其經營方針，1949 年東亞銀行向從事飲品製造業的香港豆品有限公司提供貸款。

為了適應經濟發展的需要，香港的銀行紛紛提高資本額，1959 年東亞銀行將實收資本總額從 1,000 萬港元增加到 2,000 萬港元。一些規模較大的銀號通過重組向現代商業銀行轉型，其中典型的是恒生銀號。1960年 2 月，恒生銀號改組為公共有限公司，正式改名為恒生銀行，註冊資本和實收資本亦分別增加到 3,000 萬港元和 1,500 萬港元。恒生銀行積極面向香港的中小型工商企業和市民大眾，結果爭取了大批新客戶，包括製衣、玩具、塑膠、五金及電子業等行業的廠商。到 60 年代中期銀行危機發生前，恒生已超過東亞銀行而成為香港最大規模的華資銀行，並在銀行零售業務方面開始成為滙豐銀行的競爭對手。與此同時，從銀號轉變為現代商業銀行的尚有：永隆（1960 年）、大生（1961 年）、廣安（1960 年）、永亨（1960 年）、大有（1962 年）、遠東（1960 年）等銀號或錢莊。

這一時期，香港銀行業因應工業化的進程取得了非凡發展，並呈現以下特點：

第一，銀行存款急速增加，銀行之間為爭奪存款展開激烈的 "分行戰"。

　　20 世紀 50 年代中期以後，隨著工業化的快速推進、整體經濟起飛以及市民收入的提高，加上同期大量外資、熱錢流入，這種種因素導致銀行存款迅速增加。據統計，1954 年至 1972 年間，香港銀行體系存款總額從 10.68 億港元增加到 246.13 億港元，18 年間增長 22 倍，年增長率高達 19%。面對國民收入的持續增加和香港市民的高儲蓄傾向，銀行為爭奪客戶存款紛紛在港九新界各區開設分行。僅 1961 年，銀行開設分支機構的數目就達到 45 個。據統計，1954 年香港的持牌銀行、分行和辦事處數目分別是 94 家、3 家和 97 家，到 1970 年則分別是 73 家、326 家和399 家。到 1971 年，滙豐銀行開設的分行已達 68 間，渣打銀行 33 間，恒生銀行也有 17 間。（表 4-8）與此同時，各大小銀行還展開激烈的 "利率戰"。這一爭奪戰在 1963 年達到最高峰。

表 4-8　　1950-1980 年代初香港各主要銀行的總分行數目（單位：間）

主要銀行	1954 年	1961 年	1966 年	1971 年	1976 年	1981 年
滙豐銀行	3	16 （8.5）	46 （14.8）	68 （15.4）	143 （18.6）	250 （21.5）
渣打銀行	2	6 （3.2）	18 （5.8）	33 （7.5）	72 （9.4）	86 （7.4）
恒生銀行	1	3 （1.6）	11 （3.5）	17 （3.9）	30 （3.9）	45 （3.9）
中銀集團	13	13 （19.6）	55 （17.7）	74 （16.8）	125 （16.3）	189 （16.3）
其他銀行	75	128 （67.2）	180 （58.1）	246 （56.2）	398 （51.8）	591 （50.9）
總計	94 （100.0）	190 （100.0）	310 （100.0）	438 （100.0）	768 （100.0）	1,161 （100.0）

註 /
（　）內的數字是各銀行所佔的百分比。

資料來源 /
Frank H. H. King, *The History of The Hongkong and Shanghai Banking Corporation Volume IV*, "The Hongkong Bank in the Period of Development and Nationalism, 1941-1984", Hong Kong and Shanghai Banking Corporation, 1988, pp.366.

　　第二，銀行的信貸迅速擴張，貸款的用途趨向多元化，但銀行體系的安全性下降。

　　這時期，銀行體系的信貸以比存款更快的速度增長。據統計，1954 年至 1972 年，銀行貸款總額從 5.10 億元增加到 177.26 億元，名義年均增長 21.7%，實際年均增長 17.8%；同期投資總額名義年均增長 18.9%，實際增長 15.0%（表 4-9）。隨著工業化的推進，銀行體系的貸款也趨向多元化。據港府公佈的數據，1965 年 12 月，銀行體系的貸款和墊款總額中，製造業所佔比重為 19.6%，主要是對紡織、鞋類和服裝、金屬製品和工程，以及橡膠、塑膠和化學品的貸款和墊款；由製造業發展推動的對外貿易所佔比重最高，達 29.3%；對建築部門的貸款和墊款則佔 18.0%，主要因為這一時期銀行業加強了對迅速崛起的地產建築業的貸款；而對基礎設施和旅遊的貸款也分別佔 3.8% 和 4.0%，其他佔 25.3%。

表 4-9　　1954-1972 年香港銀行信貸增長概況（單位：百萬港元）

資料來源／
饒餘慶著：《香港的銀行與貨幣》，上海翻譯出版公司，1985 年。

年份	存款總額		貸款和墊款總額		投資總額	
	名義	實際	名義	實際	名義	實際
1954	1,068	1,068	510	510	—	—
1955	1,137	1,166	632	648	96	96
1956	1,267	1,267	769	769	98	96
1957	1,412	1,398	865	856	101	88
1958	1,583	1,597	919	927	121	119
1959	2,056	1,921	1,373	1,283	133	121
1960	2,682	2,604	1,720	1,670	166	157
1961	3,367	3,269	2,334	2,266	232	220
1962	4,311	4,226	2,849	2,793	191	183
1963	5,425	5,216	3,642	3,502	187	175
1964	6,568	6,081	4,586	4,246	271	245
1965	7,251	6,714	5,038	4,665	527	476
1966	8,405	7,572	5,380	4,847	537	472
1967	8,162	6,802	5,343	4,453	590	479
1968	10,367	8,360	6,038	4,889	636	500
1969	12,297	9,607	7,884	6,159	669	510
1970	14,955	10,837	9,670	7,007	856	605
1971	18,785	13,229	11,836	8,335	1,081	742
1972	24,613	16,087	17,726	11,586	1,550	988
年均增長率	19.0%	16.2%	21.7%	17.8%	18.9%	15.0%

但上述數字未能顯示部分本地中小銀行對地產業和股票市場的過度投入。正如香港金融專家饒餘慶教授在《香港的銀行與貨幣》中所指出：香港的中小"華人銀行在經營方面都不那麼拘束。為了追求利潤，它們更願

意把清償力和安全性都降到次要地位。這種情況在 1965 年銀行危機發生以前，尤其如此"。[18] 這一時期，銀行體系的安全性明顯下降，主要表現在銀行的流動資產比率（指銀行庫存現金總額和存放在其他銀行的淨餘額對存款總額的比率）持續下降和貸款對存款比率不斷上升。根據饒餘慶教授的分析，1955 年香港銀行體系的流動資產比率是 53.0%，但到 1965 年已降至 32.5%，1972 年更降至 23.0%。同期，銀行體系的貸款佔存款比率從 55.6% 上升到 72.0%。1965 年，恒生銀行的流動資產比率降至 30.0% 的低點，而貸款對存款比率則上升到 74.7%。至於其他中小型華資銀行，情況就更差，流動資產比率甚至低至 18% 至 20%。[19] 實際上，銀行體系已面臨相當大的風險，一場震撼業界和整個香港經濟的危機已在醞釀。

　　最初的銀行危機是 1961 年 6 月廖創興銀行的擠提風潮。1965 年 1 月 23 日，明德銀號發出的美元支票遭到拒付，再次引發擠提風潮。明德銀號停業後，更大的危機接踵而來，冒進有餘而穩健不足的廣東信託商業銀行成為擠提風潮的第二個目標，擠提風潮迅速蔓延到恒生、廣安、道亨、永隆等銀行。4 月上旬，恒生銀行受擠提影響流失去約 2 億港元的存款。面對危機，恒生銀行被迫以 5,100 萬港元的低價向滙豐銀行出售 51% 的股權。這場危機的結果，是香港政府於 1964 年頒佈新的銀行條例，1966 年暫停頒發銀行牌照，並由外匯銀行公會簽訂限制銀行之間競相降低利率以爭取存款的"利率協定"。

　　這時，香港傳統的保險業亦轉型發展。戰後至西方對中國實行貿易禁運前，香港轉口貿易迅速增長，水險業務進入了發展的黃金時期。不過 1950 年朝鮮戰爭爆發後，香港轉口貿易驟然衰退，水險業務的經營日漸困難。50 至 60 年代期間，隨著香港工業化的推進，香港保險業也發生轉變：水險業務雖然有了進一步的發展，但是競爭更趨激烈；與水險業務日見困難的經營情況相比，火險業務獲得了蓬勃發展。此外，意外保險業務，特別是"汽車險"和"勞工保險"也獲得了發展。戰後，香港保險業營運商開始趨向多元化，但直至 60 年代後期，保險行業仍然由英資保險公司發揮主導作用，並主要被外資洋行等保險業代理機構、少數在本港註冊的保險公司，以及外國保險公司的分支機構三大集團所支配。其中，保險代理機構主要包括怡和洋行、太古洋行、太平洋行、會德豐、英之傑，以及一些主要銀行如恒生銀行等。在本港註冊的保險公司主要包括於仁保險公司、隆德保險公司（即諫當保險公司）、香港火燭保險公司等。[20]

18 /
饒餘慶著：《香港的銀行與貨幣》，上海翻譯出版公司，1985 年，第 40 頁。

19 /
參閱〈廖創興銀行擠兌事件及銀行管制問題〉，載香港經濟導報社編：《香港經濟年鑒（1962年）》第 1 篇，第 284 頁。

20 /
馮邦彥、饒美蛟著：《厚生利群：香港保險史（1841-2008）》，三聯書店（香港）有限公司，2009 年，第 115-144 頁。

二、快速發展時期（20 世紀 60 年代末至 90 年代中後期）：金融業多元化、國際化

踏入 70 年代，香港的金融業開始邁向多元化、國際化。首先發展起來的是證券市場。香港的證券市場最早可追溯至 19 世紀末。1891 年，香港第一家股票交易所——香港股票經紀協會成立，該會於 1914 年改名為香港證券交易所。1947 年，香港證券交易所與 1921 年成立的香港證券經紀協會合併，易名為香港證券交易所有限公司，即後來四會時代所稱的"香港會"。20 世紀 60 年代末 70 年代初，香港經濟起飛，工業化進程接近完成，許多公司已初具規模並計劃將股票上市以籌集發展資金。然而，當時香港證券交易所訂定的上市條件仍相當嚴格，不少規模頗大的新興公司的上市申請都被拒之門外。

在這種背景下，1969 年 12 月 17 日，由財經界人士李福兆等人創辦的遠東交易所有限公司（簡稱"遠東會"）正式開業。遠東會的業務發展很快，開業第一年股市成交額就達 29.96 億港元，佔 1970 年股市總成交額的 49.5%，其後更迅速超過香港會成為佔香港成交額比例最高的交易所。遠東會的成功，刺激了其他證券交易所的成立。1971 年 3 月 15 日和 1972 年 1 月 5 日，金銀證券交易所有限公司（簡稱"金銀會"）與九龍證券交易所有限公司（簡稱"九龍會"）相繼成立，形成所謂的"四會時代"。這一時期，香港證券市場進入空前牛市，大批新興公司紛紛在香港掛牌上市，香港市民掀起投資股市的空前熱潮，反映股市走勢的恒生指數從 1971 年底的 341.4 點攀升至 1973 年 3 月 9 日的 1,774.96 點的歷史高峰，在短短一年多時間內升幅達 5.3 倍。

在投資者盲目投資的情緒推動下，股市暴升至遠遠脫離經濟實際情況和公司盈利的水平。1973 年 3 月 12 日，合和發現假股票而停牌，誘發了 1973 年的股災。當時，由於受到中東石油危機、世界經濟衰退的影響，恒生指數大幅下跌至 1973 年底 433.7 點和 1974 年底的 171.11 點（表 4-10）。股市的大起大落，暴露了香港股市缺乏有效監管的弱點，引起了香港政府的關注。香港政府遂採取一系列措施整頓股市，包括 1973 年成立證券事務監察委員、1974 年頒佈《證券條例》，並推動四會合併，於 1980 年註冊成立單一的證券交易所——香港聯合交易所等。

隨著股票市場的發展，香港金融機構向多元化發展。70 年代初，一

表 4-10　　1967 年 -1986 年香港股票市場發展概況

資料來源 /
香港聯合交易所。

年份	成交總額 （億港元）	恒生指數		
		最高	最低	年底收市
1967	3.05	79.8	58.6	66.9
1968	9.44	107.6	63.1	107.6
1969	25.46	160.1	112.5	155.5
1970	59.89	211.9	154.8	211.6
1971	147.93	405.3	201.1	341.4
1972	437.58	843.4	324.0	843.4
1973	482.17	1,775.0	400.0	433.7
1974	112.46	481.9	150.1	171.1
1975	103.35	352.9	160.4	350.0
1976	131.56	465.3	354.5	447.7
1977	61.27	452.5	404.0	404.0
1978	274.19	707.8	383.4	495.5
1979	256.33	879.4	493.8	879.4
1980	956.84	1,654.6	738.9	1,473.6
1981	1,059.87	1,810.2	1,113.8	1,405.8
1982	462.30	1,445.3	676.3	783.8
1983	371.65	1,102.6	690.1	874.9
1984	488.09	1,200.4	746.0	1,200.4
1985	758.21	1,762.5	1,220.7	1,752.5
1986	1,231.28	2,568.3	1,559.9	2,568.3

批商人銀行（Merchant Bank）先後在香港創辦，其中，最著名的有 1970
年由英國商人銀行富林明（Robert Fleming & Co., Ltd.）與怡和集團創辦的
怡富有限公司（Jardine Fleming & Co., Ltd.）、1971 年由英國商人銀行施羅
德（Schroders Limited）與嘉道理家族創辦的寶源投資有限公司（Schroders
Asia Limited）和 1972 年由滙豐銀行創辦的獲多利（Wardley Ltd.）等。
到 80 年代初，怡富、寶源投資和獲多利成為香港最人的商人銀行，它們
幾乎壟斷了新股上市市場及企業收購、兼併、重組等業務。80 年代中後
期，東方匯理亞洲、標準渣打亞洲、萬國寶通國際、羅富齊及東亞華寶等

21 /
Y.C. Jao, "The Financial Structure", in David Lethbridge(ed), *The Bussiness Environment in Hong Kong*, 2ⁿᵈ edition, Oxford University Press, 1984, pp.125.

商人銀行逐漸崛起，逐漸成為前者的競爭對手。

70 年代初，本地財務公司如雨後春筍般湧現。這些公司主要從事與股票、地產有關的貸款活動。這些公司還引進新的金融業務，如發行可流通存款證、提供資產負債表外的租賃和代管帳款等資金、組織銀團貸款等。為了加強與財務公司的競爭，各銀行也紛紛成立財務附屬公司，財務公司數目因而急增。1973 年股市狂潮時，在香港營業的財務公司竟多達 2,000 餘家。[21] 其中最著名的，是 1973 年 2 月由馮景禧創辦的新鴻基公司。70 年代中，財務公司的擴張活動開始引起香港政府的注意。由於它們並非持牌銀行，可以不受"利率協定"的限制，以高息與銀行爭奪存款，對銀行體系造成很大的壓力。1976 年，為保障公眾存戶的利益和確保銀行體系的穩健，香港政府制定了《接受存款公司條例》，將財務公司正式納入監管範圍。

然而，這些被統稱為接受存款公司的金融機構，由於不受銀行公會利率協議的限制，政府的管制並未能遏止它們的擴張，接受存款公司從 1976 年條例通過時的 179 家增加到 1980 年底的 302 家，公眾存款比率也高達 32.7%，開始威脅到持牌銀行的地位。1981 年 5 月，香港政府修訂 1964 年的《銀行條例》和《接受存款公司條例》，將接受存款公司分為持牌與註冊兩級。這次修訂形成了金融業由持牌銀行、持牌接受存款公司、註冊接受存款公司組成的所謂"金融三級體制"。

1978 年 3 月，香港政府為推動香港成為國際金融中心，宣佈撤銷對外資金融機構申請銀行牌照歷時 13 年的凍結。銀行牌照解凍後，持牌銀行數目急增，至 1979 年 9 月港府再宣佈凍結發牌時，銀行已從 74 家增至 115 家。1981 年 5 月，香港政府第二次撤銷銀行牌照發出的凍結，並重新釐定兩套發牌準則，分別適用於海外註冊銀行和本地申請者。1983 年 7 月 1 日，金融三級制正式實施，強化了銀行地位，缺乏銀行背景的接受存款公司受到很大的衝擊，數目大幅下降，逐漸形成尚存的接受存款公司均為銀行附屬或聯營公司的現象。據統計，1981 年至 1986 年，註冊接受存款公司數目從 350 減少到 254 家（表 4-11）；同期，接受存款公司在銀行體系的資產總額和顧客存款總額所佔比重分別從 35.5% 和 36.2% 下降到 21.1% 和 12.7%。[22]

22 /
香港華商銀行公會研究小組著、饒餘慶編：《香港銀行制度之現況與前瞻》，香港銀行公會，1988 年。

80 年代初，香港再次爆發銀行危機。金融危機再次暴露了香港監管方面的問題，香港政府對銀行條例進行全面檢討，以英美等先進國家的制

表 4-11　　1976-1989 年三級金融機構的發展概況

年份	持牌銀行		持牌接受存款公司	註冊接受存款公司
	銀行數目	分行數目		
1976	74	685	—	179
1977	74	730	—	201
1978	88	790	—	241
1979	105	906	—	269
1980	113	1,033	—	302
1981	121	1,181	—	350
1982	128	1,346	22	343
1983	134	1,397	30	319
1984	140	1,407	33	311
1985	143	1,394	35	278
1986	151	1,386	38	254
1987	154	1,387	35	232
1988	158	1,397	35	216
1989	165	1,542	36	202

資料來源 /
呂汝漢著：《香港金融體系》，商務印書館（香港）有限公司，1989 年。

度為藍本，重新制定一套完備的監管制度，並以此為基礎，於 1986 年制定並頒佈新的《銀行條例》。新條例將香港的監管水平提高到國際標準。

　　20 世紀 70 年代以後，香港的金融市場也趨向多元化、國際化，並逐漸形成完善的體系。從 60 年代起，隨著銀行業的發展，以銀行為主體的貨幣市場，包括銀行同業拆息市場和短期票據市場開始活躍起來。1972 年，香港政府取消了對外匯和黃金的管制，外匯市場和黃金市場得到長足的發展，成為完全開放的國際性市場。到了 80 年代，隨著香港銀行業的進一步國際化，國際資本在香港的進出更加頻繁，香港的外匯交易更加活躍。據國際清算銀行在 1989 年 4 月的一項調查，香港當時每天的外匯交易總額已達 490 億美元，雖然仍落後於紐約、倫敦、東京和新加坡。80 年代期間，香港的黃金市場也呈現蓬勃發展的勢頭。1980 年 8 月，香港商品交易所推出黃金期貨合約交易，使香港黃金市場成為擁有傳統的金銀業貿易場、本地倫敦金市場和期金市場三位一體的完整市場體系。這一時期，債券市場和期貨市場也日趨活躍。1986 年 5 月香港期貨交易所推出香港恒生指數期貨合約交易，標誌著香港期貨市場進入一個新階段。1987年上半年，恒生指數期貨的交易量在全球僅次於美國芝加哥標準普爾指數期貨市場，名列世界股票指數期貨市場的第二位。

1987年10月，美國證券市場程式沽盤浪潮觸發全球股災。受此影響，香港股市暴跌，恒生指數從10月1日的3,949.73點急跌至10月26日的2,241.69點。其間，還發生香港聯合交易所停市及香港期貨保證公司瀕臨破產事件。10月26日，香港股市重開，當日恒生指數急跌1,120.7點，跌幅高達33.33%，創下全球最大單一跌幅記錄。這次股災充分暴露了香港證券市場存在的問題。同年11月，香港政府成立證券檢討委員會，並於1988年6月發表《證券檢討委員會檢討報告》。其後，香港政府根據報告，對香港證券市場進行了全面的改革，包括改組香港聯合交易所管理架構，將證券市場提升至現代化、國際化水平。1991年，香港又發生國際商業銀行倒閉事件，並觸發了美國萬國寶通銀行、渣打銀行的擠提風潮。不過，事件並未對香港的金融體系造成重大影響。

這一時期，香港的保險業也取得了快速的發展。70年代初，外資保險公司紛紛在港成立分公司，一些貿易商行和地產公司也兼營保險業務，許多銀行和財務公司亦附設保險公司。1969年末，香港共有167家一般保險公司，本地華資僅佔16家，而到1977年這一數字上升到285家和121家。在業務方面，一般保險發展放緩，尤其是水險業務，火險業務成為最主要的一般保險業務。此外，由於香港經濟蓬勃發展、人口迅速增加，以及保險觀念轉變，人壽險在這一階段也得到快速發展。香港保險市場結構開始呈現多元化的發展態勢：傳統的保險代理機構紛紛與其國外的保險業夥伴合作，組建在香港註冊營運的保險公司；大批國際保險經紀行進入香港；本地中小型保險公司大量湧現，業務競爭日趨激烈。到1979年底，包括在香港設立總公司、分公司以及在香港委託代理經營的保險公司在內，向香港政府註冊的保險公司已達到335家。[23] 正如饒餘慶教授所指出："香港已經在相當大的程度上成為一個保險中心"[24]

80年代中期以後，隨著製造業大規模向內地尤其是珠三角地區轉移，香港產業結構轉向服務化，保險業市場也發生重要變化，火險、勞工險等一般保險市場的增長大幅放緩，而人壽保險的地位進一步上升。據統計，1987年，香港保險業保費總收入約100億港元，其中一般保險保費收入為60多億港元，所佔比重高達三分之二；然而，到1997年，保險費

23 /
馮邦彥、饒美蛟著：《厚生利群：香港保險史（1841-2008）》，三聯書店（香港）有限公司，2009年，第151頁。

24 /
Y. C. Jao, "The Financial Structure", in David Lethbridge (ed), *The Business Environment in Hong Kong*, 2nd edition, Oxford University Press, 1984, p.125.

總收入為 520.08 億港元，其中，一般保險保費收入為 194.83 億港元，所佔比重下降至 37%；而人壽保險保費收入則達 325.25 億港元，所佔比重從 1987 年的約三分之一上升至 63%。這一時期，香港擁有各類保險、再保險公司 215 家，其中 115 家公司經營一般保險業務，45 家公司經營人壽保險業務，其餘 19 家經營綜合業務，僅獲授權經營再保險業務的有 19 家。以註冊地點計，有 101 家保險公司在香港註冊，其餘 114 家公司分別在 27 個國家註冊，其中以英國最多，達 25 家，其次是美國，有 21 家。全球 10 大保險公司中有 5 家在香港設立分支機構，反映了香港保險業的國際化程度。此外，還有在中央登記委員會登記的公司代理 3,571 名，個人代理 31,241 名，數量之多，為亞洲之冠。[25]

進入 90 年代初中期，香港金融業呈現持續蓬勃發展的勢頭，香港已發展成為一個以國際金融資本為主體，以銀行業為中心，包括保險、外匯、證券、期貨、基金、黃金等金融市場的多元化的國際金融中心。

25 /

馮邦彥、饒美蛟著：《厚生利群：香港保險史（1841-2008）》，三聯書店（香港）有限公司，2009 年，第 271 頁。

| 第四節 | **金融業的特點及其在香港經濟中的地位**

一、20 世紀 90 年代香港金融業的基本特點

第一，香港的銀行業發達，高度開放，實行三級體制。

香港的金融業首先是從銀行業起步發展的，在一段相當漫長的時期它一直是金融業的主要代表。20 世紀 50 年代以來，隨著香港經濟轉型，銀行業發生深刻的變化，取得了長足的發展。60 年代中期和 80 年代初期，銀行業儘管經歷了兩次較大的危機，然而，1986 年政府修訂銀行業條例以後，香港銀行業進入了持續平穩發展時期。踏入 90 年代，香港銀行業已形成一個健全而高效率的體系。1998 年，銀行業的附加值達 882.05 億港元，相當於本地生產總值的 7.5%，是 1990 年數字的三倍，成為香港經濟中發展最迅速的行業之一。當年，該行業提供了 80,298 人的就業職位（表 4-12）。

表 4-12　20 世紀 90 年代香港銀行業的發展概況

註 /
（1）1991 年前的數字的涵蓋面與其後的稍有不同，因此不可將兩組數字作嚴格比較；
（2）增加價值的數字是根據有限數據而作出的粗略估計。

資料來源 /
香港政府統計處。

年份	機構單位數目（間）	就業人數（人）	增加價值（億港元）	業務收益指數 （1996 年 =100）
1990	1,992	68,684	295.07	—
1991	1,972	72,898	440.68	—
1992	1,921	72,632	548.10	62.3
1993	1,956	74,484	644.86	72.7
1994	1,925	78,795	715.27	76.4
1995	1,991	80,452	810.31	89.4
1996	1,954	79,754	899.82	100.0
1997	1,936	83,816	930.44	103.9
1998	1,962	80,298	882.05	97.6

　　香港的銀行業對外開放程度極高。由於香港對本地和外資銀行基本採取"國民待遇"，外資銀行可在公平競爭的基礎上從事業務。這種高度開放的經營環境，加上拓展中國內地的業務需要，吸引了大批外資銀行來香港設立分支機構。據統計，1999 年底，香港擁有持牌銀行 156 家，其中外資銀行有 141 家，在全球首 100 家銀行中，有 78 家在香港營業。此外，香港還有 112 家外國銀行附屬機構、分行或相關公司，以有限制牌照銀行及接受存款公司形式經營，另有 127 家境外銀行在香港設有代表辦事處。外資銀行的大量進入提高了香港金融業的國際化程度和銀行離岸業務的迅速發展。1987 年至 1996 年，香港銀行向海外同業借款年均增長率為 14.9%，對海外同業貸款年均增長率為 9.0%。至 1996 年底，香港銀行業對境外同業所負債務為 39,588 億港元，所持債權為 24,343 億港元。這些債務和債權主要集中在以日本為首的 20 個國家和地區，其中，僅日本所佔債務和債權就分別達 58.2% 和 37.8%。其他主要對境外負有債務的國家和地區包括英國、新加坡、中國內地、美國和法國；持有債權的國家和地區主要有中國內地、新加坡、英國、韓國和美國。[26]

　　自 1983 年起，香港銀行業開始實行三級體制，把所有的存款認可機構分為三類，即持牌銀行、持牌接受存款公司，及註冊接受存款公司，由香港金融管理局發出經營牌照。在實施過程中，部分接受存款公司的業務內容已發生變化，它們要求"正名"，採用銀行的名稱。1987 年 6 月，香港政府對金融三級制進行檢討。1990 年 2 月，香港開始實施新的金融三級制，將持牌接受存款公司改名為"有限制牌照銀行"（restricted licence banks），但該類機構在使用"銀行"之前須加上"商人"或"投資"等限定詞，而註冊接受存款公司則改稱為"接受存款公司"（deposit-taking companies）。與此同時，本地註冊的三類認可機構的最低實收資本也相應提高，分別為 1.5 億港元、1 億港元及 2,500 萬港元，資本充足比率根據巴塞爾委員會的建議均提高到 8%，但銀監專員可令持牌銀行提高到 12%，其他兩類提高到 16%。

　　新金融三級制實施的結果，進一步加強了持牌銀行在銀行體系的主導地位，持牌銀行數目不斷增加，資產和存款進一步向持牌銀行集中，而後二級認可機構的影響日趨減少。據統計，1986 年底，香港共有持牌銀行 151 家（在香港設有分行 1,386 間）、有限制牌照銀行（當時稱"持牌接受存款公司"）38 家、接受存款公司（當時稱"註冊接受存款公司"）254

26/
參閱〈香港銀行業離岸業務的發展〉，中銀集團編：《港澳經濟・季刊》，1997 年第 4 期，第 6-7 頁。

家。到 1996 年，持牌銀行增加到 181 家（在香港開設的分行增加到 1,476間），有限制牌照銀行增加到 62 家，接受存款公司則減少到 124 家。到1999 年底，香港的持牌銀行為 156 家，有限制牌照銀行為 58 家，接受存款公司為 71 家，它們接受的客戶存款總額分別是 31,366 億港元、349 億港元及 59 億港元，所佔市場份額分別是 98.7%、1.1% 及 0.2%（表 4-13）。持牌銀行在整個金融體系中的主導地位進一步加強。

表 4-13　20 世紀 90 年代香港銀行業三級體制的概況

資料來源 /
香港政府統計處。

年份	認可機構及代表辦事處數目	持牌銀行	有限制牌照銀行	接受存款公司	香港代表辦事處	世界首 500 家銀行在香港設行的情況
1990	560	168	46	191	155	213
1991	527	163	53	159	152	206
1992	515	164	56	147	148	211
1993	513	172	57	142	142	210
1994	537	180	63	137	157	236
1995	537	185	63	132	157	228
1996	525	182	62	124	157	213
1997	520	180	66	115	159	215
1998	474	172	60	101	141	213
1999	412	156	58	71	127	186

第二，經過多年的發展，香港金融業逐漸形成數個具規模和影響力的資本集團，其中以滙豐銀行集團和中銀集團為主導。

20 世紀 80 至 90 年代期間，香港銀行業已逐漸形成數個具影響力和規模的銀行集團。這些集團主要包括滙豐銀行集團、中資銀行集團（主要是中銀集團）、美資銀行集團、日資銀行集團，以及歐洲資本銀行集團。在 50 至 60 年代盛行一時的華資銀行集團則在 80 年代初期的銀行危機中逐漸衰落。

滙豐銀行自 1965 年收購恒生銀行以後，基本取得了在香港零售銀行市場的絕對優勢。進入過渡時期，滙豐銀行逐步淡出"準中央銀行"的角色，並通過集團重組向海外發展。1992 年，滙豐成功收購英國四大結算銀行之一的米特蘭銀行，躋身世界 10 大銀行之列，同時將集團總部遷往英國倫敦。到 90 年代中期，滙豐銀行集團在香港共持有滙豐銀行、恒生銀行（持有 61.48% 股權）、滙豐財務以及滙豐投資銀行亞洲控股有限公司（前身為"獲多利"，1993 年 4 月與怡富一道升格為持牌銀行）四家持牌銀行。這一時期，由於中資銀行的崛起，滙豐在香港銀行體系存款總額中所佔比重儘管有所下降，但一般估計仍高達 35-40%，居各銀行集團之首。[27]

　　中資銀行以中國銀行（香港）集團為核心，持有 13 家持牌銀行。80 年代隨著中國擴大對外開放，中銀集團的業務有了有大的發展。1994 年 5 月，中國銀行香港分行正式成為香港的發鈔銀行。到 90 年代中期，中銀集團已發展成為僅次於滙豐集團的第二大銀行集團，旗下的分支機構超過 400 間。1996 年底，中銀集團的存、貸款分別為 5,360 億港元和 3,540 億港元，分別佔香港銀行體系存、貸款總額的 22.9% 和 9.0%（表 4-14）。

　　美資銀行在香港的歷史最早可追溯到 20 世紀初。1965 年香港政府凍結銀行牌照前，花旗銀行、美國運通銀行、美國銀行、大通銀行等 6 家美資銀行已進入香港。1978 年港府重新發放銀行牌照後，又有一批美資銀行進入香港。到 1996 年，美資銀行共持有 14 家持牌銀行、11 家有限制牌照銀行和 7 家接受存款公司。美資銀行與其他外資銀行一樣，主要從事批發性銀行業務，較少涉足零售業務。1996 年底，美資銀行的資產總額為 4,220 億港元，在香港銀行體系總資產所佔比重為 5.3%。美資銀行中，美國排名前十大銀行有 9 家在香港開業。這些銀行憑藉其雄厚的資金實力、廣泛的國際金融聯繫，以及大批專業人才，將美國的金融創新及時引

27 /
參閱 1994 年香港金融管理局年報和 1994 年滙豐銀行年報。轉引自馮邦彥著：《香港金融業百年》，三聯書店（香港）有限公司，2002 年，第 252 頁。

表 4-14　　1996 年按認可機構實益擁有權所屬國家／地區列出銀行集團情況
（單位：億港元）

銀行集團	銀行資產		客戶存款		客戶貸款及墊款	
	總額	比重（%）	總額	比重（%）	總額	比重（%）
中資銀行集團	8,700	11.0	5,630	22.9	3,540	9.0
日資銀行集團	35,160	44.5	3,800	15.5	21,770	55.6
美資銀行集團	4,220	5.3	1,380	5.6	1,650	4.2
歐資銀行集團	11,660	14.7	2,740	11.1	4,110	10.5
其他 *	19,330	24.4	11,030	44.9	8,070	20.6
總計	79,070	100.0	24,580	100.0	39,150	100.0

註 /
＊ 包括滙豐銀行集團的數字。

資料來源 /
香港金融管理局。

進香港，因而成為香港金融業創新的領導者，有利於提高和鞏固香港國際金融中心的地位。

日資銀行進入香港要稍遲於美資銀行。不過，1978 年以後，日本的城市銀行和區域銀行大批湧入香港，到 80 年代中期已超過美資而成為外資銀行中最大的國家集團。到 1996 年，日資在香港共擁有 46 家持牌銀行、11 家有限制牌照銀行和 35 家接受存款公司。日資銀行在香港的數目雖然很多，但吸納客戶存款的規模很小，而貸款數額卻相當龐大。1996 年底，日資銀行的存貸款額分別為 3,800 億港元和 21,770 億港元，所佔比重分別為 15.5% 和 55.6%。正如日資銀行絕大部分營運資金並非來自香港本地市場一樣，它們的貸款也主要投向海外特別是東南亞市場。這對香港離岸業務的發展發揮了積極作用。

第三，金融業已形成了以證券市場為主導、多元化的金融市場體系。

經過戰後 50 年的發展，到 90 年代中後期，香港已形成門類齊全、發達的金融市場體系。香港金融市場體系中，最早發展起來的是香港銀行同業拆息市場。長期以來，香港各認可機構之間及香港與海外機構之間的銀行同業拆借都非常活躍。1997 年平均每日成交額為 1,830 億港元。銀行同業拆息市場以短期借貸為主，港元和外幣借貸均由 24 小時到期至 12 個月到期不等。港元的貸款機構，傳統上以本地註冊銀行居多，而主要的借款機構是沒有強大港元存款基礎的外國銀行。香港的外匯市場發展完善，買賣活躍，成為全球外匯市場不可或缺的一部分。根據國際清算銀行的調查，1995 年 4 月時香港平均每日的成交額為 910 億美元，佔全球總額的 6%，在世界位列第五位。

這一時期，香港的債券市場也獲得了進一步發展。1990 年，香港金融管理當局發行外匯基金票據及債券，推動了債券市場的發展。外匯基金票據及債券市場催生了 1990 年 "債券工具中央結算系統" 的產生，活躍了債券第二市場，並形成了可供其他機構發行債務工具的基準孳息曲綫，對債券市場的發展產生重要影響。1996 年，金融管理局發表《香港作為國際金融中心的策略文件》，明確將 "建立一個蓬勃而高效的債券市場" 列為發展金融中心的重點目標。1999 年，認可機構債券發行額比上年增加超過 1 倍，本地公司發行額比上年增加接近 3 倍，非多邊發展銀行的海外發債體發行額增加 2.4 倍。[28] 到 2000 年底，未償還港元債券額達 4,730 億元，比 1999 年增加 7%，其中外匯基金票據及債券佔 23%。

28 /
參閱〈1999 年港元債務市場的發展〉，《金融管理局季報》2000 年第 5 期，第 11-12 頁。

　　香港最發達的金融市場是證券市場。1987 年 10 月股災後，香港政府根據《證券業檢討委員會報告書》（戴維森報告）對香港證券市場進行了全面的改革。1995 年 2 月，香港聯合交易所發表策略性計劃《發展路向》，明確表示將致力向國際化、擴展中國業務及機構改進這三大目標邁進。90 年代，香港證券市場發展的另一個標誌性事件，就是引入中國內地企業的 H 股。香港證券市場改革與 H 股的上市，刺激了國際機構投資者大舉湧入香港，推動了股市的發展。據統計，1987 年香港股市全年成交總額為 3,714.06 億港元，到 1997 年已增加到 37,889.6 億港元，10 年間增長 9.2 倍。從 1995 年起，在香港回歸及一系列利好因素的帶動下，香港股市進入新一輪的大牛市，恒生指數從 1995 年初的低位 6,967.93 點，逐步攀升至 1997 年 8 月 7 日的新高峰 166,733.27 點（表 4-15）。1997 年，香港的證券市場資本市值達 32,030 億港元，成為全球第 6 大股票市場，在亞洲區排第 2 位，僅次於東京。到 2000 年 3 月與期交所完成合併前，聯交所共有 570 家會員公司。

　　與此同時，香港金融期貨市場也得到了快速的發展。1987 年全球股災爆發，香港期指市場一度面臨倒閉危機。不過，經過股災後的整頓、

表 4-15　1987-1997 年香港股市發展概況

年份	成交總額 （億港元）	恒生指數		
		最高	最低	年底收市
1987	3,714.06	3,949.73	1,894.94	2,302.75
1988	1,994.81	2,772.53	2,223.04	2,687.04
1989	2,991.47	3,309.64	2,093.61	2,836.57
1990	2,887.15	3,559.64	2,736.55	3,024.55
1991	3,341.04	4,297.33	2,984.01	4,297.33
1992	7,005.78	6,447.11	4,301.78	5,512.39
1993	12,226.75	11,888.39	5,437.80	11,888.39
1994	11,374.14	12,201.09	7,707.78	8,191.04
1995	8,268.01	10,073.39	6,967.93	10,073.39
1996	14,122.42	13,530.95	10,204.87	13,451.45
1997	37,889.60	16,673.27	9,059.89	10,722.76

資料來源／
香港聯合交易所編：《股市資料》。

改革，到 20 世紀 90 年代，香港的金融期貨市場再度取得迅速的發展。這一時期，香港期貨交易所相繼推出一系列新的金融期貨、期權產品，包括恒生分類指數期貨、恒生指數期權（HIS options）、股票期貨、日轉期匯（Rolling Forex）、長期恒生指數期權、恒生香港中資企業指數（Hang Seng China-Affiliated Corporations Index）期貨及期權，以及 3 個月港元利率期貨（3-momth HIBOR futures）等。香港的金融衍生工具市場已成為亞洲最大的市場之一。1997 年買賣合約總數為 810 萬張，平均每日成交合約數目超過 35,000 張。在各類成交合約中，恒生指數期貨合約是最受歡迎的項目，佔成交總數近 90%。此外，香港還是區內的主要基金管理中心。1997 年，認可單位信託及互惠基金的數目達 1,356 個。在認可基金的資產總值中，股本基金所佔的比重超過一半，其次為貨幣市場基金及其他基金，如投資基金、債券基金等。

第四，建立起一套以維持、鞏固港元聯繫匯率制度為基石的貨幣金融制度。

香港開埠初期實行的貨幣制度是銀本位制，1935 年 11 月改用港元與英鎊掛鈎的英鎊匯兌本位制。20 世紀 70 年代初，英鎊及美元先後與黃金脫鈎，香港政府開始採用浮動匯率制度。最初兩年，浮動匯率制的運作較為順利。然而，自 1977 年起，由於貨幣及信貸過度增長、貿易逆差擴大，港元面對持續的貶值壓力。1982 年 9 月，英國首相戴卓爾夫人訪問北京，中英關於香港前途問題的談判拉開序幕。在其後一年裏，中英兩國談判陷入僵局，政治氣氛轉趨緊張，觸發港人信心危機。人們紛紛在金融市場拋售港元資產，搶購美元及其他外幣資產，一些大銀行和外國公司也陸續開始將部分資產撤離香港，種種因素都加劇了港元的貶值壓力。1983 年 9 月 24 日，港元兌美元匯率跌至 1 美元兌 9.60 港元的歷史最低水平，比 1982 年底 1 美元兌 6.49 港元大幅下跌 48%，港匯指數亦進一步跌至 57.2 的新低位，整個金融體系已岌岌可危。

面對港元危機，香港政府決定改革貨幣制度，以挽救急跌中的港元匯率。1983 年 10 月 15 日，香港政府宣佈改變港鈔發行機制，廢除自 1974 年以來實行的浮動匯率制度，改為實行與美元掛鈎的聯繫匯率制度（表 4-16）。新措施從 1983 年 10 月 17 日起生效。在聯繫匯率制度實施初期，香港利率水平的變動相當頻繁。從 1983 年 10 月到 1984 年 12 月，香港最優惠利率在短短一年多時間內先後調整了 19 次，1985 年亦調整了 9 次。

表 4-16　　港元匯率制度的演變（1863-1983）

資料來源 /
香港金融管理局。

日期	匯率制度	參考匯率
1863 年 -1935 年 11 月 4 日	銀本位	銀鑄的輔幣為合法貨幣
1935 年 3 月 -1972 年 6 月	與英鎊掛鈎	£ 1=HK$16 (12/1935-11/1967)
	與英鎊掛鈎	£ 1=HK$14.55 (11/1967-6/1972)
1972 年 7 月 6 日	與美元掛鈎，干預上下限 為核心匯率 ±2.25%	US$1=HK$5.65
1973 年 2 月 14 日	與美元掛鈎	US$1=HK$5.085
1974 年 11 月 25 日	自由浮動	浮動匯率例子 US$1=HK$4.965 (25/11/1974) US$1=HK$9.600 (24/9/1983)
1983 年 10 月 17 日	與美元掛鈎的聯繫匯率制度	US$1=HK$7.80

期間，利率波幅亦甚為可觀，影響到從 M1 到 M3 的整個貨幣供應，不利於資金的有效配置和經濟的穩定。在這一時期，香港更面對過渡時期的"走資潮"、"移民潮"的衝擊，包括怡和遷冊百慕達、滙豐淡出"準中央銀行"角色等。[29]

　　為了鞏固和改善聯繫匯率制度、穩定香港的金融市場，自 1988 年起香港政府對原來的金融架構進行了一系列重大變革，主要包括：1988 年 1 月設立負利率機制；1988 年 7 月建立"新會計制度"；1990 年起開始發行外匯基金票據和債券；1992 年 6 月設立"流動資金調節機制"（Liquidity Adjustment Facility）；1993 年 4 月成立香港金融管理局（Hong Kong Monetary Authority, 簡稱 HKMA）；1996 年 12 月建立即時支付結算系統（Real Time Gross Settlement System, 簡稱 RTGS），以取代原來的結算制度和新會計安排。[30] 1997 年亞洲金融危機期間，聯繫匯率受到嚴重的衝擊。危機過後，香港特區政府先後推出 40 項新措施，核心內容包括撤銷流動資金調節機制，設立貼現窗制度，制定基本利率；以貨幣發行局制度的原理來進一步改善聯繫匯率制度的運作，從而建立起一整套以維持和鞏固聯繫匯率制度為核心和基石的貨幣制度。

　　第五，建立與國際接軌的、健全而完善的金融監管制度。

　　長期以來，香港對經濟實行"自由放任"的政策，對金融業也一直採取不干預的態度。1948 年，香港政府首次制定《銀行業條例》，但該

29 /
馮邦彥著：《香港英資財團（1841-1996）》，三聯書店（香港）有限公司，1996 年，第 287-352 頁。

30 /
馮邦彥著：《香港金融業百年》，三聯書店（香港）有限公司，2002 年，第 293-308 頁。

條例極為寬鬆，實際上並未能對銀行界進行有效的監管。經過 60 年代尤其 80 年代初的銀行危機後，香港政府對《銀行業條例》進行了重大的修訂，參考英美先進國家的經驗和架構，作為藍本，重新訂定一套完備的監管制度。1986 年《銀行業條例》實施後，香港銀行業的經營日趨穩健，除 1991 年國際商業銀行倒閉外，再無發生大規模的銀行危機。從 1989 年起，香港本地銀行開始實施巴塞爾協議關於資本充足比率的規定，金融管理局不再允許銀行通過負債管理的方式無限制擴充規模。根據風險資產的規模，銀行的資本基礎必須維持在不低於 8% 的水平，能否增強資本基礎成為本地銀行能否實行資產擴張的關鍵。20 世紀 90 年代，香港本地銀行的資本充足比率穩步提高，到 1994 年底已達到 17.5%。1994 年 12 月，香港金融管理局引進一套標準化貸款分類系統，規定所有在香港運作的銀行均須遵循該系統按季度向金融管理局報告其貸款狀況，以加強對銀行不正常貸款的監管。1998 年，香港金融管理局以巴塞爾委員會新推出的《資本協定》為藍本推行按市場風險調整的資本充足制度。

經過多年的努力，香港已逐步建立起一個符合最高國際標準的監管制度，銀行業穩健活躍，1998 年 3 月底業內機構的整體綜合資本充足比率達 18.2%，遠超過國際結算銀行所訂的 8% 的最低基準。大部分銀行維持的流動資金比率均在 40% 以上，遠高於 25% 這個法定最低比率，盈利增長持續保持在 20% 左右。

二、金融業在香港經濟中的地位

第一，踏入 90 年代以後，以在本地生產總值中所創造的增加價值計算，金融業已成為香港經濟中僅進出口貿易業、房地產業的第三大產業。

香港金融業從 70 年代起迅速發展，到 80 年代初達到高峰，1982 年金融業創造的增加價值達 129.26 億港元，佔香港本地生產總值的 7.1%。不過，其後受到銀行危機的影響，1985 年金融業在本地生產總值中所佔比重一度跌至 5.6%。80 年代後期，金融業開始穩步發展，到 90 年代中期呈蓬勃發展態勢，1997 年金融業創造的增加價值達 1,245.05 億港元，佔本地生產總值的 10.1%（表 4-17），已成為香港經濟中僅次於進出口貿易業、房地產業的第三大產業。

表 4-17　　20 世紀 80-90 年代金融業在香港本地生產總值中的比重

資料來源 /
香港政府統計處。

年份	增加價值（以當時價格計算）	佔本地生產總值的比重（%）	年份	增加價值（以當時價格計算）	佔本地生產總值的比重（%）
1980	8,760	6.5	1989	29,781	6.0
1981	11,487	7.0	1990	34,600	8.6
1982	12,926	7.1	1991	54,142	9.5
1983	13,103	6.5	1992	69,602	10.0
1984	14,177	5.9	1993	83,272	10.0
1985	14,278	5.6	1994	88,785	9.3
1986	18,362	6.0	1995	94,487	9.4
1987	23,763	6.2	1996	112,300	9.9
1988	26,057	8.6	1997	124,505	10.1

　　第二，金融業為香港本地及海外資金提供了出路，推動了香港工商業及對外貿易的發展，並通過私人信貸促進社會消費，從而推動了香港經濟的發展。

　　香港的零售銀行相當發達，分行網絡遍佈港九各區，為市民提供了各種存款業務服務，以及各種利率、匯價、收益、靈活性、不同風險的投資選擇。香港的各種金融市場更為本地及海外的資金提供了各種投機及投資的機會，為各類資金提供了出路。與此同時，金融業也為香港的工商業和對外貿易提供了投資性和周轉性的資金。據統計，1997 年香港銀行業提供在香港使用的貸款總額達 22,100 億港元，其中建造及物業發展與投資佔 4,400 億，香港的有形貿易佔 1,720 億，批發及零售業佔 2,060 億，金融企業（認可機構除外）佔 2,600 億，製造業佔 1,110 億，運輸及運輸設備佔 960 億港元。這些貸款，有力地促進了香港工商業和對外貿易的發展。此外，金融業還積極發展私人信貸，尤其是發展樓宇按揭貸款，促進了社會消費。1997 年，銀行業為樓宇按揭提供的貸款達 5,400 億港元，佔銀行貸款總額的 24.4%（表 4-18）。

　　第三，金融業提高和鞏固了香港作為國際金融中心的地位。

　　香港從地區金融中心演變為亞太區國際金融中心是從 1969 年開始的。60 年代末，一些美國跨國銀行有意在香港設立亞洲美元市場，這一市場基本上是歐洲美元市場在亞洲時區的延伸，但當時香港政府不願撤銷

表 4-18　1997 年在香港使用的貸款總額（按行業類別列出）

資料來源 /
香港金融管理局。

行業類別	貸款金額（億港元）	佔總額的百分比（%）
有形貿易	1,720	7.8
製造業	1,110	5.0
運輸及運輸設備	960	4.4
建造及物業發展與投資	4,400	19.9
購買"居者有其屋"及"私人機構參建居屋計劃"單位	600	2.7
購買其他住宅樓宇	4,800	21.7
批發及零售業	2,060	9.3
金融企業（認可機構除外）	2,600	11.8
其他	3,850	17.4
總計	22,100	100.0

表 4-19　1995 年香港作為國際金融中心的評估

資料來源 /
饒餘慶：《香港國際金融中心》，商務印書館（香港）有限公司，1997年，第 73 頁。

	亞太區排名	世界排名
銀行業		
外資銀行數目	1	2
銀行海外資產	2	4
銀行海外負債	2	5
越境銀行同業負債	2	6
越境對非銀行企業信貸	1	2
銀團貸款及承銷票據融資（1994 年）	1	4
外匯市場		
每日淨成交量	3	5
衍生工具市場		
每日淨外匯合約成交量	3	5
每日淨利率合約成交量	4	8
每日衍生工具總成交量	3	7
股票市場		
總市值	2	9
成交量	4	11
本地公司上市數目	7	16
黃金市場	1	4
保險業		
註冊保險公司數目	1	N.A.
保費	5	27
合格精算師	1	N.A.
基金管理	2	N.A.

外幣存款的利息稅，新加坡政府則積極採取免稅等各種優惠措施吸引外資銀行，結果新加坡奪得亞洲美元市場，新加坡作為金融中心的地位由此確立。70 年代以後，香港金融業進入一個迅速發展時期，並邁向多元化和國際化，1978 年香港政府宣佈重新向外資銀行頒發銀行牌照，大批外資銀行相繼進入香港，推動香港成為亞太區國際金融中心。80 年代以後，隨著金融業的發展，香港國際金融中心的地位得到進一步的鞏固和提高。據香港大學饒餘慶教授的研究，20 世紀 90 年代中期香港作為國際金融中心的排名，在全球約居第六七位，在亞太區居第二位，落後於東京，但領先於新加坡（表 4-19）。饒餘慶認為："香港之崛興為一國際金融中心，是第二次世界大戰結束以來，香港經濟的兩大成就之一（另一成就是從一轉口埠轉變為一富裕的工業經濟體）"。[31]

31/
饒餘慶著：《香港國際金融中心》，商務印書館（香港）有限公司，1997年，第 3 頁。

第五章

香港的
產業組織：
市場結構與
企業組織

| 第一節 | **市場結構：競爭與壟斷並存，競爭佔主導**

一、20 世紀 80 至 90 年代香港經濟的市場結構

所謂市場結構，是指對市場內競爭程度和價格形成產生重大影響的市場組織的特徵。市場結構是決定產業組織競爭性質的基本因素。一般而言，決定市場結構的主要因素有：

（1）市場集中性，包括賣者（企業）的集中性和買者的集中性；

（2）產品差別化；

（3）新企業的進入壁壘；

（4）市場的資訊程度；

（5）市場需求的增長率和價格彈性。

上述諸因素中，以市場集中性、產品差別化和進入壁壘最為重要。其中，市場集中性，尤其是賣者的集中性這一因素，反映了市場壟斷程度的高低。而決定某產業市場集中性的最基本因素，則是該產業市場規模和規模經濟的關係。在市場競爭的壓力下，任何賣者（企業）都力圖使自己的企業規模擴張到單位產品的生產成本和流通費用共同達到最小的規模經濟水平。然而，企業追求規模經濟的結果，很容易導致市場結構中壟斷因素的增加，從而阻礙競爭機制在優化資源中的作用。這就是著名的"馬歇爾衝突"（Marshall's Dillemma）。

影響市場結構的另一重要因素是產品差別化。產品差別化是指同一產業內不同企業生產的同類產品，由於在質量、款式、性能、銷售服務、信息提供以及消費者偏好等方面存在的差異，所導致的產品替代的不完全性。產品的差別化使同一產品內不同企業的產品減少了可替代性，從而使市場的壟斷因素增加。

新企業的進入壁壘對市場結構也有重要影響，一般而言，形成進入壁壘的因素主要有三個，包括由規模經濟造成的進入壁壘、由費用造成的進

入壁壘，以及由法律和制度造成的進入壁壘。進入壁壘越是深厚，市場的壟斷性越大。

　　根據市場集中性、產品差別化和進入壁壘，市場結構通常可劃分為四種類型，即完全競爭市場、壟斷性競爭（Monopolistic Competition）、寡頭壟斷（Oligopoly）和壟斷市場（表 5-1）。

表 5-1　　市場結構的四種類型

市場類型	行業中廠商數目	產品質素	加入行業條件	廠商控制價格能力	價格情況	利潤情況
完全競爭	極多	同質，無差別	自由	沒有能力單獨影響價格	價格＝邊際成本＝平均成本最低點	一般僅足以維持營業
不完全競爭（壟斷競爭）	眾多	存在產品差別	尚容易	在狹小範圍內有一些影響力	價格＝平均成本＞邊際成本	平均利潤
寡頭壟斷	少數	有差別或同質但以有差別為多	有限制	（1）各寡頭相互約制（2）各寡頭協議或聯合，則能操縱價格	一般情況下價格＞平均成本	超過平均利潤
完全壟斷	一家（或少數幾家聯合）	產品往往有特殊性，無完全替代品	嚴格限制以至完全封閉	操縱價格，完全控制標價	價格遠大於平均成本（壟斷價格）	長期高於平均利潤的壟斷利潤

資料來源／

楊奇主編：《香港概論》，三聯書店（香港）有限公司，1990 年，第 155-157 頁。

　　長期以來，香港政府一直推崇亞當‧斯密的自由主義經濟哲學，奉行"自由放任"的經濟政策，20 世紀 70 年代重新釐定為"積極不干預"政策，重視並強調市場機制對社會資源優化配置的作用。前財政司夏鼎基等人在一份香港政府的報告書中就曾表示："一般來說，容許市場供求力量佔主導地位的政策，有確保經濟中的資源得到最有效的分配，及競爭能力強的工業獲得最高利潤的作用。"在這種經濟思想的指導下，香港政府實施了一系列以市場機制為導向的經濟政策，包括審慎的財政政策、自由港政策、自由貿易及自由企業制度、自由化的金融政策等，使香港成為國際上典型的開放型自由經濟體系。美國著名的貨幣主義經濟學家弗里德曼曾稱，香港是"自由經濟的最後堡壘"。

　　長期以來，香港一直是國際著名的自由港，商品進出口自由，除少數貨品外，絕大部分商品均免徵關稅，沒有關稅壁壘和貿易保護主義的限制。外資進入香港可享受國民待遇，本地公司沒有特殊保護，本地企業與外國公司一視同仁。因此，香港成為國際資本的匯集地以及國際資本在亞太區的地區總部所在地，跨國公司在香港設立的地區總部和地區辦事處超過 2,000 家，分別來自美國、日本、英國、德國、法國、荷蘭、澳大利亞、瑞典、韓國等。在這一高度開放的自由經濟體系中，香港公司面對的競爭實際上是一種激烈的國際性競爭。香港經濟的這種開放性、國際性使壟斷價格難以形成。

因此，香港經濟的市場結構是以競爭佔主導地位。80 年代期間，有學者曾從香港居民家庭消費開支的各個項目去考察香港經濟的市場結構，他們發現其中佔家庭消費開支 38.3% 的糧食市場屬於接近完全競爭市場，佔家庭消費開支 51.7% 的住房、衣服、家庭耐用消費品等市場屬於不完全競爭市場或壟斷性競爭市場。換言之，香港的商品市場和服務市場中約有九成是以競爭佔主導地位的。只有燃料、電力、交通、通訊等屬於受管制的壟斷市場，所佔比重僅佔一成左右。[1] 當然，以香港居民的家庭消費結構去考察香港市場結構是否全面客觀實際上是一個問題，而 20 世紀 80 至 90 年代，香港經濟中的壟斷因素增強已是不爭的事實。不過，總體而言，香港經濟中的市場結構仍以競爭佔主導地位，則是可以肯定的。

在香港，屬於完全競爭市場結構的例子並不多，其中，報刊零售市場、出租汽車市場可以說是比較接近完全競爭市場。類似的市場還有糧食市場、股票市場等。在糧食市場，政府確認的供應商多達幾十名，他們提供的產品質量接近劃一，對銷售價格幾乎沒有影響力，而消費者更是人數眾多。不過，在該市場，進入門檻受到嚴格限制，只有符合特定條件的商人，才獲港府批准經營糧食供應。[2] 在股票市場，股票買賣與進出市場都相當容易，市場信息透明，價格也難以受到操縱。不過，該市場內擁有不少股份的大股東、基金、莊家等都擁有內幕消息。他們對市場的影響力大於一般普通小股民。這些市場只能說是比較接近完全競爭市場。

香港經濟中的市場結構類型，以壟斷性競爭市場佔主導。幾乎所有的製造業行業、批發零售行業、酒樓酒店行業，其市場結構都屬壟斷性競爭市場。例如在製造業，無論是紡織、製衣，還是塑膠、電子等行業，市場的集中性都頗低，每個廠家都面對來自香港本地以及海外的眾多競爭對手，他們提供的產品具有明顯的差異性，但對銷售價格的影響力微弱。壟斷性競爭在香港俯拾皆是。例如，在便利店和超級市場都可購買到相同的汽水，只是便利店通宵營業，其售價相對較高。此外，在不同的百貨公司

1 /

楊奇主編：《香港概論》，三聯書店（香港）有限公司，1990 年，第 155-157 頁。

2 /

佐牧主編：《香港經濟運行規則評介》，上海社會科學院出版社，1991 年，第 43 頁。

或專門店售賣的衣服、時裝、文具、家用電器，因其牌子不同、服務不一樣，這些商品的價格存在很大的差別。這些都屬壟斷性競爭市場。在香港經濟中，由於競爭佔據主導地位，絕大部分公司和企業都面臨著優勝劣汰的競爭，迫使它們不斷地設法尋找市場，提高技術，降低成本，以適應市場需求的變化，從而有效地促進了市場供給的擴大和改善，有力地刺激了社會需求，使市場機制在社會資源的優化配置中發揮了積極作用。以市場作為社會資源的主要配置者，這是香港經濟成功的奧秘所在。

　　然而，不可否認，20 世紀 80 至 90 年代期間，香港經濟中的壟斷因素有不斷增強的趨勢，具體表現為寡頭壟斷市場的不斷增加或強化。屬於或接近屬於寡頭壟斷市場的行業，包括石油產品市場、無綫電話網絡市場、報紙生產市場、超級市場、貨櫃碼頭市場、銀行零售業務市場、人壽保險市場，以及房地產市場等。香港最典型的寡頭壟斷市場，莫過於石油產品市場，主要由蜆殼、半島、加德士、美孚、埃索、高富、華潤等 7 家大石油供應公司所壟斷。其中，蜆殼公司是市場價格的領導者，在大多數情況下，該公司價格的調整，會導致其他公司跟隨其後。香港的超級市場領域，主要由惠康（Wellcome）、百佳（Park'N Shop）兩大超級市場集團所控制。根據香港消費者委員會的調查，1993 年香港超級市場行業的經營者共有 170 家，其中擁有 5 間以上分店的經營者有 8 家，合共佔全行業的市場份額 75%，而最大的兩家惠康、百佳的分店就佔行內店舖總數的 62%，兩大超市所佔市場份額約在 70% 左右，而居第三、四位的華潤和 Kitty and Kettie（簡稱 KK）"無論店舖數目和市場份額均（與頭兩位）相距甚遠。" [3] 香港的貨櫃碼頭市場主要由香港國際貨櫃碼頭有限公司（Hong Kong International Terminals Limited）和現代貨箱碼頭有限公司（Modern Terminals Limited）兩大集團控制。香港的貨櫃業包括：處理約三分之二的貨櫃碼頭、佔市場四分之一弱的中流作業、佔市場一成的內河貿易。葵涌現有 8 個貨櫃碼頭共 19 個泊位，由 4 家私營公司擁有和經營，其中和記黃埔旗下的國際貨櫃碼頭公司是全球最大的私營貨櫃碼頭經營者，1995 年的吞吐量為 396 萬個標準貨櫃，在香港葵涌貨櫃碼頭處理的總吞吐量中所佔比重達 48%，而九龍倉旗下的現代貨箱碼頭公司同年處理了 211 萬個標準貨櫃，所佔份額達 25.6%。換言之，兩大貨櫃碼頭集團所佔市場份額高達 73.6%。第三和第四位的中遠—國際貨櫃碼頭有限公司（China Ocean Shipping Company-Hong Kong International Terminals，簡稱

3 /

鄭國漢、武常岐著：《競爭政策與企業監管》，商務印書館（香港）有限公司，1998 年，第 121頁。

4 /

佐牧主編：《香港經濟運
行規則評介》，上海社
會科學院出版社，1991
年，第 226 頁。

"COSCO-HIT'）和海陸貨櫃碼頭有限公司（Sea Land Oriental Terminals Limited）則分別處理了 119 萬個（佔 14.4%）和 99 萬個（佔 12%）標準貨櫃。位於青衣島的九號貨櫃碼頭啓用後，亞洲貨櫃碼頭有限公司加入經營，但由大股東海陸貨櫃碼頭管理，因而實際上仍只有 4 個經營者。[4]

在銀行業，長期以來英資的滙豐銀行和渣打銀行一直在香港銀行業佔據著極大的優勢，它們不僅歷史悠久，資本雄厚，經營有方，而且享有香港政府賦予的各種特權，如發行鈔票、代理政府財政、承擔中央票據結算職責、參與政府的金融決策等等。因此，儘管戰後美日等跨國銀行紛紛進入香港，也未能動搖它們的統治地位。據估計，70 年代後期滙豐銀行接受的存款約佔整個銀行業存款總額的六成，它連同渣打銀行的存款在內，所佔份額超過七成。即使到了 90 年代中期，滙豐銀行所佔市場份額估計仍達 35% 至 40% 左右。80 年代中國實行改革開放政策以後，香港中銀集團乘勢崛起，到了 90 年代中期接受存款佔銀行業存款總額的二成以上。香港銀行零售市場遂形成寡頭壟斷局面。

在保險業，據保險業監理處 1997 年的統計，香港共有 221 家認可承保人（authorizer insurer），其中 157 家從事一般保險，45 家從事人壽保險，另有 19 家兼營兩種業務。香港雖然保險機構數目眾多，但市場相當集中，其中又以人壽保險為甚。據有關學者的研究，以淨保費衡量 1987 年市場份額，"最大的 11 家壽險公司佔所有業務 90% 以上"。將近 10 年以後，壽險市場更趨集中，有關研究表明，"壽險市場在 1996 年前主要由三家公司佔據，分別是友邦（AIA）、國衛（National Mutual）和宏利（Munual Life）（據說市場佔有率合共約 75%）"。[5]

5 /

佐牧主編：《香港經濟運
行規則評介》，上海社
會科學院出版社，1991
年，第 58-59 頁。

在房地產市場，20 世紀 80 至 90 年代，香港的地產發展及投資公司超過 5,000 家，然而其中在香港股市掛牌上市的僅 100 家左右，約佔總數的 20%。在約 100 家地產上市公司中，新鴻基地產、長江實業、恒基地產、新世界發展、恒隆／淘大置業、信和置業、嘉里地產、九龍倉、置地、希慎等約 10 家公司的股票市值，約佔地產建築類上市公司總市值的七八成，它們再加上以太古公司上市的太古地產，以及未上市的華懋、南豐等，約控制了香港樓宇供應的七八成，並掌握了大量可供發展的土地儲備，使房地產市場形成寡頭壟斷的基本格局。

香港的壟斷市場主要集中在公用事業，如航空、電訊、電力、煤氣供應、電視、交通運輸等。長期以來，香港的航空市場主要由國泰航空公司（Cathay Pacific Airways Limited）所壟斷，國泰航空作為香港主要航空公司在市場佔有最重要的份額，其航綫遍及全球 27 個國家的 43 個城市。1985 年港龍航空公司創辦，打破了香港航空市場的壟斷局面，然而在港英政府"一條航綫、一家航空公司"政策的掣肘下，只能經營國內航綫及少數亞洲航綫，根本無法與國泰展開競爭。在貨物空運市場，赤鱲角新機場建成前一直由香港空運貨站有限公司（Hong Kong Air Cargo Terminals Limited）獨家經營，新機場建成後改為由兩家經營，新加入者是新加坡的亞洲空運中心有限公司（Asia Airfreight Terminals Company），但兩家公司的處理能力並不均等，分別為 260 萬公噸和 42 萬公噸。

在電訊業，香港電訊（Hong Kong Telecommunications Limited）長期壟斷了提供香港本地電話服務及國際電訊服務的專利權，只是到了 1995 年香港本地電話服務市場開放，和記電訊、香港新電訊及新世界電話三家電訊公司加入服務，壟斷才開始打破。但據電訊管理局的統計，3 個新入市者合計只佔本地電話市場 1-2%，香港電訊所佔市場份額仍高達 98-99%。相比之下，香港電訊在國際電話服務的份額則降至不足 75%。在電力供應方面，香港電燈（Hong Kong Electric Company Limited）和中華電力（China Light and Power Limited）兩家公司分別壟斷了香港島和九龍半島及新界的電力供應。據統計，1996 年香港電燈售出電力 8,876 百萬度，佔市場份額的 28%，中華電力售出電力 22,839 百萬度，佔市場份額的 72%。在煤氣供應市場，中華煤氣有限公司控制了超過六成的業務。在電視行業，目前香港主要由無綫電視、亞洲電視、有綫電視 3 家公司經營。

香港經濟中壟斷現象的形成，主要有兩個因素，一是鑒於規模經濟的制約，政府授予某公司經營某行業業務的特許經營權所形成的壟斷，這主要集中在香港的公用事業；二是在自由競爭的基礎上達到規模經濟所形成的壟斷，突出表現在香港的金融業、房地產業等行業。公用事業、金融業和房地產業等行業儘管存在較強的壟斷因素，但由於前者受到政府的管制，限制壟斷價格的形成，後者的大企業、大公司之間仍然存在激烈的競爭，因此，總體而言，香港的市場結構是競爭與壟斷並存，而競爭則佔據主導地位。

二、 20 世紀 90 年代香港房地產業的市場結構：經營的高度集中性

二次大戰後，香港的地產發展商首創 "分層出售，分期付款" 的售樓制度，推動了香港房地產業的迅速發展。在數十年的激烈競爭中，特別是經過 70 年代初期大批地產公司在香港掛牌上市，進行大量換股、收購、合併和發行新股的活動，一批大型地產集團從中脫穎而出，逐漸取得了競爭優勢。到了 20 世紀 90 年代中期，地產業已逐漸形成經營高度集中的局面，市場結構已具備寡頭壟斷市場的特徵。1996 年，香港的地產發展及投資公司達 5,463 家，但最大型的 10 家地產集團卻控制了房地產市場六成的份額。[6] 根據香港政府的統計，從 1994 年到 1996 年，香港 10 大地產集團在房地產市場所佔的份額，以當年落成樓宇面積計算，分別佔 52.7%、55.9% 和 63%；以增加價值計算，分別佔 50.6%、45.3% 和 65.3%，其中在住宅樓宇市場所佔的比率更高，分別佔 56.3%、46.9% 和 78.1%，顯示了這種經營的高度集中性有日漸增強的趨勢（表 5-2）。

6 /
《香港地產活動回顧》，載香港政府統計處：《香港統計月報》，1998 年 11 月，第 FB2 頁。

表 5-2　　1990 年代中期香港房地產 10 大集團的經營集中性

用途	發展計劃數目（個）			樓面總面積（千平方米）			增加價值（億港元）		
	1994 年	1995 年	1996 年	1994 年	1995 年	1996 年	1994 年	1995 年	1996 年
住宅樓宇	112 （27.0）	95 （27.1）	120 （35.9）	6,399.5 （60.3）	5,883.0 （62.7）	7,833.4 （75.5）	231.6 （56.3）	141.3 （46.9）	320.7 （78.1）
商業大廈	46 （22.1）	40 （19.6）	45 （22.0）	1,407.9 （38.5）	1,908.1 （48.4）	1,734.3 （45.0）	113.1 （42.3）	85.0 （44.1）	89.6 （44.3）
工業大廈	36 （35.6）	37 （37.0）	34 （37.4）	839.5 （37.6）	965.6 （41.0）	1,210.3 （42.2）	24.8 （47.6）	24.2 （41.4）	14.4 （37.9）
總計	194 （27.2）	172 （26.3）	199 （31.7）	8,646.9 （52.7）	8,756.7 （55.9）	10,778.0 （63.0）	369.5 （50.6）	250.6 （45.3）	424.6 （65.3）

註 /
（　）裏的數字為當年香港各類物業發展中所佔比重。

資料來源 /
《香港統計月刊》1997 年 10 月、1998 年 11 月。

1996 年 7 月，消費者委員會發表的調查報告《香港私人住宅物業市場："安得廣廈千萬間"？》也反映了同樣的情況。根據消費者委員會的調查，1991 年至 1994 年間，香港最大規模的 11 家地產發展商合共建成的樓宇單位，平均約佔每年私人住宅樓宇新落成單位總數的 74%（表 5-3）。其中，最大規模的 5 家地產集團平均每年所佔的市場份額約達 60%，最大規模的 3 家地產集團所佔的市場份額達 45%，而規模最大的地產發展商住

宅單位供應量則持續佔市場的 25%，有關數字反映了香港新落成住宅市場的高度集中性（表 5-3、表 5-4）。

誠然，高度市場集中並不一定違反競爭，從某種角度來看，市場集中反映了規模經濟所帶來的效率以及地產發展商的成功經營策略。問題在於，市場集中是否影響到"競爭威脅"的存在。在一個具高度"競爭威脅"的市場，所有經營者均面對激烈的競爭，從而使市場效率得到高度發揮，

表 5-3　1991-1994 年 11 家發展商的新住宅樓宇單位的市場佔有率（單位：%）

發展商	1991 年	1992 年	1993 年	1994 年	1991-94 年
A	30	30	15	28	25
B	12	9	11	8	10
C	6	7	10	16	10
D	10	17	3	7	9
E	6	4	5	11	6
F	3	3	4	4	3
G	1	0	0	0	0
H	0	0	0	2	1
I	1	3	0	1	1
J	3	6	3	9	5
K	3	5	9	0	4
合計	75	84	60	86	74

資料來源 /
消費者委員會：《香港私人住宅物業市場："安得廣廈千萬間"？》，1996 年 7 月版。

表 5-4　1991-1994 年首 5 家發展商新住宅樓宇單位的市場佔有率（單位：%）

發展商	1991 年	1992 年	1993 年	1994 年	1991-94 年
1	A	A	A	A	A
2	B	C	B	C	B
3	D	B	C	B	C
4	E	D	K	J	D
5	C	J	E	E	E
首 5 間發展商的市場佔有率	61.5	68.1	51.0	70.8	60.3
首 3 間發展商的市場佔有率	51.1	55.0	37.0	54.7	45.2

資料來源 /
消費者委員會：《香港私人住宅物業市場："安得廣廈千萬間"？》，1996 年 7 月版。

商品價格接近成本。西方經濟學家把市場"競爭威脅"（Contestability）定義為：（1）自由入市；（2）退出時不費成本；（3）新經營者能迅速地加入市場競爭。根據消費者委員會的調查，香港雖然沒有法律障礙，去阻止任何人士加入房地產市場而成為地產發展商，但新經營者在進入房地產發展市場與原有的大地產商競爭時，卻面對著以下不利因素：

（1）高昂的地價。1993 年至 1995 年間，香港具有優秀潛質發展住宅物業的土地，每幅價值已高達 20-25 億港元。而原有的地產商因在 1985年之前購入換地權益書和擁有土地儲備，他們的土地成本均遠低於新經營者。原有地產商以高價競投土地，其結果是提高新經營者的入市成本。這是新經營者的一個重要的障礙。

（2）高財務成本。新經營者在安排財務信貸方面，所得到的條件不能與有業績可循的大地產發展商相比。大地產商除可獲得較低的貸款利息外，還可從其他渠道，諸如在股市集資取得資金。

（3）較弱的議價能力。大規模的發展商享有規模經濟，在聘用專才和承建商方面擁有較大的議價能力。

（4）購地途徑有限制。新經營者大多數依賴政府每年有限的土地供應，手上沒有甲種及乙種換地權益書的新發展商，未能參與某些土地投標。

因此，總體而言，香港的房地產市場不算具高度"競爭威脅"的市場。據消費者委員會的調查報告，自 1981 年以來，香港房地產市場雖然不斷有新經營者加入，但沒有一家新的大型地產商能打入市場，即每年供應量能佔市場 5% 或以上。

消費者委員會在研究 1990 年至 1995 年間將軍澳、馬鞍山、藍田三個地區新落成住宅樓盤的銷售情況，發現大地產發展商的市場行為有兩個特點：一是樓盤的開售時間各不相疊；二是樓宇單位分成小批推出。研究報告認為："這種供應樓盤的方法，會減少消費者的選擇，推高樓價，及減低消費者比價的機會。"對於有發展商認為這種方法"實際上是發展商之間激烈競爭的結果"，報告認為"這種激烈競爭最有可能是市場結構的結果（市場由少數參與者佔大比數的市場比率，又稱寡頭壟斷），若如此，這反映市場上的不完全競爭（imperfect market competition），市場上缺乏'完全競爭'並不符合消費者的最佳利益。"[7]

香港消費者委員會的調查報告還發現，由地產發展商持有的新落成

7 /
香港消費者委員會：《香港私人住宅物業市場："安得廣廈千萬間"？（競爭政策研究報告撮要）》，1996 年 7 月，第 3-7 頁。

住宅樓宇單位的長期空置率高（建成後兩年的單位）較市場的整體空置率高。1995 年的數據顯示該年新落成的住宅單位，有 11% 仍在發展商手中，比整體市場 4% 的空置率明顯高得多。數據還顯示，1994 年 1 月至 1995 年 5 月，經政府批出銷售樓花許可的住宅樓盤有 57 個，可提供銷售的住宅單位共 4 萬多個，但截至 1996 年 5 月，只有 40% 在市場上推出銷售，其餘 60% 的單位或是未曾推出，或留作內部認購。調查報告認為："這種情況很少在高度競爭的市場出現。"[8]

綜上所述，經營的高度集中、市場的低度競爭威脅、價格歧視的存在，種種現象都顯示香港房地產市場已逐漸具備寡頭壟斷市場結構的特徵。當然，這並不意味著市場不存在競爭。香港經濟的特點決定了即使在房地產市場這種已具備寡頭壟斷特徵的市場上，各大地產發展商之間、大地產發展商與小地產商之間仍然存在著激烈的競爭。這種激烈的競爭在亞洲金融風暴襲擊下表現得尤為明顯。1998 年間，面對房地產市場的低迷不振，各大地產發展商為爭奪市場份額就曾展開激烈的減價促銷戰，甚至一度打破樓盤開售時間各不相疊的慣例。這些現象也從側面反映了香港經濟以競爭佔主導的整體特點。

8 /
香港消費者委員會：《香港私人住宅物業市場："安得廣廈千萬間"？（競爭政策研究報告撮要）》，1996 年 7 月，第 3-7 頁。

| 第二節 | **企業組織：中小企業為主體，大企業為主導**

一、戰後香港企業組織的演變與發展

二次大戰前，香港的企業組織以外資的洋行和華商的行商為主體。20 世紀 50 年代，隨著香港經濟轉型，一批新興的製造業企業相繼崛起，其中，絕大部分是規模細小的中小企業廠商。[9] 當時，規模最大的製造業企業主要是一批上海紡織實業家所創辦的企業，包括南海紡織、香港紡織、南華紡織、永新企業、中國染廠、南聯實業等。其中，香港紡織可以說是當時香港紡織業中規模最大、設備最先進的紡織廠，據 1958 年 3 月的統計，當時香港紡織擁有紗錠 45,440 枚，僱用工人 1,907 人，月產棉紗 166.39 萬磅，比第二位的南洋紗廠多 58%。[10] 南海紡織在 1968 年上市時，法定資本為 5,000 萬港元，實收資本 2,400 萬港元；1970 年該公司在荃灣擁有的廠房面積達到 72 萬平方英尺，總資產達到 8,468 萬港元。1968 年上市的南聯實業，當年市值已達 7,000 萬港元。到 70 年代中，南聯實業旗下的聯營、附屬公司已達 42 家，擁有紗錠 18.2 萬枚，約佔香港紗錠總數的一成，集團總資產 5.2 億港元，員工逾 10,000 人，成為香港最大規模的紡織企業集團。

相比之下，製造業的其他行業，如成衣、塑膠、玩具、電子等，企業的規模都較小。在製衣業，後來發展成為大型企業集團的麗新製衣廠，1950 年時在深水埗基隆街僅有兩間舖位。麗新製衣於 1959 年註冊為有限公司，1964 年遷入青山道一幢自置的 3 層樓廠房，並收購台灣上市公司民興紗廠的大部分股權，該廠擁有 2 萬枚紗錠，頗具規模。另一家後來也發展成大企業集團的長江製衣廠，1951 年開辦時也僅有員工 100 多人。1961 年，長江製衣廠註冊為有限公司，公司員工已達到 6,000 人，並相繼在新加坡、法國、意大利、英國及美國開設分銷辦事處，形成海外分銷網絡。在塑膠業，1950 年李嘉誠以 5 萬港元在港島筲箕灣租下廠房創辦長

9 /
根據香港政府的定義，中小企業是指聘用少於 100 名員工的製造業公司和聘用少於 50 名員工的非製造業公司。

10 /
〈最現代化的工廠：棉紡織業〉，載香港經濟導報編輯：《香港工業手冊》，1958 年，17 頁。

江塑膠廠，該廠於 1957 年註冊為有限公司，並在西環士美菲路租入一幢 5 層樓高廠廈的 3 層樓面，安置 100 多部塑膠機進行生產。1958 年，長江工業的資產增加到 100 萬港元，並在港島北角興建一幢 12 層高的工業大廈，作為公司總部，這成為李氏投資地產業的起端。這家後來崛起為香港最重要財團的公司，在當時的規模仍然有限。

在電子業，最著名的就是柯俊文的康力集團。1973 年，柯俊文註冊成立康力電子製造有限公司，1975 年成立康力投資有限公司作為集團控股公司，兩年後開始以 "康力"、"康藝"、"Zegna" 等商標自行生產及銷售各類電子產品，包括收音機、卡式錄音機、電子錶、電視機、電話答話機、印刷綫路板等，到 80 年代初發展為香港電子業規模最大的企業集團，旗下公司達 30 多家，僱員逾 11,000 人，廠房面積達 160 多萬平方英尺，其中六成為自置物業，遍佈觀塘、新蒲崗、西貢、沙田、屯門及元朗等工業區，每年營業額超過 10 億港元。1981 年，康力投資上市，成為香港第一家電子業上市公司。不過，康力實際上只是一家 "山寨總匯" 或 "龐大的山寨廠集團"，旗下大部分企業虧損嚴重，成為曇花一現的企業。[11]

20 世紀 60 至 70 年代，伴隨著香港工業化的快速步伐，整體經濟起飛，各業繁榮，一批現代化大型企業相繼在航運、地產、酒店及影視娛樂等重要行業中崛起。在航運業，最矚目的是一批國際級航運企業集團的冒起，包括包玉剛的環球航運集團，董浩雲的金山輪船、中國航運、東方海外，趙從衍的華光航業，以及曹文錦的萬邦航運。環球航運集團創辦於 1955 年，到 70 年代，環球航運集團旗下擁有的輪船註冊公司多達 200 餘家。環球航運集團在 80 年代初全盛時期，旗下懸有集團標誌 "W" 的船隻超過 200 艘，總噸位超過 2,000 萬噸，直逼當時蘇聯全國商船總噸位數，成為世界航運業高踞首位的私營船東集團。

在地產業，70 年代初大批新興地產發展公司在香港上市，透過收購、兼併迅速發展成大型地產企業集團，其中最著名的是李嘉誠的長江實業、郭得勝的新鴻基地產、李兆基的恒基兆業、胡應湘的合和實業、陳曾熙的恒隆、鄭裕彤的新世界發展等。在酒店業，著名的有楊志雲創辦的美麗華酒店、陳富澤的柏寧集團、傅氏家族的富麗華酒店等。在影視娛樂業，迅速冒起的有邵逸夫的邵氏兄弟、鄒文懷的嘉禾集團、邱德根的亞洲電視。其中，1958 年創辦的邵氏兄弟（香港）有限公司，在 60 年代開創

11 /

紫華著：〈 "表叔" 不敵 "本地鱷" —— 看康力停牌〉，載齊以正等：《上岸及未上岸的有錢佬》，龍門文化事業有限公司，1984 年，第 226、228 頁。

了其電影業的鼎盛時期，並在 70 年代中期將經營重點轉向電視業。到 80 年代中，邵氏兄弟旗下的上市公司香港電視廣播有限公司持有電視廣播有限公司和電視企業有限公司，前者主要經營電視廣播，擁有佔地約 30 萬平方英尺的清水灣錄影廠，包括 8 個具國際水平設施的廠房；後者則持有見聞會社、華星娛樂、博益出版社、香港電視出版、香港影視製作等 12 家附屬公司，成為香港最具規模的影視娛樂企業集團。

值得指出的是，戰後至 70 年代，曾在香港經濟中佔有重要地位的洋行，經歷了深刻的變化。在轉口貿易時期，洋行的地位極其崇高，幾乎操縱了香港整個的轉口貿易。然而，隨著轉口貿易一落千丈，大批實力薄弱的洋行遭到淘汰。幸而香港工業化起步，洋行開始將業務重心從轉口貿易轉到進出口貿易上。不過，從事製造業的華商企業家也開始逐步擺脫洋行的控制，直接從海外市場購買原材料並銷售產品，洋行的地位遂迅速下降。在激烈的競爭中，許多在香港有近百年以上悠久歷史的洋行和大公司，由於不能適應形勢的轉變而被收購兼併，包括著名的仁記洋行、太平洋行、天祥洋行、惠得寶洋行、連卡佛、屈臣氏、均益倉、黃埔船塢等。在激烈的收購兼併中，數家實力雄厚的英資洋行脫穎而出，逐漸發展成為壟斷香港經濟命脈的綜合性企業集團，其中最著名的，就是號稱 “英資四大洋行” 的怡和集團、太古公司、和記黃埔，以及會德豐等。

1954 年，怡和從中國內地撤回香港後，開始積極向海外拓展，先後在新加坡、澳大利亞、美國夏威夷、菲律賓以及南非、中東等地進行大規模的投資。到 1977 年，怡和在海外的資產所佔比重已超過 60%，香港所佔比重下降到不足 40%。怡和發展成一家亞太地區的跨國公司。60 年代中期以後，香港經濟起飛，加上中國政府明確宣佈對香港 “長期打算，充分利用” 的穩定政策，怡和對香港的投資轉趨積極，投資的重點是金融及地產業。1970 年，怡和創辦商人銀行怡富有限公司；1972 年，怡和透過旗下的置地公司以換股方式收購一家有逾百年歷史的牛奶冰廠有限公司（The Dairy Farm, Ice & Cold Storage Co., Ltd.）。當時，該公司經營的業務包括奶類凍產品、冷凍業務及惠康超級市場，並在港島薄扶林擁有大片牧場。1974 年，怡和透過旗下的九龍倉公司收購天星小輪公司及香港電車公司。1975 年，怡和收購實力雄厚的建築公司金門（香港）有限公司（Gammon [Hong Kong], Ltd.），同年再以換股及現金方式收購經營汽車銷售的仁孚行（Zung Fu Co., Ltd.）。到 70 年代後期，怡和旗下擁有的附屬及聯營公司近 400 家，所經營的業務更遍及進出口貿易、批發零售、銀行、保險、金融服務、碼頭倉儲、房地產、航運、航空、旅遊、酒店及公用事業，被譽為"規模宏大，無遠弗屆"。[12]

　　與怡和一樣，二次大戰後太古也將其業務重心從上海轉移到香港。1948 年，太古收購了香港一家規模細小的航空公司——國泰航空公司（Cathay Pacific Airways Ltd.），開始了其在遠東的航空事業。1959 年，國泰航空公司收購其競爭對手香港航空公司，成為唯一一家以香港為基地的亞洲區內重要的地區性航空公司。隨著航空業的發展，太古將業務拓展到與航空業相關的一系列服務領域，包括 1950 年創辦香港飛機工程有限公司（Hong Kong Aircraft Engineering Co., Ltd.），1975 年聯同怡和、和黃、九龍倉等創辦香港空運貨站有限公司（Hong Kong Air Cargo Terminal Ltd.）等。1972 年，太古眼見地產業日漸興盛，遂創辦太古地產有限公司（Swire Properties Ltd.），並著手將太古船塢的面積達 230 萬平方英尺的龐大土地發展成高尚住宅屋苑"太古城"。太古還積極投資香港的工業，包括包裝食糖、汽水、建築材料、玻璃纖維等。70 年代中期，太古集團重組，重組後的上市旗艦太古洋行有限公司（Swire Pacific Ltd.）業務極其廣闊，包括地產、航空及酒店、實業，以及海洋開發等部門。其中，地產部以太古地產為主；航空及酒店部轄有國泰航空、港機工程、香港空運貨站等；實業部包括太古糖廠、太古汽水廠、太古國光工業、太古貿易有限公司等全資附屬機構；海洋開發部的重要聯營機構是聯合船塢、現代貨櫃碼頭公司等。

　　20 世紀 70 年代中後期，香港經濟進入新一輪繁榮周期。這時候，中國的政治、經濟形勢發生了轉變，先是為期 10 年的文化大革命結束，政局趨向穩定，中國開始推行現代化計劃；繼而鄧小平復出，中國共產黨召開十一屆三中全會，推行舉世矚目的改革開放政策。在這一時代背景下，新興的華商企業開始向面對"九七"問題信心不足的英資集團發起了挑戰。1979 年 9 月，李嘉誠旗下的長江實業與滙豐銀行達成協議，收購四大英資洋行之一的和記黃埔 22.4% 股權。和記黃埔的前身是有百年歷史的和記洋行，20 世紀 60 年代，和記洋行急速膨脹，成為香港股市上光芒四射的明星公司，它先後收購了屈臣氏、德惠寶洋行、泰和洋行、黃埔船塢等多家歷史悠久的洋行，最鼎盛時期旗下擁有的附屬及聯營公司多達 360 多家。但由於擴張過快，和記在 1973 年的中東石油危機中陷入困境，被

12 /
韋怡仁著：〈老牌英資財團怡和何去何從？〉，載香港《信報財經月刊》，第 6 卷第 10 期，第 16 頁。

滙豐銀行接管並於 1978 年重組為和記黃埔有限公司（Hutchison Whampoa Ltd.）。

李嘉誠收購和記黃埔後，旗下公司業務從地產擴展到貿易、批發零售商業、商務、貨櫃運輸、船塢、貨倉和交通運輸、石礦業、建築業以及投資業務，成為香港業務最龐大、最廣泛的企業集團之一。1985 年 1 月，李嘉誠再透過和黃收購香港電燈集團，隨後重組港燈集團。重組後，港燈原有的非電力業務包括地產、酒店、零售貿易、財務投資，以至天然氣工業等由新成立的嘉宏國際有限公司持有。該公司於 1987 年 6 月上市，並持有重組後的香港電燈集團，後者成為一家單純的電力生產及供應公司。1986 年，香港《信報》首次刊登香港上市公司十大財團排名榜，李嘉誠以持有長江實業、和記黃埔、香港電燈和青洲英泥四家上市公司，總市值 353.9 億港元，榮登香港首席富豪寶座，其勢力已超越怡和、太古等經營逾百年的老牌英資集團。

1980 年 6 月，幾乎就在李嘉誠收購和記黃埔的同時，號稱"世界船王"的包玉剛亦成功收購怡和旗下的上市公司九龍倉。1985 年 3 月，包玉剛再透過九龍倉全面收購英資四大洋行之一的會德豐。其後通過集團結構重組，建立了一個以隆豐國際（1993 年包玉剛繼任人吳光正將其易名為"會德豐"，以重塑公司大行形象）為控股公司，包括九龍倉、置業信託、聯邦地產、夏利文發展、連卡佛、聯合企業、海港企業及寶福等 9 家上市公司的龐大綜合性企業集團，旗下經營業務遍及地產發展及投資、酒店、碼頭倉儲、公共交通、零售百貨、貿易及製造業等多個領域。[13] 李嘉誠的長江實業、和記黃埔系，包玉剛的會德豐、九龍倉系，與英資的怡和集團、太古集團等，一起成為香港經濟中的主導力量。

二、香港經濟的主體：中小型企業

香港的企業，絕大部分屬於私人企業（Private Enterprise）。由個人、家庭或家族所擁有，但也有一些由政府擁有的"公營企業"（Public Enterprise）。香港企業的組織形式，包括不具法人資格的經營團體和具法人資格的經營團體兩大類，前者主要有個人企業和合夥企業兩種形式；後者包括私人公司和公眾公司兩大類。

（1）個人企業（又稱獨資經營，sole or individual proprietorship）指個

13 /

馮邦彥著：《香港華資財團（1841-1997）》，三聯書店（香港）有限公司，1997 年，第 311、314 頁。

人單獨出資經營而不具備法人資格的企業。個人企業的資產不足以償付營業債項時，出資者須以本身其他資產補上。個人企業與註冊公司的不同，主要表現在：個人企業不是法人，無法獨立承擔責任而由企業主個人負無限責任。個人企業的設立相對容易，出資者只需到稅務局商業登記處申請商業登記表格，連同登記費一併交回，稅務局便可在數日內發出商業登記證。個人企業深受企業主個人資產、能力、信用等限制，規模不可能很大。此外，個人企業可隨時轉讓。個人企業的優點是贏利和虧蝕都由東主個人負責，生意不進則退，所以進取性較強，但往往有"人亡政息"的危機，缺乏延續性。香港企業中，佔絕大比重的都是這類企業，規模較小。

（2）合夥企業：合夥（partnership）指以營利為目的，依據各合夥人之間的合約建立起來的商業組織。在香港，合夥分無限責任合夥和有限責任合夥。前者由《合夥條例》（香港法例第 38 章）調整，後者由《有限責任合夥條例》（香港法例第 37 章）調整。依據合夥業務的不同，合夥又分為專業合夥和非專業合夥。在香港，除了會計師行、律師行、測量師行等專業合夥人以外，法律規定合夥人的人數一般不可以超過 20 人。合夥企業儘管比獨資企業有更多的資金和管理人力，但一般仍屬小規模經營的企業形態，而且財務責任也非有限責任，人事風險較高。這類企業在香港並不太多。合夥企業與個人企業一樣，都是不具法人資格的經營團體。

（3）私人公司（Private Company），又稱封閉式公司、不公開公司、少數人公司或不上市公司。根據香港《公司條例》規定，私人公司的公司章程細則必須有以下限制：限制將其股份轉讓的權利；香港公司成員人數不超過 50 人；禁止邀請公眾人士認購該公司任何股份或債權證（債券）。故私人公司也稱為私人有限公司（Private Limited Company）。私人公司通常規模稍大，實行有限責任制，公司可以自己的名義擁有資產，參與法律訴訟，並在營運中取得盈利或虧蝕，但公司的損失並不影響到股東的私人資產。私人公司通常由股東選舉的董事組成董事局負責管理。不過，這類公司大部分都有集資的限制，資金必須來自股東，公司如果要利用股票市場集資，它必須先申請成為一家公眾公司，才可在股市掛牌上市。

（4）公眾公司（Public Company），又稱開放式公司、公開公司、多數人公司或上市公司。公眾公司的主要特點是股東成員眾多，可以向社會公眾招股，股份可以自由轉讓，並在香港掛牌上市。公眾公司一般規模較大，股東（成員）人數眾多，所以香港《公司條例》對公眾公司作出了較為嚴格的要求，包括公開業務經營狀況；向投資者和公眾公開資產負債表及損益表等。香港公眾公司不等同於上市公司（Listed Company）。公眾公司在符合一定條件下，可以申請其股票在香港聯合交易所上市交易。而香港上市公司是其股票已經在聯合交易所掛牌交易的公司。上市公司必然是公眾公司，而公眾公司則不一定就是上市公司。香港公眾公司因為不受私人公司必須具備的 3 個條件的限制，在募集資本、擴大經營規模以及股東通過股份的轉讓隨時轉移風險等方面，具有私人公司所不具有的優點。但香港公眾公司的公開制度容易暴露公司的經營秘密，股東人數眾多會導致公司缺乏凝聚力，等等。

（5）上市公司（Listed Company），也稱為公眾有限公司（Public Limited Company）。根據香港的有關法例，申請上市的公司必須為公眾公司；該公司上市時其市值不少於 5,000 萬港元；公眾持有該公司的股份一般不能少於公司已發行股本的 25%。上市公司是香港企業組織中大型或較大型的企業或企業集團，它們可以透過股票市場發行股票或債券，向公眾人士集資。由於上市公司的股權和業務涉及公眾利益，他們的重要業務和交易、財務報告等，都必須向公眾公佈。

根據香港特區政府公司註冊處的統計，截至 2013 年 10 月底，香港的註冊公司總數已達到 114.29 萬家，其中私人公司達 113.1 萬家，佔 98.96%；公眾公司為 11,946 家，佔 1.05%。而 11,946 家公眾公司中，在香港掛牌上市的上市公司有 1,602 家，佔公眾公司總數的 13.41%。換言之，香港公司、企業總數中佔絕大比重的是規模細小的中小型企業，[14] 它們構成了香港經濟的主流。中小型企業在製造業、進出口貿易業、批發零售業、酒樓酒店業，以及社會社區及個人服務業等香港經濟的一些重要行業中所佔比重尤為明顯。

製造業——這個一度主導香港經濟的行業，中小型企業一直佔有最大比重。20 世紀 50 年代製造業發展初期，由於紡織業規模經濟的緣故，大中型工廠所佔比重還是比較高的。據統計，1950 年香港製造業平均每間工廠的僱用人數是 55 人。不過，自 70 年代以後，隨著工業的多元化，工廠的日趨自動化，以及 80 年代中期以後勞動密集型工序和產業大規模內遷，香港製造業企業的平均僱用人數一直呈下降趨勢。1970 年，香港每間工廠平均僱用 33 人，1980 年降至 20 人，1990 年進一步降至 15 人，1995 年僅為 12 人。數據顯示香港製造業工廠規模日趨小型化（表 5-5）。

14 /
根據香港政府的定義，中小企業是指聘用少於 100 名員工的製造業公司和聘用少於 50 名員工的非製造業公司。

　　從工廠企業的規模看，1975 年香港 31,034 家工廠企業中，僱用人數少於 20 人的小型廠有 24,893 家，佔工廠企業總數的 80.2%。到 1995 年，香港 31,114 家工廠中，小型廠進一步增加到 27,530 家，所佔比重增加到 88.5%。同期，僱用人數在 200-499 人的大中型廠從 356 家減少到 140 家，所佔比重從 1.1% 減至 0.4%，而僱用人數在 500 人以上的大型廠亦從 128 家減少到 52 家，所佔比重從 0.4% 減至 0.1%。1997 年，香港工廠企業中，有 78.7% 僱用少於 10 人，逾 96% 僱用少於 50 人，而僱用超過 1,000 人的僅 12 家（表 5-6）。

表 5-5　　**20 世紀 50-90 年代香港製造業工廠數目及僱員數目**

年份	工廠數目	僱員人數	每間工廠平均僱員人數
1950	1,478	81,718	55
1955	2,437	110,574	45
1960	5,346	218,405	41
1965	8,646	341,049	39
1970	16,507	549,178	33
1975	31,034	678,857	22
1980	45,409	892,140	20
1985	48,045	848,900	18
1990	49,087	730,217	15
1995	31,114	386,106	12

資料來源 /
（1）1950-1970 年數字取自政府勞工處《就業人數統計》；
（2）1975 年以來數字取自政府統計處：《就業、職位空缺及薪金總額統計報告》。

表 5-6　　**1997 年 9 月香港廠商僱員數目**

僱員人數	公司數目	佔公司總數百分比（%）
1-9	20,787	78.7
10-19	2,851	10.8
20-49	1,760	6.6
50-99	588	2.2
100-199	253	1.0
200-499	110	0.4
500-999	36	0.1
1,000 以上	12	0.0

資料來源 /
《香港統計月刊》，1998 年 3 月。

香港進出口貿易業也出現同樣情況。據統計，截至 1996 年底，香港的進出口貿易公司中，有 89.6% 僱用少於 10 名員工，僱用少於 50 名員工的公司更高達 99%，只有 4 家公司在香港僱用超過 500 人，更沒有一家公司僱用超過 1,000 名員工（表 5-7）。

表 5-7　　1996 年 12 月香港進出口貿易公司僱員數目

資料來源 /
香港貿易發展局研究部：
《香港製造業現況與前景》，1998 年 9 月。

僱員人數	公司數目	佔公司總數百分比（%）
1-9	93,156	89.6
10-19	6,696	6.4
20-49	3,051	2.9
50-99	786	0.8
100-199	210	0.2
200-499	59	0.1
500-999	4	0.0
1,000 以上	0	0.0

香港經濟的各主要行業，尤其是製造業，之所以以中小型企業為主流，原因主要是：

第一，香港政府實行 "積極不干預" 政策和自由企業制度。

長期以來，香港政府一直奉行亞當·斯密的自由經濟哲學，實行 "自由放任" 的經濟政策，對私營企業和市場極少干預。在香港的自由企業制度下，任何個人都可以通過極為簡便的手續設立獨資、合夥、有限公司等各種形式的企業。香港的法律規定，私人開設企業，只需繳納少量數額的註冊費，向行政當局辦理註冊登記即可開業。簡便的手續和低廉的開辦費用鼓勵了私人企業的創辦，因此許多掌握一技之長的熟練工人，以及在市場上找到商機的僱員即可在親友的幫助下或利用香港便利的信貸條件創辦小本經營的企業。大量企業在競爭中誕生，同時也有大量企業在競爭中被淘汰，其中真正能發展成大中型企業的只是極少數。

第二，香港製造業以出口為主導，且多屬勞動密集型加工裝配性質。

由於香港經濟長期以轉口貿易為主，缺乏工業基礎，加上受到自然資源、市場規模以及消費偏好等各種因素的制約，香港製造業基本上是以原料設備和市場兩頭在外的加工貿易型輕紡工業，其中以製衣、電子、紡織、鐘錶、塑膠等行業為主，這些行業的產品多年來一直佔香港產品出口的八成以上。這些勞動密集型加工裝配工業的特點是：市場需求變化快、產品差異性大、生產周期短、定制批量小且不穩定，大批量、大規模地生產明顯難以適應其要求。這就為大批中小型工廠企業提供了廣闊的生存空間。不少來自海外的小量訂單，大廠不願意承接，但小廠卻因規模細小，運作成本低下，可以承接這些小量訂單。小型工廠雖然規模小，但它們的生產經營具有高度的靈活性，面對國際市場的急速轉變，可以發揮"船小掉頭快"的優勢，從而在激烈的市場競爭中保持一席之地。

香港的中小工廠企業往往具有適應性強、靈活性大、經營獨立自主等特點，所受的掣肘亦比大公司小得多，可以根據國際市場潮流的變化迅速轉換產品，因而在國際市場上享有"知風鳥"的盛譽。例如，60 年代初，西方社會流行假髮，香港的小型工廠就利用中國內地充裕的髮源製造假髮出口，不到兩年時間，假髮工廠就發展到 200 多家。後來，國際上假髮潮流衰落，香港的假髮廠立即利用原有的設備轉而加工魚翅，或改營其他行業。80 年代初，香港的電子業受西方經濟危機影響，先後有 130 家工廠停業。然而隔一年後，西方經濟復蘇，香港電子廠家看準國際市場上電話機興起的潮流，利用原有的生產設備承接大量電話機訂單，每年銷售量高達 1,000 萬台，遂使電子業迅速復興。

第三，香港製造業實行的承判分包制的工貿合作模式。

香港的中小企業儘管有靈活適應市場需求變化、成本低、管理易等種種優點，但規模細小、財力有限，實難以在國際市場上與歐美及日本的大型企業抗衡。香港的製造業之所以能在國際市場中保持較強的競爭力，其中一個關鍵是在業內建立起一套所謂"承判分包制"（Subcontracting）的工貿合作方式。所謂承判分包制度，根據日本學者渡邊氏的界定："承判分包一般包括以下特點：分判者（母廠、企業或公司）要求另一獨立企業（即承包者或在印度稱為'輔助工業'）製造它自己所接到的全部或部分訂單的產品，而不是自行滿足訂單的要求，然而分判者自己對顧客承擔了有關訂單的全部責任。承包關係和純粹購買現成零部件的關係有別，因為承包者與分判者之間存在一個有關訂購貨品詳細規格的實質合同。"[15]

香港大學教授薛鳳旋 1987 年對香港中小工廠的一項調查發現，香港的中小型廠與本地大型廠及進出口貿易公司之間存在著複雜的物料購買、供應關係，以及普遍的承判分包關係（圖 5-1）。該項調查顯示，本地進出

15/
薛鳳旋：《香港工業——政策、企業特點及前景》，香港大學出版社，1989 年，第 105 頁。

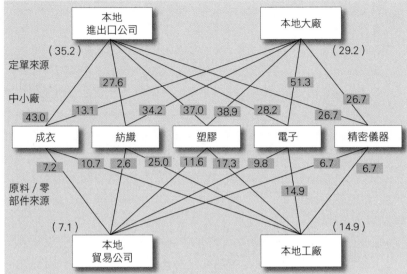

註 /
圖中數字乃各工業行業
中小廠從兩個來源接受
訂單或購入的百分比；
括號內數字乃中小工業
調查總數的百分比。

資料來源 /
薛鳳旋著：《香港工
業——政策、企業特點
及前景》，香港大學出版
社，1989 年。

圖 5-1　　香港進出口公司、大廠與中小工廠的買賣關係

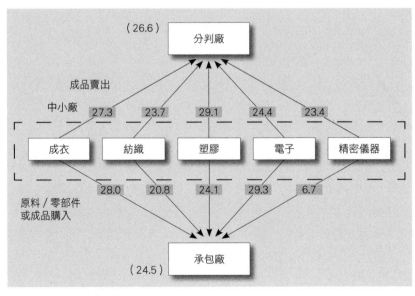

註 /
圖中數字乃各中小工廠
向有關來源的賣出或購
入的百分比；括號內數
字乃中小工業調查總數
的百分比。

資料來源 /
薛鳳旋著：《香港工
業——政策、企業特點
及前景》，香港大學出版
社，1989 年。

圖 5-2　　香港製造業中中小工廠存在的承包關係

口公司和大中型工廠與中小型工廠之間存在廣泛的承包關係。其中，調查樣本中 29.2% 的中小工廠是以本地大廠為唯一訂單來源，而樣本中 14.9% 的小廠則以本地工廠為唯一原料／零部供應來源（圖 5-1）。調查還顯示，在調查樣本中，有 26.6% 的小工廠依靠分判廠來承包合同，有 24.5% 的中小工廠向其他本地工廠分判合同（圖 5-2）。調查還顯示，規模較小的工廠參與承包的程度較高，它們除依靠承包訂單外，本身也在一定程度上依賴其他工廠的物料或工序上的支持。[16]

這種承判分包制度對香港的進出口貿易公司、大型企業和中小型企業各方都有好處。對進出口貿易公司來說，通過這種承包關係可省卻組織生產所需的管理環節，從而專心拓展國際市場，大廠還可藉此應付貿易周期的變化。對於中小企業，可大大減低開拓國際市場、尋找客戶和訂單的困難，減省經營成本。在承判分包制中，貿易公司和大企業獲得了佣金收入，而中小型工廠則得到了加工裝配費。

香港製造業內部的這種承判分包關係，使香港經濟突破了"馬歇爾衝突"，走出一條企業規模細小卻同時能發揮規模經濟效益的發展道路。根據馬歇爾（Arfred Marshall）在其代表作《經濟學原理》的分析，企業追求規模經濟的結果很容易導致壟斷的發生。然而，香港企業以中小型為主流，卻透過承包關係形成規模經濟，從而突破了所謂的"馬歇爾衝突"。香港經濟以中小型企業為主的特點，延緩了生產集中和壟斷的趨勢。

三、香港經濟的主導力量——大企業／企業集團

香港的大企業，無論從製造業內部還是從整個香港經濟來看，數量都不多，尤其他們佔企業總數的比重很低。不過，這些大企業和大型企業集團卻在香港經濟中佔有極重要的地位，它們是香港經濟的中流砥柱，發揮著主導作用。

經過逾百年尤其是戰後數十年的發展，香港部分大企業已發展到世界級的規模，據英國《金融時報》1997 年全球 500 家大公司排名，香港上榜公司達 11 家，分別是第 14 位的滙豐控股、第 68 位的和記黃埔、第 110 位的新鴻基地產、第 119 位的香港電訊、第 131 位的長江實業、第 145 位的恒生銀行、第 257 位的恒基地產、第 276 位的中電控股、第 329 位的太古公司、第 348 位的新世界發展和第 478 位的九龍倉集團。1998 年，受

16／
薛鳳旋：《香港工業——政策、企業特點及前景》，香港大學出版社，1989 年，第 107-109 頁。

亞洲金融風暴衝擊的影響，香港在英國《金融時報》全球 500 家大公司排名的數目有所下降，但仍有 7 家躋身榜上（沒有包括滙豐控股），而同期新加坡從 4 家減至 1 家，台灣從 8 家減至 2 家（表 5-8）。在亞太區（除日本外）100 家大公司排名中，香港則名列前茅，其中滙豐控股、香港電訊、和記黃埔以及中國電信（香港）均躋身前 10 名（表 5-9）。

從目前看，香港大企業主要分佈在金融業、房地產業、進出口貿易業，以及公用事業等領域。在金融業，大企業主要集中在英資銀行、美資銀行、日資銀行等國際跨國銀行，其中以英資的滙豐銀行和渣打銀行最為典型。滙豐銀行和渣打銀行是香港銀行中歷史最悠久的銀行，長期以來一直操縱著香港的金融業。滙豐銀行曾長期擔任香港準中央銀行的角色，享有政府所賦予的各種特權。滙豐銀行自 1992 年收購英國四大結算銀行之一米特蘭銀行之後，即躍升全球 10 大銀行集團之列，其國際經營網絡橫跨全球 68 個國家，辦事處數目高達 3,000 多間。1997 年，滙豐控股在《金融時報》全球 500 大公司排名中高踞第 14 位，1998 年跌至 59 位，但市值仍高達 484.31 億美元。它不但是香港最大的金融集團，而且在全球金融業佔有重要地位。除英資銀行外，在香港開設的美資銀行、日資銀行也大多是實力強大的國際性銀行，不少躋身世界首 100 大銀行集團之列。此外，重組後的香港中銀集團在香港金融業中也佔有重要地位。

在房地產業，由於經營的高度集中性，大企業基本上控制了市場的主要份額。20 世紀 90 年代末期，香港主要的地產集團包括：新鴻基地產、長江實業、恒基地產、新世界發展、九龍倉、恒隆 / 淘大置業、尖沙咀置業 / 信和置業、希慎興業、嘉里置業，以及太古旗下的太古地產、遷冊海外的置地、尚未上市的華懋、南豐等集團。與金融業不同的是，香港房地產業中，華資財團已取代英資佔據統治地位。其中，新鴻基地產、長江實業、恒基地產是香港地產業的三大巨頭。長江實業、新鴻基地產都躋身 1998 年《金融時報》全球 500 大公司排名。不過，由於受到香港地產市場大幅下挫的影響，排名分別從 1997 年的 131 位及 110 位跌至 353 位及 448 位，市值也分別下降至 106.48 億美元和 84.73 億美元。

在進出口貿易方面，大企業的地位也比較顯著。長期以來，香港一直作為遠東區的貿易轉口港和亞太區的國際性貿易中心，對外貿易在整體經濟中處於極重要地位，從中也萌芽、孕育了一批大企業，諸如從早期英資洋行發展起來的怡和、太古、和記黃埔、會德豐等大型企業集團。其中，

表 5-8　　1998 年英國《金融時報》全球 500 大公司排名（以市值計）

名次	1997 年排名	公司	國家 / 地區（主業務）	市值（億美元，截至 1998 年 9 月 30 日）
1	3	微軟	美國（IT 軟件）	2,718.54
2	1	通用電氣	美國（電力）	2,588.71
3	4	埃索	美國（石油）	1,722.12
4	2	蜆殼	荷蘭（石油）	1,641.56
5	8	Merck	美國（藥品）	1,547.52
6	22	Pfizer	美國（藥品）	1,480.74
7	6	英特爾	美國（晶片）	1,440.60
8	5	可口可樂	美國（汽水）	1,421.64
9	18	Wal-Mart	美國（零售）	1,230.62
10	11	IBM	美國（電腦）	1,211.83
59	14	滙豐控股	英國（銀行）	484.31
151	119	香港電訊	香港（電訊）	235.20
179	68	和記黃埔	香港（綜合）	204.09
198	—	中國電信（香港）	香港（電訊）	185.51
307	145	恒生銀行	香港（銀行）	120.91
309	276	中電控股	香港（電力）	119.48
352	131	長江實業	香港（地產）	106.46
448	110	新鴻基地產	香港（地產）	84.73

表 5-9　　1998 年英國《金融時報》亞太區（除日本外）10 大公司排名

名次	1998 年排名	公司	國家 / 地區	市值（億美元）
1	—	Telstra Corp	澳大利亞	358.45
2	1	滙豐控股	香港	332.13
3	5	新加坡電訊	新加坡	249.56
4	4	香港電訊	香港	235.20
5	2	和記黃埔	香港	204.09
6	—	中國電訊（香港）	香港	185.50
7	9	National Australia Bank	澳大利亞	179.70
8	8	Broken Hill Proprietary	澳大利亞	146.76
9	—	Amp	澳大利亞	129.51
10	10	新聞集團	澳大利亞	129.16

怡和遷冊海外，太古留港發展，而和記黃埔和會德豐則在 20 世紀 80 年代初中期先後被華資的李嘉誠、包玉剛等收購。1998 年，和記黃埔在《金融時報》全球 500 大公司中排名第 179 位，市值達 204.09 億美元，其經營網絡已遍及世界各大洲。此外，華商的利豐公司等，也是進出口貿易中有名的大型企業。1999 年，利豐借收購兼併擴大其國際銷售網絡，股價急升 15%，馮國經兄弟因而晉升香港第 16 大上市財閥。

香港公用事業中的大企業所佔比重較高，這也是規模經濟的要求，如電訊業的香港電訊、電力供應的中華電力等公司，長期以來躋身香港 10 大上市公司之列，名列《金融時報》全球 500 大公司排名。航空業的國泰航空公司，曾一度是全球 10 大航空公司之一，其航綫遍及全球 27 個國家的 43 個城市。

香港大企業在組織形式上多以控股公司（holding company）或公司集團（group companies）的形式存在，由控股公司控制一系列的聯營公司或附屬企業，形成一個財團。因此，這些大企業往往不是單一性的金融型、貿易型或生產型的企業，它們都具有跨行業經營的特點，是綜合性企業集團，在香港通常被稱為"大行"。香港典型的綜合性企業集團或者"大行"主要有英資的怡和集團、太古集團、嘉道理集團等，華資的長江實業集團、新鴻基地產集團、恒基地產集團、會德豐集團、新世界地產集團等，其中不少企業集團已晉身世界級範疇，最典型的就是李嘉誠的長江實業集團。李氏家族透過持有 35% 的上市公司長江實業，分別持有和記黃埔、長江基建、香港電燈等多家上市公司，形成香港規模最龐大的企業集團，1999 年底該集團控制的市值高達 7,493.29 億港元，佔香港股市總值的 15.51%，其業務更遍及香港、中國內地及全球各主要區域。（圖 5-3）當時就有評論指：李嘉誠的"一舉一動，一如巨人行路，地動山搖！"[17]

大企業和大型企業集團在香港企業總數中所佔的比重儘管很低，然而它們在香港經濟中卻發揮著極其重要的作用。主要表現在：

第一，大企業實力雄厚，是香港經濟的穩定力量。香港經濟規模不大，且與國際市場密切相聯，極易受到外部不穩定因素的衝擊。例如在 1997 年亞洲金融風暴中，如果沒有大企業作為香港經濟的中流砥柱和抗擊力量，香港經濟所遭受的打擊勢將更加沉重。

第二，香港的大企業往往與中小企業有機結合起來，形成獨特的產銷體系，使香港的產業在保持競爭力的同時達到規模經濟，從而能發揮其獨

17 /
參閱〈一舉一動影響香港經濟〉，香港《信報》，2000 年 1 月 3 日。

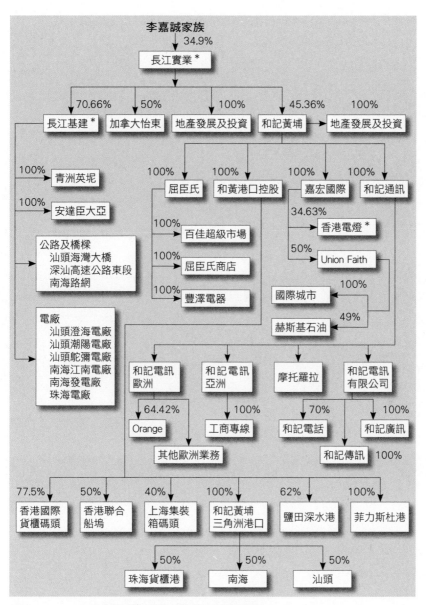

圖 5-3　　1996 年李嘉誠旗下長江實業的股權結構圖

註 /
＊ 為香港上市公司。

資料來源 /
1996 年長江實業（集團）
有限公司年報、1996 年
和記黃埔有限公司年報。

特的優勢，在國際市場中保持競爭力。

第三，大企業的存在和發展，形成了香港經濟獨特的市場結構。在金融業、房地產業以及公用事業，由於規模經濟的要求和作用，大企業所佔比重較高，這就使香港經濟的這些重要行業形成了規模經濟效益較高、壟斷性較強的特點。

| 第三節 | **香港企業的經營管理模式及其變革**

一、香港企業的經營管理特色：“企業家族化”

　　本節所分析的香港企業，主要指作為香港企業主體的華商企業。香港華商企業，無論是在數量上佔大比重的中小企業，還是已在股票市場掛牌上市的上市公司，甚至是已衝出香港的跨國企業集團，與西方企業相比，在經營管理上至今仍保持著自己的鮮明特色。概括而言，香港企業這套管理模式的基本特點，就是對企業實行家族化管理，即所謂的“企業家族化”。

　　英美等西方國家所強調的企業精神，是所有權與經營權分離，即一家公司的大股東未必直接參與該公司的經營決策及日常管理，公司一般要由職業管理人員管理，員工重視企業整體管理制度，以企業利益為重。然而，在中國傳統文化仍然根深蒂固的香港企業中，它們雖然已不斷吸收西方的管理模式，但大股東對企業的控制權和管理權仍然非常“執著”，並不願意只持有控制性股權，而將企業或公司董事會的控制權交予其他人士，他們十分看重對企業或公司董事會的決策權和管理權。

　　就香港的中小型企業來看，情況更是如此，正如香港貿易發展局研究部 1998 年發表的一份研究報告所指出：“在港製造業公司十之八九由東主管理”，“公司東主自行管理業務是香港製造業的傳統，沿襲至今。根據政府近期對香港廠商進行的調查，獨資商號佔了其中的 56%。若按行業細分，除電子業外，所有主要行業的絕大部分公司都是獨資經營的。目前業內情況與 50 年代並無分別，大多數公司都由東主掌握管理大權。”[18] 20世紀 70 年代以後，不少華人企業迅速發展壯大，雖然相當部分華商願意將其成功經營的公司上市，把部分股權出讓予大眾人士持有，但是這些華商家族仍會確保本身對公司的最大股權，以及對公司董事局的控制權。

18／
香港貿易發展局研究部：《香港製造業現況與前景》，1998 年，第19-20 頁。

在香港企業中，家族不但是其創造者、所有者，而且是其經營者、管理者，家族及其利益往往就是企業的靈魂及目標，即使在那些在證券交易所上市的公眾有限公司中，建立家族的資本積聚和控制也往往是首要的目標，權力的方式也往往被用來為這個目標服務。正因為如此，創業家長或家族大家長往往處於主宰地位，實行 "家長萬能" 式的集權管治，並以他為核心根據家族親緣關係的親疏遠近組成管理體系。一般而言，創業家長以外是一個由日後繼承企業的近親所組成的決策層，就企業的戰略策略向創業家長提供意見，遠親和朋友們組成的領導層則負責企業的日常運作，再往外推就是技術人員和一般僱員，形成社會學家費孝通所形容的 "差序格局"。

70 年代後期時任香港中文大學嶺南工商管理研究所副主任的約翰·艾士比博士曾對華人企業的管理方式作過深入研究。他認為，香港華人企業一般都是 "最高階層是一名長者，第二階層則為他的二至五名兒子，再下來是三至五名和該家族有深厚淵源的心腹員工，而基層的則為二十名左右的普通員工。" [19] 誠然，約翰·艾士比所指的，主要是香港中小型華人企業的結構。

這種組織結構在香港華人家族企業中可謂比比皆是。早期郭樂、郭泉、郭葵、郭順兄弟就分握香港、上海、澳大利亞各地的永安聯號，而公司各部部長和主任則分別由郭氏的親友、合夥人出任，形成家族式的統治。50 年代上海紡織企業家在香港創辦的公司中，其最高領導層幾乎清一色是上海人。據長江製衣有限公司創辦人陳瑞球的透露，到 80 年代初，管理長江製衣廠的陳氏家族成員，除了陳瑞球及其胞弟陳蔭川外，兩兄弟的 11 位子女均在公司工作，分別管理設計、業務、生產和財務等。[20] 誠然，較大型的華人企業已吸納職業經理和專業人士等進入領導層，但正如英國《經濟學人》的評論所指出："許多最大的華人商行，像香港的李嘉誠帝國和泰國的差倫·波克凡（Charoen Pekphand），它們成功地吸收結合了職業經理，但從不以削弱家族控制為代價。" [21]

家族統治的另一個重要體現就是子承父業，作為創業家長的繼承人，年輕一代的家族成員很早便被引進家族企業出任要角，培訓掌握企業的能力，而年輕的家族成員亦往往懷著驚人的責任感去履行這一職責。當創業家長一旦逝世，已經在美國成為物理學家或醫生的繼承人，就要被召喚回家去接管家族的企業或生意，這種事例可以說比比皆是。1983 年，永安

19 /
伍少庭著：〈香港華洋公司管理上的特色〉，載香港《信報財經月刊》1978 年 11 月號，第 24 頁。

20 /
黃惠德著：〈香港製衣業總商會會長陳瑞球訪問記〉，載香港《信報財經月刊》第 3 卷第 10 期，第 43 頁。

21 /
參閱〈海外華人——一往無前的力量〉，載英國《經濟學人》，1992 年 7 月 18 日。

郭氏家族第二代掌舵人逝世，已經成為美國哈佛大學物理學博士的第三代
郭志權，立即放棄長期從事的物理學專業，返抵香港出任永安集團主席。
1987 年，包玉剛被檢查出患癌症後，其四女婿、美國有名的癌病專家鄭
維健即奉召歸隊，主理家族投資業務。時至今日仍然沒有跡象顯示，華人
創業家族也會步某些西方創業家族的後塵，按照現已屢見不鮮的那種模
式，把業務交給職業經理或信託投資機構，自己則成為"剪息票食利者"。

　　香港家族企業在處理內部關係方面，強調團結、和諧和忍讓。在創業
家長的主持下，加上受到中國兩千多年來儒家忠孝思想的薰陶，家族及企
業內部儘管存在種種矛盾和緊張關係，但一般而言仍比較和諧，尤其在一
致對外方面具有高度的團結性。在對外關係方面，家族企業的工商活動不
像西方的企業那樣主要建立在法律和契約之上，而是側重以儒家的信義思
想為基礎，依靠相互間的信任。它們以信義為經營信條，通過由有親緣、
宗族、同鄉關係的，以感情紐帶為基礎結成的社會關係網與外界聯繫。而
眾多的社會關係網會交織成一大幅覆蓋全球的網絡，美國著名的未來學家
約翰·奈思比（John Naisbitt）稱之為"全球華人網絡"。他以電腦的國
際網（Internet）作比喻，電腦國際網絡由 25,000 個網絡串連而成，全球
華人網絡也是由成千上萬的網絡組成。奈思比認為，這張網絡是一張隱形
的、複雜微妙的，同時亦是分散而涵蓋亞洲的，特別注重家族觀念與教育
的網絡，正漸次向全球伸展。[22] 香港華人企業的對外商業聯繫正是依靠這
些網絡展開的。20 世紀 90 年代中期，日本八佰伴集團總裁和田一夫在總
結他與華商做生意的經驗時曾說："不少人以為華人社會只是利害關係的
結合，其實並非如此。海外華人由於各種各樣的原因，遠赴異國，無鄉可
回，無國可歸，除了和長年苦樂與共，能夠彼此真誠相待者外，養成不太
與人合作共事的習慣。但如果一旦碰上值得信賴的人，仍會竭誠合作。這
是從現實生活之中，得來的寶貴經驗和人生智慧。"

　　香港企業這種獨特的經營管理哲學及其模式，從歷史文化淵源考察，
明顯來自中國傳統的文化及儒家思想。香港大學商學教授高偉定（Gorden
Redding）在撰寫《華人資本主義的精神》（*The Spirite of Chinese Capitalism*）
一書時，曾對亞洲 72 位華僑創業家作過深入訪問，探討他們對家庭及商
業二者之間的關係。高偉定發現，華人創業家有兩個基本的意識，一是在
管理上希望實行儒家的精神，如家長式管理、家庭式的關係及對等級的尊
重；二是因為他們在歷史上曾生活在封建專制社會中，他們需要採取另一

22 /
約翰·奈思比著、林蔭
庭譯：《亞洲大趨勢》，
天下文化出版股份有限
公司，1996 年，第 9
頁、第 4 頁。

種經營方式以營造一種心態來安定他們的"不安全感"。高偉定認為,華商產生的"不安全感"的主要原因是:儒家思想貶低商業的貢獻;傳統政治管理層有無上權力,可從正式或貪污途徑分享商人財富;以及缺乏商業制度,如銀行及保險公司,和便利商業交易、保障產業取益的法律等。這些對商人不利的情況衍生了"不安全感"。因此,華商往往要全權控制自己的企業,在他們的企業王國內,只有家族成員才可獲得信任及參與權;在商業交易中,他們依賴個人而非契約關係。高偉定的研究無疑頗有道理,然而他忽略了重要一點,就是創業企業家從中國文化傳統所衍生的獨特價值觀,包括驚人的敬業精神、對創業的滿足感以及堅韌的鬥志和應變能力。這些價值觀不僅是形成華人企業管理模式的重要因素,而且已被不少探索香港經濟成功奧秘的學者,視為香港經濟起飛的重要原因之一。

二、香港企業經營管理模式的利弊分析

實踐證明,香港企業的這種獨特的經營管理模式有其旺盛的生命力,其主要優點在於:決策迅速及對市場反應靈敏,有利於在風雲變幻的市場中及時把握商機,賺取厚利。有評論曾指出:這種管理模式的"管理費用低,員工彼此容易溝通,管理也富於彈性,容易應付市場上的突發事件"。[23] 香港貿易發展局研究部的研究報告也指出:"在港絕大部分實業公司都是由一人領導,好處是方針明確、號令必行,而且公司比較容易因應市場環境的變化調整業務重心。從有利的一面來看,……正是香港贏得市場觸覺敏銳、善於革新這一美譽的一項重要因素。"[24] 在香港華人企業中,創業家長或家族大家長集權力關係於一身,可憑藉其高瞻遠矚的眼光及長年積累的經驗,對迅速轉變中的市場及時作出反應,制定決策,調整經營方針,並憑藉其在商業社會深厚的人際關係迅速推動業務進展,取得理想業績。這一點,西方式的企業顯然遠遠不及。

在具魄力和魅力的創業家長或家族大家長的統率下,企業在縱向的合作方面往往具有極強的向心力,分佈企業各要職的家族成員對企業產生一種強烈的認同感和忠誠感,工作異常投入。為了推動企業發展壯大,家族成員彼此齊心協力,甚至不惜暫時犧牲個人利益,企業因而能煥發強大的活力。即使企業經營方針有所轉變,他們也不會作出強烈抗拒,這無疑使華人家族企業較易適應市場需要的轉變,亦是非家族企業所遠遠不及的。

23 /
伍少庭著:〈香港華洋公司管理上的特色〉,載香港《信報財經月刊》,1978年11月號,第24頁。

24 /
香港貿易發展局研究部:《香港製造業現況與前景》,1998年,第19頁。

企業在橫向合作方面，強調依靠個人關係及信用，依靠親緣、宗族、同鄉所組成的社會關係網絡，而非法律及契約，這種安排無疑有利於減低 "交易費用"（Transaction Cost），並增加對適應環境的彈性。

　　香港企業這種管理模式的優點，往往在家族創業的第一代中表現得淋漓盡致，正是憑藉著創業家長的遠見卓識和非凡的判斷力，家族企業上下齊心，可在短短的數十年間從規模細小的商行崛起為龐大的商業帝國。這種事例可謂多不勝數，早期的就有郭樂、郭泉兄弟創辦的永安集團。目光如炬的郭氏昆仲，在短短 30 年間，將位於香港皇后大道中一間小小百貨公司發展成一個橫跨零售、金融、地產、貿易的多元化企業集團。20 世紀 50 年代的華人企業，相當部分亦是在這一代人中崛起。號稱 "李超人" 的李嘉誠就是從港島筲箕灣一間不顯眼的塑膠廠，在四五十年間迅速崛起為橫跨亞洲、歐洲及北美洲的商業帝國。號稱 "世界船王" 的包玉剛亦是從一艘 27 年船齡的燒煤船 "金安號" 開始，在不到 30 年間崛起為世界航運業中高踞首位的國際級私營船東集團。這些成功典範的背後，固然有種種天時、地利等客觀條件的配合，但創業者的準確判斷以及華人企業這種獨特的管理模式無疑發揮了重大作用。香港貿易發展局研究部的研究報告亦指出："正是基於這種企業文化，成功的香港企業在初期發展階段，大抵是全球數一數二最具競爭力的公司。" [25]

25 /
香港貿易發展局研究部：《香港製造業現況與前景》，1998 年，第 20 頁。

　　誠然，這套獨特的經營管理模式亦有其天然的缺陷，這種缺陷在企業的最高領導交接班時期表現得最明顯。在香港家族企業中，企業的成敗盛衰在頗大程度上依賴於創業家長及其接班人的判斷、經驗、魄力、內部的親和力及外部的人際關係。由於受到生命時鐘的催迫，創業家長總有交出權力的一天，在 "子承父業" 的限制下，他在接班人的問題上幾乎沒有任何選擇的餘地。這些創業家長，經過數十年心血建立起來的王國，當然希望後人能夠繼承其衣鉢，並將之發揚光大。因此，接班人的培育成為極關鍵的一環。這可以解釋華人企業家為何如斯重視對後代的培育。事實上，不少家族企業家的後代亦往往帶著顯赫的博士、碩士學位進入企業。然而，企業家的才幹在許多情況下就是最精心的學校也無法培育出來的。對於不少家族企業來說，要想家族企業一代一代往下傳並不容易，因為兒子並不一定具備創業父親的那種魄力、才幹和機敏，亦容易出現不爭氣的一代。

　　接班人的不力，往往成為家族企業由盛轉衰的轉折點。綜觀整部香港華商經濟史，這種事例簡直俯拾皆是。香港最古老的華人商行——元發行就敗於此。1909 年，元發行第二代掌舵人高舜琴逝世後，由於缺乏強有力的掌舵人，家族成員開始肆意揮霍商行公款，導致負債累累，元發行被迫先後出售新加坡的樹膠園、元發棧、元發盛，自此由盛轉衰。及至 1933 年，元發行上海聯號貴發行將汕頭聯號光發行一張匯票退回，引發汕頭四間聯號連鎖式倒閉，而在此危急關頭，元發行主持高承烈驚惶失措，攜款潛逃，致使經營逾 80 年的老牌商號在短短數日間冰消瓦解。

郭氏永安集團的例子亦很能說明問題。1966 年郭泉逝世後，永安集團便由郭氏第二代"琳"字輩掌舵。後來就有評論指出，其時永安儘管財雄勢大，但掌舵人已無其父輩的魄力和風采。當時，永安除百貨業仍有名氣外，地產、銀行、保險等業務均被後起之秀迎頭趕上。郭樂、郭泉昆仲致富後極重視後代的教育，郭氏第二、三代中獲名校麻省理工、哈佛大學博士學位者大不乏人。然而，永安集團在 70 年代已失去昔日的朝氣，到 80 年代更有漸走下坡之勢。1983 年，郭氏第三代、曾在美國 IBM 研究中心當研究員的郭志權出任公司主席。期間，永安銀行傳出金融醜聞，出任永安銀行總經理的郭志匡從銀行挪用 1,000 萬美元作為己用。1986 年，永安銀行出現財政危機，曾協助永安集團避過大小風暴的永安銀行自此控制權易手於恒生銀行。其時永安銀行共虧損 3,600 萬美元，已將持股人的權益全部喪失。郭志權曾公開指責其弟郭志匡管理不當，不過郭氏家族成員對兄弟鬩牆表示不滿，使郭志權一度在股東大會上潸然淚下，並迴避股東的質問。經此一役，永安集團的聲譽嚴重受損。1989 年，永安集團更因經營保守、股票市值低於資產淨值，遭到新興華商鄭裕彤的敵意收購，險些將祖業拱手相讓。

另一個例子是馮秉芬集團有限公司。馮氏家族的生意由馮秉芬的父親馮平山展開，到馮秉芬將之發揚光大，組成馮秉芬集團。到 70 年代，該公司經營的業務遍及地產、銀行、保險、貿易、運輸、實業以至傳播業等，其代理的貨品，從白蘭地洋酒、音響器材到漢堡包，應有盡有，形成一個龐大的商業王國。其後，馮秉芬熱衷政務，逐漸將權力移交給兩個兒子馮慶鏘和馮慶紹兄弟。馮氏兄弟都是美國哈佛大學畢業生，慶鏘攻讀建築，慶紹主修工商管理，兩人主理公司業務時已 40 歲出頭。80 年代初中期，馮氏兄弟大展身手，將集團業務推向多元化，先後與美國、德國的大公司合作，成立地產物業、煤礦開採、玩具、食品、旅遊公園及旅行支票服務等合資公司。不過，由於擴張過急，發展項目過雜，借貸過鉅，加上管理不善，馮氏集團終於在 1986 年發生債務危機，當時逾 10 家債權銀行向馮秉芬家族成員追討欠款，7 家與馮氏集團有關的公司被清盤，馮慶鏘本人更宣佈破產。自此，馮秉芬集團在香港一蹶不振。

中國的傳統智慧，有所謂 "富不過三代" 的說法。箇中道理，曾國藩的治家格言就說得很清楚："家中錢多，子弟未有不驕者。" 以傳統的道德眼光來看，驕奢固然是敗家的肇因，如郭志匡輩等，不過，在理財已發展為一門學科的今天，就算一個富家子弟真的揮霍無度，在專業理財人士的匡扶下，也甚少在一兩代間把家財敗壞淨盡。在現代經營環境中，家族企業實際上較少敗在接班人的個人操守上，更多的是接班人既缺乏父輩的眼光和才具，又急於求成，盲目擴張，終至動搖企業根基。根據香港中文大學對近 20 年來香港、台灣、新加坡 200 宗家族企業傳承案例的研究，家族企業在繼承過程中往往面臨巨大的財富損失，在繼承年度（新舊董事長交接完成的一年，通常此交接伴隨控制股權交接）及此前 5 年、此後 3 年的累計股票超額收益率平均高達 -60%，換言之，股權所有人於企業傳承前 5 年每份價值 100 元的股權，在傳承完成時只剩下 40 元。相比其他兩地，香港近 80 宗企業傳承的價值損失更大，高達 -80%。[26]

華人家族企業的傳承過程中，有兩個問題一直困惑著他們：首先是接班人的選擇和培養。華人家族企業的成敗盛衰，在頗大程度上倚重於創業家長及其接班人的判斷、經驗、魄力、內部的親和力及外部的人際關係。在創業家長或家族家長逝世後權力轉移到下一代時，如果接班人缺乏足夠的權威和魄力，家族企業很容易出現內部分裂和派系鬥爭。香港大學黃紹倫教授在研究香港華人家族企業傳承時曾指出："家族生意在繼承的過程中會出現離心的傾向。"[27] 可以說，接班人的不力往往成為家族企業由盛轉衰的轉折點。綜觀整部香港華人企業發展史，這種事例簡直俯拾皆是。香港最古老的華人商行元發行、30 年代盛極一時的郭氏永安集團、80 年代的馮秉芬集團、東南亞華僑富商張明添等等，都是由於接班人的不力而導致家族企業崩潰或由盛而衰。因此，深明此道理的企業大家長，均極為重視接班人的培育。

華人家族企業傳承面對的另一個困境是，在中國的傳統文化中父親去世後，家族財富往往要由兒子們均分，這種 "細胞分裂" 式的傳承，不僅會動搖家族對企業的控制權，造成企業內部的矛盾，而且會使家族企業無

26 /
范博宏、羅綺萍著：〈家族企業價值為何在繼承中蒸發六成〉，《新財富》，2009 年 12 月 30 日，http://finance.sina.com.cn/leadership/mroll/20091230/16517176523.shtml。

27 /
香港貿易發展局研究部：《香港製造業現況與前景》，1998 年，第 19 頁。

法積累資金，很難進一步發展。面對這一困惑，"世界船王"包玉剛將其商業王國劃分為四份，分別傳承給他的四個女兒和女婿。其中，環球航運集團交給大女婿蘇海文，會德豐系上市公司由二女婿吳光正管理，三女婿渡伸一郎和四女婿鄭維健則分別主理其日本的綜合貿易公司和包氏家族的投資基金。為此，包玉剛成立 4 個信託基金，分別由其 4 位女兒組成的 4 對夫婦各自獨立持有。很明顯，包氏的部署是要避免家族日後可能出現的財產紛爭。他的部署顯然取得了成功。

面對這一困惑，新鴻基地產創辦人郭得勝的部署是，將家族企業的股權以家族信託基金的形式傳承給他的妻子和三個兒子郭炳湘、郭炳江、郭炳聯兄弟共同持有。郭炳湘出任董事會主席兼行政總裁，掌握決定權，其弟郭炳江、郭炳聯則出任董事會副主席兼董事總經理，輔助兄長。在相當一段時期內，郭氏兄弟攜手合作，令新鴻基地產業績大放光彩。郭氏兄弟合作經營新鴻基地產 20 年，公司的市值從 1990 年接班時的 254 億港元增加到 2010 年的 2,000 億港元，資產增長近 8 倍。可惜，天有不測風雲，三兄弟後來終生嫌隙，發展至矛盾難調，導致公司董事會改組，即郭氏家族信託基金內部重組。其後，郭氏兄弟因涉嫌貪污，相繼被廉政公署拘捕，被迫匆匆部署第三代接班，給公司的發展蒙上陰影。

香港華人家族大企業中，交班計劃部署得最縝密、最矚目、亦最成功的當數李嘉誠。李嘉誠早在其兩個兒子少年時已堅持安排他們旁聽公司董事局會議，並刻意訓練他們的獨立性。長子李澤鉅在斯坦福大學碩士畢業後，即出任長實執行董事，直接負責加拿大的赫斯基石油公司收購計劃。1994 年 1 月，時年 29 歲的李澤鉅出任長實董事會副主席，被確立為接班人。次子李澤楷在斯坦福大學畢業後，初期被安排在一家投資銀行工作，1990 年回港加入和記黃埔後負責籌辦衛星電視，迅速在香港商界嶄露頭角。與其兄李澤鉅相比，李澤楷積極進取，他曾被美國《華盛頓郵報》評為"以驕橫的談判方式，以及對比他歲數大一倍的下屬倨傲不遜的態度而知名於商界"[28]。他將出售衛星電視所賺的資金在新加坡創辦盈科公司，並透過盈科成功收購大藍籌公司香港電訊，一時間光芒四射。

1995 年 5 月，李嘉誠開始部署交班，他將名下所持 34.5% 的長江實業權益轉由一家信託基金 Li Ka-Shing Unity Holdings Limited（簡稱：LKS Unity）持有，由李嘉誠、李澤鉅和李澤楷父子三人各持有三分之一。1996 年 7 月，李嘉誠退居幕後，由李澤鉅全權處理長江基建分拆上市事

28 /
參閱〈亞洲新富豪一代——李澤楷〉，美國《華盛頓郵報》，1994 年 1 月 24 日。

宜，李澤鉅還出任長江基建主席。1999 年底，在李澤鉅的主導下，和記黃埔向德國曼內斯曼公司出售旗下英國電訊 Orange 公司 44.8% 股權，換取曼內斯曼電訊 10.1% 股權。此次所謂的"和記賣橙"奠定了公司在歐洲的地位。2006 年 1 月，李澤鉅正式出任長實集團董事總經理一職。至此，李嘉誠交班的時機已趨成熟。

　　在 2012 年長江實業及和記黃埔股東年會後，李嘉誠首次主動向媒體披露了自己巨額資產的分配方案：由次子李澤楷持有的三分之一家族信託基金 LKS Unity[29] 會轉給長子李澤鉅，令李澤鉅持股量增至三分之二，餘下三分之一繼續由李嘉誠持有。換言之，長子李澤鉅將獲得其持有的逾四成的長江實業及和記黃埔權益，以及三成半的赫斯基能源權益，成為李嘉誠事業的繼承人；次子李澤楷則得到了李嘉誠撥予的巨額現金，用於支持他發展自己的個人事業，注資規模將會是李澤楷現有資產的數倍。李嘉誠並承諾，將財產的三分之一捐給社會，為此將成立"李嘉誠慈善基金"，日後將由李澤鉅擔任主席，李澤楷參與管理。

　　至此，李嘉誠醞釀、部署近 20 年時間的交班"大劇"終於揭開其神秘的面紗。其中滲透著他終生積累的商業智慧和人生智慧：首先，將家族事業的精華——長和系四大上市公司交由長子李澤鉅接掌，完全符合中國人的傳統文化理念，在倫理上不會出現問題。李澤鉅人如其名，性格沉穩，在長江實業已經超過 20 年，行內人對他的評價是"很守規矩"、"中規中矩"，與香港各界的關係也比較融洽。與李澤楷相比，李澤鉅無疑是更適合守業的人選。其次，次子李澤楷鋒芒在外，個性十足，並且早已創業在外，持有大藍籌公司電訊盈科，是一個開拓性的商界人物。李嘉誠沒有採取新鴻基地產的模式讓其輔助兄長，而是撥予巨額現金支持李澤楷發展事業，可以說是發揮"一石三鳥"的功效：既可避免日後發生可能兄弟鬩牆的風險，又有利於發揮李澤楷的長處或優勢，將家族企業的傳承與創業有機結合起來。此外，社會輿論認為，李嘉誠還培育了"永遠不會讓他失望"的"第三個兒子"——李嘉誠基金會，在交班的同時不忘回饋社會。

　　對此，社會輿論普遍給予正面評價，有評論認為"這樣的決定可以說趨於完美，也給香港眾多富豪提供了一個家產分配的範例"。不過，李嘉誠的部署並非完全沒有風險：正如有評論指出，相比起李嘉誠，李澤鉅沉穩有餘，開拓不足。一旦失去李嘉誠庇護後，由李澤鉅獨自導航的長和系，面對風雲變幻的香港及國際政經環境，仍然能夠像李嘉誠時代那樣游

29 /
LKS Unity 持有共 22 間上市公司，包括長江實業、和記黃埔、長江基建、電能實業，以及 TOM 集團、匯賢產業等。

刃有餘嗎？次子李澤楷固然衝勁十足，但有評論認為他"不很在乎方方面面的關係"、"不擅守業"，一旦失去父親的庇護，他開創的事業能夠仍然如過往那樣順利發展嗎？他們兩兄弟在守業和創業兩個層面上將如何相互協助、取長補短呢？是否有相關的制度安排呢？對此，人們將拭目以待！

三、香港企業發展中傳統管理模式的制約因素

20世紀80年代中期以後，隨著企業規模的發展壯大，香港企業面臨的一項重要挑戰，就是能否隨著時代的變遷及經營環境的轉變，在繼續保持傳統經營管理模式的優點的同時，成功吸納西方企業制度的精華並加以改造，從而突破家庭企業的制約，令家族企業走向現代化、多元化及國際化。

在傳統的經營管理模式中，家族企業的發展規模實際上受到多種因素的制約。首先是企業管理制度的制約。在這種企業制度中，創業家長或家族大家長往往處於主宰地位，甚至即使在他們退休後由兒子掌管企業大權時情況仍然如此。70年代後期約翰·艾士比博士在訪問一家企業的一對父子時曾有深切的感受。訪問期間，已經退休的父親儘管口口聲聲地說道："現在已是我的兒子當家了。"但在整個訪問過程中，做兒子的始終不敢說一句話。[30]

30 /
黃紹倫、鄭宏泰著：〈富不過三代的現實與假象——以香港富家為例分析逐個家族企業的分合〉，載香港《信報財經月刊》，1999年6月號，第7頁。

由於最高決策者處於主宰地位，員工只是忠實執行決策，中下管理層的主動性和創造性受到嚴重抑制，特別是非家族成員很難受到重用。有研究就指出："這種管理模式同時衍生了另一種企業特色。由於公司的營運過於依賴東主，中下層職員往往未能人盡其才，無論技能或經驗都比歐美公司的初級管理人員遜色。在很多香港公司，初級管理人員的職務限於執行東主的決策。東主對員工的督導及控制也較為嚴厲，即使員工主動進取，也沒有多少發揮機會。上司的諸多掣肘經常令能幹的員工心灰意冷，轉而另謀高就，加入外資公司任職，或自行創業。令人感到諷刺的是，到他們自己開設公司時，卻又效法舊上司的家長式管理方法，忘卻自己正是為了擺脫這種諸多規限的企業文化而創業的。"

結果，企業的成功與否很大程度依靠創業家長或家族大家長的遠見、經營才能和市場機會。然而，人非全能，即使是有遠見和卓識的創業家長，實際上亦只能在他們以往積累了幾十年經驗的領域裏得心應手，一旦

企業進入創業者不熟悉的領域，就有頗高的失敗風險。這也就是為什麼許
多家族企業往往局限於某一地域或領域的重要原因之一。有評論就指出：
"公司東主獨攬管理大權，也會因個人能力不足而帶來成效低、效率欠佳
的弊病。可以說，這管理模式是造成香港公司淘汰率偏高的原因之一，同
時也揭示了何以香港的企業形象頗有矛盾之處：一方面令人覺得靈活進
取，另一方面又顯得非常落伍。身兼東主與領導兩職的在港實業家，大多
沒有受過正規管理訓練，他們只憑個人經驗作出商業決定，在發掘新商機
方面，也往往沿用舊有和熟悉的手法。"[31]

31 /
香港貿易發展局研究
部：《香港製造業現況與
前景》，1998年，第20
頁。

　　香港企業發展規模受到制約的另一個重要因素，是企業的對外聯繫形
式。香港企業發展到一定規模必然要擴大跟外界的聯繫。然而，由於企業
的發展倚重人際關係而非法律契約，一旦超過原有的社會關係網，企業便
很難應付自如。香港大學教授高偉定在其著作《華人資本主義的精神》就
指出：家族企業的管理模式使華人家族企業的規模及它們從事的行業都受
到局限，海外華人做得最出色的生意是貿易、地產、初級產品、航運、礦
業、木材等，在這些行業中，即使經營到達全球規模，一種對恰當價格、
恰當時間和恰當地點的直覺本領要比複雜的管理技術更加重要。

　　這亦解釋了為何華人企業不易衝出香港，而一旦往海外投資，不是鎩
羽而歸，就是步履艱難，完全失去了在香港的那份瀟灑從容、應付自如。
美國加州執業律師、商學院教授梁福麟在〈香港財團無法衝出香港〉一文
中指出：香港財團，除滙豐銀行等英資公司在美國購買或擁有企業或銀行
上，鮮見有蛻變為跨國公司之勢，華資財團除李嘉誠在加拿大購入赫斯基
石油、邵逸夫購買美國美斯大百貨公司5%以上股權外，其他只是只聞腳
步聲，不見有人來的格局。他認為這種情況與"港資機構徘徊在家庭式企
業運作階段"有莫大關係。[32] 目前，香港的華人大企業、大公司均已發展
到相當龐大的規模，實行業務的多元化及國際化，只是遲早的問題。然
而，企業原有的傳統制度不加以改革，企業經營管理的現代化問題不解
決，企業日後的發展勢頭必然受到重大制約。

32 /
梁福麟著：〈香港財團無
法衝出香港〉，載香港
《信報財經月刊》，1991
年9月號，第81頁。

四、香港企業經營管理的現代化問題：利豐的案例

　　實際上，香港企業經營管理現代化的問題早在20世紀80年代已引起
人們的關注和重視。1984年率先在企業引進現代化先進企業制度的瑞安

（集團）有限公司，其副總經理謝家駒在〈華資企業如何邁向管理現代化〉一文中就認為："從多個角度看，香港都堪稱為一個現代化都市，但至少有一個方面，我們還不輕易敢說是現代化的，那就是企業管理。……可以大膽說一句，本港大部分的華資機構中，談得上'管理現代化'的寥寥可數。"[33]

事實上，香港家族企業的經營管理方式已經開始發生重要的改變。自80年代以來，華人家族企業已經開始逐漸吸收西方現代企業管理的精華。1979年李嘉誠旗下的長江實業收購和記黃埔後，便開始刻意迴避純東方式家族化管理，大力起用職業經理，李察爾、麥理思、馬世民等洋人職業經理均曾在和記黃埔出任要職。無疑，這種變化將隨創業家族第二、三代的接班而加速。接受過西方高等教育的華人家族第二代勢必將他們所學到的西方企業精神、經營管理制度帶進家族企業。

利豐集團董事局主席馮國經博士曾指出："傳統的家族式生意如欲超越家族控制範圍進行擴展業務，會遭遇重重障礙。不過，今天的企業家正迅速學習如何克服這個潛在的問題。本人相信，一個嶄新的華人管理模式現正逐漸興起，其中既包羅中國人克勤克儉、重視社會關係的傳統觀念，又融會了西方人崇尚靈活創新及同化外來者的處事手法。這個模式由第二代、第三代的華商提倡，這些企業家大多在海外接受教育，雖然部分仍聽命於本身的家族，但是他們卻能成功地吸收西方的管理技巧和起用外國經理，以擴展業務，並確保其企業不斷增長。"[34] 恒隆集團主席陳啟宗也公開表示："中國商人如果繼續用傳統的管理方法，恐怕難與外國多元化的企業競爭，要發展跨國企業，傳統的家族管理方法難望成功。"

事實上，在香港企業經營管理的現代化或公司管治方面，利豐已成為香港上市公司，特別是家族控股的上市公司的佼佼者。在優良的公司管治中，董事會對企業的有效監察是重要的元素之一。正如馮國經於2001年6月29日在香港董事學會的演講所指出："談到公司管治，不能不談監察企業的董事會功能。……眾所周知，董事會主要任務有兩項：一是監察公司的長遠發展策略及商業計劃（不包括公司日常運作）；二是負責甄選和評核高層管理人員及調整它們的報酬。表面看來，這些職責似乎很基本。然而，董事會如何有效及理想地發揮這些功能，則屬相當複雜的議題。"

根據一項對1997年前香港最大的200家公司的業績與家族董事會影

33 /
謝家駒著：〈華資企業如何邁向管理現代化〉，載《香港經濟年鑑（1984年）》，香港經濟導報社，1984年，第一篇，第77頁。

34 /
馮國經著：〈香港——海外華人的地區匯點〉，載《第二屆世界華商大會（22-24、11、1993）紀念特刊》，香港中華總商會，1993年，第128頁。

響力之間關係的調查，在香港及東南亞地區，除了少數運作良好的董事會外，大部分由家族控制的公司本身的表現都較差，主要表現為：其一，董事會主席與行政總裁角色混淆，權力高度集中在兼董事會主席及行政總裁於一身的家族成員手上；其二，控股家族的成員在董事會中所佔比例較大，據香港中文大學會計學院院長何順文教授的一項研究，在家族控股企業中，家族成員在董事會中所佔比例接近 40%，部分家族企業委任相當大比例的家族成員出任執行董事，形成所謂"閉門一家親"的局面。其三，是獨立董事的獨立性偏低，部分獨立董事實際上是企業創辦人的親信，當公司或小股東與家族大股東之間出現利益衝突時，獨立董事很少能扮演平衡股東利益特別是保護小股東利益的角色。

　　相比之下，重組再上市的利豐極為重視有效發揮董事會的監察功能：首先，馮國經、馮國綸兄弟分別擔任董事會主席與行政總裁兩職。馮國經曾明確表示："我認為主席和行政總裁的角色應予分開。……若然主席和行政總裁同屬一人，其他董事便不會輕易批評管理層或在董事會議提出異議，以避免尷尬。"其次，馮氏家族成員在董事會中所佔比例極低，以 2004 年為例，在 13 名董事會成員中，僅馮氏兄弟二人，所佔比例僅為 15%。而獨立董事則有 4 人，均為香港或國際商界具公信力的權威人士。利豐董事會的組織結構和運作，使其能有效發揮監察功能。這也成為利豐一直可以保持優良公司管治的重要原因之一。更重要的是，利豐透過建立一套有利於發揮企業家精神的企業營運機制以及靈活而完善的薪酬福利制度，實現了所有權與經營權的分離。通過這套企業營運機制，利豐賦予部門經理獨立的經營管理權，實際上在企業內部培育了一個具豐富行業經驗的職業經理層。

　　20 世紀 90 年代中期以來，利豐的這套公司管治模式，越來越受到國際商界的重視和好評。1999 年，《亞洲貨幣》（*Asiamoney*）公佈"亞太區 100 家最佳管理公司"評選名單，在入選的 32 家香港最佳管理公司中，利豐名列第 7 位，和記黃埔和滙豐銀行分別排名第一、二位。2000 年，《亞洲貨幣》公佈新一年的"亞洲最佳管理公司"評選名單，利豐在香港最佳管理公司的排名躍升至第 2 位，而且多個分類專項的評分均超過和記黃埔及滙豐控股。進入 21 世紀，利豐的公司管治更是受到香港及國際商界的普遍肯定和高度評價。2006 年至 2009 年，利豐連續四年獲 Corporate Governance Asia 雜誌頒發"亞洲公司管治大獎"。2009 年，利豐先後獲

Finance Times 雜誌選為"FT Global 500"公司,獲 Forbes Asia 選為"亞太區 50 家最佳企業(Forbes 50)",獲 Business Week 雜誌選為"世界最佳公司"的首 40 家,獲香港上市公司商會頒發"2009 年度香港公司管治卓越獎",以及獲《亞洲貨幣》雜誌頒發"2009 年度亞洲最佳管理公司"之香港年度大市值公司獎。利豐卓越的"公司管治"已成為香港華商企業公司管治的典範之一。

第六章

香港產業
結構轉型中
存在的問題

| 第一節 | 香港經濟 "產業空洞化" 的危機

一、關於 "產業空洞化" 的理論研究

20 世紀 60 至 70 年代，西方經濟學家對產業結構變化的研究，焦點一般集中在工業化問題上。然而，70 年代以後，發達國家尤其是英、美等國產業結構變化出現的明顯趨勢是：工業在整個國民生產總值所佔的比重上升到一定程度後便停滯不前，甚至出現下降的勢頭，而服務行業所佔比重則大幅上升。例如，到 70 年代中期，美國、英國、西德、法國、意大利、日本等西方主要工業國家，第三產業在國內生產總值中所佔比重均已超過 50%，其中美國還高達 65%。這就引起了學者對後工業社會所出現的 "產業空洞化" 的討論和研究。

"產業空洞化"（Hollowing-out of Industry）一詞最早出現於 B · 布魯斯與 B · 哈里遜所著《美國的非工業化》（*The Dein-dustrialization of Amarica*, 1982）一書。該書將 "產業空洞化" 定義為 "在一國的基礎生產能力方面出現了廣泛的資本撤退"。70 年代以來，由於經營資源向國外轉移，美國的產業競爭力遭到削弱，導致產生所謂 "空洞化" 現象，引起種種議論。1985 年《廣場協議》以後，在日圓升值背景下，日本製造業的生產基地快速轉移到海外，導致國內製造業就業人口減少，僱傭形勢變壞，"產業空洞化" 問題被提到日本財經界議事日程上。日本經濟學者認為，19 世紀英國曾依靠其最早完成工業革命的優勢，取得了 "世界工廠" 的地位，經濟發展一度達到巔峰狀態。然而，20 世紀以後，英國的對外投資規模不斷擴大，甚至一度超過國內投資的規模，結果形成 "產業空洞化"，並導致英國經濟的衰落。他們認為，美國經濟也因戰後大量資本輸出而受到產業空洞化的影響，日本應引以為鑒，積極進行產業結構的調整。

目前，理論界對 "產業空洞化" 有多種解釋。一種解釋稱，所謂 "產業空洞化" 是指伴隨對外直接投資和產業轉移的持續進展，越來越多企業

將主要生產和經營基地從國內轉移到國外，僅在國內留下一個“空殼”，以致國內投資不斷萎縮，就業機會大幅減少，失業問題日益嚴重。這種情況主要發生在發達國家，如日本。另一種解釋是指，一國在工業化過程中，違背產業發展的客觀規律，盲目實現跨越式發展，國民經濟過度服務化或超工業化，從而使資本等生產要素的投入與流動日趨不合理，造成經濟結構的嚴重失衡，使製造業逐漸喪失國際競爭力，同時也使國內物質生產的地位和作用減弱，導致物質生產下降，形成危機。這種情況主要發生在發展中國家。國際上更為通用的“產業空洞化”是指，因經營資源規模的轉移而發生的行業性或地區性空白現象。其實，這種通用的產業空洞化概念已經包括了前面兩種解釋：前一種是一國將資金從國內轉移到國外，後一種是資金從基礎產業轉向國內更高一級的產業。兩者的共同特點是原有的基礎產業衰退了，造成了缺口，而新的產業還沒有充分發展，填補不了這個缺口。根據日本學者高野邦彥的定義，產業空洞化可以看作是以特定地區為基礎的特定產業的衰退，新產業的發展不能彌補舊產業衰退而形成地區經濟極度衰退的現象。

　　造成產業空洞化的原因很多，例如政府的膨脹、對服務需求的收入彈性大、現代信息社會的服務多樣化等，都使服務業蓬勃發展。不少西方學者認為，根本原因是以直接投資為中心的資本輸出迅速增加，導致製造業生產工序或產業的大規模外移。一般認為，產業空洞化實質上是產業結構彈性問題，在經濟結構升級的過程中，如果新舊產業銜接不好，就會不同程度地出現產業空洞化現象。

　　產業空洞化曾引發廣泛的擔憂。不過，有學者認為，實際上產業空洞化的結果是“經濟服務化”。從這一角度出發，有評論認為，“產業空洞化”對歐美發達國家來說是個“偽命題”，歐美發達國家將低端製造業轉移到國外，其實是順應全球經濟一體化的必然現象。工業化國家曾經都擁有較完整的工業體系，隨著全球經濟一體化，原有的工業體系出現了“碎片化”。發達國家往往留下高科技內核，把低端製造業轉移到發展中國家，並且在轉移過程中，伴隨著金融服務業和信息服務業的發展，使得整個國家的產業經濟形成了由金融服務業和信息服務業的“微笑曲綫”與高科技產業的“倒微笑曲綫”共同構成的“元寶曲綫”。以美國為例，其以軍工為代表的核心高科技、前沿高科技的產業從來就沒有外流過。整個國家產業非但沒有“空洞化”，反而是更加“內核化”。這種“內核化”恰恰使得整個美國產業的布局形成了一個"元寶曲綫"。所以美國根本不存在產業空洞化，反而是產業體系"內核化"，使得核心技術更加突出。同樣，西歐、日本等發達國家在進行產業轉移的時候，牢牢控制著研發和營銷等產業鏈的高端，從來也沒有將高科技的核心部分轉移出去，並且精心打造出一個能夠綁定全球相關企業的產業鏈。表面看來，在全球經濟一體化過程中，發達國家也步入本土產業鏈"碎片化"的過程，但實際上發達國家依託自己的先發優勢，始終有效地主導和控制著整個產業鏈，這就是所謂的產業軟化。因此，對歐美等發達國家來說，並不存在"產業空洞化"的隱憂，而是出現了產業軟化的現象，並且更具粘性力和控制力[1]。

二、20 世紀 80 年代香港關於"空殼論"與"平衡論"的爭論

20 世紀 80 年代後期，面對製造業大規模的外移，香港經濟學界及工商界就未來一二十年香港製造業的發展方向及產業結構的演變展開了廣泛的討論，其中最具代表性的是以下兩種觀點。

其一是所謂"空殼論"。這種觀點認為，隨著香港製造業大規模北遷或外移，企業留港部分只剩下營業部、財會部，具規模者尚有設計部及品質檢驗部，製造業將出現"空殼"趨勢。香港經濟將全面向第三產業發展，進一步演變為亞太區的金融、貿易中心，並且步倫敦、紐約的後塵，成為商業大都會。1988 年，香港大學經濟系系主任張五常教授就認為，在未來五至十年內，香港將有大部分工業轉移到內地，屆時香港不必被迫開發高科技，但應發展產品設計、財經管理等服務行業，香港產業將從工廠生產轉變成半辦公室的形式。當時，香港經濟研究協會會長李剛更明確表示，隨著轉口貿易的復興及工廠北遷，香港再度回復到"商埠"地位，而工業中心則似乎已完成了它在香港經濟發展史上擔任的過渡角色任務而功成身退。[2]

其二是"平衡論"。這種觀點擔心香港過分倚重服務業而忽視製造業的傾向，認為香港經濟應該保留一個具高科技的、有競爭力的製造業，以維持一個平衡的經濟架構。當時的香港生產力促進局總幹事陳少感就認為，香港不應該依賴不平衡服務導向發展經濟，而應在 90 年代繼續發展製造業，以使經濟能經受任何衝擊而屹立不倒。當時的香港總商會主席李鵬飛亦指出，香港經濟在穩定轉向第三級環節發展，具有領導南中國經濟

1 /
林左鳴（中國航空工業集團公司董事長）著：〈無需對"產業空洞化"談虎色變〉，在博鰲亞洲論壇 2013 年年會《"產業空洞化"：製造業的隱憂》論壇上的演講，新浪專欄，2013 年 8 月 21 日。

2 /
參閱香港《信報財經新聞》1988 年 11 月 16 日所載香港大學經濟系主任張五常教授的言論、香港《華僑日報》1988 年 12 月 12 日所載香港經濟研究協會會長李剛的言論。

發展的希望之際，應維持一個可行的、以本地為基礎的製造業環節，這個環節必須能夠與亞洲新興工業國家一日千里的高科技工業競爭，以使香港維持一個平衡的經濟架構。[3]

　　當時，這兩種觀點分歧的焦點是如何看待製造業，如何看待香港與廣東珠江三角洲之間的經濟合作。"空殼論"的主要依據是：香港的製造業已經大規模北移，而服務業正取得驚人的增長，在香港本地生產總值及就業人數中的比重已遠遠超過製造業，根據"比較優勢"（Comparative Advantage）的原則，香港應走倫敦、紐約的道路，著重發展服務業，邁向大都會經濟，而將製造業轉移到鄰近的經濟腹地。事實上，西方發達國家早已出現不少以商業大都會為中心、聯結周邊地區的經濟區域。以美國為例，就有東部的"大紐約地區"（Great New York Area）和西部的"大洛杉磯"（Great Los Angeles Area）。經濟聯繫已突破了行政區域劃分的界綫。

　　在兩種觀點的爭論中，香港政府基本堅持"空殼論"的立場。1989年，當時的規劃環境地政司班禮士在其發表的〈蛻變中的時代〉一文中表示："到 20 世紀 90 年代末期，香港將會由原來的出口和製造業為主的經濟模式，差不多徹底轉變為亞洲一個與中國貿易和對外關係有著密切關係，由港口帶動並以提供服務為主的主要經濟體系。"1992 年，剛上任的末代港督彭定康（Christopher Patten）在其施政報告《香港的未來：五年大計展新猷》中，更明確指出："香港已成為亞洲及太平洋地區迅速發展的中心——這是一個令數以億計的人擺脫貧困的歷史進程。這股'貿易風'，必會在整個亞太區捲起一場經濟革命，而這場革命將會像歐洲和北美洲自工業化以來所出現的一般巨大。"[4]彭定康的言下之意，是香港經濟發展既得"貿易風"之先機，且具備歐洲和北美工業革命般的威力和影響，香港經濟自然要以貿易先行，以服務經濟為本。當時，在香港政府以及一部分經濟學家看來，香港經濟轉向服務經濟，既符合香港的實際情況，又代表了當代世界經濟理論和實踐的潮流，香港的"空心化"或"產業空洞化"已無可避免。

　　"空殼論"根據"比較優勢"的原則，重視香港與其經濟腹地廣東珠江三角洲的經濟合作，有其合理之處。然而，它忽視了服務業與製造業相輔相成的內在聯繫。須知，任何發達的服務業都必須建立在強大的製造業的基礎上，目前香港的服務業主要是建立在它與廣東珠江三角洲"前店後

3 /
參閱香港《文匯報》
1989 年 7 月 18 日所載
香港生產力促進局總幹
事陳少感的言論、香港
《商報》1989 年 4 月 25
日所載香港總商會會長
李鵬飛的言論。

4 /
彭定康：《香港的未來：
五年大計展新猷》，
1992 年 10 月。

廠"的合作模式基礎上,一旦這一模式出現問題,又或珠江三角洲的產業發展未能給予很好的配合,香港作為區域內服務中心的地位將受到挑戰。況且,與香港同處亞太區的新加坡、台灣、韓國等國家或地區,都在既大力發展高科技的製造業,又積極發展金融、貿易等第三產業,進行全方位的國際競爭。香港偏重發展服務業的戰略,極可能在激烈的國際競爭中逐漸失去優勢,亞洲金融風暴對香港的衝擊,深刻說明了這一點。

三、香港製造業升級轉型困難、步伐緩慢

事實上,自 20 世紀 80 年代中期以來,香港"產業空洞化"的危機已經開始顯露,突出表現於製造業在香港經濟中的地位迅速下降。從統計數據來看,80 年代中期以來,香港製造業無論是在相對比重還是在絕對數值上都出現下降的明顯趨勢。在本地生產總值中,製造業的增加值在 1992 年曾達到 997.64 億港元,但到 1997 年已降至 800.48 億港元,所佔比重從 1989 年的 19.3% 急降至 1997 年的 6.5%(表 6-1)。其在香港經濟中的重要性已跌至第五位,不要說遠不如批發、零售、進出口貿易、飲食及酒店業、金融、保險、地產及商用服務業,就連運輸、倉庫與通訊業也比不上。

在總就業人數中,製造業所僱用的工人人數更大幅下降,從 1989 年的 80.89 萬人銳減至 1997 年的 44.39 萬人,在總勞動就業人數中所佔比重從 29.7% 減少到 14.1%。換言之,1997 年香港有 85.9% 勞動人口從事非製造業活動。值得注意的是,香港製造業就業人數儘管下降,但製造業的生產總值在 1992 年以前仍然不斷增加,從 1992 年開始,香港製造業的生產總值開始持續滑落,儘管下降幅度比行內就業水平的減幅來得稍慢(表 6-1)。

表 6-1　　20 世紀 90 年代香港製造業的發展概況

註 /
括號內數字是當年在本地生產總值或就業總人數中所佔比重。

資料來源 /
香港特區政府統計處:《香港統計年刊》,1999年。

年份	1989	1992	1994	1995	1996	1997
在本地生產總值中的增加值(億港元)	961.70 (19.3)	997.64 (13.6)	873.54 (9.2)	847.70 (8.3)	827.60 (7.3)	800.49 (6.5)
就業人數(萬人)	80.89 (29.7)	65.05 (23.8)	56.26 (19.6)	53.46 (18.4)	48.21 (16.0)	44.39 (14.1)
生產總值(億港元)	3,841.6	3,379.3	2,980.8	3,013.1	2,836.0	2,642.7

從統計數據上看，20 世紀 80 年代中期以來，製造業在香港經濟中的地位明顯下降，其原因主要有兩點：

第一，香港製造業大規模轉移到以廣東珠江三角洲地區為核心的南中國地區。

20 世紀 70 年代末，中國內地開放經濟吸引外商直接投資，解決了香港製造業當時所面對的土地和勞動力不足這兩大障礙。香港廠商根據他們在香港的經營模式，最初在深圳經濟特區，繼而擴大到整個廣東珠江三角洲地區以至南中國，據估計，到 90 年代後期，香港廠商在廣東珠江三角洲地區就已建立了約 8 萬家工廠，僱用員工約 1,100 萬人。

香港之所以能與內地建立 "前店後廠" 的分工模式，主要是它擁有一系列獨特的條件：（1）香港在地理上與廣東鄰近，方便洽談及管理跨境生產業務；（2）香港與華南地區有著共同的血緣、語言及文化，有助促成商業交易；（3）1985 年以後，香港進入過渡時期，香港即將回歸中國的事實，使港商在內地的經營活動自成一個特殊類別，既非本地、也非外資，從而形成對港商有利的形勢；（4）最重要的是，中國內地土地及勞動力價格低廉，使港商可利用在港的資產，在內地建立規模龐大的生產基地。正因為如此，一家在香港可能只僱用 10 多名員工的公司，往往可在內地經營一間擁有數百名員工的工廠。

第二，在統計上，許多原來從事製造業的公司因為業務的轉變，已經被歸為服務業。

香港製造廠商的傳統運作模式，是將所有製造工序集中在同一地點進行。在統計上，這些公司通常會被歸類為製造企業，而公司內的非生產僱員，如會計師、推銷員等，亦會被視為製造業的僱員。然而，隨著港商將製造業工序遷往內地，而把總部控制功能及其他高增值的業務活動，如市場銷售、訂單處理、材料採購、設計、產品發展、品質控制、包裝及後勤服務等留在香港，這些香港公司的性質已從生產商轉變為服務供應商，因此，在統計時便把它們從製造業歸入服務業。這也是在統計數字上製造業迅速減少的原因之一。

與此同時，香港不少傳統貿易公司亦紛紛從事分判製造工序到內地的活動，這些公司為了善用出口機會，在內地設立自己的工廠製造產品，銷往世界各地市場。不少日本、美國及西歐進口商都透過在內地擁有或經營工廠的香港夥伴，採購內地生產的消費品。另一方面，香港也有不少新成立的公司，作為內地新生產機構的香港基地，但它們的經營方式與傳統的貿易公司有所不同。這些公司雖然與中國內地的製造業有密切的關係，但其本身並沒有在香港進行任何實際生產，因而在統計上也不屬製造業。這就解釋了 20 世紀 80 至 90 年代期間為什麼 "Made By Hong Kong" 迅速擴大的同時，"Made In Hong Kong" 卻迅速萎縮。

這一時期，香港製造業主要表現出以下一些特點：

第一，製造業內部產業結構發生變化：傳統產業比重進一步下降，而印刷、出版等新興行業則增長顯著。

以生產總值計算，製衣業和紡織業仍然是兩個最大的行業，但它們在香港製造業的重要性相對有所下降。根據香港政府的統計，1986 年至 1996 年間，以增加價值計算，製衣業所佔比重從 22.7% 下降到 13.3%，紡織業亦從 17.5% 下降到 11.5%；以生產總值計算，它們所佔的比重分別從 19.7% 及 18%，下跌到 14.7% 及 13.2%。生產總值有顯著跌幅的行業主要有塑膠製品業、家庭電器用具及電子玩具製造業，其間跌幅分別達 67% 及 54%。

這一時期，顯著增長的行業主要有印刷、出版及有關行業，食品、飲品及煙草製造業，電子零件製造業，化學品、橡膠及非金屬礦產製造品，以及辦公室、會計及計算器材製造業。以生產總值計算，它們的升幅分別是 357%、161%、154%、144% 及 114%（表 6-2）。值得一提的是印刷及出版業，由於香港位處亞太區的中心位置，具備完善的運輸及通訊網絡，並且享有出版自由，到 90 年代後期，以生產總值計算，印刷及出版業已成為香港第三大製造業行業，香港更躍居全球第四大印刷及出版王國。[5]

5 /
香港政府工業署：《香港工商業》，1999 年，第16 頁。

製造業各個行業的就業人數的變化也反映了內部的結構性轉移。在製造業的各個行業中，就業人數跌幅較明顯的是那些廣泛參與外發加工活動的行業，包括家庭電器用具及電子玩具製造業（下跌 91%）、塑膠製品業（下跌 88%）、服裝製品業（下跌 77%）、專業及科學用品設備製造業（下跌 73%）、紡織製品業（下跌 65%），以及辦公室、會計及計算器材製造業（下跌 59%）。另一方面，印刷、出版及有關行業的就業人數則有 33% 的升幅。部分是由於 90 年代中期報紙和雜誌市場擴大所致。此外，這個行業需在緊迫時間下運作，這個特性也影響了其向外遷移的程度。

第二，隨著勞動密集型產業外移，留在香港的本地廠商主要從事資本、技術密集型生產活動，香港製造業的總體勞動生產率提高。

增加價值相對於就業人數的比率，可粗略反映個別行業的製造業勞

表 6-2　　1986-1996 年選定製造行業的增加價值及生產總值（單位：10 億港元）

行業	增加價值			生產總值		
	1986 年	1996 年	變動百分率（%）	1986 年	1996 年	變動百分率（%）
食品、飲品及煙草製造業	257（4.1）	872（140.6）	+240	878（3.9）	2,289（8.1）	+161
服裝製品業	1,425（22.7）	1,100（13.3）	-23	4,479（19.7）	4,132（14.7）	-8
紡織製品業	1,099（17.5）	947（11.5）	-14	4,082（18.0）	3,733（13.2）	-9
紙張及紙品製造業	120（1.9）	172（2.1）	+44	498（2.2）	635（2.3）	+27
印刷、出版及有關行業	272（4.3）	1,145（13.9）	+321	673（3.0）	3,077（10.9）	+357
化學、橡膠及非金屬礦產製品業	182（2.9）	485（5.9）	+166	744（3.3）	1,812（6.4）	+144
塑膠製品業	606（9.6）	228（2.8）	-62	2,077（9.1）	683（2.4）	-67
基本金屬、金屬製品、機械及設備製造業	750（12.0）	1,028（12.5）	+37	2,476（10.9）	3,652（12.9）	+47
辦公室、會計及計算器材製造業	226（3.6）	456（5.5）	+102	1,081（4.8）	2,310（8.2）	+114
電子零件製造業	245（3.9）	708（8.6）	+189	815（3.6）	2,070（7.3）	+154
家庭電器用具及電子玩具製造業	126（2.0）	73（0.9）	-42	534（2.3）	248（0.9）	-54
專業及科學技術設備製造業	272（4.3）	261（3.2）	-4	1,644（7.2）	1,345（4.8）	-18
合計	5,581（88.9）	7,477（90.7）	+34	19,982（87.9）	25,986（92.1）	+30

註 /
括號內數字是當年在增加價值或生產總值中所佔比重。

資料來源 /
香港特區政府統計處：《香港統計月刊》，1998 年 12 月。

動生產率。就製造業整體而言，這個比率在 20 世紀 80 年代中期至 90 年代中期保持上升趨勢。據統計，1986 年香港製造業人均增加價值約 6.5 萬港元，到 1996 年已增加到 25.2 萬元，10 年間增幅達 2.8 倍。其間，生產力增長較快的行業包括家庭電器用具及電子玩具製造業（每個就業人員的平均增加價值，年增長達 21%）、電子零件製造業（年增長 18%）、辦公室、會計及計算器材製造業（年增長 17%），以及化學、橡膠及非金屬礦產製品業（年增長 17%）。[6] 很明顯，香港本地製造業開始升級轉型，不過，1996 年與 1986 年比較，製造業全行業增加價值在生產總值的比重僅

6 /
參閱〈1986 年至 1996 年主觀製造業結構的轉變〉，載香港政府統計處《香港統計月刊》，1998 年 12 月。

從 28% 上升到 29%，反映了轉型的步伐遠遠未能跟上經濟發展的要求。

第三，製造業依然以小型企業為主流。

20 世紀 80 年代中期以來，香港製造業發展的一個重要趨勢，是製造業機構單位平均僱用人數下降。根據香港政府的統計，香港製造業所有機構單位的平均僱員，從 1986 年的 19 人下跌到 1996 年的 13 人。其中的主要原因，是勞動密集型產業及工序已大部分轉移到鄰近地區。香港製造業最明顯的一個特點，是全行業企業規模普遍細小。據統計，截至 1997 年 9 月，香港廠商中，有 78.7% 僱用少於 10 人，超過 96% 僱用少於 50 人。即使是在香港境外設有生產基地的廠家，它們與香港本土經營的廠商一樣，都是小型企業。據香港貿易發展局的香港公司資料庫顯示，香港在內地的生產設施，大部分由香港的小型實業公司管理（表 6-3）。在抽樣選出的 23,115 個表示有在內地設廠的港商中，95% 在香港僱用少於 50 人。而在內地的港資工廠中，有近三分之二僱用超過 100 名內地工人，另有 7.6% 僱用超過 1,000 名工人。[7]

7 /
香港貿易發展局研究部：《香港製造業現況與前景》，1998 年，第 16 頁。

資料來源 /
香港貿易發展局。

表 6-3　　在內地設廠港商僱用的香港及內地員工人數比較

僱用的內地工人數目	僱有以下人數香港員工的港商數目				
	少於 10 名香港僱員	11—50 名香港僱員	51—100 名香港僱員	超過 100 名香港僱員	合計
少於 100	5,973	1,479	362	39	7,853
101—200	4,051	1,142	393	51	5,637
201—500	4,012	1,767	639	95	6,513
501—1,000	1,214	960	426	89	2,689
1,001—2,000	406	499	316	90	1,311
2,001—3,000	99	147	123	39	408
3,001—4,000	41	42	34	19	136
4,001—5,000	25	20	29	17	91
5,000 人以上	39	46	39	37	161
合計	15,860	6,102	2,361	476	24,799

一般認為，小型企業經營靈活，"船小好掉頭"，是香港製造業的一大優勢。但由於規模過小，很難籌集資金發展大型投資計劃。香港政府 1991 年對製造業進行的調查，印證了香港廠商缺乏研究開發能力的事

實。據調查，在各個主要出口工業中，經常進行研究開發工作的小型廠商
（僱用少於 20 名工人）不足兩成半，只有食品及飲品業例外。至於各行業
（製衣業、鐘錶業例外）的大型廠商（僱用超過 100 名工人），則有逾兩
成半經常進行研究開發工作。[8]

第四，製造業生產的產品種類較單一，變化不大。

80 年代中期以後，香港製造業大規模外移，然而，這一時期香港製
造業的產品種類始終沒有大的變化，仍然是門類單一，數目有限。據統
計，1997 年香港出口總值中，僅 5 種產品就佔了近五成，10 種產品所佔
比重超過三分之二。值得注意的是，90 年代以來香港產品出口高度依賴
有限數類貨品的趨勢日趨明顯。1992 年，香港出口的最大 5 類產品（按
協調制度分類），共佔香港出口總值的 48.02%，最大 10 類則佔 65.67%；
到 1997 年則分別提高到 49.45% 和 68.21%（表 6-4）。根據香港貿易發展
局研究部的研究，香港的十大出口類別實際上也高度集中在為數有限的產
品種類，而每個主要出口產品類別中，產品的種類也十分有限。以電器產
品為例，該類別下共有 48 個項目，但根據 1997 年香港的出口數字，僅 6
個項目就佔了超過五成的出口產品。[9] 這一特點固然反映了香港製造業的
專業分工的優勢，但也說明其結構調整的困難程度。

8 /
香港貿易發展局研究
部：《香港製造業現況與
前景》，1998 年，第 16
頁。

9 /
香港貿易發展局研究
部：《香港製造業現況
與前景》，1998 年，第
24-25 頁。

表 6-4　　香港總出口中主要產品的集中程度（單位：億港元）

協調編號	貨物名稱	1992 年		1997 年	
		總值	比率（%）	總值	比率（%）
85	電器	1,562.25	16.88	3,148.08	21.30
84	機械	823.32	8.90	1,444.83	9.92
95	玩具、遊戲及運動用品	605.17	6.54	976.06	6.70
62	非針織或鈎織服裝	830.68	8.98	891.52	6.12
61	針織或鈎織服裝	621.99	6.72	787.63	5.41
39	塑膠及其製品	402.90	4.35	707.25	4.85
64	鞋	358.74	3.88	656.61	4.51
90	光學、攝影及電影攝影產品	211.75	2.29	477.44	3.28
91	鐘錶	365.53	3.95	468.46	3.22
42	皮革製品	294.46	3.18	422.94	2.90
合計		6,076.79	65.67	9,980.82	68.21

資料來源 /
香港貿易發展局研究
部：《香港製造業現況
與前景》，1998 年，第
24-25 頁。

四、"前店後廠"合作模式的局限性

20 世紀 80 年代中期以來，香港廠商大規模將勞動密集型產業及工序轉移到廣東珠江三角洲地區，香港與內地形成了"前店後廠"的合作模式，並以此為基礎建立起香港的大都會經濟。根據香港貿易發展局的調查，1988 年香港企業利用內地作為外發加工基地所生產的產品佔它們整體出口的 35.8%，而香港生產亦佔 35.8%；到 1997 年，內地製造的產品所佔比重提高到 62.8%，香港生產所佔比重則降至 9.5%。換言之，到 90 年代中後期，香港廠商的出口產品總值中，內地製造的產品所佔比重已超過六成，而香港生產所佔比重則降至不足一成（表 6-5）。

註 /
（　）內數字是香港產品與中國內地及第三國家產品的出口比例。

資料來源 /
香港貿易發展局研究部：《離岸貿易及境外投資發展前景》，1998 年。

表 6-5　　1988-1997 年受訪公司出口產品原產地所佔比重（單位：%）

年份	香港製造	中國內地製造	第三國家製造
1988	35.8 （1）	35.8 （1）	28.4 （0.8）
1991	22.1 （1）	57.6 （2.6）	20.3 （0.9）
1994	11.2 （1）	58.7 （5.2）	30.1 （2.7）
1997	9.5 （1）	62.8 （6.6）	27.7 （2.9）

根據調查，香港製造業各行業中，內移比重最大的主要是音響設備、鞋類及玩具等產品製造業，受訪公司出口的這類產品有超過九成在內地製造；其次是電器、塑膠製品、鐘錶旅行用品及手袋等，在內地製造的比重也超過六成（表 6-6）。各類產品中，珠寶在香港製造的比重最高，約佔受訪公司出口總額的四成；其次是紡織品（27%）、鐘錶（22%）及成衣（17%）。港產珠寶佔有較高的比例，原因是內地受到國家限制金銀進出口的影響；而紡織品及成衣則受到進口國家的配額限制，港商把生產轉移到內地時不能不有所考慮。在鐘錶業，港商仍將高檔產品留在香港生產，原因是"香港製造"的手錶在海外市場的接受程度遠較"中國製造"為高。至於電腦、電訊設備及食品飲料，則以在第三國家生產居多，主要是第三國家的高檔電腦及電訊設備的生產能力較強，而食品則必須在原材料產地附近生產。[10]

10 /
香港貿易發展局研究部：《離岸貿易及境外投資發展前景》，1998 年，第 5 頁。

表 6-6　　1997 年受訪公司出口產品原產地及產品種類所佔比例（單位：%）

產品種類	香港製造	中國內地製造	第三國家製造
紡織品	26.5	37.5	35.9
成衣	17.1	53.8	29.1
鞋類	0.5	96.5	3.0
玩具	1.4	94.7	3.9
旅行用品及手袋	1.7	62.2	36.2
珠寶	39.9	54.6	5.6
鐘錶	21.6	67.8	10.6
影音設備	1.8	96.7	1.5
電腦及電訊設備	3.3	38.6	58.1
其他電子產品	5.7	57.5	36.8
電器	4.2	78.2	17.6
塑膠製品	11.7	69.2	19.1
食品及飲料	14.0	39.6	46.4
合計	9.5	62.8	27.7

資料來源 /
香港貿易發展局研究部：《離岸貿易及境外投資發展前景》，1998 年。

　　"前店後廠"的合作模式，主要是建基於"比較優勢"原則所產生的資源要素的互補。長期以來，香港一直是世界著名的自由港，它不但與國際市場保持密切的關係，而且擁有開拓海外市場的豐富經驗、及時的商情信息、穩定的銷售網絡，以及發達的融資系統。不過，80 年代以後，它越來越面對高地價、高租金、高勞工成本的壓力。而廣東則因長期處於封閉狀態，信息不靈，國際銷售渠道不暢，但土地、勞動力價格便宜。"前店後廠"的模式正是建立在兩地優勢互補的基礎上，從而推動了兩地 80 年代以來經濟的高速增長。

　　然而，進入 90 年代以後，"前店後廠"模式的局限性逐漸暴露，主要表現在：

　　首先，廣東珠江三角洲的勞動力、土地成本大幅上漲，港產品的國際競爭力正在下降。一個地區的勞動成本上漲，會減低同等質素產品跟其他地區的競爭力。經過 20 年來的急速發展，中國內地尤其是華南沿海地區的勞動力、土地成本已大幅上升。1990 年至 1996 年間，中國製造業的名義工資增長率較韓國、泰國為高；而中國國內企業的工資增長率中，又以

"其他形式"的企業最高，達 2.8 倍，當中包括港商的三資企業（表 6-7）。20 世紀 90 年代中期，廣東珠江三角洲地區工人的平均月薪約 500 元人民幣，相當於約 60 美元，而越南、印尼、馬來西亞等一些周邊國家外資企業的平均工資約為 40 美元，緬甸和柬埔寨才 10 美元。在土地成本方面，廣東的地價在 80 至 90 年代也持續大幅上升。凡此都對以勞動密集型產業為主的香港廠商構成極大壓力。香港廠商要沿襲傳統的工業發展模式，就只有將工廠遷入土地、勞動力成本更低的內地，但工廠越深入內地，港商面對的困難也越大。

表 6-7　　1990 年代內地與韓國、泰國的名義工資指數比較

資料來源／
DRI ASIA Database, CEIC
Information Service Ltd.

年份	國有企業	鄉鎮企業	其他企業	中國製造業	韓國製造業	泰國製造業
1990	100	100	100	100	100	100
1991	108	111	116	110	117	110
1992	126	125	133	127	135	120
1993	155	154	166	162	180	126
1994	210	193	211	207	173	125
1995	246	234	250	249	190	148
1996	275	256	277	272	214	163

其次，廣東珠江三角洲產業結構的升級轉型，削弱了其與香港的合作積極性。

20 世紀 90 年代以來，中國利用外資的政策逐步轉變，正從以往利用外資的優惠政策轉變為對外商實行"國民待遇"，為加入 WTO 作準備。例如，1993 年 5 月起廢除三資企業免稅進口交通運輸工具；1996 年 4 月起取消三資企業進口自用機器設備的關稅減免。這種政策轉變的背後，是中國希望提升引進外資的層次。"九五"計劃明確提出："積極引導外商投資主要投向基礎設施、基礎產業、農業綜合開發、高新技術產業和支柱產業。"這就意味著香港具優勢的勞動密集型產業已不再是內地鼓勵投資的產業。這種政策的轉變明顯有利於國際跨國公司的進入而不利於香港中小型企業的投資。

面對國家政策的轉變和本地的土地、勞動力成本不斷上升，廣東產業結構的升級轉型面臨越來越大的壓力。廣東本地勞動力早已明顯不足，要長期維持低成本的勞動密集型工業的發展，就必須大量吸引外省勞工。成千上萬的外省民工湧入廣東，給廣東的社會環境造成很大的壓力。他們的糧食、住宿、往返家鄉的交通以及婚配等問題，都將給廣東造成沉重的負擔和社會矛盾。實際上，廣東已明確提出產業向高科技、高附加值升級轉型的目標，並且將引進外資的重點逐步轉向歐美的跨國公司。廣東省在制定全省國民經濟和社會發展第十個五年計劃時，明確提出"加快產業結構的調整優化"的方向，要走工業化和信息化結合，發展高新技術產業和改造傳統產業並舉的路子特別是要大力發展信息技術、生物技術、光機電一體化和新材料等高新技術產業。這種政策的調整無疑將削弱香港與廣東在勞動密集型產業基礎上的經濟合作。

再次，廣東珠江三角洲的內地企業正成為香港廠商的強大競爭對手。以往，香港企業在生產技術和產品質素等方面都明顯領先於內地企業。不過，內地企業經過多年與外商合作進行加工出口，並不斷改造技術，在技術和產品質素方面與港商的差距已逐步縮小。一些積極進取的內地企業更成為港商的強大競爭對手。根據工業署在 1996 年所進行的香港製造業環境調查，在 14 類香港工業中，有 13 類廠商認為內地是他們最大的競爭對手（表 6-8）。在紡織、製衣、塑膠、化學、包裝、攝影器材和工業機器等 7 類主要工業中，有超過半數香港廠商認為來自內地的競爭壓力十分沉重。素有競爭優勢的香港鐘錶、玩具和首飾廠商，也指出內地企業是其主要對手。在電子方面，內地是繼台灣之後香港的第二大對手。[11]

面對內地企業的強大競爭，港商如不能保持生產技術和產品質素的優勢，他們對設在內地的企業的控制權將逐步減弱。這一時期，廣東已有不少曾經由香港控制的企業轉為由內地企業家控制，如大雄、TCL 等。當港商發現他們在投資製造業的優勢已逐步喪失，便唯有轉投其他行業或遷往更遠的地區。事實上，90 年代以來，港商在廣東的投資比例已開始下降。

綜上所述，隨著"前店後廠"合作模式的局限性陸續呈現，香港在華南地區所擔當的戰略角色，包括工業支援及管理中心、貿易轉口港以及融資中心的地位已遭到削弱，這對以服務業為主體的香港經濟構成了深遠的負面影響。

11 /
香港貿易發展局研究部：《中國變革與融合國際：香港的關鍵地位》，1998 年，53 頁。

註 /
受訪廠商可能選擇超過
一個主要競爭對手，因
此各欄總和不一定等於
100。

資料來源 /
香港工業署：《香港製造
業環境調查（1996）》，
1998 年。

表 6-8　　1996 年香港的主要競爭對手（按受訪廠商百分率計算）

行業	內地	台灣	泰國	韓國	新加坡	日本	越南	其他
紡織	59	17	3	10	2	2	4	13
製衣	55	11	19	13	7	2	18	28
塑膠	54	11	9	6	5	3	2	7
化學	53	14	3	6	5	10	1	13
包裝產品	52	6	7	4	4	1	4	5
工業機器	50	22	3	6	9	7	1	11
攝影器材	50	50	7	21	7	36	0	14
金屬製品	48	15	5	6	4	6	1	5
首飾	47	21	34	7	9	8	1	17
玩具	45	17	10	12	7	10	2	0
鐘錶	43	26	5	9	6	16	1	13
電子	36	41	6	17	14	20	2	13
飲食製造	33	9	4	2	5	5	2	8
印刷	31	4	1	3	6	2	0	5
總數	45	15	8	7	6	6	4	12

| 第二節 | **經濟增長動力削弱：從轉口貿易到離岸貿易**

一、20 世紀 90 年代香港轉口貿易增長明顯放緩

20 世紀 80 年代，香港的進出口貿易，主要是轉口貿易高速增長，帶動了貨運、倉儲、通訊、金融、保險以及旅遊等各行業的迅速發展，成為了香港經濟增長的主要動力。然而，進入 90 年代以後，轉口貿易的增長速度明顯放慢，據統計，80 年代期間，在香港的轉口貿易中，各地產品經香港轉口內地價值的年均增長率是 54.7%，內地產品經香港轉口海外價值的年增長率是 42.0%；然而到 90 年初中期，即 1990 年至 1996 年，各地產品經港轉口內地價值的年增長率降為 22.1%，內地產品經港轉口海外價值的年增長率則降為 20.2%，均較 80 年代的平均增幅下跌五成以上。90 年代中後期，年增長率低至 5.0-6.6%，1998 年甚至出現 6.9% 的負增長（表 6-9）。

20 世紀 90 年代香港轉口貿易增長大幅放緩，除了因為香港的轉口貿易經過多年的高速增長之後，積累的基數已十分龐大之外，主要是受到一些新出現的因素影響，這些因素主要包括：

第一，香港製造業的大規模內遷已經基本結束，加工貿易的帶動力減弱。

80 年代以來，香港轉口貿易大幅增長的一個重要原因，是製造業的大規模內遷。由於香港與內地“三來一補”業務及三資企業的發展，兩地的加工貿易迅速擴大，從而推動了香港轉口貿易的高速增長。1996 年，輸往內地的港產品及轉口貨物中用作加工用途的分別佔 72.8% 及 43.2%，同期香港從內地進口的商品總值中，屬港商在內地加工的產品佔 79.9%。這反映了外發中國內地的加工業務對香港進出口貿易，尤其是轉口貿易的重要性。不過，90 年代中期以後，香港製造業的大規模內遷已經基本結

表 6-9　　1980-1990 年代香港與內地轉口貿易增長率的變化（單位：%）

資料來源 /
香港政府統計處。

年份	香港對內地轉口年增長率	內地產品經香港轉口年增長率	香港轉口貿易年增長率
1981	73.3	52.9	38.3
1982	-0.6	14.5	6.3
1983	52.4	33.9	26.9
1984	130.4	42.8	48.3
1985	64.0	23.2	26.1
1986	-11.1	49.0	16.4
1987	47.1	63.3	49.2
1988	57.7	56.1	50.7
1989	9.1	43.1	25.8
1990	7.2	27.7	19.5
1991	38.2	31.3	29.2
1992	38.3	27.9	29.2
1993	29.4	17.4	19.2
1994	17.6	15.2	15.1
1995	19.0	16.6	17.4
1996	8.8	7.4	6.6
1997	6.3	5.8	5.0
1998	-8.2	-4.5	-6.9
1999	-2.0	4.2	1.7

束，加工貿易的增長速度於是呈現放緩趨勢。

　　第二，香港作為內地發展對外貿易的傳統中介地位開始下降。

　　80 年代改革開放初期，內地產品利用香港轉口，主要是因為內地缺乏優良的港口、貨運設施和國際市場的貿易網絡。隨著經濟的發展，港口、機場以及交通運輸的基礎設施得到了很大的改進，對外貿易網絡也逐步建立，內地對香港的依賴程度開始下降，特別是東北和華北沿海地區一些港口處理進出口貨物的能力已超出了當地外貿的要求，這些地區的進出口貨物已經不必再經香港轉口。同時，外國跨國公司對內地情況的了解也越來越深入，不再把香港作為投資內地的橋頭堡，紛紛直接投資內地，甚至在內地設立總部。因此，90年代中期以後，香港作為傳統中介角色的地位開始下降。

第三，離岸貿易的勃興，直接影響了香港轉口貿易的大幅增長（關於這一點將在下文進一步展開）。

轉口貿易增長的大幅放緩，削弱了其作為香港整體經濟增長的主要動力。到90年代中期，進出口貿易業作為香港經濟主導產業的地位，一度讓位給金融地產業。香港經濟的基礎更加顯得脆弱。

二、從轉口貿易轉向離岸貿易

進入90年代，在轉口貿易發展速度大幅下降的同時，與香港製造業外移相聯繫的一種新的貿易方式日益興起，其增長速度大大超過了轉口貿易，已經引起了有關各方面的高度關注。這種新的貿易方式就是離岸貿易。

離岸貿易又稱三角貿易，主要包括轉運貿易和直接付運貿易，它們在香港貿易統計上沒有記錄。轉運貿易是指以聯運提單方式付運貨物，其付運點與提貨點均在香港以外的地方，但貨物則經過香港，轉運貨物可以從裝載其入口的運輸工具卸下作短暫儲藏，然後由同一運輸工具或另一運輸工具運出口。轉運貿易與轉口貿易的主要差別，在於無須向香港海關申報其貨值，貨物也不需要在香港加工或重新包裝，只是經過短暫停留之後，再轉運到目的地。至於直接付運，則是指貨物直接由生產地付運到客戶而不須經過香港轉運。由於轉運貿易無須在香港清關，而直接付運則不須進入香港，因此有關數字並不記錄在香港轉口貿易統計資料之中，故轉運貿易和直接付運又統稱為離岸貿易。

1994年，香港貿易發展局曾對2,510家公司進行訪問或問卷調查。據調查估計，香港廠商以轉運及直接付運形式進行的無記錄出口貿易，在1994年的總值達6,550億港元，相當於同年香港轉口貿易總值的70%。相比之下，1988年及1991年時，香港的離岸貿易對轉口貿易的比重為50%。1997年，香港貿易發展局研究部再對6,226家香港公司進行同類問卷調查。這次調查中，受訪公司的本產出口及轉口所佔的比重，與香港的整體貿易結構大致相同。鑒於沒有其他更可靠的指標可供引用，該報告採用這些公司的付運模式來推算香港的離岸貿易總額。據推算，1997年香港公司的離岸貿易總額估計達 10,520 億港元（表 6-10），相當於香港轉口總值的 84.5%，大大高於 1994 年的 70%，以及 1991 年和 1988 年的 50%，反映了其間離岸貿易的強勁增長。

表 6-10　　1997 年香港離岸貿易總額估算

註 /
（　　）內數字為佔總出口的比重（單位：%）。

資料來源 /
香港貿易發展局研究部：《離岸貿易及境外投資前景》，1998 年。

	受訪公司	整體貿易
港產品出口	290 億港元（14.5%）	2,110 億港元（14.5%）
轉口	1,710 億港元（85.5%）	12,450 億港元（85.5%）
總出口	2,000 億港元（100%）	14,560 億港元（100%）
離岸貿易	1,040 億港元	10,520 億港元

根據香港貿易發展局研究部的兩次調查，香港離岸貿易呈現以下一些特點：

第一，在這些受訪公司所銷售的中國產品中，絕大部分仍然經過香港轉口往海外市場，不過轉口所佔比重已從 1991 年的 81.0% 下降到 1998 年的 71.8%；與此同時，離岸貿易（轉運和直接付運）所佔的比重則從 18.9% 上升到 28.2%（表 6-11）。

在 90 年代的離岸貿易發展中，又以轉運貿易的增長特別迅猛。根據《香港船務統計》的數字，1990 年至 1996 年，源自內地的海運離港轉運貨物總量從 219.4 萬噸增加到 430.4 萬噸，增長了 96%；各地貨物經港海運離港轉運至內地的總重量則從 92.4 萬噸增加到 448.6 萬噸，增長了 3.85 倍。1996 年，香港與內地的海運轉運貨物的總重量已佔香港海運離港轉運貨物總重量的 51.7%。按市場劃分，香港轉運貿易較集中在亞太區幾個最大的貿易夥伴，包括內地、美國、日本、台灣、新加坡等，其中，中國內地是香港轉運貿易的最大貿易夥伴。不過，90 年代中期以後，直接付運發展的勢頭超過了轉運。根據調查，1994 年至 1998 年，轉運所佔比重已從 13.1% 下降到 12.4%，而直接付運則由 11.6% 上升到 15.8%。至於第三國家產品的付運方式，轉口貿易所佔比重亦進一步從 46% 下降到 40%。同期，轉運所佔比重也從 12% 下降到 8%，而直接付運則從 43% 大幅上升到 52%。

表 6-11　　1990 年代中國內地產品付運方式的改變（單位：%）

年份	經香港轉口	經香港轉運	從內地直接付運
1991	81.0	10.6	8.3
1994	75.3	13.1	11.6
1998	71.8	12.4	15.8

資料來源 /
香港貿易發展局研究部。

　　第二，從產品種類看，採取直接付運出口的產品，以電器、紡織品、旅行用品及手袋、鞋類等最普遍。在中國內地製造的產品中，食品及飲料大多數直接付運，而紡織品、塑膠製品、鞋類、成衣、電器、電子產品及玩具等，也普遍採用直接付運方式。雖然大多數直接付運產品都在廣東省以外地區製造，但在廣東省內製造的產品也越來越多採用直接付運方式出口（表 6-12）。

表 6-12　　1998 年中國內地產品的付運方式——按產品分類

產品	經香港轉口	經香港轉運	從內地直接付運
紡織品	62.6	13.8	23.6
成衣	73.6	11.6	14.8
鞋類	72.4	8.0	19.6
玩具	65.0	25.4	9.6
旅行用品及手袋	75.6	17.3	7.1
珠寶	98.3	0.1	1.6
鐘錶	88.1	9.3	2.6
影音設備	92.6	4.6	2.8
電腦及電訊設備	72.2	26.7	1.1
其他電子產品	83.3	7.1	9.7
電器	80.6	7.3	12.1
塑膠製品	68.7	9.2	22.1
食品及飲料	36.5	6.2	57.3
合計	71.8	12.4	15.8

資料來源 /
香港貿易發展局研究部：
《離岸貿易及境外投資發展前景》，1998 年。

　　第三，隨著業務的不斷擴展及趨向國際化，約有 30% 至 37% 的受訪公司經營源自第三國家的產品出口，所涉國家並不限於亞洲地區，包括亞洲的日本、台灣、韓國、新加坡、泰國、馬來西亞、印尼、菲律賓、越南和印度，以及美國、歐盟、澳大利亞和新西蘭等西方國家。與經營香港及中國內地產品出口的公司不同，大部分從事這些業務的公司（佔 79%）並不從事生產，只扮演純粹的貿易商或代理商角色，充分反映香港作為全球主要採購中心的地位。

90 年代以來香港離岸貿易迅猛發展的原因是多方面的，其中主要是香港廠商為了降低成本，不斷將貨物供應地和出口市場擴展至可獲得更大經濟效益的地區，無論從實際需要還是從地理角度來看，這些貨物均無必要經香港轉口。即使是在內地生產的貨物，也日益趨向採用轉運或直接付運的形式出口，其中部分原因是隨著內地生產能力的不斷提高，大部分在內地製造的產品已經不須先運回香港作最後加工或包裝然後才出口。過去在香港進行的最後組裝、包裝及品質控制等工序，現在都可以在內地完成。另外部分原因是內地的港口、機場以及交通運輸等基礎設施已逐步完善，遠洋航運能力已大大加強。香港對內地的轉口貿易，主要集中在華南地區，特別是廣東珠江三角洲。這一時期，珠江三角洲的對外港口已發展到幾十個，其中鹽田、蛇口、媽灣、赤灣等港口已略具規模，港口設施已大有改善。同時由於內地與航運有關的輔助服務功能也不斷完善，已可以安排國際認可的文件、貨物保險、質量檢驗、集裝箱運輸，以及安排海外班船營運和發出提單等。這樣越來越多的內地產品就可以在內地以轉運或直接付運的形式輸往海外市場，而無須在香港轉口。

據香港貿易發展局 1997 年的調查，由轉口改為轉運或直接付運方式的受訪公司表示，改變的主要原因是：運費較低（62%）、客戶要求（41%）、付運時間較短（33%），以及內地可提供付運前的支援服務如貨物集裝（24%）等。而在仍未採用轉運或直接付運的受訪公司中，有 16% 表示計劃在未來 12 個月內採用這些付運方式，主要原因包括運費較低（50%）及客戶要求（15%）。

三、離岸貿易迅速增長對香港經濟的負面影響

20 世紀 90 年代以來離岸貿易的迅速增長，顯然對香港經濟產生了一定程度的負面影響，主要表現在：

第一，它是 90 年代香港轉口貿易增長大幅放緩的重要原因之一。隨

著付運方式從轉口逐步轉向轉運及直接付運，香港轉口貿易增長的大幅放緩成為中長期的趨勢。對於付運方式的未來發展趨勢，據香港貿易發展局的調查，約四分之三受訪公司預期離岸貿易，尤其是直接付運將會增加，而轉口貿易則會相應下降（表 6-13）。

表 6-13　受訪公司對不同付運方式前景的看法

付運方式	迅速增長	溫和增長	停滯不前	溫和收縮	迅速收縮
轉口	3.1	41.1	20.3	31.3	4.4
轉運	4.3	48.0	28.4	16.9	2.4
直接付運	18.2	57.2	17.6	5.6	1.5

資料來源 /
香港貿易發展局研究部：
《離岸貿易及境外投資發展前景》，1998 年。

　　第二，直接與貨物搬運有關的貿易支援服務的增長進一步放緩。

　　隨著離岸貿易的高速增長，部分原先在香港提供的服務將轉移到臨近的華南沿海地區進行，特別是貨運服務將轉移到臨近地區的港口，不但令香港的港口裝卸服務需求下降，連帶港口處理費用也受到減價壓力。這一發展趨勢使香港直接與貨物搬運有關的貿易支援服務的增長放緩，第九號貨櫃碼頭的緩建以及第十、十一號貨櫃碼頭的停建就是明證。在 20 世紀 90 年代，付運方式的轉變對貨運業的影響尚屬輕微。不過，隨著越來越多的貨運代理公司在內地設立辦事處，為直接付運提供所需的訂位及其他後勤服務，香港境內的貨運業的收益受到壓抑。隨著轉口改為直接付運，貨物從工廠運至港口的運輸服務大多會直接在內地安排，從而影響香港的運輸業以及倉儲業。

　　在貿易融資及保險方面，服務需求很大程度上視乎貿易商的據點在哪裏以及貨物銷售合同內的貨主是誰，付運方式所構成的影響不大。鑒於香港的銀行體系效率高，又能提供一應俱全的銀行服務，大多數公司仍傾向在香港進行貿易融資安排。保險業的情況也是如此。據調查，在採取直接付運或轉運方式出口內地產品的受訪公司中，絕大部分（89.0%）表示會在香港安排融資，表示會在香港進行保險及仲裁活動的分別佔 72.5% 及 65.4%（表 6-14），反映香港繼續作為貿易支援服務中心的重要地位。然而，中國加入 WTO 以後，隨著銀行、保險公司相繼進入內地，有關服務也可能轉移到內地，對香港經濟構成不良的影響。

資料來源 /
香港貿易發展局研究部：
《離岸貿易及境外投資發
展前景》，1998 年。

表 6-14　　中國產品直接付運或轉運所需服務的安排地點

服務內容	香港	內地	香港及內地
貨運及集裝	30.5	56.6	12.9
貿易融資	89.0	7.7	3.3
保險	72.5	20.9	6.5
測試 / 證明	41.0	51.0	8.0
仲裁	65.4	29.9	4.8

第三，香港作為南中國唯一的遠洋貨運中心的地位受到削弱。

近年來，隨著華南沿海地區港口的崛起，香港作為南中國唯一遠洋貨運中心的地位已經動搖。以處理深圳總貨量 55% 的鹽田港為例，近年來鹽田港吞吐量增長相當快，已經有多家航運公司提供定期停靠服務，包括馬士基 / 海陸聯運、東方海外及現代等，其他如長榮及陽明等航運公司亦提供穿梭香港的服務。鹽田港正計劃開展更多的直接停靠航綫，讓立榮海運、川崎及韓進等大型航運公司參與。隨著深圳的鹽田港以及蛇口、赤灣等其他港口的持續發展，轉運及直接付運等付運方式將進一步發展，並對香港港口構成強大競爭。

誠然，在未來的相當一段時期內，香港仍將保持作為中國內地最重要的轉口港地位。1997 年，香港共處理了 1,400 萬個標準集裝箱，同期華南地區各港口合計才處理了 100 萬個。按貨值計算，香港仍然處理內地 40% 的總出口。中長期而言，香港作為區內首要貿易中心的地位，很大程度要看製造商 / 貿易商是否繼續利用香港作為營運基地。不過，在香港貿易發展局 1997 年的調查中，95% 的受訪公司表示將繼續以香港為業務指揮部，高於 1994 年調查所得的 92%。

無論如何，隨著離岸貿易的迅速增長，轉口貿易作為香港經濟增長的主要動力已經削弱，則是不爭的事實。

| 第三節 | **高通脹、高地價下的高成本壓力**

一、20 世紀 80 年代中期至 90 年代中期香港的高通脹

20 世紀 80 年代中期以後，香港的通貨膨脹再度攀升。作為衡量通貨膨脹主要指標之一的甲類消費物價指數升幅從 1986 年的 2.8% 上升到 1989 年的 10.1%。1990 年，甲類消費物價指數升幅雖稍降至 9.7%，1991 年則進一步升至 12.0%，創 1982 年以來的歷史新高。1992 年以後，通脹雖然開始回落，但直到 1995 年仍高企在 8.7% 的水平上（表 6-15）。

根據經濟學的定義，通貨膨脹是價格總水平超過一定幅度的持續上漲。通貨膨脹可根據其形成的原因分為三類，即由需求拉動的通脹、由成本推動的通脹和因經濟結構變動而形成的通脹。20 世紀 80 年代後期，導致香港通貨膨脹大幅攀升的原因可以說是多方面的，情形也較複雜。

從外部看，有因世界商品價格上升，特別是金屬和糧食價格上升和港元匯率隨同美元匯率疲軟而引起的輸入性通脹。但這並不是香港通脹的主要原因。這一時期，引致通貨膨脹大幅上升的主要原因，是香港經濟的快速增長以及經濟結構的快速轉型所引發的內部需求過熱。由於港元跟隨美元貶值及香港製造業大規模內遷這兩個因素，使由港商製造產品的出口價格得以繼續維持較低的水平，推動了香港對外貿易的大幅增長和經濟的蓬勃發展。外需的急速增加導致了內部需求的急劇膨脹和貨幣信貸的急劇擴張。據統計，1986 年至 1988 年香港內部需求以當年價格計算的增長率分別為 16.4%、20.8% 和 18.2%；同期，廣義貨幣供應量（M3）的增長率分別是 27.2%、27.2% 和 20.6%。這一時期，香港的失業率及就業不足率跌至歷史以來的低水平，分別為 1.3% 和 0.6%。勞工短缺使名義工資在三年間上升了 30%。另一方面，內地的對外開放及香港製造業的大規模內遷，恢復和加強了香港作為華南地區貿易轉口港及金融商業服務中心的地位，

資料來源 /
香港政府統計處。

表 6-15　　1980-1998 年香港通貨膨脹走勢（單位：%）

年份	甲類消費物價指數	乙類消費物價指數	恒生消費物價指數	經濟實質增長率
1980	15.5	15.1	14.8	11.0
1981	15.4	14.8	14.5	9.4
1982	10.6	10.8	11.7	2.9
1983	9.9	9.6	10.4	6.5
1984	8.1	8.6	9.0	9.5
1985	3.2	3.5	4.0	0.1
1986	2.6	3.4	5.3	11.2
1987	5.5	5.3	6.4	13.6
1988	7.5	7.4	8.7	7.5
1989	10.1	9.7	10.9	2.6
1990	9.7	9.7	11.3	3.0
1991	12.0	11.7	11.1	4.2
1992	9.3	9.6	9.7	6.3
1993	8.5	8.7	9.5	5.8
1994	8.1	8.6	10.0	5.4
1995	8.7	9.2	9.6	3.9
1996	6.0	6.4	6.6	4.5
1997	5.7	5.8	6.1	5.0
1998	2.6	2.8	3.2	-5.1

加快經濟結構的轉型。服務業的急劇擴張推動了地產、樓價、租金的大幅上漲，1991 年至 1996 年香港住宅樓宇售價和寫字樓租金的大幅飆升，正是在這種背景下產生的。

二、20 世紀 90 年代香港 "高地價、高樓價、高租金" 的形成

香港的地產市道自 1985 年進入過渡時期以後，便進入一個長周期的上升階段。特別是自 1991 年起，住宅樓宇價格連年大幅攀升。在其帶動下，寫字樓、商舖等市場均有可觀的升幅。地產市場的價格水平已日漸與社會的實際承受能力脫節。1994 年初，美國摩根士丹利公司發表研究報告指出：香港地產市道的 "泡沫" 正漸漸形成，雖然沒有即時爆破的危

機，但要提防兩種可能：一是某些事件或環境令香港經濟急轉直下，又或引起極大的政治或經濟不安；二是利率突然飆升。不過，該研究報告當時仍認為：香港地產市道最可能出現的情況，是"泡沫"慢慢洩氣。結果，從 1994 年 4 月到 1995 年第 3 季度，在香港政府推出一系列壓抑樓價的措施以及美國連續七次調高息率等因素的影響下，香港樓市曾一度進入調整期，住宅樓價約下跌三成。

不過，從 1995 年第 4 季度起，香港地產市道再度從谷底回升。到 1996 年第 4 季度，市場掀起豪宅炒風，價格急升，其中，帝景園一宗交易創下每平方英尺逾 20,000 港元的紀錄，京士柏帝庭園一個排隊輪購的籌碼，其轉手價竟高達 130 多萬港元。在豪華住宅樓市的帶動下，中小型住宅樓宇的價格也大幅上升。踏入 1997 年，香港的"回歸因素"被迅速炒起，樓價在此因素推動下在短短半年內再大幅上升三成至五成，並形成空前熾熱的投機炒賣風潮。年初尖沙咀區豪華住宅嘉文花園一個 4 號籌碼以 203 萬港元的價格轉手，約值樓價的兩成。這一時期，香港政府在賣地方面也連創佳績。1997 年 3 月，信和集團及其大股東以 118.2 億港元的高價奪得小西灣一幅非工業用地，創下香港"官地"拍賣史上最高金額紀錄。

在樓市的帶動下，香港股市也從 1995 年初的低位回升，恒生指數從 1995 年初的 6,967.93 點大幅上升到 1996 年底的 13,203.44 點，兩年間升幅高達 89.5%。1997 年香港股市繼續大幅攀升，恒生指數在 8 月 7 日創下 16,673.27 點的歷史高峰，比年初再上升 26.3%。其間，紅籌股掀起投機狂潮，北京控股的超額認購倍數高達 1,000 倍，光大控股的市盈率高達 1,000 倍，已達到極不合理的地步。在樓市、股市的推動下，香港經濟進入空前的繁榮，1997 年首兩季度，經濟增長率分別達 5.9% 和 6.8%。地產、金融業成為經濟增長的主要推動力。

總體而言，20 世紀 90 年代初中期，在多種複雜因素的刺激下，香港地產、樓市大幅飆升，帶動香港股市的大幅上漲，地產、股市的異常繁榮又刺激銀行金融業的空前景氣，形成港元資產的急劇膨脹，進而形成整個經濟中的"泡沫"成分。香港經濟中的這種"大起"，實際上已為 1997 年第 4 季度以後經濟的"大落"埋下伏筆。

三、香港"高地價、高樓價、高租金"形成的原因

90 年代中期，香港"高地價、高樓價、高租金"的形成，其原因是多方面的，但主要有以下三點：

第一，過渡時期香港房地產市場的供求嚴重失衡。

從供應來看，自 1985 年香港進入過渡時期以後，受到中英兩國簽署的《聯合聲明》附件三的制約，香港政府每年賣地不得超過 50 公頃。這項規定對香港的土地供應產生了深遠的影響。在實際執行中，中英土地委員會也察覺到 50 公頃批地上限的弊端，因此在執行初期已有彈性放寬，如 1985 至 1986 年度放寬至 58 公頃，1986 年度至 1987 年度放寬至 55 公頃。不過，前者包括批予和記黃埔集團用以興建葵涌貨櫃碼頭的海床 28 公頃，後者亦包括作為貨櫃碼頭後勤使用的海床 3.5 公頃，可見放寬的幅度不但有限，而且更針對特定的發展工程而制定。及至 1994 年土地供應已明顯短缺，中英土地委員會才有限放寬供應。其中，1997 年上半年的土地供應已超過 50 公頃（表 6-16）。

資料來源／
香港政府統計處。

表 6-16　　1991-1997 年香港政府的土地供應（單位：公頃）

年份	工業用地	商業用地	商住用地	住宅用地	總計
1991	4.33	0.83	5.60	33.09	43.84
1992	13.73	0.89	0.32	23.03	37.94
1993	4.10	0.13	8.45	28.20	40.88
1994	8.26	0.90	2.69	27.99	39.84
1995	2.64	0.85	2.77	66.65	72.41
1996	0.92	0.37	5.13	63.40	69.81
1997（上半年）	1.20	0.77	0.00	53.86	55.84

香港的土地供應中，住宅的土地供應尤其嚴重不足。從表 6-16 看，1995 年以後放寬的土地供應中，絕大部分是住宅用地，以彌補過去多年的嚴重短缺。然而，一般而言，從土地拍賣到建成樓宇出售通常所需的時間是三年，因而 1995 年增加的住宅用地要到 1998 年才能在市場發揮調節供需的作用。換言之，這段時間香港住宅市場的供應相當緊缺。而期間，香港政府的公屋建設又因政府公屋政策的調整而嚴重滯後，跟不上需求。

　　從需求看，90 年代以來香港人口增加速度遠遠超過港府原來的估計，截至 1996 年中，香港總人口已超過 631 萬，按照港府 1992 年時的估計，這將是 2006 年以後才達到的數字。由於人口的急增，香港的住戶數目從 1991 年的 158.2 萬戶增加到 1996 年的 185.6 萬戶，其中約 78% 的增幅是基於 13% 的人口增長，主要源於中國內地的合法移民和海外勞工的湧入，以及早期移民海外人士的回流。此外，住戶的平均人數也趨下降，從 1991 年的平均每戶 3.4 人下降到 1996 年的 3.3 人（表 6-17），這加速了家庭的形成和住戶數目的增加。據統計，1991 年至 1996 年期間，新建成的住宅單位共 163,164 個，而新增住戶數目則達 273,176 戶，前者只及後者的六成。90 年代中期，香港政府發現住宅樓宇供應嚴重短缺之後，並未能及時採取有效措施，致使樓宇供應出現嚴重失衡狀況。

表 6-17　戰後香港住戶數目及平均住戶人數變化情況

年份	住戶數目 （單位：1,000 戶）	平均住戶人數 （人）	5 人或以下家庭佔總數 百分比（%）
1966	757	4.7	—
1971	857	4.5	65.8
1976	999	4.2	70.8
1981	1,245	3.9	77.5
1986	1,453	3.7	84.0
1991	1,582	3.4	89.0
1996	1,856	3.3	—

資料來源 /
香港政府統計處。

　　第二，在港元與美元掛鈎的聯繫匯率制度下，因美國減息、利率偏低以及通貨膨脹高企，使銀行負利率情況嚴重，刺激大量資金湧向地產、股票市場，形成“資產通脹”。

　　自 1983 年 10 月實行港元聯繫匯率制度以來，香港銀行利率被迫跟隨美元利率的走勢。從 1989 年 6 月至 1994 年 3 月期間，美國因為經濟衰退或不景連續多次宣佈減息，最優惠利率從 11 厘減至 6 厘，香港因受制於聯繫匯率被迫跟隨減息。其間，香港通脹率因經濟過熱而大幅上升，據統計，1989 年至 1992 年的 4 年間，香港的通脹率年均高達 10.35%。通脹率對利率的差距形成銀行的負利率。自 1987 年以後，香港銀行的負利

率情況開始出現並趨嚴重。以 1994 年初為例，3 個月定期存款利率僅 3.5
厘，最優惠利率 6.75 厘，住宅按揭利率 8.5 厘，而通脹率則達 8.5%。換
言之，當時存款人的存款每年實質虧蝕 5%，樓宇按揭貸款的實質利率接
近零。在負利率的環境下，大量資金從銀行體系流入地產、股票市場，大
幅推高地產、股票價格，形成"資產通貨膨脹"。

1994 年 4 月以後，負利率因素開始消失。香港政府採取了一系列措
施壓抑樓價，樓市一度進入調整期。但是，香港政府未能抓緊時機及時
增加土地供應和公屋建設，造成兩三年後樓宇供應量的減少。及至 1997
年，投資者將"九七回歸"從負面因素轉而視為正面因素，預期"九七"
後香港經濟將進入一個新的發展時期，因而紛紛入市投資。其間，亦有大
量資金（包括港商從內地賺取的利潤和內地資金）從不同渠道流入香港，
進入地產、股票市場。這一時期，樓宇已從居住用途轉變為投資工具，
而且成為一種被看漲的投資工具。大量資金的投機加劇了樓宇供求的不
平衡。

第三，香港的地產市道已形成集中經營的局面，大地產商囤積土地，
加速了樓價的上升。到 90 年代中，香港地產業逐漸形成集中經營的準寡
頭壟斷的局面，約 10 家大型地產發展商約控制了香港整體樓宇供應的
七八成。財雄勢大的大地產商通過囤積土地，控制樓宇推出的時間和數量
等手法，進一步推高樓宇價格。據地政署透露，1996 年該署共批出 36 份
預售樓花同意書，涉及 18,333 個單位，但到 1997 年中這批單位大部分仍
在地產商手中。地產商囤積樓宇牟利，更加劇了樓宇供應的不平衡。

四、"高地價、高樓價、高租金"對香港經濟的危害

90 年代中期的"地產泡沫"，對"九七"後香港的整體經濟發展造成
了嚴重的危害。主要表現在：

第一，社會投機風氣猖獗，形成全民參與投機、不務正業的社會
思潮。在地產、股票炒風的帶動下，香港在 1997 年前後相繼掀起炒的
士牌、炒郵票、炒磁卡熱潮。社會上炒風瀰漫，市民普遍存在三種心
態：一是不務正業的投機心態，認為炒樓比打工好，炒樓一轉手便可
賺二三十萬港元，甚至炒一個買樓籌碼就可賺數萬、數十萬甚至逾 200
萬；二是賭徒心態，形成講膽識、不重毅力，一鋪定輸贏，贏了便發達

的賭徒心態；三是不少人有挫敗及失落感，認為 "辛苦工作賺錢，不如投機者多"。當時，社會上普遍流傳一句話："High Tech 就揩嘢（意即搞高科技產業就虧蝕），Low Tech 就撈嘢（意即炒樓就賺錢）"，反映了社會上普遍存在著經商搞實業不如炒樓投機獲利多的思潮。長此以往，香港經濟勢將倒退。

　　第二，形成地產業的超高利潤，推高香港整體的經營成本，嚴重削弱香港經濟的競爭力。隨著地價、樓價的急升，香港的寫字樓租金大幅飆升，到 1996 年底，香港甲級寫字樓租金平均已達每年每平方英尺 105.56 美元，在全球主要商業城市中高踞榜首，遠高於排第二、三位的莫斯科（78.79 美元）和東京（74.32 美元）。高昂的經營成本嚴重削弱了香港經濟的國際競爭力。正如美國學者恩特萊教授在其著作《香港優勢》一書中所指出："影響香港目前和未來競爭力的各種問題中，最廣受議論的是成本問題。眾所周知，香港的住宅和辦公室租金之高，在全世界數一數二。香港購物天堂的美譽已經被零售業的租金影響了，因為昂貴的租金已經轉嫁到零售商品之上。"[12] 同樣道理，昂貴的樓價、租金也轉移到服務業以至香港各個行業，逐漸形成地產業一枝獨秀，百業蕭條的局面。

　　"高地價、高樓價、高租金" 導致了當時地產業的超高利潤。據統計，1996 年，香港 177 家製造業上市公司一年的純利總和，還不及三大地產公司其中的任何一家一年的利潤（表 6-18）。王氏港建已是香港一家較具規模的跨國企業集團，在東南亞很多國家都設有分公司，當時它一年的利潤是 3,000 萬港元，而非經常性利潤（主要是地產）就佔了三分之一。就連當時的行政局議員陳坤耀教授亦表示，一家國際成衣公司在香港的總部只有一個人，秘書也是聘兼職的，若租金再繼續上升，那些跨國公司便支撐不下去。他認為，一旦昂貴租金驅走外國公司後，租金將回落，但那些跑掉的公司並不會馬上回來，香港將因此付出沉重的代價。

12 /
恩特萊等著、曾憲冠譯：《香港優勢》，牛津大學出版社，1997 年，第 175 頁。

表 6-18　　1996 年香港上市公司市值、純利、派息比較（單位：億港元）

公司	公司市值	純利	派息
新鴻基地產	2,264.09	110.39	44.45
長江實業	1,579.57	111.25	20.26
恒基地產	1,325.41	83.62	34.49
177 家製造業上市公司	1,575.47	50.98	43.32

資料來源 /
〈1996 年底本港上市公司實收股數、收市市值一覽表〉，香港《信報財經新聞》，1997 年 1 月 2 日。

當時，香港中華總商會名譽會長霍英東更嚴厲抨擊港英政府的高地價政策，他認為樓價已"高得離譜"，高得脫離實際，高到一般市民無力承擔的地步，而且高昂的租金已經影響正當的工商經營，令其出現困難。他指出，1996 年香港已有 1,000 多家店舖清盤破產，若這種情況持續下去，肯定會影響社會穩定。當時，香港經濟增長的火車頭和動力已經不再是傳統的出口加工業，轉口貿易亦已放緩，內部消費疲弱，而公共投資則因新機場核心工程的高峰期已過而回落，因此房地產業成為經濟增長的主要動力。這種一枝獨秀、百業蕭條的局面若發展下去，勢將嚴重影響香港的經濟增長和整體競爭力。

第三，香港的"泡沫經濟"在地產、股市兩個重要環節形成，成為未來經濟發展中的"定時炸彈"。據統計，從 1978 年到 1994 年初，香港的樓價從每平方英尺 200 港元上升到超過 6,000 港元，升幅達 29 倍；同時恒生指數從 400 點上升到 14,000 點，升幅達 34 倍。這種情況固然與期間香港經濟在"中國因素"帶動下的蓬勃發展有密切關係，但是不能不看到嚴重的"資產通脹"是一種"泡沫經濟"的表現。實際上，20 世紀 90 年代中期的地產繁榮只是一種假象，一遇風吹草動，樓價上升的"泡沫"便會因無法維持下去而突然爆破，將對整體經濟造成重大的衝擊。這種情況在國際上已有先例，日本經濟就因 90 年代初的"泡沫"爆破而受衝擊。

第四，加劇社會的貧富懸殊，成為香港社會不穩定的重大因素。高地價、高樓價、高租金以及地產業的高利潤，加劇了香港社會貧富懸殊的局面。據統計，1996 年，香港社會達四成二的收入落入首 10% 的人口的口袋裏，而在收入最低層的 10% 人口，只拿到總收入的 1.1%。當時，月收入達 10 萬港元或以上的家庭有 18 萬戶，而月收入僅 5,500 港元或以下的家庭則有 60 萬戶，41 萬人處於赤貧，比 4 年前上升了四成。香港的貧富差距已達到近 20 年來的最高水平。這種現象過去只出現在拉丁美洲，而不是東亞地區。由於香港缺乏有效的社會保障制度，那些沒有退休金保障、自行為老來積穀防飢的市民，將發現他們的儲蓄正逐步被高租金、高通脹所吃掉。

這種情況正逐漸成為香港社會不穩定的一個重要因素。1997 年，香港就發生多宗與房屋有關的恐嚇事件。該年 2 月 12 日，立法局大樓外就發現寫上打倒房屋司的可疑物品，要動用拆彈專家到場"引爆"。3 月份，幾家傳媒機構收到匿名信，聲稱要下毒對付當時的房屋司官員以及其他享有房屋津貼特權的人士。4月份，九龍尖沙咀巴士總站一輛巴士內發現寫有"沙林毒氣"及"抗議港府高地價政策"字條的玻璃瓶。凡此種種，顯示社會正醞釀著動盪不安的先兆。

| 第四節 | **社會問題：結構性失業與貧富差距擴大**

香港產業結構轉型還衍生了一系列的社會問題，包括結構性失業以及
貧富差距擴大問題等，不單直接影響整體經濟的持續發展，而且成為香港
社會不穩定的重大因素。

一、結構性失業日趨嚴重

20 世紀 80 至 90 年代，隨著香港經濟的快速轉型，尤其是製造業大
規模向珠江三角洲地區轉移，大批文化水平低的勞工被擠出就業行列，幸
而期間勞動密集型服務業快速擴張，香港尚未出現嚴重的結構性失業情
況。然而，隨著香港整體經濟進一步向高附加值方面升級轉型，對勞工的
素質和文化科技水平提出了越來越高的要求，勞工結構與經濟結構之間的
失調日漸明顯，成為香港經濟在成本壓力下向高增值方向轉型的一個重大
不利因素。

香港產業結構從以製造業為主導轉向服務經濟，對勞工市場產生很大
的影響。最明顯的是從 80 年代中期以來，大量的製造業工人遭受解僱。
據統計，80 年代初的全盛時期，製造業的僱員人數超過 90 萬人，佔全香
港勞動人口的 46.6%。然而，隨著產業結構轉型，製造業僱員數目及其佔
勞動人口的比重均大幅下跌，到 1998 年，製造業僱員人數僅剩下 39 萬多
人，所佔比重僅 12.3%（表 6-19）。換言之，這一時期，從製造業淘汰出
來的勞動人口高達 50 萬人。

幸而，在製造業萎縮的同時，香港的服務業迅速擴展，需要勞動力的
超常供應，為勞動力市場提供了大量的就業機會。1993 年以前，尤其是
1990 年前後，服務業吸納了大量從製造業淘汰出來的工人，形成製造業
勞動人口向服務業流動的趨勢。這一時期，香港尚未出現明顯的結構性失
業。然而，1993 年以後，隨著大量移民回流和新移民的湧入，加上香港

表 6-19　　1980-1998 年香港就業情況（單位：萬人）

年份	1980	1985	1989	1995	1996	1997	1998
製造業僱員人數	90.22（46.6）	85.96（39.6）	80.89（29.7）	53.46（18.4）	48.21（16.0）	44.39（14.1）	39.19（12.3）
其他行業僱員人數	103.34（53.4）	131.33（60.4）	191.42（70.3）	237.05（81.6）	252.56（84.0）	270.08（85.9）	320.10（87.7）
勞動力總人數	193.56（100.0）	217.29（100.0）	272.31（100.0）	290.51（100.0）	300.77（100.0）	314.47（100.0）	320.10（100.0）
失業人數及比例	8.83（3.8）	8.41（3.2）	4.97（1.1）	9.56（3.2）	8.61（2.8）	7.13（2.2）	15.76（4.7）
就業不足人數及比例	N.A	N.A	2.09（0.8）	6.28（2.1）	5.17（1.7）	3.79（1.2）	8.55（2.5）

註 /

（　）內數字為所佔比重。

資料來源 /

香港政府統計處。

經濟在 1994 年、1995 年出現調整，服務業增長放緩，不少行業相繼縮減機構、裁減人員，經濟的周期性調整打破了勞工市場原有的供應和轉化循環規律，造成勞動人口的積壓。據統計，1989 年香港的失業率僅 1.1%，就業不足率 0.8%，失業及就業不足人數合共 7.06 萬人，可以說已達到全民就業。到 1995 年經濟調整期間，香港失業問題開始惡化，失業率回升至 3.2%，就業不足率達 2.1%，失業及就業不足人數則上升到 15.84 萬人，比 1989 年大幅上升 124%。及至 1998 年，失業率及就業不足率更分別升至 4.7% 和 2.5%，失業及就業不足人數高達 24.31 萬人。失業已成為香港社會普遍關注的嚴重問題。

　　20 世紀 90 年代香港的失業率逐步上升，究其原因主要有兩點：

　　第一，香港經濟的結構性轉型。根據香港科技大學教授雷鼎鳴和關蔭強、練乙錚的一項研究，經濟轉型對失業率有重大影響。雷鼎鳴等採用經濟學上的 Lilien 指數量度香港經濟轉型的程度。Lilien 指數主要是根據每一時期不同行業就業人口增長率的加權標準差計算出來。不同行業工人人數增長率差別越大，Lilien 指數便越大，經濟轉型便越迅速。該項研究發現，經濟轉型是各種與失業有關的因素當中影響最大的一個，從 80 年代至 90 年代中，失業率變化的動力六成以上來自經濟轉型。[13] 當然，在亞洲金融風暴期間，香港失業率高企，主要原因已不是經濟轉型，而是經濟衰退和信貸緊縮。

　　第二，香港勞動力供應增長大於需求增長。在勞動力供應方面，經

13 /

雷鼎鳴著：〈香港的經濟轉型〉，載劉兆佳編《香港二十一世紀藍圖》，中文大學出版社，2000年，第 70 頁。

過一段較緩慢的增長期後，香港勞動人口在 20 世紀 90 年代初中期加快增長，在 1993 年上升了 2.9%，1994 年上升了 3.5%，達到 297 萬人。勞動力供應的改變，主要決定於人口增長率、工人參與比率，以及出入境移民的比例。90 年代初中期，香港人口增長率及工人參與比率均保持穩定，但卻有大量的海外勞動人口湧入（表 6-20）。據恒生銀行的估計，1990 年，香港淨外流人口約為 4.1 萬人，但到 1994 年，卻轉為淨流入人口約 4.2 萬人，其中包括回流移民、海內外專業人士及輸入勞工。[14] 這些來自各個工業國家的專業人士及技術工人包括外籍人士和回流移民，都是受到香港經濟繁榮及大量就業機會的吸引而來。除了 15.9 萬名家庭傭工外，這些外籍僱員的人數，從 1992 年的 17 萬增加到 1994 年的 21 萬，兩年間即增加 4 萬人。其間，香港政府的＂一般輸入外地勞工計劃＂也為香港引入約 2 萬名外地勞工，而赤鱲角新機場及其他有關工程也引入了 1.1 萬建築工人。這 3 萬名外勞雖然只佔香港勞動人口的約 1%，但卻對在製造業中被淘汰、需要在其他行業找到工作的工人形成競爭，加劇了結構性失業。

14 /
恒生銀行：《恒生經濟月報》，1995 年 5 月。

資料來源 /
恒生銀行：《恒生經濟月報》，1995 年 5 月。

表 6-20　　20 世紀 90 年代初中期香港勞動人口改變的因素（單位：千人）

年份	1990	1992	1993	1994
勞動人口	2,748.1	2,793.0	2,873.0	2,972.6
對上年增長	-4.7	-5.8	80.0	99.6
影響因素				
參與率改變	-22.2	-50.1	9.5	0
人口自然增長	58.5	56.4	57.0	57.6
淨流入人數	-40.9	-12.1	13.8	42.0

由此可見，香港的失業具有總量過剩和結構失業並存的特點。香港的結構性失業，也就是工人因其技能與社會環境脫節所產生的失業。與其他行業相比，製造業工人一般年紀較大，知識水平也較低。以 1991 年的統計為例，超過四分之一的製造業工人年逾 45 歲，較全港勞動人口的相對比率 23% 為高。至於教育水平，亦不如其他行業般高，有 35.9% 的製造業工人只受過小學或更低程度的教育，而香港勞動人口的相對比率則為 28.5%。由於年齡、教育和技術水平等因素，從製造業淘汰出來的工人要轉行尤為不易，因此較易受結構性失業的威脅。統計數字顯示，幾近一半

失業者為製造業工人。

　　另一個顯示結構性失業存在的現象，是年齡較大的工人組別失業率較高。以 1995 年為例，失業率最高的組別是 50-59 歲的勞動人口，從 1989 年的 0.7% 上升到 3.2%，其次是 40-49 歲組別，從 0.5% 上升到 2.7%。就業不足率也反映了同樣的情況，50-59 歲以及 40-49 歲的勞動人口，就業不足率分別從 1989 年的 1.2% 和 0.8% 上升到 3.2% 和 3.0%。年紀較大的失業工人中，也以製造業工人為多。面對製造業對勞工需求的持續減少，一些上年紀的工人可能發現他們的技術已落後，越來越難覓得工作，除非從頭學習新技能，不然只有面臨失業。

　　亞洲金融風暴後，隨著經濟衰退和信貸收縮，香港的失業率進一步上升到 6% 的高水平，結構性失業問題更趨惡化。根據香港社會服務聯會向特區行政長官提交的周年建議書，雖然 2000 年首季失業率已回落到 5.1%，但低學歷工人的失業率卻維持在接近 8% 的高水平。而政府勞工處的數字顯示，只有小學或以下程度的勞工人數，達 66 萬，佔香港勞動總人口的近兩成，其中 42 萬為男性。經濟轉型正令數十萬低學歷的中年人士淪為隨時失業的邊緣勞工，而失業逾半年的更高達 5.5 萬人。香港社會聯會的報告指出，經濟困境除了令這批人無法維持基本生活質素外，更造成個人情緒困擾，對培育兒童成長及照顧長者亦造成負面影響。社會矛盾由此醞釀及積聚。

二、香港社會貧富差距擴大

　　長期以來，香港一直被譽為“當代自由資本主義的典範”，市場這隻“無形之手”對經濟的調節功能得到最充分的發揮，政府一般不干預經濟活動，加上香港長期實行低稅制，以及缺乏退休保障和失業保險等，貧富分化早已比較嚴重。據估計，早在 1971 年，香港的堅尼係數已達 0.43。相比之下，一般西方國家的堅尼係數只介乎 0.32-0.35 之間。堅尼係數是衡量收入分配平均度的最普遍使用的計算方式，係數介乎 0 與 1 之間，如果係數是 0，即表示各家庭收入均等，沒有貧富懸殊的情況，如果係數是 1，表示只有一個家庭賺取所有的收入，其他家庭則毫無收入，貧富懸殊絕對。一般認為，堅尼係數達到 0.5 時，貧富懸殊情況便算比較嚴重。

　　根據香港政府的估計，20 世紀 70 年代以來，香港的堅尼係數便不斷上升，1976 年是 0.43，1986 年上升到 0.453，到 1996 年達到 0.518。數字顯示 20 世紀 70 至 90 年代期間，香港社會貧富之間的差距不斷擴大，貧富懸殊已達到相當嚴重的地步。本來，收入分配的不平均趨勢與香港的經濟發展模式就有相當的聯繫。20 世紀 60 至 70 年代，香港致力發展工業，因創造了大量就業機會使收入分配得以改善。但 80 年代以後，經濟從製造業主導轉向服務業，則令收入分配不平均趨勢上升，而結構性失業更加劇了這問題。

2000 年 9 月，香港社會保障學會發表研究報告表示，香港"貧者越貧、富者越富"的現象越趨明顯，已成為香港社會一大嚴重問題。該學會根據政府統計處的統計資料進行分析，發現 20 世紀 90 年代香港住戶收入的實質增長，只集中在較高收入的住戶，收入越高的住戶，增長速度越高。以最高收入的一成住戶而言，其每月收入從 1990 年的 3.14 萬港元增加到 1999 年的 7.0 萬港元，以 1990 年的價格計算即約 40,248.1 元，實質收入增加超過 28%。相反，最低收入的一成住戶每月收入從 1990 年的 2,400 港元增加到 3,000 港元，以 1990 年的價格計算即只有 1,725 元，其實質收入下降超過 28%（表 6-21）。調查顯示，香港最低收入的兩成住戶佔全港總收入不足半成，而最高收入中的兩成住戶則佔總收入的五成。該調查還發現，香港經濟增長的成果並沒有與大部分僱員分享，因為在 20 世紀 90 年代期間，香港經濟的實質增長達 38%，但九成住戶收入的平均月增長卻落後於實質經濟增長兩成至六成半，即使收入最高的一成住戶，其收入增長亦落後一成，顯示經濟成果只集中在小撮人身上。香港最低收入的三成住戶共 200 萬人，其實質月收入事實上比 10 年前下降。

統計署 2000 年出版的《綜合住戶調查統計報告》顯示，香港住戶月入 8,500 港元以下共有 44 萬戶，若以每個家庭住戶平均人數為 3.3 人計算，44 萬戶合共有 145 萬人（表 6-22）。根據政府社會福利署的資料，3 人的綜合援助家庭每月可領取綜援金額 7,800 港元，以香港住戶平均 3.3 人計算，每個家庭可領取綜援金 8,580 元。若選取香港綜援金額水平作為貧窮綫，則香港共有貧困人士 145 萬人，貧窮率達 22.6%，即香港 672 萬人口中有超過五分之一處於貧窮之中。即使以貧窮人士最高收入組別來計算，月入 8,500 港元的 3.3 人家庭，每人平均每月的可用金少於 2,600 港元，根據甲類消費物價指數計算，這些人士每日只有 32 港元生活費，平均每餐只有 10 港元，生活之苦可以想像。

表 6-21　20 世紀 90 年代香港住戶每月收入變化情況

十等組別	以當年價格計算的住戶每月收入（港元）		實質每月收入變化（％）
	1990 年	1999 年	1999/1990 年
最低一	2,400	3,000（1,724.9）	-28.1
二	4,600	6,800（3,909.8）	-15.0
三	6,000	10,000（5,749.7）	-4.2
四	7,000	12,200（7,114.7）	0.2
五	8,500	15,500（8,912.1）	4.8
六	10,000	20,000（11,499.5）	15.0
七	12,100	24,000（13,799.4）	14.0
八	15,000	30,000（17,249.2）	15.0
九	20,000	40,900（23,516.4）	17.6
最高十	31,400	70,000（40,248.1）	28.2
平均	9,400	17,500（10,062.0）	7.0

註 /
（　　）表示以 1990 年價
格折算的數字。
資料來源 /
香港社會保障聯會。

表 6-22　2000 年 6 月香港貧窮人數的最新估計

住戶每月收入組別 （港元）	住戶每月平均收入 （港元）	住戶數目 （萬戶）	貧窮人數 （萬人）
少於 4,000	2,000	16.6	55
4,000-5,999	5,000	8.9	29
6,000-7,999	7,000	11.3	37
8,000-8,999	8,500	7.1	24
合計	—	43.9	145

資料來源 /
香港政府統計處：《綜合
住戶統計調查》，2000
年 4 月至 6 月季度報告。

　　失業高企、貧富懸殊擴大，無疑將令社會矛盾日趨尖銳，成為香港社
會經濟不穩定的一個重要因素。值得指出的是，貧富差距擴大，還將直接
影響社會整體購買力，不利經濟的發展。一般而言，當消費者的實際收入
提高，消費支出的比例也會增加，但當收入增加到一定水平，或以較大幅
度增長時，消費支出的比例就會逐漸減少，社會階層的層次高低與消費傾
向成反比。貧富差別越大，整體社會消費傾向越下降。這就是近年來香港
經濟內部消費持續疲弱的重要原因之一。

| 第五節 | **香港的國際競爭力面臨嚴峻挑戰**

一、IMD 與 WEF 關於國際競爭力評估方式的比較

自 1990 年美國哈佛大學商學院教授波特（Michael E. Porter）撰寫的論著《國家競爭優勢》問世以來，世界各國日益加強對提升國家競爭力的關注和研究。其中，以實證研究方式來評估及比較各國及地區的國際競爭力，首推瑞士洛桑國際管理學院（International Institute for Management Development，簡稱 IMD）和世界經濟論壇（World Economic Forum，簡稱 WEF）共同合作出版的《世界競爭力年報》（*The World Competitiveness Yearbook*）最受人矚目。《世界競爭力年報》是由世界經濟論壇於 1979 年開始出版，在 1989 年至 1995 年間與洛桑國際管理學院合作出版。由於兩者的研究方法及評估側重點不同，自 1996 年起，雙方各自出版全球競爭力報告。洛桑國際管理學院出版的報告名為《世界競爭力年報》，而由世界經濟論壇出版的報告則稱為《全球競爭力年報》（*The Global Competitiveness Report*）。

所謂國際競爭力，IMD 與 WEF 的解釋稍有出入。IMD 世界競爭力計劃主持人 Stephane Ganelli 教授認為，一國或一地區的競爭力最終表現在該國或該地區財富的創造與累積。競爭力也即一個國家或地區將資產（assets）轉化為競爭力的能力（processes）。所謂資產就是一個國家或地區過去所累積的財富，某些國家有豐富的資產，諸如土地、人口、自然資源等，但競爭力並不強，原因是其利用和轉化這些資產的能力不足。然而，某些國家或地區，如新加坡、瑞士等，資源並不豐富，但轉化的能力強，因而有較強的競爭力。

IMD 的世界競爭力年報試圖衡量各國或地區創造及累積財富的能力。這個能力，不僅僅是指狹義的生產力，更包括了多種經濟與非經濟因素，諸如自由化程度、國際化程度、公共建設、行政效率、生活品質、以

至科技、教育等等。Garelli 教授就認為："如果不隨時發展最新科技和投資更完善的教育環境，那麼高的排名可能立刻讓後來居上的國家取代。"他認為："國家不僅是在產品與服務上的競爭，同時也是在教育與價值體系上的競爭。"[15] IMD 報告將一國創造其比較利益的策略分為兩大類，即吸引力（attractiveness）與進取心（aggressiveness）。有些國家營造國內市場的吸引力，藉以創造有利於吸引外資的環境，如愛爾蘭、泰國、墨西哥等。有些國家則以增強出口、對外投資等積極進取的政策來提高國際競爭力，如日本、韓國。美國則屬於兩者兼顧的國家。

　　而 WEF 全球競爭力報告諮詢委員會共同主席 Sachs 教授則認為，國際競爭力是一國或一地區快速而持續改善生活水準的能力。WEF 競爭力報告的目的就在評估每一個國家或地區經濟增長的前景。具體而言，WEF 的競爭力指標是試圖衡量出各國或地區未來 5 至 10 年每人 GDP 年增長率的潛力，而強調 5 至 10 年是因為短期的經濟增長表現容易受到景氣變動。但一國或一地區的經濟增長率除了受到該國或該地區的結構性特徵及經濟政策影響之外，也受到該國或該地區經濟發展水平的制約。具有相同競爭力的國家，富裕程度高的經濟增長率一般相對較低。WEF 選擇的指標及權數設定是以現代經濟成長的理論及實證文獻為基礎，尤其重視近年來有關影響經濟成長因素的跨國性實證研究。或基於此，WEF 一直將香港排在較前的名次，1999 年香港在 WEF 的全球競爭力排名中仍高居第三位。

　　根據 IMD 的評估方法，影響一國或一地區國際競爭力的基本因素有 8 大項：（1）本地經濟（Domestic Economy），包括附加價值、資本形成、私人消費、生活成本、產業結構、經濟預測等；（2）國際化程度（Internationalization），包括貿易成效、商品及服務輸出、商品及服務輸入、國際保護主義、外國直接投資、文化開放程度等；（3）政府效率（Government），包括國家／地區的債務、政府支出、政府參與經濟活動的程度、政府效能與透明度、財政政策、社會政治穩定等；（4）金融實力（Finance），包括投資回報率、資金供應、股票市場、金融服務等；（5）基礎建設（Infrastructure），包括能源自給程度、科技建設、交通建設、環境等；（6）企業管理（management），包括生產力、勞動成本／報酬水平、企業成效、管理效能等；（7）科技實力（Science and Technology），包括研究與發展資源、科學研究、專利、科技管理等；（8）人力質素

15／

高希均、石磁宜著：《競爭力手冊》，台灣天下文化出版股份有限公司，1996 年，第 5 頁。

表 6-23　　IMD 對國際競爭力分析的假設

資料來源 /
IMD：《1996 年全球競爭
力年報》。

序號	基本因素	原因分析及具體內容
1	本地經濟	1. 生產力可反映在短期的附加價值上。 2. 長期競爭力需要資本形成。 3. 一國 / 地區的繁榮是反映其過去的經濟表現。 4. 市場競爭會改善一國 / 地區的經濟表現。 5. 國內市場越競爭，該國企業在國際上的競爭力也越強。
2	國際化程度	1. 一國在國際貿易上可成功反映其國內經濟的競爭力。 2. 對國際經濟活動開放會提高一國 / 地區的經濟表現。 3. 國際投資使資源在全世界的配置更有效率。 4. 出口導向的競爭力常與國內經濟的成長相關。 5. 要維持高生活水準，需要與國際經濟整合。
3	政府效率	1. 除創造競爭的環境之外，政府應盡量減少對企業的干預。 2. 政府需提供整體經濟及社會環境的穩定性。 3. 面對國際環境的變動，政府的經濟政策應有彈性。
4	金融實力	1. 金融可以促進有附加價值的活動。 2. 發展良好並與國際充分整合的金融體系可以加強一國的國際競爭力。
5	基礎建設	1. 良好的基礎建設可以支援經濟活動。 2. 良好的基礎建設應包含功能強大的資訊網絡及有效率的環境保護。
6	企業管理	1. 有價格及品質競爭力的產品反映一國 / 地區的管理能力。 2. 長期而言有長遠眼光的管理將增加競爭力。 3. 有效率的經濟活動和因應經濟環境的調整是有競爭力企業的重要特色。 4. 企業家精神在經濟剛開始發展的階段是重要的。 5. 在較成熟的企業裏需要具備整合與分工的管理技巧。
7	科技實力	1. 有效率及創新地應用現有科技可以建立競爭優勢。 2. 對經濟發展至成熟階段的國家 / 地區而言，投資於基本的研究與創新以創造新的知識是很重要的。 3. 企業對研究與發展的長期投資可能增加其競爭力。 4. 私營部門對非國防的研究與發展的投資比公營部門對國防的研究與發展的投資更能增加一國 / 地區的競爭力。
8	人力質素	1. 有素質的人力增加一國 / 地區的競爭力。 2. 勞動人口的態度影響一國 / 地區的競爭力。 3. 有競爭力的國家 / 地區會提高對生活品質的期望。

（People），包括人口特質、勞動力特質、就業、教育結構、生活品質、工作態度等。各基本因素之下又分為若干的中分類，每一中分類再選擇適當的指標加以衡量（表 6-23）。

二、20 世紀 90 年代後期香港國際競爭力呈下降趨勢

根據 IMD 發表的《世界競爭力年報》，在其所調查的全球 46 個國家和地區中（包括 26 個 OECD 成員國和 20 個具代表性的發展中國家和地

區），香港的國際競爭力一直名列前茅，從 1992 年至 1994 年，香港的國際競爭力排名第 4 位，僅次於美國、新加坡和日本。1995 年，香港的國際競爭力超越日本而進入前三強。這個位次連續保持了 4 年，然而 1997 年亞洲金融風暴爆發後，香港國際競爭力的弱項明顯暴露。1998 年，香港在世界競爭力排名中雖然仍維持第 3 位，但在各個基本因素中已出現競爭力下跌的現象。IMD 在年報中認為，香港的競爭力在亞洲金融風暴後出現急速倒退，情況令人憂慮。

　　1998 年 6 月英國《經濟學人》發表的報告就預測，從 1998 年到 2002 年，香港在全球經濟競爭力的排名，將會從 1993 年至 1997 年的首 3 位逐步跌至第 9 位。[16] 儘管這些國際機構在評估各地競爭力時主觀性較大，但這些評估都反映了一個危險的信息：香港的國際競爭力正在削弱之中。果然，香港的國際競爭力排名在 1999 年連跌 4 級，在 2000 年連跌 7 級，已落在美國、新加坡、芬蘭、荷蘭、瑞士、盧森堡、愛爾蘭、德國、瑞典、冰島、加拿大、丹麥、澳大利亞等之後，位居第 14 位（表 6-24）。值得重視的是，由 WEF 及哈佛大學著名教授薩克斯等撰寫的《2000 年全球競爭力年報》中，香港在 59 個國家的排名也從 1999 年的第 3 位跌至第 8 位，其表現與排名第 2 位的新加坡相去日遠。

16 /
周錦基：〈學者論香港競爭力〉，載香港《資本》雜誌 1998 年 6 月號，第 62 頁。

表 6-24　1999 年及 2000 年世界競爭力排名（IMD 的報告）

資料來源 /
IMD：《2000 年世界競爭力年報》。

2000 年	1999 年	國家 / 地區	2000 年	1999 年	國家 / 地區
1	1	美國	11	10	加拿大
2	2	新加坡	12	8	丹麥
3	3	芬蘭	13	12	澳大利亞
4	5	荷蘭	14	7	香港
5	6	瑞士	15	15	英國
6	4	盧森堡	16	13	挪威
7	11	愛爾蘭	17	16	日本
8	9	德國	18	19	奧地利
9	14	瑞典	19	18	台灣
10	17	冰島	20	29	中國

三、20 世紀 90 年代香港國際競爭力的優勢和弱項分析

根據 IMD 發表的全球競爭力年報（表 6-25），20 世紀 90 年代香港國際競爭力的優勢和弱項可作以下分析：

第一，本地經濟。20 世紀 90 年代，香港本地經濟實力在世界排名呈下跌趨勢，從 1992 年的第 4 名跌至 1997 年的第 9 名、1998 年的第 17 名，1999 年更跌至第 36 名。其實，香港經濟在 90 年代上半期仍有不錯的表現，1991 年至 1997 年 GDP 年均實質增長超過 5%，失業率也維持在較低水平，1996 年香港失業率僅 2.6%，基本達到充分就業水平，表明香港的人力資源仍得到很好的利用。不過，亞洲金融風暴後，香港經濟迅速惡化，1998 年 GDP 實質負增長 5.1%，是二次大戰以來最嚴重的衰退。因此，1999 年香港本地經濟在全球的排名跌至第 36 位，排在南非之後。2000 年，香港本地經濟的排名雖回升至第 27 位，但仍遠低於新加坡的第 8 位、台灣的第 17 位及韓國的第 20 位。2000 年，在香港本地經濟中，表現最差的是生活費用比較（Cost-of-living comparisons）及本地投資的實質增長（Gross domestic investment real growth），在全球分別排在第 45 位及第 44 位。私人最終消費開支的實質增長（Real growth in private final consumption expenditure）及政府最終消費開支（Government final consumption expendture）也分別排在第 42 位及第 41 位，反映期間香港本地投資、消費疲弱。

第二，國際化程度。香港是典型的外向型經濟，國際化程度一向很高。1994 年，香港的國際化程度在全球的排名高居第 2 位，是高度開放的經濟體系。1995 年至 1998 年，香港的國際化程度徘徊在第 3 至 4 名，到 1998 年下降到第 5 位，2000 年進一步降至第 9 位。2000 年，香港經濟中的國際化程度表現最高的是進口傾向（Tendency to import）及對外貿易佔 GDP 的比例（Trade to GDP ratio），分別在全球排第 1、2 位，反映了香港經濟對對外貿易的高度依賴。香港經濟在國際化程度方面表現最差的是出口市場的多元化程度（Export market diversification），排第 44 位。

第三，政府效率。長期以來，在英式文官制度的影響下，香港政府形成了一套高效率的行政架構，政府奉行自由經濟哲學，實行"積極不干預"的經濟政策，盡量減少對經濟運作的干預程度，而增強服務功能；政府沒有債務，財政政策審慎，擁有龐大的財政盈餘，社會政治穩定。特區

政府成立後，這套行之有效的行政系統繼續運作，透明度高。因此，香港的政府效率在 1992 年至 2000 年期間連續 9 年高居全球第 2 位。"政府效率"成為香港維持國際競爭力的一個重要因素。

第四，金融實力。香港金融業發達，80 年代以來成為亞太區主要的國際金融中心之一，具有雄厚的金融實力。因此，香港的金融實力在全球的排名，一直位居前列。90 年代前期排在第 5 至 7 位之間，後期則稍跌數位，排在第 7 至 12 位之間。2000 年，香港的金融實力中，表現最佳的項目是股票市場的交易價值（Value traded on stock market）、銀行業部門的資產（Banking sector assets）、進入外國資本市場的便捷（Access to foreign capital market），均在全球排名第 2 位；香港金融實力的弱項是實質短期利率，排位在第 41 名。

第五，基礎設施。香港的資源條件較差，本土能源產量為零，非能源原材料的自給率也很低，幾乎所有的能源與原材料都依靠進口。不過，香港在改善投資環境的基礎設施建設方面卻表現出色。在運輸基礎設施方面，香港的赤鱲角國際機場達到國際一流水平，香港葵涌貨櫃碼頭的集裝箱吞吐量連續幾年保持世界第一。在技術基礎設施方面，香港也已具有相當的基礎，尤以電訊業表現突出。不過，從總體來看，香港在基礎設施的排名有下降趨勢，1996 年以前約排在第 9 至 13 位，1997 年以後則跌至 19 至 20 位。其中，香港的弱項主要是產業用電成本（Electricity costs for industrial clients）、寫字樓租金（Office rent），以及環境污染和基礎設施（Pollution problems and infrastructure）等，2000 年在全球排名居第 46、43 及 43 位；國際長途電話費用（International telephone costs）也居第 38 位。

第六，企業管理。香港企業的管理水平一向處於較高水平，尤其是在國際商務方面有豐富的經營管理經驗，並有廣泛的國際營銷渠道，其生產的新產品進入國際市場的時間為全球最短。香港公司的成功之處還在於公司的管理層成員大都受過良好的教育，他們一般具有很強的企業家意識和創新意識，能夠應付複雜多變的國際市場環境。90 年代以來，香港企業管理的排名一般排在第 4 至 6 位，1997 年甚至躍居全球第 2 位。不過，1995 年、1996 年及 2000 年則又跌至 14 至 15 名之間。香港企業管理的弱項是企業的衛生、安全與環境（Health, safety & environment），2000 年在全球排名第 42 位。

第七，科研實力。與同為"亞洲四小龍"的其他地區相比，香港的科研實力顯得相當薄弱，尤其是基礎科研明顯缺乏，科研開發能力大大落後。長期以來，在香港政府的"積極不干預"政策影響下，香港的研究與開發（R&D）投入嚴重不足，科技基礎薄弱。這已成為香港維持和提高其國際競爭力的重大制約因素。香港科研實力在全球的排位，除了 1992 年至 1993 年排在第 10 位外，1994 年以後一直排在第 18 至 25 位，2000 年更跌至 27 位。如何迅速提高香港的科技實力，已成為香港長遠發展的一個關鍵。

第八，人力質素。香港的人力質素在全球的排名一直不高，1992 年至 1996 年徘徊在第 18 至 22 位，1997 年至 1999 年有所提高，上升到第 13 至 14 位，但到 2000 年又跌至 19 位。20 世紀 80 年代中期以來，影響香港人力質素有兩個因素，一是大批專業人士移民海外，造成人才流失；二是來自內地的文化程度較低的新移民大量增加。香港要提升總體人力質素，就必須改革現有的教育制度，加大政府對教育的投入。然而，2000 年香港對教育的公共開支（Total and current public expenditure）的排名僅在第 43 位。香港的教育結構、再培訓就業計劃仍遠遠落後於經濟發展的客觀要求。

表 6-25　　1992-2000 年香港國際競爭力變化趨勢

資料來源 /
IMD：《世界競爭力年報》
（1992 年—2000 年）。

年份	1992	1993	1994	1995	1996	1997	1998	1999	2000
總體排名	4	4	4	3	3	3	3	7	14
本地經濟	4	5	5	5	8	9	17	36	27
國際化程度	4	5	2	3	4	3	3	5	9
政府效率	2	2	2	2	2	2	2	2	2
金融實力	6	5	7	6	7	12	9	7	11
基礎設施	13	15	9	13	9	19	19	19	20
企業管理	4	4	6	15	14	2	4	5	14
科研實力	10	10	19	19	20	18	25	22	27
人力質素	19	18	21	22	22	13	13	14	19

Chapter —————————————— 07

第七章

回歸以來
香港產業結構的
演變與發展

| 第一節 | # 1997 年亞洲金融危機對香港經濟的衝擊

一、亞洲金融危機對香港的衝擊：聯繫匯率保衛戰

港元聯繫匯率制可以說是 20 世紀 80 年代初期香港特殊政治、經濟危機下的產物。聯繫匯率制自 1983 年 10 月實施以來，運作一直卓有成效，其間雖然經歷了 1987 年全球股災、1989 年 "六四" 風波、1990 年中東海灣戰爭、1991 年國際商業銀行清盤事件，以及 1992 年歐洲匯率機制危機等政經事件的衝擊，但港元匯率絕少偏離 7.80 港元兌 1 美元的聯繫匯率水平 1% 以上，而且港元多數處於偏強位置，對過渡時期香港金融體系和整體經濟的穩定，發揮了積極的作用。因此，聯繫匯率已從當初一項應變危機的權宜之計發展成為香港貨幣政策的核心和基石。

不過，隨著香港回歸的迫近，國際機構投資者早已對此虎視眈眈，1995 年初已趁墨西哥金融危機衝擊聯繫匯率，並在國際上大造輿論。當時，美國《財富》雜誌曾發表題為〈香港之死〉（The Death of Hong Kong）的文章。1997 年 7 月，亞洲金融風暴驟起於泰國，其後席捲東南亞諸國，8 月間國際投機者即首度衝擊香港。10 月 21 日，美國摩根史丹利全球首席策略員巴頓·碧斯首先發難，表示將減持環球投資組合中亞洲市場所佔比重，從原來的 2% 減至 0。他更指出，亞洲股市已處於危險的下跌周期，其第二階段的跌勢已經開始，並將由香港股市帶領。當日，香港股市應聲下挫並連番暴跌，揭開了香港金融風暴的序幕。

金融危機期間，香港聯繫匯率首當其衝，曾先後於 1997 年 10 月、1998 年 1 月、6 月及 8 月連續 4 次受到嚴重衝擊，其中又以 1997 年 10 月和 1998 年 8 月所受到的兩次衝擊最為嚴重，是聯繫匯率實施以來所受到的最大衝擊。1997 年 10 月 21 日前的一周，台灣 "中央銀行" 主動棄守新台幣匯率，使新台幣即時貶值 6.5%，市場流傳香港或會因維持競爭力或其他原因減弱捍衛聯繫匯率的決心，結果即時觸發大規模的港元投機性拋

售浪潮。10 月 21 日，港元在香港、倫敦以至紐約市場均遭到重大沽售壓力，數額高達 40 至 50 億港元。隨後兩日，港元更被大規模拋空，港元現貨兌美元匯價一度低至 1：7.8 水平，港元一年期兌美元匯價更一度跌至 1：8.50 的歷史低位。

面對空前的衝擊，香港特區政府堅定不移地捍衛聯繫匯率，香港金融管理局透過外匯基金在市場拋售美元，吸納港元，收緊銀根。同時，金融管理局向銀行體系發出警告，提醒它們當局將履行流動資金調節機制成立時的規定，向濫用該機制的銀行收取懲罰性利息，防止銀行利用流動資金調節機制為持有港元空倉的投機者提供資金。當時，由於銀行整體向金融管理局出售的港元較銀行體系在金管局的結算帳戶內可結算的港元為多，故銀行體系內極度缺乏港元流動資金進行銀行同業結算。市場盛傳金融管理局將收取的懲罰性利息高達 1,000 厘，結果令銀行同業拆息大幅飆升，隔夜息率從 15 厘急升至 10 月 23 日中午的 280 厘的歷史高位，遠高於 1983 年所創下的 60 厘的水平，一時震驚整個銀行界。其間，金融管理局透過流動資金調節機制向 4 家違規銀行收取高達 200 厘的懲罰性利息。在高息的牽引下，港元資金迅速回流銀行體系，港元現貨匯率從 10 月 23 日中午的 1：7.75 迅速反彈至 1：7.60 的有史以來最強勢。

特區政府這次捍衛聯繫匯率的行動，得到國際社會及香港各界的支持。1997 年 11 月 4 日，國際貨幣基金組織在例行考察香港經濟之後，公開發表聲明指出："（特區）政府在過去兩星期採取強而有力的行動，緊縮貨幣，實屬適當之策，表現出當局既有能力，也有決心捍衛聯繫匯率制度"，"十分贊同政府當局致力維持聯繫匯率制度。"國際貨幣基金組織認為："展望未來，香港的經濟基礎因素顯示聯繫匯率制度將能成功扮演這個角色。香港擁有龐大的外匯儲備，而且財務狀況良好。此外，由於商品及服務環節的貿易赤字大部分已有對外要素收益流入淨額抵銷，所以經常帳目處於平衡狀況，沒有出現赤字的壓力。聯繫匯率制度對保持香港作為國際金融中心的地位也至為重要，因為在很大程度上，此舉表明在'一國兩制'下，香港繼續奉行自由市場政策，並享有金融自主權。"[1]

1997 年 10 月以後，港元聯繫匯率又先後經歷了 1998 年 1 月、6 月和 8 月共 3 次猛烈的衝擊。踏入 8 月的第 1 周，在謠言四起的國際大氣候下，國際大炒家突然狂沽港元，為數約 200 億港元。香港金融管理局改變策略，將炒家的 200 億港元全數由財政儲備存於外匯基金的美元購入，以

1/
香港金融管理局：《金融市場檢討報告》，附件 3.4：〈國際貨幣基金組織第四條磋商之總結聲明〉，1998 年。

應付當年度財政預算可能出現的 210 億港元赤字之所需，並將這筆港元全數存入銀行，因而沒有引起銀行同業拆息率的大幅攀升，減低了對銀行體系的衝擊。8 月 13 日，香港股市在炒家累積了大量恒生指數期貨淡倉、謠言四起的恐慌氣氛中急挫，恒生指數一度低試 6,600 點，創 5 年以來的新低。香港金融管理局從 8 月 14 日起動用外匯基金入市干預，大手吸納滙豐控股、香港電訊、長江實業、和記黃埔、中國電信等藍籌股。恒生指數當日即回升 564.27 點，報收 7,224.69 點，升幅達 8%。8 月 28 日是恒指期貨的結算日，當日外圍形勢惡劣，俄羅斯局勢惡化，歐美股市下跌，香港股市中的沽盤如排山倒海般湧至，香港政府幾乎成為當日單一買家，將所有沽盤全數接納，當日全日成交創下 790 億港元的歷史記錄，香港股市報收 7,829 點。國際大炒家在期貨市場掠利的計劃落空，而特區政府則動用了 1,181 億港元保衛香港金融市場。

特區政府入市干預，曾在香港以至國際間引起爭議。美國聯邦儲備委員會主席格林斯潘、美國著名經濟學家弗里德曼、香港大學教授張五常都公開批評特區政府的干預行動，認為破壞了香港的自由經濟。格林斯潘表示，香港動用外匯儲備干預市場不會成功，反而會損害本地貨幣管理機構的公信力。[2] 不過，從總體來看，政府的行動基本上獲得香港輿論的支持，政府的決策經政府高官的解釋也獲得國際社會的認可。從實踐看，這次干預保衛了香港金融市場的穩定，為日後經濟的復蘇作了準備。其後，香港股市回升到 15,000 點以上，政府入市的帳面利潤估計超過 800 億港元。

二、香港經濟陷入二戰以來最嚴重的衰退

金融風暴對香港經濟的衝擊，造成極嚴重的後果，集中表現在以下幾個方面：

第一，港元資產大幅貶值，形成整體經濟中嚴重的"負財富效應"。

1997 年 8 月，國際機構投資者開始衝擊聯繫匯率，令港股升勢受阻。及至 1997 年 10 月下旬，受到外資基金的重大拋售壓力和高息的雙重影響，香港股市連番暴跌，從 10 月 20 日到 23 日短短 4 天中，恒生指數暴跌約 3,200 點，股市總值損失約 8,000 億港元。1998 年 8 月，聯繫匯率再受衝擊，影響所及，恒生指數在 8 月 13 日跌至 6,600 點。據統計，

2 /
"Concerted Rate Cuts Appear Unlikely", *The Asian Steel Journal*，1998 年 9 月 17 日，第 2 頁。

從 1997 年 8 月 7 日恒生指數創 16,673 點的歷史高位到 1998 年 8 月 13 日報收 6,600 點，短短一年間香港股市跌去 10,000 點，跌幅高達 60%，股市總值損失超過 2 萬億港元，損失慘重。股市暴跌拖累樓市下挫。統計數據顯示，1998 年，在政府土地註冊處登記的樓宇物業買賣合約累計 11 萬宗，涉及金額約 3,400 億港元，分別比 1997 年大幅下跌四成半及六成。到 1998 年底，香港大型私人住宅屋村售價比 1997 年第二季度高峰水平平均下降 50% 以上，已回落到 1995 年低潮水平。1998 年，政府全年賣地收入僅 122 億元，比 1997 年大幅減少七成。金融風暴期間，香港的貨幣匯價雖然沒有下跌，但是包括股票、地產在內的港元資產，實際上已大幅貶值，形成整體經濟中嚴重的"負財富效應"。

第二，銀行利率高企，通貨緊縮，部分過度冒進的公司被迫清盤、倒閉或大幅收縮業務，公司的財務狀況普遍惡化。

金融風暴期間，每當聯繫匯率被狙擊，銀行同業拆息利率就會被大幅扯高。尤其是 1997 年 10 月下旬聯繫匯率被衝擊期間，香港銀行同業拆息利率一度被扯高到 280 厘的歷史高位，其後雖大幅回落，但在相當一段時間內仍高企在 10 厘以上並大幅波動。銀根收緊、通貨緊縮，使得香港大小公司的財務狀況普遍惡化，部分過度冒進的公司被迫清盤、倒閉或大幅收縮業務。典型的個案包括港基銀行被擠提，以及香港八佰伴、百富勤集團、正達證券、正達財務以及連串證券公司的清盤，給香港投資者造成相當大的心理震撼。其中，香港最著名的華資證券公司、亞洲區內（不包括日本）最大的商人銀行之一的百富勤，因大規模投資印尼債券，在金融風暴中泥足深陷，終因無法籌借資金清償一筆到期債務而被清盤，其倒閉在香港也引起相當大的心理震動。

第三，香港的投資、消費迅速萎縮，香港經濟的各個重要環節，包括零售百貨、飲食、酒樓、酒店以至旅遊等，均受到嚴重影響，香港經濟進入戰後以來最嚴重的衰退時期。

在港元資產價格大幅下跌、銀行信貸緊縮、利息成本高企、營商環境不明朗的情況下，香港本地的投資迅速萎縮，本地經濟的整體投資開支在 1997 年上升 16% 以後，1998 年及 1999 年分別實質下跌 6.4% 及 17.6%。香港本地的消費開支也大幅減少。由於內部消費疲弱，零售百貨、飲食酒樓業的情況一片慘淡，一連串大型百貨集團宣佈倒閉、裁員。繼擁有 10 間大型百貨商店的香港八佰伴倒閉之後，有悠久歷史的日資松坂屋百貨、大丸百貨等相繼宣佈結業。飲食業的經營困境也不亞於零售業，擁有 6 間快餐店和 37 家餅店的超群集團也被迫清盤。1998 年全年計，零售量實質下跌 17% 左右，其中以百貨公司的貨品、衣服以及高價消費品，例如汽車、珠寶和鐘錶的跌幅較顯著。經濟不景導致各業相繼出現破產、結業、裁員事件，使香港的失業率上升到 20 年來的最高水平。據香港政府公佈的數據，經季節性調整的失業率從 1997 年第四季度的 2.5%，大幅上升到 1999 年第二季度的 6.3%，而就業不足率也從 1.3% 上升到 3.1% 的水平。

受到金融風暴的衝擊，香港整體經濟急轉直下，從 1997 年第二季度的空前繁榮迅速步入困難的調整期。1997 年首三個季度，香港經濟的實質增長率分別是 5.9%、6.8% 和 6.0%，到第四季度，雖受金融風暴的影響，但經濟增幅仍達 2.7%，全年經濟仍保持 5.1% 的增長率。然而，踏入 1998 年，形勢急轉直下，第一季本地生產總值以實質計算比一年前下跌 2.6%，第二、三季度下跌加速，分別是 5.1% 和 6.9%，第四季度跌幅收窄至 5.7%，全年本地生產總值則實質下降 5.9%，與 1997 年經濟的強勁增長形成鮮明對比。1999 年第一季度，香港經濟仍有 3.0% 的實質跌幅，其後才逐季回升。香港經濟經歷了連續 5 個季度的衰退，這是二次大戰後香港經濟最困難時期。

三、香港特區政府應對危機的主要政策

面對這場罕有的金融風暴，剛成立的香港特區政府採取了一系列政策措施，經受了嚴峻考驗：

第一，在貨幣政策方面，堅定不移地捍衛港元聯繫匯率，並及時檢討和完善穩定貨幣、金融體系的制度。

具體措施是：一旦港元匯率超過 1 美元兌 7.75 港元這個預定警戒綫，香港金融管理局即啟動捍衛行動，透過外匯基金在市場拋售美元，吸納港元，收緊銀根。為增強香港市民和投資者的信心，特區政府高官在多種場合反覆強調維持聯繫匯率的決心。不過，特區政府捍衛聯繫匯率的簡單"招式"遭到經濟學者和銀行界的批評，金融管理局行政總裁任志剛被稱為"任一招"。尤其是銀行界，因害怕遭受懲罰性高息的打擊，紛紛不惜以高息吸納港元存款，對貸款則採取相當審慎的態度，令銀行息率高企不下。為此，金融管理局事後即時採取補救措施，包括推出流動資金調

節機制指引，清楚界定＂重複使用＂的定義，允許銀行以債券作抵押向流動資金調節機制借入資金，又推出銀行同業流動資金結算預測以提高市場的透明度。由於採取了上述措施，金融管理局每次捍衛聯繫匯率後，被扯高的銀行同業息率回落的速度都比以前改善。

1998 年 4 月，香港特區政府財經事務局向公眾提交《金融市場檢討報告》，該報告在全面諮詢香港及國際金融界的意見後，就政府捍衛港元的機制、金融市場特別是股票賣空和衍生工具市場的運作作出檢討。同年 8 月，金融管理局推出 7 項技術性措施，以進一步鞏固聯繫匯率制度，並減少市場受到操控的可能。這些技術性措施其中主要兩項，是作出兌換保證及修訂貼現窗的安排。為防禦投機和市場操控，香港政府又推出 30 項加強市場秩序和透明度的措施，範圍包括股票拋空活動、改進市場系統、風險管理、加強法規執行、跨市場監察及加強應變能力，其中包括兩項長遠措施，即投資者全面參與中央結算系統和香港證券市場實施全面無紙化。

第二，在財政政策方面，在繼續維持審慎理財原則的前提下，制定緩解民困、刺激經濟的財政預算案。

1998 年 2 月 18 日，特區政府財政司司長曾蔭權發表題為《利民解困，自強不息》的財政預算案，這是特區政府自成立以來制定的首份預算案。該份預算案針對香港投資者和市民的困境，在繼續維持審慎理財哲學的同時，提出了一系列利民解困的措施，以求達到＂重拾信心，重新投資，繼續消費＂的目的。曾蔭權坦言，該份預算案是香港有史以來最大的減稅方案，將令特區政府在新財政年度減少超過 136 億港元的收入，及至 2001 至 2002 年度減少接近 1,000 億港元的稅收，其中 2/3 的稅收寬減直接令市民受惠，另 1/3 則直接令工商界得益，目的是要照顧金融風暴下受最大損害的階層，以協助推動香港經濟的復元。

為了強調政府維持龐大財政儲備的決心，以增強市民和投資者對港元聯繫匯率的信心，特區政府還首次在預算案中制定財政儲備的指標，政府未來的財政儲備，必須以當年政府開支總額加上 M1 貨幣供應量為基準，再允許有 25% 的偏離作上下限。以 1997 至 1998 年度計算，財政儲備的基準約 4,000 億港元，而上下限則在 5,000 億和 3,000 億港元左右，該年度完結時政府的財政儲備達 4,456 億港元，較接近理想財政儲備的上限，而據曾蔭權的解釋，政府預測至 2001 至 2002 年度，財政儲備將逐步趨向下限，約達 5,271 億港元。

第三，調整特區政府的房地產政策，挽救樓市並穩定經濟。

1997 年 10 月，香港特區政府行政長官董建華在其首份施政報告中，提出"建屋安民"的三大目標，即從 1999 年起每年興建的公營和私營房屋單位不少於 85,000 個，在 10 年內使全港七成的家庭可以擁有自置居所，於 2005 年將輪候租住公屋時間從現時的 6 年縮短至 3 年。金融風暴襲擊香港後，地產、股市大幅下跌，特區政府調整有關政策。1998 年 2 月，財政司司長曾蔭權在預算案提出減免差餉、按揭物業稅款寬免，以及鼓勵市民自置物業等一系列措施，並彈性處理每年 85,000 個住宅單位的建屋目標。其後，政府又決定暫停賣地 9 個月，此舉令政府收入減少約 190 億港元。特區政府的一系列措施，對中小型住宅樓宇市場產生一定的穩定作用。正如饒餘慶教授所指出："如再讓其（地產市場）暴跌，便會危及銀行和港元，這一點國際投機家是求之不得的。他們明知直接狙擊港元無法得逞，乃轉而採取'搞垮樓市，拖垮銀行'的迂迴策略，最後推翻聯繫匯率制，這一陰謀是相當毒辣的"。[3]

3 /

饒餘慶著：〈預算案外抗
國際炒家，內增港人信
心〉，《香港經濟日報》，
1998 年 2 月 19 日。

綜觀特區政府在金融風暴中的對策措施，其核心是維持港元聯繫匯率制度，並採取一系列措施，包括放寬銀根、穩定樓市、利民解困，以及重建對市場和政府的信心等，從而在一定程度上減輕了金融風暴對經濟造成的衝擊，並推動經濟復元。然而，特區政府對經濟所面對的困難在早期估計可以說是嚴重不足，致使政策的推出遲誤，有關政策未能及時發揮應有的效應，因而處於被動應付的局面。特區政府高層官員曾預期，香港將是亞洲地區最早走出經濟低谷的地區，然而，香港經濟遲至 1999 年第 2 季度才開始擺脫負增長，經濟復蘇遠比新加坡、台灣、韓國等其他亞洲"四小龍"要慢。

| 第二節 | **重創後的反思：發展定位和產業政策的調整**

一、香港經濟的長遠發展定位："世界級大都會"

香港在受亞洲金融風暴衝擊後，港元聯繫匯率雖屹立不倒，為經濟的復蘇提供了基礎，但面對亞洲外圍國家和地區貨幣的大幅貶值，其整體經濟升級轉型的壓力和迫切性大大增加。因此，推動香港經濟的升級轉型，邁向高增值經濟，以維持和提升香港的國際競爭力水平，實際上已成為香港特區政府、工商界以至整個社會的迫切任務。

1997 年 10 月，行政長官董建華在他的首份施政報告中明確表示："香港經濟結構轉型，工業北移。我們認識到包括工業和服務業在內的低收入生產模式，已經不再適應香港的長遠發展。一方面，香港由於生活水準高企，和鄰近地區相比，早已失去了依靠低工資的競爭條件；另一方面，若試圖通過拉低居民收入去維持香港競爭力，這個想法既不實際，也不能保障市民的整體利益。香港工業北移，反映出市場競爭的無形之手，已經向我們指出必須行走的路綫。無論是工業，還是服務業，只能向高增值發展。"[4] 在這裏，董建華明確提出了香港產業結構轉型的必要性，實際上揭開了香港產業結構第三次轉型的序幕。

董建華在他的第二份施政報告中還根據策略發展委員會的建議明確提出香港未來發展的定位。他表示："我們看到紐約和倫敦分別是美洲和歐洲的首要國際都會，而且都是國際金融中心、旅遊名城、跨國公司的總部集中地，以及國際信息和運輸中心。我認為香港將來不但可以成為中國的主要城市之一，更可以成為亞洲的首要國際都會，享有類似美洲的紐約和歐洲的倫敦那樣的重要地位。"[5]

1999 年 10 月，董建華在他的第三份施政報告中，進一步明確提出香港未來發展的定位。他指出："我兩年來多次講到政府的長遠目標，就是要為香港明確定位。去年，我聽取了策略發展委員會的意見後，在施政報

4 /
香港特區行政長官董建華施政報告：《共創香港新紀元》，1997 年10 月。

5 /
香港特區行政長官董建華施政報告：《群策群力，轉危為安》，1998 年10 月。

告裏認定香港將來不但是中國主要的城市，更可成為亞洲首要國際都會，享有類似美洲的紐約和歐洲的倫敦那樣的重要地位。紐約和倫敦這兩個大都會匯聚眾多的文化科教人才，經濟活動蓬勃，財力雄厚，能向廣大地區以至全世界提供金融、貿易、旅遊、資訊、運輸等服務，是眾多跨國企業總部所在地，擁有強大的經濟基礎，所以市民享有較高的平均收入。和這兩個大城市相比，香港已在相當程度上具備了很多類似的基礎條件，例如，我們是國際金融中心，也是旅遊勝地。在貿易和運輸方面，我們在國際處於領先的地位。這些都是我們的經濟支柱。只要我們鞏固和加強已有的經濟支柱，擴大領先優勢，香港應當可以在這些領域中，保存甚至進一步確立在世界上舉足輕重的地位。屆時，香港作為世界級都會，將和紐約、倫敦一樣，在全球一體化的經濟中，發揮重要的樞紐功能，成為跨國總部的集結地，為廣大地區服務。另一方面，我們也應該承認，香港與世界級的大都會相比，仍有一段差距，尤其在人才和生活環境方面。但香港也具有一些獨特的優勢：我們背靠發展蓬勃的祖國內地，是中西多元文化的交匯點，社會高度自由開放，又具有較完備的各種體制，我們定可以在原有優勢和基礎上，發展出各種先進的、知識密集的行業，樹立新的經濟支柱，增強實力，為香港再繪宏圖。"[6]

6 /
香港特區行政長官董建華施政報告：《培育優秀人才，建設美好家園》，1999 年 10 月。

為實現香港作為 "世界級大都會" 的地位，董建華相當強調香港與中國內地尤其是以廣東珠江三角洲為核心的華南地區的經濟合作。他在施政報告中指出：澳門今年年底（註：指 1999 年 12 月）回歸祖國後，穗港澳深珠之間的 5 萬平方公里，必將形成更緊密的區域經濟。整個區域的經濟實力大大提升，將成為香港進一步富裕繁榮的動力。因此，香港將來不但是中國的主要城市，更可成為亞洲首要國際都會，享有類似美洲的紐約和歐洲的倫敦那樣的重要地位。他認為："支持香港朝著世界級都會方向發展的最大優勢，莫過於我們與祖國內地的經濟聯繫。國家經濟蓬勃發展，改革深化，為我們帶來新機會。"

二、香港能否成為 "世界級大都會"

行政長官董建華將香港未來的發展方向定位在作為 "中國主要城市" 的一個 "世界級大都會"，可以說是 20 世紀 80 年代以來香港社會各界對香港經濟未來發展的思考的一個總結。就在香港進入過渡時期後的不久，

"由一群有志確保香港未來經濟發展的商界及公民魯楚所組成" 的 "香港經濟調整有限公司" 委託美國 SRI 國際公司 "為艱巨的十年過渡期訂下果敢的宏圖"，結果，SRI 國際公司於 1989 年發表題為《共建繁榮：香港邁向未來的五個經濟策略》的大型研究報告，報告認為："香港在世界經濟中的獨特性，是基於其既與中國有連繫，又與中國有區別。⋯⋯可以說，香港是在世界經濟體系中負有特殊任務的一個 '國際性都市'。"[7] 該報告首次明確指出了香港在世界經濟中的特殊地位及其最重要的優勢。

　　1993 年，香港工商專業聯會在廣泛徵詢了 70 多位香港商界、學界、政界魯楚，以及政府官員和來自社會各界專業人士的意見的基礎上，在國際顧問公司 Booz. Allen & Hamilton 的協助下完成了另一份大型研究報告《香港廿一：展望香港經濟十年路向》。該報告認為，未來十年香港經濟發展的理想模式是實現所謂 "雙重經濟角色"，其一是 "香港—國際"，即提高香港作為一個有充沛活力的地區性商業中心，其二是 "香港—大陸"，即香港作為內地經濟發展的支援角色。報告認為，前一個角色是香港及內地經濟發展的重要基礎，後一個角色則是香港經濟前途所繫的最主要因素。這兩個角色結合起來，將為香港創造擴展經濟基礎的機會，使香港在未來十年發展成為 "中國的首要商業城市及亞洲服務業之都"，從而增加其對中國的價值和面對國際挑戰的應變能力。[8] 很明顯，《香港廿一》已經比《共建繁榮》更進一步，它明確提出了香港未來發展的定位，即要成為 "中國的首要商業城市及亞洲服務業之都"。

　　行政長官董建華顯然是在此基礎上更進一步，提出香港發展成為 "亞洲的首要國際都會、中國的一個主要城市" 的目標。對此，香港社會基本上給予支持和肯定。當時的美國大通銀行香港分行總裁、行政會議成員梁錦松公開表示，香港面對高樓價、高工資，只有邁向 "超曼克頓"（Manhattan-plus），才有出路。一般人談及香港曼克頓化，都帶有負面的含義，即貧富兩極分化，但梁錦松認為，所謂 "曼克頓" 即指一個 "世界級的城市"，它包括金融中心、地區商業中心、地區交通航運中心、旅遊中心、資訊新聞中心以及權力中心等。而所謂 "超曼克頓" 就是在此基礎上（不計權力中心），再加上高增值產業中心和地區教育中心。他指出，隨著內地不斷開放，香港已不再是中國唯一的窗口，香港經濟必須轉型才有出路。[9]

　　事實上，與紐約、倫敦等世界級大都會相比，香港作為一城市經濟確

7 /
SRI 國際公司：《共建繁榮：香港邁向未來的五個經濟策略》，1989 年，第 1 頁。

8 /
香港工商專業聯會：《香港廿一：展望香港經濟十年路向》，1993 年，第 10-15 頁。

9 /
參閱〈梁錦松：超曼克頓是出路〉，《香港經濟日報》1998 年 8 月 3 日。

有許多相似之處。香港的土地面積約 1,100 平方公里，比紐約（831 平方公里）稍大，但不如倫敦（1,610 平方公里）、東京（2,049 平方公里）。香港全島加上九龍大部分地區約相等於紐約的曼克頓的面積。香港人口約700 萬，大概比紐約或倫敦少 100 萬，比東京則少超過 500 萬。從經濟規模來看，1996 年香港的本地生產總值為 1,532 億美元，超過大倫敦地區，但遠遜於紐約地區和大東京地區。與紐約、倫敦一樣，香港也是從地區製造中心演變成為國際性商業服務中心的。以紐約為例，1956 年紐約經濟中約有 57% 的勞動力從事製造業，這個比例要高於香港歷來的數字。目前，香港的經濟結構也充分反映了國際商業大都會的特點，第一產業已微不足道，工業所佔比重也已跌至 15.5%。而服務業的比重則超過 84%，絕大部分勞動力均受僱於服務業（表 7-1）。

表 7-1　　1990 年代中期國際主要商業大都會的產業結構比較

資料來源／
米高・恩萊特、伊迪芙・司各特、梁海國著：《跨越危機：香港競爭優勢綜論》，香港貿易發展局研究部，1999年。

	香港地區 1996 年	紐約地區 1994 年	大倫敦地區 1995 年	大東京地區 1996 年
本地生產總值（億美元）	1,532	5,710	1,368	7,722
初級產業所佔比重（%）	0.1	0.5	0.0	0.0
工業所佔比重（%）	15.5	15.5	16.8	25.7
製造業所佔比重（%）	7.2	12.6	11.7	16.6
服務業所佔比重（%）	84.4	84.0	82.1	74.2

經過多年發展，香港已具備了國際商業大都會的多種功能，包括金融中心、商業服務中心、航空航運中心、旅遊中心、資訊新聞中心等。根據香港大學的一項調查，駐香港的跨國公司管理人員認為，跨國公司在香港進行的最重要活動，均與協調和管理亞太地區、內地及香港的業務有關。對於大部分公司來說，香港已成為他們在亞洲地區最重要的協調及中央管理活動中心（表 7-2）。從這個角度來看，香港確有潛力發展成紐約、倫敦這樣的 "世界級大都會"。

不過，香港離 "世界級大都會" 仍有相當的距離。1999 年由美國學者恩萊特教授和司各特撰寫的研究報告《跨越危機：香港競爭綜論》指出：

"目前，亞洲並無一個足以媲美紐約和倫敦的世界城市。東京似乎過

表 7-2　你認為香港作為貴公司進行以下活動的中心有多重要？

企業協調	協調區內其他經營據點	4.3	**財務及會計**	貿易融資	3.0
	支援地區業務	4.2		資本投資融資	2.8
	監控其他地區業務	3.9		保險	2.7
	向母公司彙報地區業務情況	4.1		會計 / 核數	3.5
	作為母公司的地區聯絡中心	3.9			
分銷活動	製成品的倉儲	2.6	**生產活動**	製造	2.2
	包裝	2.4		裝配 / 加工	2.2
	訂單處理	3.0		品質控制	2.6
	貿易文件處理	3.0		測試 / 證明	2.4
	協調地區分銷活動	2.9		原材料採購	2.3
	協調全球分銷活動	2.4	**銷售、市場推廣及客戶服務**	市場推廣的規劃與執行	4.0
	陸路分銷活動	2.3		銷售的規劃與執行	4.0
	空運分銷活動	2.5		與銷售及市場推廣相關的採購	3.6
	海運分銷活動	2.6		市場研究	3.7
中央管理	收集競爭對手情報	3.9		客戶服務及支援	4.0
	制定地區策略	4.0	**研究發展**	基本研究	2.4
	產品 / 服務開放及設計	3.2		應用研究	2.3
	業務流程開放	3.5		新產品開發	2.6
	高層人事管理	3.5		流程技術開發	2.2
	地區資訊科技管理	3.3			
	非原材料採購	2.5			

註 /

1= 毫不重要，2= 未算重要，3= 一般，4= 頗為重要，5= 非常重要。

資料來源 /

香港大學恩萊特教授和鄧森博士，轉引自米高・恩萊特、伊迪芙・司各特、梁海國著：《跨越危機：香港競爭優勢綜論》，香港貿易發展局研究部，1999 年。

於專注日本內部的事務而忽略了真正的全球性活動。上海亦只著眼於國內的市場和機會，難以擔當世界城市的角色。反觀香港，可能最有條件成為亞洲區的世界城市。事實上，香港已具備多種世界城市的特質。例如，香港經濟面向國際經濟、與全球和區內各經濟體系密切融合，以及身為港商和本地公司的管理及統籌中心等。《經濟學人》的調查也認為，香港最有可能奪得亞洲區的全球金融中心的地位。從多方面來看，香港是區內最國際化的城市。

　　"不過，其他世界城市所具備的一些特質，香港卻一律欠奉。例如，香港並不像紐約或倫敦，聚集了眾多經濟決策人士或全球言論領袖。雖然很多跨國公司在香港設有地區總部，但甚少將全球總辦事處設於香港。縱使香港是區內的傳媒和通信中心，可是規模卻難以與紐約或倫敦相提並論。儘管香港也有一些文化設施，但與紐約或倫敦相比，絕難攀上文化藝術中心之列。

　　"此外，香港確能吸引世界各地人士前來發掘商機，但卻甚少有人像前往紐約或倫敦找尋機會一樣，將香港視作發展事業的中心。倘若香港有意加入紐約或倫敦的行列，成為真正的世界城市，港商和香港人必須改變現時的觀念，不能將目標訂為循序漸進，或只望成為亞洲區之冠，而應在多方面力求與全球的佼佼者看齊；無論在法規及政策事務、私營或公營服務的效率和速度、為外來專業人士提供的生活質素，以及公司和個人的國際視野方面，都要做到出類拔萃。"[10]

10 /
米高‧恩萊特、伊迪芙‧司各特、梁海國著：《跨越危機：香港競爭優勢綜論》，香港貿易發展局研究部，1999年，第 43 頁。

三、董建華政府的經濟發展思路："一個方向"和"四大支柱"

　　1998 年，以香港特首董建華為主席的策略發展委員會展開為期兩年的諮詢、研究，全面探討香港未來 30 年的發展目標。該委員會聘請國際顧問，研究了種種影響香港和內地往昔及日後發展的全球和區域趨勢，並訪問了超過 180 名來自香港各界的知名人士，委員會於 2000 年 2 月發表了題為《共瞻遠景，齊創未來》的研究報告。該研究報告肯定行政長官董建華在其施政報告中關於香港未來發展的總體定位，即香港要在未來 30 年內發展成為"亞洲的首要國際都會"和"中國的一個主要城市"。報告認為，香港要實現這一目標，並維持可持續發展的勢頭，有 7 個行業和領域是關鍵所在，對香港在區內和國際間維持競爭優勢，具有舉足輕重的意義。這些行業和領域包括：金融和商業服務，跨國企業地區總部的業務，旅遊業，資訊服務及電訊業，創新和科技，貿易、運輸及物流服務，以及創作及文化活動。[11]

11 /
香港發展策略委員會：《共瞻遠景，齊創未來——香港長遠發展需要及目標》，2000 年，第 8 頁。

　　2003 年 1 月，董建華發表他連任特首後的第一份施政報告。在這份題為《善用香港優勢，共同振興經濟》的報告中，董建華在詳細分析了香港的優勢和不足後明確提出"一個方向"和"四大支柱"的發展思路，即加快香港與廣東珠江三角洲地區的經濟整合，促進香港經濟轉型，同時強化金融、物流、旅遊和工商業等四大支柱產業的發展。董建華指出："我們的方向和定位十分明確，就是要背靠內地，面向世界，建立香港為亞洲的國際都會，鞏固和發展香港的國際金融中心、工商業支援服務、信息、物流和旅遊中心的地位，運用新知識、新技術，提供高增值服務，推動新的增長。更明確地講，強化與內地的經濟關係，注重人才投資，加快服務業的提升，是振興香港經濟的主要內容。"

董建華表示，國家加入"世貿"的積極效應初步呈現，內地經貿將與世界全面接軌，"對香港來說，必須把握這段時間，把傳統的中介角色，盡快提升為連接國內和國外兩個市場的主要樞紐，服務國家的經濟發展和對外開放戰略，同時強化香港作為中國金融和商貿中心的地位"，為此，特區政府將與內地簽署"更緊密經貿安排"（CEPA），同時要加快與廣東珠三角地區的經濟融合。他指出，"香港和廣東省，特別是和珠江三角洲特殊的地理和人文關係，經過過去 20 多年的發展，實際上已經形成了一個相互依存、功能齊全的大型經濟區。……香港的優勢在於它是擁有世界一流水準的國際金融、物流和商業營運中心。珠三角的優勢在於它是當今世界發展最快、最有效率、最成功和最富庶的加工製造業基地，進一步發展現代製造業和高科技產業是其未來的必然趨向。香港希望整個珠江三角洲成為自己經濟發展的腹地，進而向全國輻射。珠江三角洲則可利用香港迅速提升整個地區的競爭力和地位，進而向世界邁進"。"這種商業運作新模式，不但可以促進珠三角地區的生產發展，而且有助於加強香港作為珠三角國際商貿中心的角色。"[12]

12 /
香港特區行政長官董建華施政報告：《善用香港優勢，共同振興經濟》，2003 年 1 月。

在推動香港產業結構轉型、強化金融、物流、旅遊和工商業等四大支柱產業方面，董建華表示："金融、物流、旅遊和工商業支援服務，既是當前香港經濟的主要支柱，也是最需要提升的重點行業。"具體是：

第一，在金融業方面，"提高香港作為亞洲主要國際金融中心和國家首選的集資中心的地位"。董建華指出："香港具備的金融專業生產要素的優勢，地位不會輕易被區內任何城市所取代。不過，周邊地區的發展一日千里。在這樣的新形勢下，我們不能掉以輕心。我們將利用香港的法治基礎，促使市場結構和公司管治與國際標準看齊；推動債券市場發展；促進基金管理業務；讓金融新產品特別是衍生產品可以較方便開發。長遠來說，我們不僅要鞏固香港國際金融中心的地位，也要致力爭取成為祖國的一個主要金融中心。"

第二，在貿易及物流業方面，"努力維持香港作為貿易中心及亞洲首選運輸及物流樞紐的地位"。董建華表示："目前，對外貿易及相關產業約佔香港本地生產總值的三分之一，是最大的支柱產業，而且這一比重仍在不斷增加。過去 20 年，香港的貿易形態已由過去的本地產品主導迅速轉向轉口主導；未來的發展趨勢將是離岸貿易進一步崛起並成為主要貿易形式之一。香港除了繼續強化轉口貿易外，也要向集多種貿易形式於一體的貿易管理和營運中心發展。""伴隨貿易增長，發展現代物流業對香港至關重要。物流業可充分發揮香港的既有優勢，創造大量的就業機會。政府會採取有力措施推動物流業，促進香港國際機場的物流中心、速遞航空貨運站的發展，並且在北大嶼山選址發展現代化物流園，以提高香港作為亞洲首選運輸及物流樞紐的地位。同時，我們會加強香港的資訊聯繫和基建設施，以及確保粵港之間貨流暢通，努力降低物流業的營運成本。我們會強化與珠江三角洲其他城市的合作，建立合理的規範和分工，共同拓展業務。"

第三，在專業服務業方面，"強化香港作為區域商業營運中心的角色"。繼續採取措施吸引跨國公司在香港設立地區總部或辦事處，鼓勵內地企業來香港設立分公司開拓業務。同時，還將加強和提升會議展覽設施，進一步強化香港作為區域商業營運中心的功能。

第四，在旅遊業方面，"強化香港旅遊中心地位"。董建華指出："在當前的經濟不景氣中，香港旅遊業是少數經濟增長點之一；未來發展潛力很大，世界旅遊組織預測，到 2020 年，中國會成為全球最大旅遊中心，香港也因此成為全球第五大旅遊中心。推動旅遊業是政府既定的政策，將加強香港的文化、娛樂、體育和藝術活動，保存香港的歷史文物。"

董建華表示，特區政府除了加強四大支柱產業外，還將鼓勵多元發展，拓寬經濟領域，特別是積極推動創意產業，包括表演藝術、電影電視、出版、藝術品及古董市場、音樂、建築、廣告、數碼娛樂、電腦軟件開發、動畫製作、時裝及產品設計等行業的發展，為香港經濟注入新的元素。

四、全球金融危機後的發展思路："四大支柱產業"＋"六項優勢產業"

2003 年 3 月至 5 月間，香港經歷了 SARS（俗稱"非典"，即嚴重急性呼吸系統綜合症）事件的嚴峻衝擊。事件在香港造成 299 人死亡，包括 6 名公立醫院醫護人員，令香港經濟陷入嚴重不景氣之中，並成為促使該年 7 月 1 日爆發大規模反政府示威遊行的原因之一。一連串事件使董建華民望跌至谷底。2005 年 3 月 10 日，行政長官董建華以"健康理由"辭職，2001 年接替陳方安生出任政務司司長的曾蔭權在行政長官補選中自動當選。6 月 21 日，曾蔭權得到中央政府正式任命，並在 6 月 24 日宣誓就職，成為第 2 任香港特區行政長官。

2008 年，由美國次貸危機引發的金融海嘯席捲全球，受此衝擊，香港經濟從 2008 年第 2 季度起經歷了連續 4 個季度的衰退。2009 年第 1 季度，香港經濟同比下降 7.8%，降幅大大高於 2008 年第 4 季度的 2.6%，其中金融業、航運物流業的降幅尤為顯著。面對衝擊，特區政府在短時間內推出了"穩金融、撐企業、保就業"的策略，包括金融管理局推出的存款百分百保障，令銀行同業拆息大幅回落；政府指出數輪信貸保證計劃協助了過萬家企業周轉，保住超過 24 萬就業機會。特區政府在一年間推出的紓困措施總值逾 870 億港元，相當於本地生產總值的 5.2%。

面對全球經濟危機的衝擊，特區政府接納了 2008 年 10 月成立的香港經濟機遇委員會提出的關於發展 6 項優勢產業的建議，這些產業包括文化及創意產業、檢測和認證、環保、創新科技，以及教育、醫療。行政長官曾蔭權在 2009 年 10 月的政府施政報告中指出："除四大支柱產業外，六項優勢產業對經濟發展起著關鍵作用。現時六項優勢產業中，私營企業整體上對本地生產總值的直接貢獻為 7% 至 8% 左右，僱用約 35 萬人，佔總就業人口約 10%。只要政府在政策上適當扶持，解決業界面臨的發展障礙，這六項優勢產業會踏上新台階，推動香港走向知識型經濟。"根據香港經濟機遇委員會研究 [13] 以及特區政府其後的後續研究，香港發展六項優勢產業的比較優勢、發展商機、存在局限和發展策略是：

13 /
經濟機遇委員會：《有關六項優勢產業的小組研討會討論摘要》，文件編號：TFEC-INFO-12，2009 年 6 月 20 日。

1. 文化及創意產業

創意產業正為全球多個國家帶來可觀的經濟收益及大量就業機會，而該產業在香港的經濟潛力尚未完全發揮。現時該產業佔各地生產總值的比率分別為：英國 8%（2003 年）、韓國 8.7%（2008 年）、新加坡 5.7%（2008 年），而香港只有 3.9%（2007 年）。香港文化及創意產業的競爭優勢和發展潛力包括：（1）中西交融的文化背景；（2）港人多懂得兩文三語，敢於接受新事物和探索全球趨勢；（3）擁有大量具創新及創意思維的人才；

（4）在數碼娛樂及電腦動畫等領域具備高科技能力；（5）完善的知識產權保障制度；（6）香港具有優勢的界別：電影、電視、設計、建築、動畫及漫畫、廣告宣傳及數碼娛樂等；（7）西九文化區發展計劃也帶來機遇。其局限則包括：（1）來自區內其他經濟體系的激烈競爭；（2）本地文化創意產品或服務的市場規模細小；（3）缺乏專業的培訓和鼓勵創意的學習及生活環境；（4）文化及創意產業類別眾多，可能會缺乏焦點；（5）為從事創作的個人或中小企／新成立公司提供的支援有限。

自 1997 年以來，特區政府已持續對多類文化及創意產業在政策上予以支持，包括電影、設計、演藝、數碼娛樂、電腦軟件等。2009 年 6 月，特區政府在商務及經濟發展局轄下成立"創意香港"專責辦公室，負責推動香港創意產業發展，並撥款 3 億元設立"創意智優計劃"，資助創意產業項目。特區政府的發展策略是：集中發展香港具備優勢的範疇，包括設計、廣告、軟件／電子設計、電影與錄像等；鑒於香港與內地有相同的文化背景，集中發展內地市場；為有意加入這個行業的個人／中小企提供更多資助，例如低息貸款及稅務優惠；加強推廣香港的創意產品到海外及內地，並協助中小企／個人拓展市場，例如建立和在海外市場推廣"香港設計、內地生產"品牌；以及加強學校課程的創意思維元素。

2. 檢測和認證產業

香港的檢測和認證業，無論在專業水平、認受性和誠信方面，都深受海外和內地客戶信任和稱許。其競爭優勢和發展潛力有三：（1）具備完善和可信賴的本地實驗所認可計劃；（2）市場發展潛力龐大，尤其是食物和藥物業對服務的需求與日俱增，這是由於消費者日益關注食物和消費品安全，環保意識亦日漸提高，因而帶來市場機會；（3）隨著廣東實施《珠江三角洲地區改革發展規劃綱要（2008-2020 年）》，香港具潛力發展為檢測樞紐，因為與內地同業比較，香港公司的專長是提供高增值服務，例如設計檢測準則和生產工序。不過，檢測和認證產業的局限則包括：（1）檢測費用高昂，中小型企業較難取得認證；（2）現有產業規模細小，限制了市場大小和群集效應；（3）對於技術、資本及人才有很高的要求，香港認可處需要新資源，就新的食物製造程序和產品安全（例如汽車零件）認證提供認可服務。

為推動檢測和認證產業的發展，特區政府已於 2009 年 9 月成立香港

檢測和認證局，其首要工作是為行業制訂 3 年發展藍圖，其中一個重點是
通過新的認證服務，促進中醫中藥發展，並協助香港成為區內的檢測和認
證中心。特區政府將採取積極措施發展食物檢測產業，包括協助私營實驗
所提高水平，由香港認可處推出新的食品測試認可服務，並為業界加強宣
傳和培訓人才，把更多常規食物監察化驗工作外判給私營機構，並加強與
私營實驗所交流專業技術及知識；鼓勵業界把食物和產品推出市場前，進
行安全測試；加強規管制度，提高香港的中成藥認證標準；鼓勵內地企業
使用香港私營實驗所的檢測、認證和顧問服務。

3. 環保產業

　　香港環保產業的優勢和機遇有四：（1）本地企業在污染防控（特別是
項目管理及廢物基礎設施運作）方面有豐富經驗；（2）本地企業也善於將
環保技術商業化，以及為顧客提供度身設計的解決方案；（3）本地設有關
於提供環保管理及顧問服務的法律架構；（4）鄰近及容易進入內地市場，
方便把握內地為環保科技提供的商機——內地在環保基建（特別是都市
固體廢物及污水處理設施，以及發電廠的脫硫裝置）方面的投資將會十分
龐大。不過，局限包括：（1）政府及公營機構甚少提供直接資助，這有別
於海外國家發展高科技環保產業的慣常做法；（2）本港私營機構甚少投資
進行環保科技研發工作；（3）土地供應不足而且地價高；（4）運輸及勞工
成本高昂；（5）本港的環保產品市場細小。

　　為了推動環保產業的發展，2008 年政府通過撥款 9,300 萬港元，與廣
東省共同展開為期 5 年的"清潔生產夥伴計劃"。通過該計劃，香港生產
力促進局聯同百多家珠三角地區內的環境技術服務供應商，為區內的工廠
採用清潔生產技術提供專業服務。此外，夥伴計劃能促進環保技術資訊交
流，推廣環保科技及服務，為本港環境技術服務供應商創造商機。鑒於聯
合國制定的全球清潔發展機制項目約三分之一正在內地開展，當中涉及龐
大的資金及科技轉移，特區政府將爭取讓符合資格的港資企業，在內地參
與清潔發展機制項目。同時，政府致力推動環保採購，既可以保護環境，
亦可以起示範作用，鼓勵商界響應，帶動環保產業在香港的發展。政府會
為部門制定進一步的環保採購指引，以推動環保採購政策。

4. 創新科技產業

香港創新科技產業的競爭優勢和發展潛力包括：（1）具備優良的基本因素，有利創新科技發展，例如健全的知識產權保護制度、簡單及低稅率稅制、獨立司法制度，以及資金、資訊和人才可以自由流動；（2）金融服務發展完備，有利產業融資；（3）具有高質素的基本研究人員和大學；（4）香港的科技公司具備潛力為珠三角的龐大製造業基地提供服務；（5）香港的公司擅長應用高科技系統管理如物流和生產等程序；（6）金融海嘯令海外經濟體系投資萎縮，海外人才或會更願意前來香港。其局限是：（1）本地高科技產品市場規模細小；（2）私營界別的研發文化有待加強；（3）創新技術商品化和技術轉移的進度緩慢；（4）土地限制和缺乏特別優惠（例如免稅期／稅項減免），都可能妨礙外來投資進入。

事實上，回歸以來特區政府一直重視創新科技產業的發展。1998年，香港特區政府成立"創新科技委員會"；1999年成立總值達5億港元的創新及科技基金；2000年成立由政府撥款營運及全資擁有的香港應用科技研究院有限公司；同年成立香港科技園公司；2001年成立香港設計中心。2005年1月，特區政府宣佈實施創新及科技新策略，並確立了5個優先發展的重點科技領域：汽車零部件研發、物流及供應鏈管理應用技術研發、納米科技及先進材料研發、紡織及成衣研發、資訊及通訊技術研發。在政府的引導下，香港企業在研發方面的開支，在2001年佔香港總研發開支不足三成，至2007年已穩步上升至接近五成。

曾蔭權表示："政府力倡發展創新科技產業。"其策略有六方面：一是透過創新及科技基金為應用研發提供更有效的資助；二是透過科學園第二期（生物科技）及第三期，為生命科學、醫療儀器、資訊科技、物流及數碼娛樂等策略科技領域提供基建支援；三是靈活利用工業及其他可用的地點／建築物，作為培育新成立的高科技公司的基地；四是透過各項支援及培育計劃，推動中小企與大學合作；五是政府帶頭採購高科技／環保科技或服務，藉以促進本土科技的發展，並向海外市場推廣；六是與內地加強科技合作。

5. 教育產業

香港發展教育服務的潛力和競爭優勢大致有五：（1）發展私營院校或自資課程，令香港有能力錄取更多本地和海外學生；（2）香港有世界級的高等教育院校、學術自由和兩文三語的環境，能吸引區內（特別是內地）學生來港求學；（3）香港和內地（特別是珠三角）對高等教育服務需求甚殷；（4）香港也具備潛力吸引區內學生來港就讀專上和中學程度課程；（5）香港有潛力滿足珠三角對教育服務和學術研究的需求。不過，其局限包括缺乏土地興建新的校舍和學生宿舍；現行的法例和評審機制未必有利於設立擁有學位頒授權的自資院校（即私立大學）；新成立的大學，甚或本地歷史悠久的院校所設的分校，都需要時間建立聲譽和確保教學質素優良；而且本地和海外教師供應均不足 。

6. 醫療產業

香港醫療產業的競爭優勢和發展潛力是：（1）具備優秀、可以信賴和具專業操守的醫療專業人員；（2）具備培訓和管理服務方面的專才；（3）具備先進的醫療技術；（4）很多內地居民希望來港接受治療；（5）有潛力發展結合中西醫學的醫院 。不過，其局限包括：（1）醫療服務主要依賴公營系統提供，私營機構提供的服務只佔小部分（在香港佔 11%，相對泰國之 28% 或新加坡之 27%）[14]；（2）就成本而言，難與區內其他經濟體系競爭；（3）在人口老化的情況下，首要工作是提高醫療系統的整體服務量，照顧本港市民的需要；（4）需要硬件（例如提供土地興建私營醫院）及軟件（例如培訓及專業發展）配合。

14 /
按醫院床位數目估計。

行政長官曾蔭權在施政報告中提出："鞏固和發展香港成為區內尖端醫療中心"，"鼓勵和便利私營醫院的發展"，"吸引人才，提升醫護專業水平"，"推動公私營醫療協作"，"設立多方合作的卓越醫療中心"。政府的策略是：（1）重點發展風險低但回報高，而且具競爭優勢的專科醫療服務；（2）加快提供用地，以供興建私營醫院；（3）便利海外專才來港；（4）建設主題休閑度假中心，吸引高消費的醫療旅客以發展醫療產業。為推動中醫中藥發展，政府會盡快建立香港常用中藥材的標準，在 2012 年把涵蓋範圍由目前的 60 種藥材增加至大約 200 種藥材。為提升香港中藥檢測的能力，會協助和促進市場設立檢測實驗室，促使香港成為中醫中藥走向國際化的平台。

特區政府提出，教育產業的發展目標是鞏固香港的區域教育樞紐地位，提升香港的競爭力。政府已推出一系列措施令香港教育更國際化，會研究進一步放寬有關規定。發展教育產業不單為香港邁向多元化、國際化和專業化發展,奠下更堅實的基礎,更可善用非政府的社會資源,為本地學生提供更多修讀學位課程的機會。鑒於內地和區內高等教育急速發展,必須檢視香港高等教育的定位,制定長遠發展策略。

曾蔭權表示,全球成熟的經濟體都已朝著知識型經濟發展,香港應順勢而行,為走向知識型經濟提供有利環境。他認為,經濟機遇委員會著力研究的六大優勢產業都是發展知識型經濟的新動力,其發展條件與傳統輕工業及四大支柱產業不盡相同,但能互相呼應補足。他還表示,窒礙六大優勢產業發展的一個共同問題是土地資源短缺,由於這並非市場可以自行解決的問題,特區政府願意以開放態度、新思維來為這幾項優勢產業"拆牆鬆綁",解決土地供應問題。

對於發展"六項優勢產業"的建議,社會反應正面,認為這六項產業並非香港的新生產業,而是已獲市場共識並有良好根基的優勢產業,如能獲得相應扶持,有望起到"立竿見影"的效果。有媒體稱其為香港的"第二次創業":一方面,香港傳統支柱產業如金融、航運等均已發展到一定水平和規模,且面臨金融危機衝擊後的調整,故有必要發展其他產業作為補充,以便建立新的經濟增長點;另一方面,香港固有的品牌及人才優勢也有助六大優勢產業進一步發揮,從而令香港全面踏入知識型經濟,推動並維持經濟繁榮。當時,香港學者普遍看好六項優勢產業的發展前景。有學者表示,六項優勢產業無論在產業合作還是消費市場方面都需要與內地特別是廣東省緊密合作,香港如能充分發揮 CEPA 的助力,抓住《珠江三角洲地區改革發展規劃綱要》和《深圳市綜合配套改革總體方案》落實的機遇,與廣東共同發展這六項優勢產業,一定可以達到事半功倍的效果。

不過,亦有傳媒評論認為,要拓展六項優勢產業,市場是主體,企業是主角,特區政府為市場指路,政策是催化劑,但大戲還是要企業來主唱。如何鼓勵香港本地大財團投入這些產業,如何吸引全球大企業、大機構來港施展拳腳,特區政府都需要仔細研究。

| 第三節 | 回歸以來香港產業結構的演變與發展

一、回歸以來香港經濟增長的基本軌跡

香港作為一個細小的開放型經濟，自 1997 年回歸以來，由於受到 1997 年亞洲金融危機、2001 年美國 "9·11" 事件、2003 年 "非典" 事件、2008 年由美國次貸危機引發的全球金融海嘯等一連串的外部衝擊，以及內部結構性因素的影響，先後於 1998 年和 2009 年陷入兩次經濟衰退。若以當時市價計算，在 1997 年亞洲金融危機衝擊下，香港本地生產總值至 2005 年才超越 1997 年的水平；香港人均本地生產總值至 2006 年才超越 1997 年的水平。2008 年，無論在本地生產總值或人均本地生產總值香港都創下歷史新高，然而受到全球金融危機衝擊，2009 年整體經濟再次陷入衰退，2010 年才重新恢復增長。總體而言，回歸以來香港經濟增長基本上是走過了一個 "W" 型的發展軌跡（表 7-3）。

從物價指數看，在亞洲金融危機的衝擊下，香港經歷了長達 6 年的通貨緊縮，綜合物價指數在 1999 年至 2004 年都呈現負增長（表 7-4）。這一時期，在聯繫匯率制度下，由於港元價值對美元高估，香港經濟的內外部平衡無法通過匯率調整去實行，被迫持續通過內部價格下調，即通過通貨緊縮完成，表現為港元資產價格，包括股票價格和房地產價格大幅下調，以及僱員工資的下降。價格下調的結果使投資者信心受到嚴重挫傷，社會內部消費疲弱不振，大量投資、消費北移深圳及珠江三角洲地區，進一步加深了持續的通貨緊縮和經濟不景。2003 年，內地與香港簽署 CEPA 協議，大量內地居民赴港 "自由行"，香港經濟開始復蘇。從 2005 年起，香港才走出通貨緊縮的困境。

表 7-3   回歸以來香港經濟增長概況

註 /
（　　）內的數為年增長率（%）。

資料來源 /
香港特別行政區政府統計處：《2012 年本地生產總值》，2013 年 2 月。

年份	本地生產總值		人均本地生產總值	
	以當時市價計算（億港元）	以 2010 年環比物量計算（億港元）	以當時市價計算（美元）	以 2010 年環比物量計算（美元）
1997	13,730.83 (11.2)	11,474.18 (5.1)	27,127 (10.2)	22,669 (4.2)
1998	13,080.74 (-4.7)	10,799.19 (-5.9)	25,628 (-5.5)	21,158 (-6.7)
1999	12,859.46 (-1.7)	11,069.89 (2.5)	24,955 (-2.6)	21,482 (1.5)
2000	13,375.01 (4.0)	11,918.21 (7.7)	25,728 (3.1)	22,933 (6.7)
2001	13,211.42 (-1.2)	11,985.06 (0.6)	25,226 (-1.9)	22,885 (-0.2)
2002	12,973.41 (-1.8)	12,183.61 (1.7)	24,662 (-2.2)	23,161 (1.2)
2003	12,566.69 (-3.1)	12,555.97 (3.1)	23,936 (-2.9)	23,916 (3.3)
2004	13,169.46 (4.8)	13,648.35 (8.7)	24,890 (4.0)	25,795 (7.9)
2005	14,121.25 (7.2)	14,656.72 (7.4)	26,572 (6.8)	27,580 (6.9)
2006	15,033.51 (6.5)	15,687.47 (7.0)	28,108 (5.8)	29,330 (6.3)
2007	16,507.56 (9.8)	16,701.63 (6.5)	30,599 (8.9)	30,959 (5.6)
2008	17,074.87 (3.4)	17,057.03 (2.1)	31,462 (2.8)	31,429 (1.5)
2009	16,592.45 (-2.8)	16,637.58 (-2.5)	30,508 (-3.0)	30,591 (-2.7)
2010	17,767.83 (7.1)	17,767.83 (6.8)	32,430 (6.3)	32,430 (6.0)
2011	19,360.58 (9.0)	18,629.57 (4.9)	35,100 (8.2)	33,775 (4.1)
2012	20,401.04 (5.4)	18,898.30 (1.4)	36,557 (4.2)	33,864 (0.3)

表 7-4　　香港消費物價指數按年變動百分比（單位：%）

資料來源 /
香港特區政府統計處。

年份	綜合消費物價指數	甲類消費物價指數	乙類消費物價指數
1995	+9.1	+8.7	+9.2
1996	+6.3	+6.0	+6.4
1997	+5.8	+5.7	+5.8
1998	+2.8	+2.6	+2.8
1999	-4.0	-3.3	-4.7
2000	-3.8	-3.0	-3.9
2001	-1.6	-1.7	-1.6
2002	-3.0	-3.2	-3.1
2003	-2.6	-2.1	-2.7
2004	-0.4	-0.0	-0.5
2005	+1.0	+1.1	+1.0
2006	+2.0	+1.7	+2.1
2007	+2.0	+1.3	+2.2
2008	+4.3	+3.6	+4.6
2009	+0.5	+0.4	+0.5
2010	+2.4	+2.7	+2.3
2011	+5.3	+5.6	+5.2
2012	+4.1	+3.6	+4.3

二、回歸以來香港產業結構演變的基本特點

在經濟低增長的背景下，香港產業結構的轉型調整顯得更加迫切。在香港既有資源稟賦的支持和特區政府政策的倡導下，回歸以來香港產業結構展開了第三次轉型升級，其基本趨勢是服務業進一步邁向高增值方向，並形成了以下幾個方面的基本特點：

第一，製造業式微，香港經濟演變成全球服務業比重最高的經濟體之一。

20 世紀 80 年代中期以後，在高經營成本的壓力下，香港製造業大規模向廣東珠三角地區轉移。進入 21 世紀，製造業承續這種趨勢繼續萎縮。據統計，製造業增加值從 2000 年的 613.99 億港元逐漸下跌至 2011 年

的 305.78 億港元，11 年間跌幅超過 50%。同期，製造業在香港本地生產
總值中所佔比重亦從 4.8% 下降至 1.6%。從就業人數來看，根據新的統計
標準，製造業的就業人數從 2000 年的 20.78 萬人下降至 2012 年的 10.53
萬人，12 年間跌幅亦接近 50%（表 7-5）。

表 7-5　回歸以來香港製造業發展概況

資料來源／
香港特別行政區政府統
計處：《2012 年本地生
產總值》，2013 年 2
月；《香港統計年鑒》，
2001-2013 年。

年份	增加值 （億港元）	佔 GDP 比重 （%）	就業人數 （萬人）	佔總就業人數（公務員 除外）比重（%）
2000	613.99	4.8	20.78	9.1
2002	457.73	3.7	16.56	7.3
2004	394.68	3.1	14.73	6.4
2006	396.85	2.7	13.95	5.8
2008	315.05	1.9	13.06	5.3
2009	287.14	1.8	12.49	5.0
2010	304.10	1.7	11.76	4.6
2011	305.78	1.6	11.04	4.2
2012	—	—	10.53	4.0

　　從製造業內部結構看，這一時期香港製造業主要由金屬製品、機械及
設備，食品、飲品及煙草製品，紙製品、印刷及已儲錄資料媒體的複製，
化學、橡膠、塑料及非金屬礦產製品等資本、技術程度較高的四大行業
組成，這四大行業佔製造業全部增加值的比重從 2007 年的 69.59% 上升到
2011 年的 77.58%。其中，金屬製品、機械及設備行業的增加值從 65.72
億港元增加到 90.97 億港元，4 年間增長了 38.42%，所佔比重從 18.60%
增加至 25.92%。與此成鮮明對照的是，傳統的紡織製品、成衣，電器、
電子和光學製品則呈下降趨勢，其中，紡織製品、成衣業增加值從 2007
年的 54.27 億港元下跌至 2011 年的 32.18 億港元，所佔比重從 15.36% 下
降至 9.17%（表 7-6）。

　　當然，應該指出的是，有關數字存在統計技術方面的誤差。根據美國
麻省理工學院蘇珊‧博爾格和李斯特兩位教授的研究，由於製造業和相關
支援服務業的邊界日趨模糊，根據統計慣例，只有在香港本地生產裝配的
廠商的生產活動才計入製造業部門。隨著製造業大規模轉移到廣東珠三角
地區，香港公司僅保留產品設計、工程技術、市場營銷、銷售和生產規劃

表 7-6　　2007-2011 年香港製造業行業增加值（單位：億港元）

行業組別	2007 年	2008 年	2009 年	2010 年	2011 年
金屬製品、機械及設備	65.72（18.60）	72.31（21.41）	69.28（21.56）	98.41（28.15）	90.97（25.92）
食品、飲品及煙草製品	81.34（23.02）	77.05（22.81）	74.72（23.26）	80.48（23.02）	86.18（24.56）
紙製品、印刷及已儲錄資料媒體的複製	59.79（16.92）	55.73（16.50）	50.71（15.62）	52.22（14.94）	52.14（14.86）
化學、橡膠、塑料及非金屬礦產製品	39.05（11.05）	35.84（10.61）	35.85（11.16）	37.43（10.71）	42.97（12.24）
紡織製品、成衣	54.27（15.36）	47.87（14.17）	44.39（13.82）	34.91（9.99）	32.18（9.17）
電器、電子和光學製品	28.87（8.17）	28.29（8.37）	25.14（7.82）	26.11（7.47）	24.23（6.90）
其他製造行業	24.34（6.89）	20.72（6.13）	21.21（6.60）	20.06（5.74）	22.25（6.34）
所有製造行業合計	353.38（100.00）	337.80（100.00）	321.29（100.00）	349.61（100.00）	350.92（100.00）

資料來源 /

香港特別行政區政府統計處：《工業的業務表現及營運特色的主要統計數字》，2008-2011 年。

等功能，這些原來被列入製造業的活動就轉而劃入了服務業，這種統計上的轉變在一定程度上加劇了製造業式微的表象的同時，也導致了服務業在統計數字方面的進一步上升。[15]

　　這一時期，香港經濟進一步演變成全球服務業比重最高的經濟體之一。1997 年至 2011 年，服務業佔香港本地生產總值比重從 85.2% 進一步上升至 93.1%。服務行業中，進出口貿易、批發零售，資訊及通訊，行政、社會及個人服務等行業基本維持其在本地生產總值中所佔份額；運輸、倉儲、郵政及速遞服務呈明顯下降趨勢；而金融、保險，地產、專業及商用服務，住宿及膳食服務等行業則呈上升勢頭。其中，金融、保險業所佔比重從 2000 年的 12.8% 上升到 2011 年的 16.1%（表 7-7）。

　　第二，金融、貿易及物流、專業服務及其他工商業支援服務、旅遊等四大產業在本地生產總值所佔比重總體呈上升趨勢，成為香港服務業的主體。

　　回歸以來，金融、貿易及物流、專業服務及其他工商業支援服務、旅遊等四大產業發展加快，對經濟增長和就業的貢獻日益加大。從 1998 年至 2011 年，四大產業的增加值從 5,984 億港元增加到 11,143 億港元，13年間增加了 86.21%；佔香港本地生產總值的比重從 49.6% 上升至 58.6%，

15 /

蘇珊・博爾格（Suzanne Berger）、理查德・K・李斯特（Richard K. Lester）主編：《由香港製造 —— 香港製造業的過去・現在・未來》（MADE BY HONG KONG），清華大學出版社，2000 年，第 30 頁。

註 /
＊代表接近零。
資料來源 /
香港特別行政區政府：
《香港 1999》；香港特
別行政區政府統計處：
《2012 年本地生產總
值》，2013 年 2 月。

表 7-7　　1997-2011 年各主要行業在香港本地生產總值中的比重（單位：%）

年份	1997	2000	2003	2006	2008	2010	2011
農業、漁業、採礦及採石	0.1	0.1	0.1	0.1	0.1	0.1	＊
製造業	6.5	4.8	3.2	2.7	1.9	1.7	1.6
電力、燃氣和自來水供應及廢棄物管理	2.4	2.9	3.2	2.8	2.4	2.0	1.8
建造	5.8	4.9	3.7	2.7	3.0	3.3	3.4
服務業合計	85.2	87.3	89.8	91.8	92.6	93.0	93.1
進出口貿易、批發零售	25.4	21.6	23.6	24.9	24.6	23.8	25.9
住宿及膳食服務	—	2.9	2.2	2.9	3.3	3.2	3.5
運輸、倉儲、郵政及速遞服務	9.2	7.6	7.8	7.9	6.1	7.9	6.3
資訊及通訊	—	3.3	3.7	3.3	3.0	3.2	3.3
金融、保險	26.2	12.8	13.3	16.7	17.1	16.4	16.1
地產、專業及商用服務	—	9.2	8.4	8.7	10.3	10.8	11.2
行政、社會及個人服務	17.9	19.0	20.2	17.0	17.2	17.0	16.5
樓宇業權	13.9	10.8	10.7	10.3	11.0	10.6	10.2
以基本價格計算的本地生產總值	100.0	100.0	100.0	100.0	100.0	100.0	100.0

增加了 9%。其中，金融服務業的增加值從 1,263 億港元增加到 3,068 億港元，大幅增加了 1.43 倍，金融業佔 GDP 的比重從 10.5% 上升到 16.1%，增加了 5.6%；旅遊業的增加值從 267 億港元增加到 862 億港元，大幅增加了 2.60 倍，旅遊業佔 GDP 的比重從 2.2% 增加到 4.5%，上升了 2.3%（表 7-8）。

註 /
四個主要行業佔本地
產總值的百分比是用以
基本價格計算的名義本
地生產總值來編製的。
這與我們常用的以當時
市價計算的本地生產總
值有少許不同，後者包
括產品稅。
資料來源 /
香港特別行政區政府統
計處國民收入統計組
（二），按經濟活動劃分
的本地生產總值詳細數
字、"經濟活動按年統計
調查" 及香港旅遊發展
局的旅遊統計數字。

表 7-8　　四主要行業以當時價格計算增加值及在香港本地生產總值的比重

行業	1998 年	2003 年	2005 年	2007 年	2009 年	2010 年	2011 年
金融業增加值（億港元）	1,263.0	1,540.0	1,707.0	3,226.0	2,599.0	2,842.0	3,068.0
金融業佔比重	10.5	13.1	12.7	20.1	16.2	16.4	16.1
銀行	7.6	8.6	8.0	10.8	9.3	9.0	9.4
保險	2.9	1.5	1.3	3.2	2.8	3.1	2.9
其他金融服務	—	2.9	3.4	6.2	4.0	4.2	3.8
貿易及物流增加值（億港元）	2,854.0	3,280.0	3,849.0	4,089.0	3,778.0	4,396.0	4,854.0

行業	1998 年	2003 年	2005 年	2007 年	2009 年	2010 年	2011 年
貿易及物流佔比重	23.7	27.9	28.6	25.5	23.9	25.3	25.5
貿易	19.5	22.6	23.4	21.0	20.4	20.5	22.0
批發	—	1.0	0.9	0.8	0.8	0.9	0.9
進出口貿易	—	21.6	22.5	20.2	19.6	19.7	21.1
物流	4.2	5.2	5.2	4.5	3.5	4.7	3.6
貨運及倉庫服務	—	4.8	4.8	4.1	3.1	4.4	3.3
郵政及速遞服務	—	0.4	0.4	0.3	0.3	0.3	0.3
專業服務及其他工商業支援服務增加值（億港元）	1,600.0	1,350.0	1,422.0	1,818.0	2,015.0	2,161.0	2,359.0
專業服務及其他工商業支援服務佔比重	13.3	11.5	10.6	11.4	12.7	12.5	12.4
專業服務	3.6	3.7	3.7	3.7	4.2	4.5	4.6
法律、會計及核數	—	1.1	1.1	1.1	1.3	1.3	1.3
建築及工程、技術測試及分析、科研及發展、管理及管理顧問服務	—	1.7	1.6	1.4	1.6	1.8	1.8
其他專業服務	—	1.0	1.0	1.2	1.3	1.4	1.6
其他工商業支援服務	9.7	7.8	6.8	7.7	8.5	8.0	7.8
旅遊增加值（億港元）	267.0	293.0	319.0	540.0	510.0	746.0	862.0
旅遊佔比重	2.2	2.5	3.2	3.4	3.2	4.3	4.5
入境旅遊	1.6	1.8	2.4	2.6	2.5	3.4	3.8
零售業	—	0.4	0.5	0.7	0.8	1.0	1.2
住宿服務	—	0.4	0.7	0.8	0.6	0.9	1.2
餐飲服務	—	0.2	0.3	0.3	0.3	0.4	0.4
過境客運服務	—	0.4	0.6	0.6	0.5	0.8	0.6
其他	—	0.2	0.3	0.3	0.3	0.4	0.4
外訪旅遊	0.6	0.7	0.8	0.8	0.7	0.9	0.7
四個主要行業增加值（億港元）	5,984.0	6,463.0	7,297.0	9,674.0	8,862.0	10,145.0	11,143.0
四行業佔 GDP 比重	49.6	54.9	55.1	60.3	56.0	58.4	58.6

表 7-9　　四個主要行業的就業人數及其在總勞動人口中所佔比重

資料來源／
香港特別行政區政府統計處國民收入統計組（二），按經濟活動劃分的本地生產總值詳細數字、"經濟活動按年統計調查"及香港旅遊發展局的旅遊統計數字。

行業	1998 年	2003 年	2005 年	2007 年	2009 年	2010 年	2011 年
金融業（萬人）	17.52	17.3	17.95	19.27	21.14	21.67	22.63
金融業佔比重（%）	5.6	5.4	5.3	5.5	6.1	6.2	6.3
銀行	2.6	2.4	2.2	2.5	2.7	2.6	2.7
保險	3.0	1.3	1.3	1.2	1.3	1.2	1.3
其他金融服務		1.7	1.7	1.8	2.1	2.4	2.3
貿易及物流（萬人）	78.18	78.55	82.49	93.62	78.39	77.82	77.44
貿易及物流佔比重（%）	25.0	24.4	24.7	24.0	22.6	22.4	21.6
貿易	18.4	18.1	18.6	18.1	16.9	16.9	16.3
批發	—	2.1	2.2	2.1	1.9	1.8	1.8
進出口貿易	—	16.0	16.4	16.1	15.0	15.0	14.5
物流	6.6	6.3	6.0	5.9	5.7	5.5	5.3
貨運及倉庫服務	—	5.5	5.4	5.3	5.1	5.0	4.8
郵政及速遞服務	—	0.8	0.6	0.6	0.6	0.5	0.5
專業服務及其他工商業支援服務（萬人）	30.14	34.71	37.15	43.81	45.62	46.01	46.94
專業服務及其他工商業支援服務佔比重（%）	9.6	10.8	11.0	12.6	13.1	13.2	13.1
專業服務	3.4	3.9	4.0	4.7	5.0	5.1	5.2
法律、會計及核數	—	1.0	1.1	1.2	1.3	1.3	1.3
建築及工程、技術測試及分析、科研及發展、管理及管理顧問服務	—	1.6	1.7	1.7	1.8	1.8	1.9
其他專業服務	—	1.3	1.2	1.8	1.9	2.0	2.0
其他工商業支援服務	6.2	6.8	7.0	7.9	8.1	8.1	7.9
旅遊（萬人）	9.58	12.29	16.39	19.14	19.22	21.51	23.59
旅遊佔比重（%）	3.1	3.8	4.9	5.5	5.5	6.2	6.6
入境旅遊	2.4	3.1	4.1	4.6	4.7	5.4	5.8
零售業	—	1.3	1.7	2.1	2.4	2.6	2.6
住宿服務	—	0.6	0.7	0.9	0.8	1.0	1.1
餐飲服務	—	0.7	1.1	0.9	0.8	1.1	1.2
過境客運服務	—	0.2	0.2	0.3	0.3	0.3	0.4
其他	—	0.3	0.4	0.4	0.4	0.4	0.6
外訪旅遊	0.7	0.7	0.8	0.9	0.8	0.8	0.8
四個主要行業（萬人）	135.42	142.84	153.98	165.83	164.38	167.01	170.60
總就業人數（萬人）	312.72	322.23	343.00	348.05	347.03	347.86	357.95
四行業佔總就業人數比重（%）	43.3	44.3	46.1	47.6	47.4	48.0	47.7

　　就業情況亦反映了同樣的趨勢。1998 年至 2011 年，四大產業僱用的就業人數從 135.42 萬人增加到 357.95 萬人，13 年間增長了 222.53 萬人，增幅達 1.64 倍；四大產業就業人數佔總就業人數的比重從 43.3% 增加到 47.7%，增加了 4.4%，約佔香港就業總人數的半壁江山。其中，旅遊業從 9.58 萬人增加到 23.59 萬人，增加了 1.46 倍，所佔比重從 3.1% 增加到 6.6%，增加了 3.5%；專業服務及其他工商業支援服務業從 30.14 萬人增加到 46.94 萬人，增加了 55.7%，所佔比重從 9.6% 上升到 13.1%，增加了 3.5%；金融服務業從 17.52 萬人增加到 22.63 萬人，增加了 29%，所佔比重從 5.6% 上升到 6.3%，增加了 0.7%。值得注意的是，同期貿易及物流業的就業人數卻從 78.18 萬人輕微減少到 77.44 萬人，減少了 1%，所佔比重從 25.0% 下降到 21.6%，下降了 3.4%，這在一定程度上反映了服務業內部有進一步向高增值領域發展的趨勢（表 7-9）。

　　第三，特區政府倡導的"六項優勢產業"有所發展，具有潛力，但仍然未能成為香港服務業增長的引擎。

　　2009 至 2010 年度特區政府在施政報告倡導發展六項優勢產業，其後政府統計處於 2011 年起編製六項優勢產業統計數字。根據相關的統計，包括文化及創意產業、醫療產業、教育產業、創新科技產業、檢測及認證產業、環保產業在內的六項優勢產業，其增加值從 2008 年的 1,202.29 億港元增加到 2010 年的 1,438.08 億港元，兩年間增長了 19.61%；在香港 GDP 所佔比重從 7.5% 上升到 8.4%，上升了 0.9%（表 7-10）。從就業人數看，六項優勢產業的就業人數從 2008 年的 38.89 萬人增加到 2010 年的

表 7-10　六項優勢產業增加值及在本地生產總值所佔比重（單位：億港元）

產業	2008 年		2009 年		2010 年	
	增加值	比重（%）	增加值	比重（%）	增加值	比重（%）
文化及創意產業	632.75	4.0	632.66	4.1	778.63	4.6
醫療產業	221.85	1.4	241.56	1.6	260.40	1.5
教育產業	158.09	1.0	165.17	1.1	175.42	1.0
創新科技產業	102.83	0.6	107.33	0.7	117.83	0.7
檢測及認證產業	44.99	0.3	50.81	0.3	51.57	0.3
環保產業	41.78	0.3	46.97	0.3	56.03	0.3
六項優勢產業合計	1,202.29	7.5	1,244.50	8.0	1,438.08	8.4

資料來源 /
香港特別行政區政府統計處：《香港六項優勢產業在 2010 年的情況》，香港統計月刊，2012 年 3 月。

資料來源 /
香港特別行政區政府統
計處:《香港六項優勢產
業在 2010 年的情況》,
香港統計月刊,2012 年
3 月。

表 7-11　六項優勢產業就業人數及在總就業人數中所佔比重(單位:萬人)

產業	2008 年		2009 年		2010 年	
	就業人數	比重(%)	就業人數	比重(%)	就業人數	比重(%)
文化及創意產業	19.13	5.4	18.83	5.4	18.94	5.4
醫療產業	7.10	2.0	7.28	2.1	7.45	2.1
教育產業	5.68	1.6	6.22	1.8	6.65	1.9
創新科技產業	2.61	0.7	2.75	0.8	2.89	0.8
檢測及認證產業	1.24	0.4	1.27	0.4	1.24	0.4
環保產業	3.13	0.9	3.24	0.9	3.61	1.0
六項優勢產業合計	38.89	11.0	39.58	11.3	40.78	11.6

40.78 萬人,增加了 4.86%;所佔比重從 11.0% 輕微增加到 11.6%(表 7-11)。

從現階段情況看,六項優勢產業中,稍具規模的是文化及創意產業。2008 年至 2010 年,文化及創意產業增加值從 632.75 億港元增加到 778.63 億港元,增加了 23.05%,所佔比重從 4.0% 上升到 4.6%。2010 年,文化及創意產業增加值大幅上升了 23.07%,這是由於該產業受到全球金融海嘯的衝擊而在 2009 年表現疲弱,其後在 2010 年獲得改善。醫療產業包括私家醫院、診所、醫生、牙醫提供的醫療服務、護理和提供給長者、藥物濫用者及殘疾人士的院舍服務,以及零售醫療用品和醫療保險等。2010 年,醫療產業的增加值為 260 億港元,約佔 GDP 的 1.5%。教育產業包括私營的幼稚園、小學及中學(牟利及非牟利)、補習學校、自資專上及其他大學課程(包括提供給非本地學生的大學課程)、提供給工商機構的培訓,以及其他與教育相關的服務。2010 年,教育產業的增加值為 175 億港元,約佔 GDP 的 1.0%。

創新科技產業、檢測及認證產業、環保產業等三項產業仍剛起步發展,其增加值所佔比重均未超過 1%。不過,三項產業均具有相當大的發展潛力。其中,創新科技產業是推動經濟發展的主要動力,涵蓋了研究及發展,以及將研發成果商業化的經濟活動。檢測及認證產業在香港社會日常生活擔任重要角色,在為香港及珠三角地區製造的產品提供服務方面享有廣闊的商機。而環保產業則是一個嶄新的增長行業。總體而言,六項優勢產業具有一定的發展潛力,但由於受到土地、人力資源、政策等方面的限制,仍然未能成為香港服務業增長的引擎。

第八章

回歸以來
香港主要
產業的
轉型與發展

| 第一節 | **金融業的轉型與發展**

　　回歸以來，香港金融業先後遭遇了亞洲金融危機、"9·11"事件及 2008 年全球金融海嘯的衝擊，並且受到來自東京、新加坡、上海的挑戰。不過，依託"中國因素"的支持，香港金融業仍然取得了長足的發展，香港作為國際金融中心的地位躍居至全球第 3 位。香港已成為全球第 7 大、亞洲第 3 大股票市場，全球第 15 大、亞洲第 3 大國際銀行中心，全球第 6 大外匯交易中心，全球最開放的保險中心之一，亞洲保險公司最集中的地區，以及亞洲區內主要的資產管理中心。

一、銀行業的轉型與發展

　　回歸以來，香港銀行業的經營環境發生重大變化，包括經濟的衰退及持續通縮，令銀行貸款增長放緩；銀行利率協議全面撤銷後，業界競爭更趨激烈，息差持續縮窄；再加上日資金融機構撤出香港、銀行業電子化與自動化，以及本地中小銀行併購等，導致銀行機構數目大幅減少。1997年，香港銀行業的認可機構及辦事處合共達 520 家，其中持牌銀行達 180 家，有限制牌照銀行 66 家，接受存款公司 115 家。然而，到 2012 年底，香港認可銀行機構僅 260 家，其中持牌銀行 155 家，有限制牌照銀行 21 家，接受存款公司 24 家，比 1997 年高峰時大幅減少五成（表 8-1）。

　　與此同時，香港銀行業的資產規模、貸款規模也呈現下降趨勢。據統計，1997 年至 2002 年，香港銀行業認可機構的資產總額從 83,971.8 億港元減少到 59,990.8 億港元，5 年間減幅達 28.56%；同期，銀行業認可機構的貸款總額從 41,216.7 億港元減少至 20,763.0 億港元，減幅達 49.62%。不過，在銀行認可機構資產總額和貸款總額下降的同時，存款總額則持續增長。從 1997 年的 26,644.7 億港元增加至 2012 年的 82,964.3 億港元，15年間增長 2.11 倍。值得重視的趨勢是，回歸以來香港銀行業的貸款總額逐漸從大於存款總額轉變為小於存款總額。1997 年，銀行業貸款總額為 41,216.7 億港元，比存款總額多出 14,572 億港元；但到 2012 年，銀行業貸款總額為 55,668.1 億港元，比存款總額反而少了 27,296.2 億港元，反映出香港銀行業資金充裕，缺乏貸款出路，"水浸"嚴重（表 8-2）。香港銀行業資產、貸款規模大幅縮減，原因是多方面的，包括受到亞洲金融危機

表 8-1　香港銀行業認可機構數目變化概況

認可機構數目	1997 年 12 月	2002 年 2 月	2012 年 12 月
持牌銀行	180	143	155
有限制牌照銀行	66	49	21
接受存款公司	115	53	24
外資銀行代表辦事處	159	106	60
合計	520	351	260

資料來源 /
香港金融管理局：《金融數據月報》、香港政府統計處：《就業及空缺按季統計報告》。

表 8-2　香港銀行業認可機構資產、存貸款概況（單位：億港元）

年份	資產總額		貸款總額		存款總額	
	總額	外幣總額	總額	外幣總額	總額	外幣總額
1997	83,971.8	54,628.0	41,216.7	23,791.9	26,644.7	11,268.6
1998	72,544.8	45,025.8	33,044.3	16,094.0	29,541.7	12,690.4
1999	67,843.8	41,023.0	28,129.1	12,057.8	31,779.6	14,173.0
2000	66,610.1	38,472.6	24,614.5	8,092.6	35,278.5	16,766.7
2001	61,539.6	34,356.0	21,849.9	5,373.0	34,065.0	15,518.5
2002	59,990.8	33,121.1	20,763.0	4,606.6	33,175.4	14,926.3
2003	64,907.2	37,075.3	20,350.8	4,620.0	35,670.2	16,362.3
2004	71,378.2	41,951.6	21,557.0	4,889.6	38,660.6	118,481.5
2005	72,469.7	42,001.8	23,119.9	5,146.4	40,679.0	19,363.2
2006	83,058.1	47,992.6	24,678.3	5,503.9	47,572.8	21,889.98
2007	103,500.4	62,752.1	29,616.8	7,769.7	58,689.0	27,938.6
2008	107,540.7	68,210.4	32,856.4	9,308.8	60,579.8	30,240.0
2009	106,353.7	62,362.6	32,884.8	8,871.6	63,810.4	30,074.5
2010	122,907.8	75,450.0	42,277.3	14,032.8	68,622.7	32,450.8
2011	137,418.9	87,126.5	50,806.6	19,206.6	75,912.6	38,510.2
2012	148,587.4	94,058.4	55,668.1	22,337.5	82,964.3	41,202.3

資料來源 /
《港澳經濟年鑒》，港澳經濟年鑒社，2001 年至 2010 年；《金融數據月報》，香港金融管理局，2013 年 12 月（第 232 期）。

衝擊經營趨困難,香港經濟轉型、企業內遷珠三角地區導致的"產業空心化"問題等。

面對挑戰,香港銀行界惟有改變策略,集中發展資金管理、收費金融產品及財富管理等業務,創造更多非利息(中間業務)的收入。2003年 CEPA 協議的簽訂與人民幣業務開放,以及 2006 年內地銀行業全面開放,為香港銀行業帶來了戰略性發展機遇。2004 年,香港銀行獲准開辦個人人民幣業務,包括人民幣存款、匯款、兌換及人民幣銀行卡等。2007年初,香港人民幣業務再獲突破,國務院允許內地金融機構在香港發行人民幣債券。與此同時,香港在跨境貿易人民幣結算方面擔當重要的角色。自 2009 年 7 月起,以人民幣作結算貨幣的貿易累計金額中,約八成由香港處理。根據金管局提供的數據,由計劃實施至 2011 年底為止,相關的跨境匯款金額共 2.3 萬億元人民幣。

此外,伴隨內地銀行業逐步開放,香港各大銀行紛紛"北上"、"西擴",進軍內地市場。截至 2010 年 12 月底止,共有 13 家香港銀行在內地開展業務,其中 8 家透過在內地註冊的附屬銀行經營。這 13 家銀行在內地透過附屬銀行或直接經營的分行及支行數目超過 300 家。香港銀行體系整體資產負債表內對內地非銀行類客戶的貸款總額相當於 1.4 萬億港元,佔總資產的 10%。[1]

1 /

香港貿易發展局:《香港銀行業概況》,2012 年 3 月 15 日。

二、證券市場的轉型與發展

回歸以來,香港資本市場發展最突出的方面是證券市場的快速擴展。2000 年 3 月,為了提高香港的競爭力和迎接證券市場全球化所帶來的挑戰,香港聯合交易所、香港期貨交易有限公司以及香港中央結算有限公司實行股份化合併,由單一控股公司"香港交易及結算有限公司"(Hong Kong Exchanges and Clearing Limited,簡稱 HKEx)擁有。同年 6 月 27 日,香港交易及結算有限公司(簡稱"香港交易所")以介紹方式在香港上市。2000 年 5 月 31 日,NASDAQ 指數 7 個成分股在香港交易所掛牌買賣,標誌著香港邁出了資本市場全球化的重要一步。

這一時期,香港證券市場獲得快速的發展。從 1997 年至 2012 年,香港股市(主板＋創業板)上市公司從 658 家增加至 1,547 家,增長 1.26倍;總市值從 3.20 萬億港元增加至 21.95 萬億港元,增長 5.86 倍;股市交

易額（以年度計算）從 37,889.60 億港元增加至 133,010.50 億港元，增長
2.51 倍；每天的平均交易額從 154.65 億港元增加到 538.51 億港元（2007
年每天的平均交易額更高達 880.71 億港元），增長 2.48 倍。其間，恒生
指數從 1998 年的最低點 6,660.42 點穩步攀升到 2012 年底的 22,656.92 點。
（表 8-3）。2011 年，香港連續 3 年成為全球最大的首次公開招股（IPO）
市場，共有 89 家公司首次公開招股，集資總額達 333 億美元。在香港上
市的外地公司數目，由 2009 年的 11 家倍增至 2011 年的 24 家。外地公司
來港上市已成為香港證券市場增長新動力，使香港在首次公開招股集資領
域的領導地位更形鞏固。

表 8-3　香港股市（主板＋創業板）發展概況

	1997 年	2003 年	2007 年	2009 年	2011 年	2012 年
上市公司數目	658	1,037	1,241	1,319	1,496	1,547
上市證券數目	1,533	1,785	6,092	6,616	6,723	6,903
總發行股本 （億港元）	2,367.16	4,090.76	9,638.92	10,435.19	12,895.27	13,154.38
總市值 （億港元）	32,026.30	55,478.48	206,975.44	178,743.08	175,372.60	219,501.29
集資總額 （億港元）	2,475.77	2,137.60	5,908.46	6,421.18	5,583.96	3,513.34
總成交額 （億港元）	37,889.60	25,838.29	216,655.30	155,152.49	171,540.75	133,010.50
日平均成交額 （億港元）	154.65	104.19	880.71	623.10	697.32	538.51
年底恒生指數	10,722.76	12,575.94	27,812.65	21,872.50	18,434.39	22,656.92
年底創業板指數	—	1,186.06 [1]	1,349.64	677.01	474.80	381.51

註 /
（1）標普香港創業板指
數以 2003 年 2 月 28 日
為 1,000 點。

資料來源 /
香港交易所：《香港交易
所市場資料》。

　　回歸以來，香港證券市場最矚目的發展，就是逐漸轉型為內地經濟
發展與企業融資服務的平台，實現當年香港聯交所定出的戰略目標，即成
為"中國的紐約"。1997 年香港股票市場的集資活動打破歷史紀錄，全年
集資 2,475.77 億港元，其中紅籌、國企公司所籌的資金佔 46.07%。1997
年，在香港聯交所主板掛牌的 H 股和紅籌股共 98 隻；總市值為 5,215.92
億港元，佔香港上市公司總市值的 16.29%；成交股份金額 13,414.43 億港
元，佔當年成交股份金額的 36.03%。其中，H 股為 39 隻，總市值 486.22
億港元，全年成交金額 2,977.70 億港元。而到 2012 年底，H 股和紅籌股

已增加到 251 隻，佔香港上市公司總數的 16.2%；總市值為 97,261.84 億港元，佔香港上市公司總市值的 44.47%；成交股份金額 51,412.7 億港元，佔當年成交股份金額的 54.14%（表 8-4）。

資料來源／
香港交易所：《香港交易所市場資料》。

表 8-4　　H 股和紅籌股在香港股市（主板）的發展概況

年份	數目	總市值		成交金額		集資總額	
		億港元	比重（%）	億港元	比重（%）	億港元	比重（%）
1997	98	5,215.92	16.29	13,414.43	36.03	1,140.68	46.07
1998	104	3,684.99	13.84	4,429.26	26.32	209.28	54.70
1999	111	9,988.31	21.13	4,576.07	24.32	594.41	40.00
2000	115	12,886.92	26.88	8,391.67	27.53	3,454.09	73.91
2001	118	10,086.68	25.96	7,424.47	38.07	251.49	39.03
2002	125	9,356.55	26.29	4,492.45	30.50	695.96	62.97
2003	136	16,008.08	29.23	9,954.42	43.91	517.38	24.20
2004	153	18,645.09	28.13	15,485.88	45.59	853.08	30.27
2005	166	29,904.56	36.86	15,529.76	43.29	1,810.7	60.02
2006	181	63,153.69	47.67	36,222.73	56.39	3,545.9	67.60
2007	193	105,708.79	51.47	104,745.05	63.44	2,007.0	33.97
2008	199	55,950.96	54.57	84,138.21	66.61	2,579.1	60.37
2009	208	85,485.62	48.10	70,893.95	61.31	1,997.4	31.11
2010	225	95,910.12	45.80	66,295.54	54.00	3,463.0	40.96
2011	241	80,957.52	46.38	63,623.06	53.00	1,499.7	31.06
2012	251	97,261.84	44.47	51,412.70	54.14	1,636.8	54.52

在紅籌股和 H 股的發展中，又以 H 股的迅速崛起最為矚目。2001 年在香港新上市的 H 股有 3 家。自 2003 年起，H 股加快在香港上市的步伐。到 2012 年已增加到 148 家，總市值達 48,909.26 億港元，全年成交金額達 36,814.21 億港元，集資金額達 1,236.7 億港元，分別佔香港證券市場的 22.36%、38.77% 和 41.19%（表 8-5）。這些上市公司的行業範圍涵蓋石油、煉油、金融、電信、港口、汽車、採煤、煉鋼、機場、公路、製藥和其他工業領域。2006 年，中國銀行、中國工商銀行先後在香港上市，其中中國工商銀行股票的發行是首次以 "A+H" 的方式發行。僅工行 IPO

表 8-5　　H 股在香港股市（主版）的發展概況

資料來源 /
香港交易所：《香港交易
所市場資料》。

年份	數目	總市值		成交金額		集資總額	
		億港元	比重（%）	億港元	比重（%）	億港元	比重（%）
1997	39	486.22	1.52	2,977.70	8.48	330.8	13.36
1998	41	335.32	1.26	735.39	4.61	35.5	9.30
1999	44	418.88	0.89	1,027.89	5.80	426.4	28.79
2000	47	851.40	1.78	1,643.10	5.74	517.5	11.47
2001	50	998.13	2.57	2,452.01	13.47	60.7	9.42
2002	54	1,292.48	3.63	1,397.11	9.50	168.7	15.27
2003	64	4,031.17	7.36	5,014.97	22.12	468.5	21.91
2004	72	4,551.52	6.87	9,338.96	27.49	592.5	21.03
2005	80	12,804.95	15.78	9,491.55	26.46	1,586.8	53.00
2006	95	33,637.88	25.39	25,217.64	39.26	3,038.2	16.34
2007	104	50,568.20	24.62	77,489.00	46.93	857.3	14.51
2008	110	27,201.89	26.53	61,305.93	48.53	341.1	7.98
2009	116	46,864.19	26.37	51,528.06	44.56	1,217.3	18.96
2010	128	52,103.25	24.88	47,008.42	38.29	2,908.8	33.40
2011	139	40,966.60	23.47	46,627.87	38.84	891.9	18.47
2012	148	48,909.26	22.36	36,814.21	38.77	1,236.7	41.19

一個項目，就融資 220 億美元，是 2006 年全球資本市場上單次融資額最大的新股發行。憑藉中國銀行、中國工商銀行的發行上市，該年香港新股融資額一舉超過美國，僅次於倫敦名列全球第二。H 股的崛起對香港證券市場的發展產生了深遠的影響，改變了香港證券市場產品的結構、品種和規模。隨著 H 股的迅速發展，香港作為內地籌資中心的地位迅速上升。

三、債券市場的轉型與發展

香港的資本市場中，股票市場十分發達，而債券市場的發展則相對緩慢。回歸以後，特區政府和金融管理局加大了香港債券市場發展的政策支持。1999 年 8 月，為了增加外匯基金債券二級市場的流動性，以及方便散戶投資者參與外匯基金債券市場，香港金融管理局安排外匯基金債券在香港聯合交易所上市掛牌買賣。同年 12 月 13 日，香港期貨交易所接受外匯基金票據和債券作為買賣股票期貨及期權的抵押品，使外匯基金票據和債券不僅可以用於貼現資金拆借的抵押，而且被廣泛用作包括港元回購協議在內的多項投資產品的抵押品。2006 年 1 月，香港金融管理局宣佈推出 "CMU 債券報價網站"[2]，以透過提供市場上債券產品及其參考價格的資料，增加零售投資者參與債券市場的機會。

　　2004 年以來，在特區政府和金融管理局的推動下，香港債券市場取得了較快的發展。據統計，2004 年香港新發行港元債務工具總額為 3,768.24 億港元，到 2012 年增加到 21,303.77 億港元，8 年間增長 4.65 倍（表 8-6）；同期，香港未償還港元債務工具總額從 6,079.04 億港元增加到 13,087.90 億港元，8 年間增長 1.15 倍（表 8-7）。應該指出，2009 年至 2012 年，香港債券市場的迅速發展，主要原因是香港金融管理局及特區政府相繼發行了大量的外匯基金票據 / 債券以及政府債券。這幾年，在香港新發行港元

2 /
"CMU 債券報價網站"
的網址為 https://www.
cmu.org.hk/cmupbb_ws/
chi/page/wmp0100/
wmp010001.aspx 。

表 8-6　　1998-2012 年香港新發行港元債務工具概況（單位：百萬港元）

年份	外匯基金	政府	法定機構及政府持有的公司	認可機構	本地公司	多邊發展銀行	多邊發展銀行以外的境外發債體	總計
1998	316,850	0	9,171	32,889	7,320	44,502	7,006	417,738
1999	261,443	0	8,931	81,280	26,228	15,920	21,197	414,999
2000	275,036	0	8,325	97,949	17,902	19,330	37,404	455,946
2001	237,009	0	24,075	72,001	5,808	7,462	42,464	388,798
2002	216,228	0	20,760	94,133	9,484	5,200	50,746	396,551
2003	219,648	0	15,724	94,373	5,470	2,641	51,955	389,810
2004	205,986	10,250	17,799	74,289	9,321	3,530	55,649	376,824
2005	213,761	0	8,560	97,795	11,067	1,800	69,014	401,997
2006	220,415	0	17,419	82,242	21,771	2,950	109,297	454,094
2007	223,521	0	19,368	100,143	19,078	1,700	80,977	444,787
2008	285,875	0	24,308	68,029	14,592	3,000	28,556	424,360
2009	1,047,728	5,500	29,852	75,566	19,539	13,145	50,744	1,242,073
2010	1,816,752	18,500	11,187	103,413	13,583	315	32,222	1,995,972
2011	1,841,278	27,500	20,195	136,310	28,282	0	17,779	2,071,345
2012	1,851,575	26,000	12,027	190,078	27,688	790	22,219	2,130,377

註 /
（1）法定機構及政府持
有的公司包括：香港按
揭證券有限公司、香港
機場管理局、香港房屋
委員會、香港五隧一橋
有限公司、九廣鐵路有
限公司及香港鐵路有限
公司。
（2）多邊發展銀行指
亞洲開發銀行、歐洲理
事會社會發展基金、歐
洲鐵路車輛融資公司、
歐洲投資銀行、歐洲復
興開發銀行、泛美開發
銀行、國際復興開發銀
行、國際金融公司、非
洲開發銀行及北歐投資
銀行。

資料來源 /
《2012 年香港債券市場
概況》，香港金融管理局
季報，2013 年 3 月。

債務工具總額中，外匯基金票據／債券以及政府債券所佔比重分別高達
84.80%、91.95%、90.22% 和 88.13%。

表 8-7　　1998-2012 年香港未償還港元債務工具概況（單位：百萬港元）

年份	外匯基金	政府	法定機構及政府持有的公司	認可機構	本地公司	多邊發展銀行	多邊發展銀行以外的境外發債體	總計
1998	97,450	0	11,366	161,110	28,286	69,402	25,529	393,143
1999	101,874	0	20,117	177,437	41,219	61,287	37,259	439,192
2000	108,602	0	20,047	189,137	41,970	57,062	55,103	471,921
2001	113,750	0	35,873	178,788	41,703	51,104	72,351	493,548
2002	117,476	0	48,212	184,736	40,245	40,834	99,514	531,018
2003	120,152	0	56,441	196,971	34,519	27,855	121,486	557,425
2004	122,579	10,250	60,186	207,237	35,338	24,735	147,579	607,904
2005	126,709	10,250	57,712	233,650	39,624	21,535	174,247	663,728
2006	131,788	7,700	56,876	241,050	53,864	19,555	237,308	748,141
2007	136,646	7,700	58,476	251,717	62,044	13,155	234,482	764,220
2008	157,653	5,000	64,618	206,877	68,265	14,253	199,943	716,608
2009	534,062	7,000	66,643	195,345	79,962	24,348	200,686	1,108,047
2010	653,138	25,500	60,592	219,170	85,575	15,513	186,166	1,245,654
2011	655,413	49,500	51,034	229,243	97,284	14,731	163,724	1,260,929
2012	657,384	68,500	45,159	263,618	116,188	10,271	147,669	1,308,790

資料來源／
香港金融管理局：《2012年香港債券市場概況》，香港金融管理局季報，2013 年 3 月。

　　2007 年 1 月，中國政府允許內地金融機構在香港發行人民幣債券，為香港債券市場帶來了長期性的戰略發展機遇。同年 7 月，國家開發銀行於香港發行 50 億元人民幣債券，是內地機構首次在香港發行離岸人民幣債券。2009 年 7 月，香港滙豐銀行在香港向機構投資者發行 10 億元人民幣債券。同年 10 月，中國財政部首次在香港發行 60 億元人民幣國債，備受投資者注目。2010 年 7 月，中國人民銀行與香港人民幣業務清算行中國銀行（香港）簽署了新修訂的《香港人民幣業務的清算協議》，規定任何公司（包括證券公司、資產管理及保險公司）均可開立人民幣存款帳戶，而個人及公司帳戶間的跨行轉帳亦不再有限制。新的制度安排刺激各種人民幣產品如雨後春筍般出現在香港市場上，並進一步激活了香港的人民幣

債券市場。2011 年，國家財政部在香港發行總額 200 億人民幣的國債，比 2010 年的 80 億元大幅增加 1.5 倍；其中，150 億元人民幣面向機構投資者，50 億元人民幣供零售投資者認購。在非公債方面，2011 年發行的人民幣債券達 880 億元，比 2010 年大幅上升 217%。

四、資產管理業的新發展

香港的資產管理業起步較晚，但發展迅速，到 20 世紀 90 年代中，香港基金數量超過 900 個，資產規模超過 2,340 億港元。回歸以後，香港資產管理的發展勢頭凌厲。目前，香港已成為亞洲數一數二的基金管理中心。截至 2011 年底，共有 2,501 項認可集體投資計劃，當中包括 1,836 項單位信託及互惠基金、254 項與投資有關的人壽保險計劃、16 項紙黃金計劃、9 項房地產投資信託基金以及 386 項退休 / 強積金相關基金。越來越多內地相關金融機構來港開展業務，截至 2011 年 4 月底，約有 51 家內地企業在香港設立了合共 152 家持牌法團或註冊機構。

據統計，2000 年，香港的基金管理業務合併資產為 14,850 億港元，到 2012 年已增加到 125,870 億港元，12 年間增長了 7.48 倍。近年來香港資產管理業務快速增長，主要原因是亞太區的經濟前景（尤其是內地市場）利好，吸引更多投資資金流入區內；人民幣已逐漸發展成為國際通行及廣泛使用的貨幣，推動了市場對人民幣產品的需求；以及香港被廣泛認同為亞洲的國際資產管理中心等。2012 年，在香港的基金管理業務合併資產總額中，非房地產基金管理業務為 125,870 億港元，其中資產管理業務 82,460 億港元，基金 / 投資組合提供的投資顧問服務 14,880 億港元，註冊機構向私人銀行客戶提供的財務服務 26,790 億港元，分別比 2003 年增長 2.66 倍、6.12 倍和 4.49 倍（表 8-8）。2012 年香港非房地產基金管理業務總值中，源自非香港投資者的資金達 80,180 億港元，所佔比重達 64.6%；而在香港管理的非房地產基金資產總值則達 57,070 億港元，佔整體非房地產基金所管理資產的 69.2%，其中 53.6% 投資於香港及內地，20.9% 投資於亞洲其他地區，投資於北美洲和歐洲分別為 11.2% 和 6.6%。有關數據顯示了香港作為區域內基金管理業樞紐的地位。

近年來，香港管理的投資基金在深度及寬度方面均有長足發展。香港提供各類投資產品，由低風險的債券基金或貨幣市場基金，以至較專門的

表 8-8　　香港資產管理業發展概況（單位：10 億港元）

年份	2003	2005	2007	2008	2009	2010	2011	2012
資產管理業務	2,250	3,242	6,511	3,070	5,824	6,841	5,760	8,246
顧問業務	209	330	712	810	921	917	889	1,488
其他私人銀行活動	488	916	1,934	1,287	1,688	2,230	2,263	2,679
小計	2,947	4,488	9,565	5,804	8,433	9,996	8,914	12,413
認可的房地產基金	—	38	66	46	74	103	124	147
基金管理業務合併資產	2,947	4,526	9,631	5,850	8,507	10,091	9,038	12,587
合併資產年增長率（%）	—	25.1	56.5	-39.3	45.4	18.6	-10.4	39.3

資料來源 /
香港證券監察委員會：
《香港基金業活動調查》，2003-2012 年。

房地產投資信託基金（REITs）及對沖基金，種類廣泛。其中，種類日多的交易所買賣基金（ETF）備受注目。2008 年，香港證監會認可的交易所買賣基金的平均單日成交額已超過日本，稱冠亞太地區。2008 年底，在香港上市的 ETF 只有 29 隻，但到 2013 年 3 月底已增加到 100 隻；2009 年 5 月底，ETF 的總市值 170 億美元，但到 2013 年 3 月底總市值已增加到 1,037 億美元。根據 2011 年 2 月的市場調查，以成交額計算，香港已成為亞洲區內最大的 ETF 市場；而按管理資產總值計算則居亞洲第 2 位[3]，超過第 3 位的新加坡。交易所買賣基金讓香港投資者可投資多個地區市場，包括香港、中國內地、日本、韓國、俄羅斯、印度及多個新興市場。這些交易所買賣基金以股票、亞洲債券、黃金及商品期貨指數等不同資產類別形式買賣。

3 /
香港證券及期貨監察委員會：《2010 年基金活動調查》，2011 年 7 月，第 10 頁。

五、保險業的轉型與發展

隨著香港經濟的轉型，香港保險業的內部結構發生變化。一般保險業務儘管仍然取得穩定增長，毛保費從 1999 年的 165.32 億港元增加到 2011 年的 348.35 億港元，12 年間增長了 111%；但是，其在保險業務中所佔的比重卻持續下降，從 1999 年的 28.59% 下降至 2011 年的 14.90%。從業務結構來看，隨著工廠、貨運的北移，傳統的水險、火險等產品不再是一般保險業務的主流，佔最大比重的分別為意外及健康保險（包括醫療業務）、一般法律責任（主要為僱員補償業務）、財產損壞和汽車。同期，

資料來源 /
香港保險業監理處。

表 8-9　　回歸以來香港保險業發展概況（單位：億港元）

| 年份 | 一般業務 | | 長期業務 | | 總額 |
	毛保費	比重（%）	保單保費	比重（%）	毛保費
1999	165.32	28.59	412.97	71.41	578.29
2000	178.72	27.76	465.15	72.24	643.87
2001	194.36	25.00	568.58	75.00	762.94
2002	234.48	26.36	655.17	73.64	889.65
2003	247.66	24.28	772.25	75.72	1,019.91
2004	234.78	19.26	984.14	80.74	1,218.92
2005	225.46	16.00	1,147.56	84.00	1,373.02
2006	229.58	14.71	1,330.87	85.29	1,560.45
2007	242.71	12.30	1,730.16	87.70	1,972.87
2008	267.16	13.99	1,619.46	86.01	1,930.69
2009	285.65	15.47	1,560.81	84.53	1,846.46
2010	310.55	15.15	1,739.06	84.85	2,049.61
2011	348.35	14.90	1,989.15	85.10	2,337.50
2012	392.05	—	—	—	—

　　長期保險業務卻取得了強勁的增長，保單保費從 1999 年的 412.97 億港元增加到 2011 年的 2,337.50 億港元，12 年間增長了 4.66 倍。長期保險業務在總保險業務中所佔比重從 71.41% 上升至 85.10%，2007 年甚至上升至 87.70%（表 8-9）。

　　這一時期，銀行保險業務獲得快速的發展。亞洲金融危機後，大部分大中型銀行憑藉其龐大的客戶網絡和專業服務，透過本身直屬的保險公司或透過聯盟的合作形式，大舉進軍香港保險市場。銀行保險的發展使保險市場出現重要變化，包括投資聯結產品的比重大幅上升，保險中介人的角色從單純的核保員轉變為理財顧問，人壽保險業的競爭更趨白熱化，人壽保險市場也發展到 "優勝劣汰" 的階段。隨著保險業與銀行業的融合，保險業正成為金融業越來越重要的環節，對香港國際金融中心地位的鞏固作出越來越重要的貢獻。

　　目前，以人均保費計算，香港是亞洲區內第二發達的保險市場，僅次於日本，吸引了不少全球頂級的保險公司來港。截至 2012 年 3 月，香

港共有 162 家獲授權保險公司，其中約半數在海外註冊成立。在海外註冊
的保險公司中，美國和英國數目居於前列。根據保險業監理處 2010 年年
報，香港首十大保險公司為滙豐保險（亞洲）有限公司、中銀集團保險有
限公司、美安保險公司、蘇黎世保險、皇家太陽聯合保險有限公司、保柏
（亞洲）有限公司、昆士蘭聯保保險有限公司、香港按揭證券有限公司、
安盛保險有限公司以及中國太平保險（香港）有限公司。這些公司佔整體
市場份額 41.5%。

｜第二節｜ **貿易及物流產業的轉型與發展**

一、貿易產業的轉型與發展

　　香港貿易產業的主體是進出口貿易業。目前，進出口貿易業仍然是香港最大的產業。香港貿發局數據顯示，截至 2011 年 12 月，香港共有 102,273 家進出口貿易公司，僱用約 49.58 萬名員工，佔香港就業勞工總數的 14.5%。2011 年，進出口貿易增加值達 4,016.45 億港元，佔香港 GDP 的 21.1%。香港進出口貿易公司的業務範圍，主要涉及對原材料、機器和零部件，以及各類消費品的採購。這些採購活動分為三大類：採購香港生產的貨品；採購區內各地的貨品供轉口用；從一個國家採購貨品直接運往第三地而毋須經過香港。香港貿易公司的進口業務主要是以代理或經銷的形式從事分銷，他們通常專攻某個領域的產品，同時代表一個或多個外地牌子，業務地域範圍一般包括香港、內地（或部分地區）或亞洲其他國家。隨著中國內地的貿易支援服務日漸發展，貿易公司進行離岸採購貨品再在國際市場銷售的趨勢，正與日俱增。這些貨品有些經香港轉運，有些則不經香港而直接付運。這種離岸貿易並無計入香港的貿易統計數字之內。

　　香港的進出口貿易公司一般規模細小，公司僱員平均僅為 6 人。香港約 10 萬家進出口貿易公司中，僱員超過 100 人的公司不足 300 家。這些進出口貿易公司大致可分為三類：一是"左手交右手"的貿易商，主要為買家與賣家配對，其競爭優勢在於得到供應商提供低成本的貨品，以及對區內的貨源瞭如指掌；二是提供若干增值服務的貿易商，其中不少公司為其供應商採購原材料並提供融資，他們通常使用客戶開出的信用證作為擔保，為其採購訂單融通資金，其他公司則與多家工廠建立外判關係，並在相當程度上對這些工廠的生產管理（包括品質控制）進行控制；三是提供高增值服務的貿易商，例如為供應商的工廠設計並生產零部件，以供生產製成品作出口之用。[4] 第三類公司的典型代表，就是作為全球供應鏈經理人的利豐集團。[5]

目前，香港是世界第 10 大貿易經濟體系，香港貿易與內地密切關聯，中國內地約有 14% 的出口及 13% 的進口通過香港進行，而香港約有 61.6% 的轉口貨物來自內地。回歸以來香港對外貿易的發展趨勢，主要表現出以下一些基本特點：

第一，亞洲市場特別是中國內地市場已取代歐美市場，成為香港出口市場的主體。

踏入 21 世紀，隨著亞洲各國簽訂多項自由貿易協定，亞洲區逐漸發展成為一體化市場，區內貿易的增長表現優於對外貿易。截至 2010 年為止的 5 年內，亞洲各國區內出口的年均增長達 12%，對歐洲及北美的出口增長分別僅為 10% 及 6%。這一時期，香港的出口貿易也反映了這一發展趨勢。1997 年至 2012 年，香港對亞洲市場的出口比例從 53.3% 大幅上升到 72.8%；其中中國內地市場所佔份額從 34.9% 大幅上升到 54.1%，內地市場已佔了香港出口市場的 "半邊天"。同期，香港對北美市場的出口比例從 23.2% 下降到 10.6%，其中美國市場所佔份額從 21.7% 下降到 9.9%；對西歐市場的出口比例從 15.8% 下降到 10.0%（表 8-10）。香港出口市場的單一性逐漸顯現。

第二，港產品出口式微，轉口貿易成為香港商品出口的主體，而貿易差額則有進一步惡化的趨勢。

據統計，1997 年至 2012 年，港產品出口從 2,114.10 億港元下降至 588.30 億港元，其在香港整體出口中所佔比重從 14.52% 下降至 1.71%。同期，轉口總值從 12,445.39 億港元增加到 33,755.16 億港元，15 年間增加了 1.71 倍，其在香港整體出口中所佔比重從 85.48% 上升到 98.29%，已成為香港出口的主體。這一時期，進口總值從 16,150.90 億港元增加到 39,121.63 億港元，15 年間增長 1.42 倍，而貿易逆差則從 1,591.41 億港元上升至 4,778.71 億港元，此差額佔進口總值的比重從 9.9% 進一步上升至 12.2%（表 8-11）。

第三，香港對外貿易中，涉及外發內地加工的貿易比例呈下降趨勢；而在轉口貿易中，內地供應及吸納的貨值所佔比重則進一步上升。

香港涉及外發內地加工的貨物貿易中，輸往內地的出口貨值佔香港整

4 /
香港貿易發展局：《香港進出口貿易業概況》，2012 年 5 月 9 日。

5 /
馮邦彥著：《百年利豐：從傳統商號到現代跨國集團》，三聯書店（香港）有限公司，2006 年。

表 8-10　香港回歸以來主要出口市場發展概況（單位：億港元）

註 /
（　　）裏數字表示佔該年出口總值的比重。
資料來源 /
香港政府統計處。

出口市場	1997 年	2002 年	2007 年	2010 年	2012 年
亞洲	7,762.39 （53.3）	8,873.45 （56.9）	17,610.60 （65.53）	21,457.36 （70.8）	24,986.43 （72.8）
中國內地	5,077.45 （34.9）	6,132.44 （39.3）	13,083.32 （48.7）	15,982.22 （52.71）	18,577.58 （54.1）
北美	3,378.30 （23.2）	3,564.72 （22.8）	4,195.74 （15.6）	3,559.76 （11.7）	3,626.40 （10.6）
美國	3,164.45 （21.7）	3,329.51 （21.3）	3,682.02 （13.7）	3,320.89 （11.0）	3,385.05 （9.9）
西歐	2,302.26 （15.8）	2,200.48 （14.1）	3,650.54 （13.6）	3,427.97 （11.3）	3,438.64 （10.0）
其他地區	1,116.54 （7.7）	966.52 （6.2）	1,418.25 （5.3）	1,874.10 （6.2）	2,291.99 （6.7）
出口總值	14,559.49 （100.0）	15,605.17 （100.0）	26,875.13 （100.0）	30,319.19 （100.0）	34,343.46 （100.0）

表 8-11　香港回歸以來對外貿易發展概況（單位：億港元）

註 /
（　　）裏的數字為商品貿易差額佔進口總值的比重（%）。
資料來源 /
香港特區政府統計處。

年份	1997	2002	2007	2010	2011	2012
整體出口	14,559.49	15,605.17	26,875.13	30,319.19	33,372.53	34,343.46
香港產品出口	2,114.10	1,309.26	1,091.22	695.12	656.62	588.30
轉口	12,445.39	14,295.90	25,793.92	29,615.07	32,715.92	33,755.16
進口	16,150.90	16,194.19	28,680.11	33,648.40	37,645.96	39,121.63
對外貿易總額	30,710.40	31,799.36	55,555.24	63,958.59	71,018.49	73,465.09
貿易差額	-1,591.41 （-9.9）	-589.03 （-3.6）	-1,804.94 （-6.3）	-3,338.21 （-9.9）	-4,273.43 （-11.4）	-4,778.17 （-12.2）

表 8-12　香港涉及外發內地加工的貿易比例（單位：%）

資料來源 /
香港特區政府統計。

年份	1997	2002	2007	2010	2012
輸往內地的港產出口貨品	76.1	69.8	47.3	18.6	15.7
輸往內地的轉口貨品	44.7	43.5	34.1	32.8	31.8
輸往內地的整體出口貨品	48.6	45.3	34.5	32.5	31.5
由內地進口的貨品	81.2	74.0	58.6	49.8	41.5
原產地為內地經本港輸往其他地方的轉口貨品	88.4	82.5	78.4	72.9	74.2

體貨值的比重，從 1997 年的 48.6% 下降到 2012 年的 31.5%。其中，輸往內地的港產出口貨品所佔比重從 76.1% 下降到 15.7%；輸往內地的轉口貨品所佔比重從 44.7% 下降到 31.8%。同期，從內地進口的貨品所佔比重亦從 81.2% 大幅下降到 41.5%（表 8-12）。有關數字反映出，20 世紀 80 年代中期至 90 年代中期香港蓬勃發展的外發內地加工貿易，到回歸以後已經出現增長放緩的趨勢。

從香港轉口貿易的發展來看，1997 年至 2012 年，由內地供應的轉口貨值從 12,445.39 億港元增加到 33,755.16 億港元；吸納的轉口貨值從 4,438.78 億港元增加到 18,317.32 億港元，15 年間分別增長了 1.71 倍和 3.13 倍。換言之，內地吸納的轉口貨值的增長速度大幅高於其供應轉口貨值的增長速度。這一時期，內地供應的轉口貨值佔轉口總值的比重從 58.13% 上升到 62.34%；內地吸納的轉口貨值佔轉口總值的比重從 35.67% 上升到 54.27%（表 8-13）。有關數字反映了儘管香港外發內地加工貿易出現增長放緩的勢頭，但是內地仍然是香港越來越重要的貿易夥伴。

第四，離岸貿易正逐步成為香港進出口貿易業的主要業務形式，對香港物流樞紐地位構成衝擊的同時，也推動了香港作為全球供應鏈管理中心的發展。

20 世紀 90 年代中期以來，香港的離岸貿易迅速崛起。據香港貿易發展局的統計數字，1997 年香港離岸貿易額為 10,520 億港元，相當於該年轉口貿易貨值的 72.25%；到 2000 年增加到 1.4 萬億港元，開始超過當年的轉口貿易額。2000 年，香港從離岸貿易賺取的收入 [6] 達 846 億港元，其中，從 "商貿服務" [7] 賺取的毛利 707 億港元，從 "與離岸交易有關的

6 /
離岸貿易涵蓋在香港經營業務的機構（不包括其在香港境外的有聯繫公司）所提供的 "商貿服務" 及 "與離岸交易有關的商品服務"。從離岸貿易賺取的收入包括提供 "商貿服務" 所賺取的毛利，以及提供 "與離岸交易有關的商品服務" 所賺取的佣金。

7 /
"商貿服務" 是指從境外賣家買入，並直接賣給香港以外買家的貨物買賣服務，有關貨物並沒有進出香港，而從事 "商貿服務" 的香港機構具有所涉及貨物的物主身分。其中亦包括經由分判加工安排在香港境外生產而直接賣給香港以外買家的貨物買賣，但有關貨物並沒有進出香港。

表 8-13　香港回歸以來轉口貿易中內地供應及吸納轉口貨值的概況（單位：億港元）

年份	1997	2002	2007	2010	2012
轉口總值	12,445.39	14,295.90	25,783.92	29,615.07	33,755.16
內地供應的轉口貨值	7,234.16（58.13）	8,639.67（60.43）	15,977.70（61.97）	18,209.64（61.49）	21,044.17（62.34）
內地吸納的轉口貨值	4,438.78（35.67）	5,718.70（40.00）	12,677.22（49.17）	15,669.99（52.91）	18,317.32（54.27）
內地供應及吸納轉口貨值佔轉口總值比重（%）	93.80	100.43	111.76	114.40	116.61

註 /
（　）裏的數字為內地供應及吸納的轉口貨值佔香港轉口貿易的比重（%）。

資料來源 /
香港特區政府統計處。

8 /
"與離岸交易有關的商品服務"是指按香港以外買家／賣家要求,安排購買／銷售貨物的服務(例如尋找貨源、市場推廣、商討合約及價格、搜集貨物樣本及足夠的貨量、裝運、檢查及安排訂購事宜等服務),所涉及的貨物是由境外賣家透過在香港經營業務的機構安排售予另一境外買家,有關貨物並沒有進出香港。與"商貿服務"不同的是,從事該等商品服務的香港機構作為代理人或經紀,並不具有所涉及貨物的物主身分,因此貨物的價值無需記錄在其會計系統內。

商品服務"[8]賺取的佣金為 139 億港元。根據香港貿易發展局的調查,從 2006 年起,香港每年的離岸貿易貨值都高於轉口貨值。2011 年,香港離岸貿易總值達 44,669.56 億港元,轉口貨值為 32,715.92 億港元,離岸貿易貨值相當於轉口貿易貨值的 1.37 倍。2002 年至 2011 年的 9 年間,香港離岸貿易貨值增加了逾 200%,遠高於同期轉口貨值的 130% 增幅。據統計,1997 年至 2012 年,香港貿易結構中,轉口貿易所佔比重已從 56.7% 下降至 33.9%;而同期離岸貿易所佔比重則從 34.2% 上升至 65.0%(圖 8-1)。離岸貿易在香港的貿易結構中正擔當日益重要的角色。

　　香港對外貿易從轉口貿易轉向離岸貿易,加上香港公司的生產和採購中心正逐漸由珠三角伸展至其他地區,都對香港的物流樞紐地位構成了相當程度的衝擊。不過,根據香港貿易發展局的調查顯示,這些離岸貿易同時也成為了香港高增值貿易支援服務需求"擴容"的契機。據統計,2011 年,香港從離岸貿易賺取的收入為 2,617.60 億元,比 2000 年增加 2.09 倍。其中,從"商貿服務"賺取的毛利為 2,304.62 億港元,從"與離岸交易有關的商品服務"賺取的佣金為 312.98 億港元,分別比 2000 年增長 2.26 倍和 1.25 倍(表 8-14)。需要指出的是,離岸貿易的利潤明顯低於轉口貿易利潤。據香港特區政府的估計,2011 年香港離岸貿易的毛利率(即與離岸貿易相關的佣金率)約 6%,明顯低於同期 16.3% 轉口貿易毛利率。一般分析,香港的離岸貿易活動,最終從兩個渠道影響著香港經濟,第一個渠道就是從事離岸貿易活動的"子企業"給香港本土的"母企業"返還利潤;第二個渠道是這些子企業為母企業在管理、金融服務、產

資料來源 /
香港貿易發展局:「香港:跨出邊境的增長」統計表,載於《香港:離岸貿易的成功實例》,2013 年 6 月 27 日。

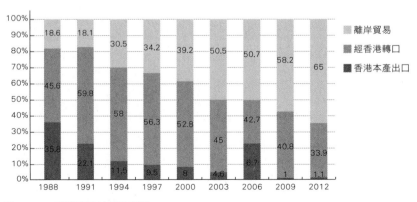

圖 8-1　　香港貿易結構的轉變

品設計、外銷網絡、物流諸方面帶來的供應鏈效應，因而推動了香港作為全球供應鏈管理中心的發展。據香港貿易發展局的一項調查，約六成受訪香港公司表示，他們的產品在未來三年仍會經空運或航運運到香港，利用香港的倉儲及貨物併櫃服務；另外，88% 受訪香港公司表示他們未來三年會在香港進行金融和會計業務，83% 表示會進行企業管理和策略規劃，73% 表示會進行銷售和市場推動。

表 8-14　2002-2011 年香港離岸貿易發展概況

資料來源 /
香港特區政府統計處。

年份	離岸貿易		離岸貿易賺取收入		商貿服務		商品服務	
	貨值（億港元）	年增長率（%）	毛利 / 佣金（億港元）	年增長率（%）	毛利 / 佣金（億港元）	年增長率（%）	毛利 / 佣金（億港元）	年增長率（%）
2002	14,582.52	—	1,030.05	—	883.20	—	146.85	—
2003	16,666.05	14.3	1,165.05	13.1	1,001.36	13.4	163.69	11.5
2004	18,358.39	10.2	1,322.00	13.5	1,134.73	13.3	187.27	14.4
2005	20,871.64	13.7	1,490.00	12.7	1,285.47	13.3	204.53	9.2
2006	23,464.70	12.4	1,657.50	11.2	1,434.95	11.6	222.55	8.8
2007	26,589.38	13.3	1,859.59	11.2	1,613.26	12.4	246.33	10.7
2008	32,628.19	26.5	2,040.53	9.7	1,764.79	9.4	275.74	11.9
2009	29,311.56	-12.8	1,966.02	-3.7	1,714.91	-2.8	251.11	-8.9
2010	38,862.99	32.6	2,334.51	18.7	2,033.25	18.6	301.26	20.0
2011	44,669.56	14.9	2,617.60	12.1	2,304.62	13.3	312.98	3.9

二、物流產業的轉型與發展

根據香港特區政府的界定，統計上的物流業包括 "貨運及倉庫服務" 和 "郵遞及速遞服務" 兩項。1998 年，物流業增加值佔香港本地生產總值的比重為 4.2%，2011 年輕微下降至 3.6%。其中，貨運及倉庫服務主要從事安排貨物運輸及倉儲服務，包括倉儲、集運、航空速遞、拖運、配送及清關、追踪及監測已付運貨物的情況，以及應用電子資料聯通（EDI）技術進行以及時供貨為本的供應鏈管理等。據統計，2013 年 3 月，香港共有海上貨運代理機構 2,335 家，僱用員工 2.14 萬人；航空貨運代理機構

1,246 家，僱用員工 1.69 萬人。

　　貨運及倉庫服務對於香港成為全球第 10 大商品貿易地區及最發達
的貿易型經濟體系之一貢獻良多。在航運方面，1997 年，香港共處理了
1.692 億公噸海運及內河運輸貨物，佔香港貨運總量的 81.36%；到 2012 年
增加到 2.693 億公噸，佔香港貨運總量的比重上升到 89.92%，其中 70%
由遠洋輪船運載（表 8-15）。香港是全球第四大船舶註冊地，僅次於巴
拿馬、利比利亞和馬紹爾群島。截至 2013 年 6 月底，已向香港船舶註冊
處註冊的船舶有 2,283 艘，合計超過 8,300 萬註冊總噸。據香港船東會統
計，其會員擁有或管理的船舶總噸位超過 1.33 億載重噸，佔全球船隊的
8.7%。

表 8-15　香港回歸以來貨運量（單位：百萬公噸）

註 /
香港鐵路有限公司已由
2010 年 6 月起停辦鐵路
貨運業務。

資料來源 /
香港港口發展局：《港口
運輸統計摘要》。

年份	海運	河運	公路貨運	鐵路貨運	空運	總計
1997	133.3	35.9	36.4	0.7	1.8	208.1
1998	127.5	39.7	36.2	0.5	1.6	205.5
1999	128.2	40.6	38.4	0.5	2.0	209.7
2000	130.9	43.7	40.0	0.5	2.2	217.3
2001	130.7	47.5	36.9	0.4	2.1	217.6
2002	138.3	54.2	39.4	0.4	2.5	234.8
2003	148.6	58.9	39.9	0.3	2.6	250.3
2004	158.6	62.3	40.5	0.3	3.1	246.8
2005	161.5	68.7	38.7	0.2	3.4	272.5
2006	166.2	72.0	37.3	0.2	3.6	279.3
2007	177.3	68.1	36.5	0.1	3.7	285.7
2008	180.0	79.4	31.7	0.1	3.6	294.9
2009	161.6	81.4	26.7	0.1	3.3	273.1
2010	182.0	85.8	29.7	0.04	4.1	301.6
2011	194.9	82.5	26.7	0	3.9	308.1
2012	188.9	80.4	26.2	0	4.0	299.5

　　目前，香港是全球最繁忙和最高效率的國際貨櫃港之一。香港的貨
櫃碼頭坐落於葵涌——青衣港池，包括 9 個碼頭、24 個泊位共 7,694 米

深水堤岸。葵涌—青衣港池水深達 15.5 米，貨櫃碼頭總處理能力每年約 2,000 萬個標準貨櫃箱（圖 8-2）。葵涌—青衣港池貨櫃碼頭由五家營運商管理和營運，包括現代貨箱碼頭有限公司、香港國際貨櫃碼頭有限公司、中遠—國際貨櫃碼頭有限公司、環球貨櫃碼頭香港有限公司和亞洲貨櫃碼頭有限公司。香港港口每星期提供約 410 班貨櫃班輪服務至全球約 520 個目的地。2012 年，香港貨櫃港共處理 2,310 萬個標準貨櫃（TEU），其中 75.8% 由葵青貨櫃碼頭處理，餘下 24% 的貨櫃則在中流作業區、內河貨運碼頭、公眾貨物裝卸區、浮泡和碇泊處及其他私人貨倉碼頭處理。香港緊隨上海（3,250 萬 TEU）及新加坡（3,160 萬 TEU）之後而成為全球第三大最繁忙的貨櫃港。根據世界銀行的"2012 年物流績效指標"，香港取得 4.12 分，全球排名第二，緊隨新加坡；在國際運輸方面，香港在全球 155 個經濟體中排名第一。[9]

在空運貨物方面，香港一直是亞洲的地區樞紐之一。從香港起飛，5 個小時內可到達亞洲大部分城市及接觸全球逾半人口。現時在香港國際機場營運的航空公司超過 100 家，每周提供約 6,400 班航機，前往全球逾 180 個航點，包括 48 個內地城市。20 世紀 80 年代以來，空運對香港

9 /
袁淑妍著：《香港海上運輸業概況》，香港貿易發展局，2013 年 8 月 15 日。

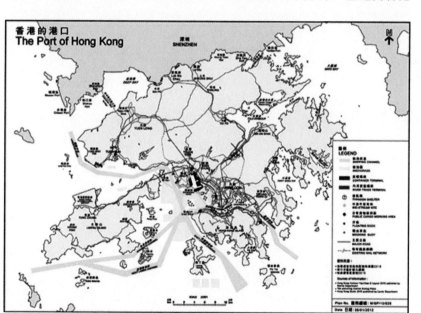

圖 8-2　香港港口及葵涌—青衣港池貨櫃碼頭

資料來源 /
香港港口發展局。

的貿易越趨重要。1980 年，香港總出口的 26% 及進口的 19% 是以航空運送，到 2011 年兩者的比重分別上升至 33.5% 及 39.0%。其重要原因是香港作為自由港，清關手續簡便而且高效。2012 年，香港國際機場處理了 400 萬公噸貨物，比 1997 年的 180 萬公噸大幅增長了 1.22 倍（表 8-16）。自 1996 年起，香港一直是最繁忙的國際貨運空港。[10] 目前，香港國際機場共有兩個私營空運貨站，其中較大的為超級一號貨站，是全球最先進及最大的空運設施之一，總樓面面積達 33 萬平方米，每年可處理超過 350 萬公噸貨物。另一個空運貨站是亞洲空運中心的二號空運貨站，在 2007 年 3 月啟用。香港空運貨站連續 6 年（2006 至 2011 年）獲業界權威刊物 *Air Cargo World* 頒發全球航空貨運卓越獎。2008 年 3 月，國泰航空獲批興建和營運香港第三個空運貨站，面積 10 公頃。由於全球貨運量在 2009 年銳減，建造工程暫停。新貨運站建成啟用後，香港國際機場的貨物處理能力，將由目前的 480 萬公噸提升至 740 萬公噸。

根據香港貿易發展局的研究，目前香港的貨運及倉庫服務行業正受到全球多個發展趨勢的影響，包括供應鏈全球化、度身訂造服務普及化、產品周期縮短、降低存貨和快速回應要求等。面對這些趨勢，越來越多企業認為有需要尋求外界幫助，以優化其供應鏈管理，因此第三方及第四方物流服務供應商遂應運而生。[11]

在郵遞及速遞服務行業，香港擁有多家經驗豐富的國際速遞公司，這些公司不少是香港貨運物流業協會會員，包括敦豪國際速遞（DHL）、UPS、聯邦快遞（FedEx）、TNT 快遞、勁達物流（Expeditors）、泛亞班拿（Panalpina）、嘉里物流（Kerry Logistics）、全球貨運（Schenker）等。其中，DHL 中亞區樞紐中心是香港國際機場第一座快遞貨運站，每小時處理量超過 20,000 個包裹及 15,000 件快遞文件。敦豪國際速遞（香港）在 "2012/2013 年亞太傑出顧客關係服務" 獎中榮獲 5 個獎項；聯邦快遞（FedEx）擴充了位於香港國際機場的運作中心；TNT 快遞的亞太區香港轉運中心亦啟用運作，每日可以處理 600 噸貨物。除私營服務供應商外，政府轄下的香港郵政也是業內的主要經營者。香港郵政的特快專遞擁有全球最大的發送網絡之一，覆蓋超過 210 個目的地及內逾 1,900 個城市。2013 年 5 月，香港郵政獲香港中小型企業總商會頒發 "2013 年中小企業最佳拍檔獎"。根據最新的統計數據，2011 年香港來自國際速遞服務的收益達 26.9 億美元，較 2010 年增加 12.7%，佔本港空運業總收益 15.7%。[12]

10 /
袁淑妍著：《香港航空運輸業概況》，香港貿易發展局，2012 年 3 月 27 日。

11 /
袁淑妍著：《香港貨運代理業概況》，香港貿易發展局，2012 年 8 月 12 日。

12 /
袁淑妍著：《香港速遞業務概況》，香港貿易發展局，2013 年 8 月 15 日。

| 第三節 | **地產業及其相關產業的轉型與發展**

一、回歸以來地產業的發展歷程

"九七"回歸以後，無論是香港政府的地產政策還是香港的地產業本身，都經歷了重要而深刻的變化。

回歸後，新成立的香港特區政府即時廢除了《中英聯合聲明》附件三所規定的有關每年新批土地不得超過 50 公頃的限制。1997 年 7 月中旬，特區政府規劃環境地政局宣佈了新的土地政策，具體包括：新批土地一般年期為 50 年，從批出日期起計算；除特別土地類別（如批予新界原居民）外，每年的土地租金為當時的差餉估值的 3%；每年政府出售的土地，均須依照所頒佈的計劃、未來兩年預算出售的土地詳情（如地段號碼、地點、用途、覆蓋率、拍賣或招標日期等），在每年的財政年度全面公佈。批地計劃包括隨後的 3 年（即共 5 年）的土地供應。在新的土地政策下，新批土地一般年期為 50 年，從批出日期起計算。從此，困擾香港地產界多年的政策不確定性終於消除。

1997 年 10 月 7 日，行政長官董建華在他首份題為《共創香港新紀元》的施政報告中，公佈了"建屋安民"的三大目標，即：從 1999 年起，每年興建的公營和私營房屋單位不少於 85,000 個；在 10 年內使香港七成的家庭可以擁有自置居所；於 2005 年將輪候租住公屋時間從現在的 6 年縮短至 3 年。這就是著名的"八萬五"房屋政策，即透過每年供應 85,000 個住宅單位去扭轉房地產市場供不應求的局面，其中，35,000 個為私營房屋單位，50,000 個為公營房屋單位。為實現這一目標，董建華採取兩項措施：一是擴大建屋用地供應，二是加快和精簡土地供應及樓宇建造的審批手續。

"八萬五"房屋政策推出不久，香港即遭遇了 1997 年亞洲金融危機的嚴重衝擊，銀行同業隔夜拆息利率一度上升至 280 厘的歷史高位，其後更在一段長時間內處於高位，導致股市、樓市連番暴跌。為了挽救樓市，特區政府從 1998 年起推出多項措施，包括將中環區添馬艦商業用地改為用作興建政府總部，取消限制炒樓花措施，減免差餉及按揭物業稅，增加"首次置業貸款"的金額、名額，以及暫時停止賣地 9 個月、停建 38,000 個"夾屋"單位，將興建中的居屋轉為出售公屋，削減 11,000 個居屋單位等等。這些措施雖然對樓價的下跌發揮抑制作用，但並未扭轉樓市下跌趨勢。就在市場仍未穩定，美國網絡股熱潮的泡沫又在 2000 年爆破。據統計，從 1997 年 10 月前最高峰時期到 2003 年中，香港樓價平均下跌了 65% 至 70%，並由此產生了近 20 萬名房產市值不抵原按揭貸款額的"負資產"人士。

1998 年以前，香港長期實行的是定期賣地制度。但亞洲金融危機後，香港樓市大跌，房地產公司停止購入土地，地價大幅度下跌，嚴重衝擊了港府推行多年的土地拍賣政策。1999 年，特區政府為保證土地不被賤賣，暫停了土地拍賣，轉而實施"勾地表"制度，其內容是：每年由地政署公佈當年的土地儲備表（勾地表），由發展商提出申請，若發展商對政府公佈的勾地表內土地感興趣，可主動提出申請，若申請者的出價達到由地政署所評估的公開市場價格的底價，該幅土地才會推出拍賣。該制度實施後，由於政府不公開勾地表內各幅土地的底價，人為製造市場信息不對稱等問題，增加了土地被勾出的難度，導致拍賣稀少，變相進一步收緊土地供應。"勾地表"制度強化了地產商在賣地程序中的主導性，從政府的角度看是要避免市場低迷時期土地被賤賣或流拍，但是從市場的角度看，正如有評論指出，用勾地表制度取消定期的公開土地拍賣，等於變相把土地控制權拱手讓給大地產發展商，進而令後者擁有了控制樓宇供應的時機、地皮的選擇和最低的價格，進一步加強了壟斷財團的實力。

2002 年 11 月，香港政府宣佈推行一攬子全面的房地產業振興計劃，即通常所稱的"救市九招"，主要內容有：由 2003 年起無限期停建和停售居屋，至於已落成和興建中的居屋單位則會在不與私人市場直接競爭的原則下處理；全面停止推行混合發展計劃，房屋協會的住宅發售計劃及房屋委員會的私人參建計劃亦會終止；終止在租置計劃下出售公屋單位；放寬業主收樓權，取消對內部認購等發展商慣用的促銷策略的限制等。至此，"八萬五"房屋政策被正式宣佈放棄，政府還退出其在公屋市場的發展商角色，實際上即放棄多年以來行之有效的公共房屋政策，讓地產市場回歸市場主導。

由於有關政策實際上暫停了房屋委員會的居屋計劃和私人參建計劃，未來幾年房屋委員會的收入將減少。為解決這一問題，房屋委員會將轄下原公營房屋住宅區 151 個商業中心、7.9 萬個停車位售於香港歷史上第一隻房地產信託基金——領匯基金，其後幾經醞釀，終於 2005 年 11 月在香港證券市場上市。領匯基金以每股 9.78 港元公開發售，總資產為 338 億港元，結果獲 18 倍超額認購，凍結資金 1,100 億港元。隨後，長江實業的泓富基金、越秀房地產投資信託基金等先後上市，房地產信託基金成為香港一種新的投資工具。

在政府的種種救市措施之下，再加上 2003 年中央政府實施內地居民赴港澳"自由行"政策，以及內地與香港簽署 CEPA 協議，香港經濟開始復元，房地產市場迅速反彈。需要強調的是，"自由行"政策在香港處於低谷時給香港地產市場帶來了新的發展動力，其後內地資金大舉買進香港房產，為這個城市的地產市場帶來了結構性的改變，這一變化所造成的深遠影響，至今仍有待觀察。從 2003 年 4 月底開始，香港的房價開始了連續 5 年的持續反彈，到了 2008 年 3 月，部分高端豪宅價格已恢復到 1997 時的水平。2008 年美國次按危機引發全球金融海嘯，香港金融業體系面對前所未有的衝擊，香港樓價一度下跌了約 20%，但隨後迅速反彈。至 2012 年，香港樓價較 2009 年初上漲了 50%，按購買力平價計算首次回升並超過了 1997 年一度攀及的歷史最高水平。從絕對值看（未根據通貨膨脹調整），香港樓價比 1997 年的最高水平上升了約 60% 左右。

二、回歸以來地產業發展的基本特點

總體而言，隨著內外環境的轉變，特別是土地制度和政策的轉變，回歸以來香港地產業進入了一個新的歷史發展階段。其基本特點是：

第一，地產業及其相關行業對香港本地生產總值的貢獻趨於下降，但仍然是香港經濟的支柱產業。

由於受到亞洲金融危機的嚴重衝擊，回歸以後香港"地產泡沫"破滅，地產業增加值從 1997 年的 1,465.56 億港元下降至 2003 年的 489.26 億港元，6 年間降幅高達 66.62%；其在香港本地生產總值中所佔比重也從 10.9% 下降到最低的 4.0%。同期，與地產業密切相關的建造業的增加值則

從 1997 年的 779.84 億港元下降至 2005 年的 390.10 億港元，8 年間下降了
49.98%；其所佔香港本地生產總值的比重亦從 5.8% 下降至 2.8%，最低甚
至降至 2007 年的 2.5%。直至 2011 年，地產業及建造業無論增加值還是
所佔本地生產總值比重都仍然無法恢復到 1997 年的水平。包括地產業、
建造業和樓宇業權在內的廣義地產建築業，其增加值從 1997 年的 4,114.32
億港元下降至 2011 年的 3,665.03 億港元，後者僅及前者的 89.08%；其所
佔本地生產總值的比重從 30.6% 下降至 19.2%，下跌了 11.4 個百分點（表
8-16）。

　　當然，應該強調的是，儘管如此，地產業仍然是僅次於進出口貿易業
（21.1%）、銀行業（9.5%）的第三大重要產業，地產業及其相關產業仍然
是僅次於貿易及物流業（25.5%）的第二大重要產業。

表 8-16　香港回歸以來地產、建造業增加值（單位：億港元）

資料來源 /
香港特區政府統計處：
《本地生產總值》，歷年。

年份	地產業		建造業		樓宇業權		合計	
	增加值	佔 GDP 比重（%）	增加值	佔 GDP 比重（%）	增加值	佔 GDP 比重（%）	增加值	佔 GDP 比重（%）
1997	1,465.56	10.9	779.84	5.8	1,868.92	13.9	4,114.32	30.6
1998	1,139.07	8.9	703.92	5.5	1,702.20	13.3	3,545.19	27.7
1999	872.29	7.0	722.76	5.4	1,619.97	13.0	3,215.02	25.4
2000	644.38	5.0	625.32	4.9	1,391.11	10.8	2,660.81	20.7
2001	579.39	4.6	575.90	4.5	1,433.34	11.3	2,588.63	20.4
2002	533.94	4.3	518.50	4.1	1,394.16	11.2	2,446.60	19.6
2003	489.26	4.0	452.33	3.7	1,314.50	10.7	2,256.09	18.4
2004	529.56	4.1	407.97	3.2	1,262.12	9.8	2,199.65	17.1
2005	612.20	4.4	390.10	2.8	1,391.18	10.1	2,393.48	17.3
2006	634.64	4.3	392.27	2.7	1,520.19	10.3	2,547.10	17.3
2007	719.99	4.5	406.43	2.5	1,583.88	9.9	2,710.30	16.9
2008	849.03	5.2	484.03	3.0	1,779.15	11.0	3,112.21	19.2
2009	868.62	5.5	502.64	3.2	1,826.96	11.5	3,198.22	20.3
2010	889.19	5.1	565.31	3.3	1,847.45	10.6	3,301.95	19.0
2011	1,060.14	5.6	654.84	3.4	1,950.05	10.2	3,665.03	19.2

　　第二，從內部結構來看，地產發展／投資仍是地產業的主體，但其所佔比重有所下降，地產管理及地產經紀服務的重要性有所提高。

　　據統計，1996 年至 2011 年間，香港地產業的機構數目，從 8,293 家減少至 6,544 家，15 年間減幅為 21.09%；其中，地產發展／投資行業的機構數目從 5,463 家減少至 3,587 家，減幅達 34.34%，反映出這一時期中小型地產商經營的困難。從地產業內部結構來看，2011 年，地產發展／投資行業的增加值為 973.56 億港元，比 1996 年的 872.08 億港元增長了 11.64%，佔地產業增加值的比重為 82.26%，比 1996 年的 88.60 下降了 6.34 個百分點；地產發展的毛利為 550.31 億港元，比 1996 年的 595.71 億港元下降了 7.62%；地產發展／投資行業的服務及租賃收入為 560.84 億港元，比 1996 年的 345.15 億港元增長了 63.44%，所佔比重為 56.34%，比 1996 年的 62.9% 下降了 6.56 個百分點。

　　這一時期，地產保養管理服務、地產經紀及代理及其他地產服務所佔比重則有所上升。地產保養管理服務增加值所佔比重從 4.9% 上升到 9.54%，僱用員工從 3.53 萬人增加到 7.09 萬人，增加了 1 倍；地產經紀及代理及其他地產服務所佔比重則從 6.5% 上升到 8.23%，僱用員工從 1.78 萬人增加到 2.82 萬人，增加了 58.43%（表 8-17）。

　　第三，市場上各類樓宇的供應量大幅減少，而需求量則因內地買家的湧入而增加，市場供求不平衡加劇，導致樓價和租金指數大幅攀升，"地產泡沫"再度醞釀。

表 8-17　2011 年香港地產業發展概況

行業組別	機構數目（家）	就業人數（人）	服務及租賃收入（億港元）	地產發展毛利（億港元）	增加值（億港元）
地產發展／投資	3,587（54.81）	13,965（12.34）	560.84（56.34）	550.31（100.00）	973.56（82.26）
地產保養管理服務	561（8.57）	70,937（62.70）	282.35（28.49）	—	112.57（9.51）
地產經紀及代理及其他地產服務	2,395（36.60）	28,240（24.96）	147.84（19.92）	—	97.39（8.23%）
合計	6,544（100.00）	113,142（100.00）	991.03（100.00）	550.31（100.00）	1,183.53（100.00）

註 /
括號內的數字表示所佔總數的百分比。

資料來源 /
香港特區政府統計處：《香港統計年刊》，2013年。

回歸以後，由於受到亞洲金融危機、非典等一系列因素的影響，地產商放緩了樓宇發展的速度。據統計，2000 年至 2009 年間，香港的私人住宅單位的供應量為 190,939 個單位，比 1980 年至 1989 年的 276,253 個單位大幅減少了 30.88%，比 1990 年至 1999 年間的 241,696 個單位減少了21%。同期，私人寫字樓供應量為 1,805 萬平方米，比 1990 年至 1999 年的 4,219 萬平方米大幅減少 57.22%；其中，甲級寫字樓的供應量從 2,919萬平方米減少到 1,591 萬平方米，減幅為 45.5%（表 8-18）。

從市場需求來看，自 2003 年 6 月香港與內地簽署《內地與香港關於建立更緊密經貿關係的安排》（CEPA）及內地居民赴港"自由行"以來，內地遊客赴港旅遊購物成為一股勢不可擋的潮流，他們直接購買香港房屋的規模也在迅速擴大。香港曾經允許在房地產或其他資產上投資 650 萬港元的人士，可通過投資移民通道獲得香港公民權。[13] 這一政策刺激了香港樓市的人民幣需求。據中原地產估計，從 2008 年以來，在賣價逾 1,200萬港元（合 150 萬美元）的一手公寓中，由內地買家購得的比例逐年上升，從 10% 升至了 2012 年的接近四成。據了解，內地居民到香港置業投資以豪宅為主，比例約佔總量的 35% 至 40%。

一方面是供應量的減少，另一方面是需求量的增加，再加上這一時期特區政府停建公屋和居屋，香港住宅樓宇供求失衡的情況日趨嚴重，導致各類樓價、租金大幅攀升。香港資深地產界人士潘慧嫻在《地產霸權》（英文原版為 *Land and the Ruling Class in Hong Kong*）一書統計，2003 年至 2009年期間，香港"平均每年的樓宇單位吸納量，一直超過每年新單位的淨增長，空置率由 2003 年的 6.8% 下跌至 2009 年的 4.3%"。[14] "從 20037 月至 2005 年 5 月，住宅物業價格上漲 63%，2006 年中至 2008 年中，再度攀升 32.4%。在全球金融海嘯衝擊的 2008 年 6 月至 12 月期間，樓價下跌 17%，隨後反彈，2008 年年底至 2009 年 8 月期間上漲了 20%。自此之後，樓價有增無減，2010 年上半年，價格又已上漲了三分之一"。[15]

而香港特區政府差餉物業估價署的統計數字顯示，2003 年 7 月至2013 年 10 月，香港私人住宅售價指數（1999 年為 100）從 58.4 大幅上升至 245.1，10 年間升幅達 3.2 倍；同期，中小型住宅租金指數從 72.2 上升至 156.9，10 年間升幅達 1.17 倍。這一時期，核心地區甲級寫字樓的售價指數（1999 年為 100）則從 61.8 上升至 349.4；上環／中區甲級寫字樓的租金指數亦從 61.5 回升至 263.9。2010 年 11 月 18 日，國際貨幣基金組織

13 /
2010 年 10 月 13 日，香港政府暫時將房地產從投資移民計劃的投資資產類別中剔除，作為政府抑制房價飆升的舉措之一，此項政策意味著內地投資者在香港購買房產已不能獲得香港公民權。

14 /
潘慧嫻著：《地產霸權》，中國人民出版社，2011 年，第 20-21 頁。

15 /
潘慧嫻著：《地產霸權》，中國人民出版社，2011 年，第 19 頁。

表 8-18　按落成年份劃分的私人樓宇總存量（以 2012 年年底點算）（單位：萬平方米）

類別	落成年份							總計
	1960 前	1960-1969	1970-1979	1980-1989	1990-1999	2000-2009	2009 後	
私人單位 （單位數目）								
中／小型單位	29,939	140,066	178,025	255,904	226,289	174,228	27,926	1,032,377
大型單位	4,116	10,488	13,526	20,349	15,407	16,711	4,958	85,555
總計	34,055	150,554	191,551	276,253	241,696	190,939	32,884	1,117,932
私人寫字樓								
甲級	0	30	330	1,685	2,919	1,591	342	6,898
乙級	28	246	361	713	893	191	69	2,499
丙級	15	122	434	492	407	22	2	1492
總計	43	398	1,126	2,889	4,219	1,805	412	
私人商業樓宇	422	1,430	2,129	3,151	2,392	1,134	204	10,891
私人分層工業大廈	48	1,220	5,630	7,328	2,742	92	99	17,137

資料來源 /
香港特區政府統計處：
《香港統計年刊》，2013
年。

（IMF）已經指出，香港房地產泡沫風險在加劇，如果香港房價保持過去兩年的漲速，經濟放緩時將遭遇巨大衝擊。此外，高樓價、高租金令社會中低下階層的怨氣進一步積累，社會矛盾進一步激化。

為了抑制日益攀升的樓價，2011 年 6 月，香港特區政府向銀行發出收緊樓宇按揭的指令。香港金融管理局亦首次針對"收入來源非香港"的借貸人作出限制。2012 年 9 月，新任行政長官梁振英推出"港人港地"政策，進一步壓抑非香港居民的購樓需求。同年 11 月，特區政府推出的"買家印花稅"（Buyer Stamp Duty，簡稱"BSD"）政策。財政司司長曾俊華宣佈，所有外地人士、所有本地和外地註冊的公司購買香港住宅，除了繳付一般印花稅外，還需繳付 15% 的買家印花稅，即非香港居民買房子的最高稅率可能高達 35%。BSD 政策宣佈次日，包括長江實業在內的一批香港本地地產公司的股價均暴跌，恒生地產指數更是重挫超過 1,000點，跌幅近 4%。2013 年 4 月，特區政府宣佈取消實行了 14 年的勾地制度，政府重新掌握出售政府土地的主動權。

第四，香港大地產商積極向內地市場拓展，成功突破香港一城的局限，發展為全國範圍的地產集團。

其實，早在 20 世紀 90 年代，香港大型地產商人已開始參與內地房產、基礎設施與公建的投資，通過各種"招商引資"的活動進入中國沿海一綫城市。1992 年，李嘉誠投資 20 億美元，將東長安街和王府井的改造計劃發展為規模龐大的新東方廣場。1993 年，新世界地產介入北京市崇文區舊城改造，1998 年新世界商場開業。其在北京先後開發了北京新世界中心、太華公寓、新世界家園、新怡家園、新裕家園等一系列項目。1999 年，瑞安集團參與上海舊城區改造，全資發展上海"新天地"，使新天地成為與外灘、徐家匯齊名的上海地標，瑞安集團主席羅康瑞也因此一戰成名。

從 2000 年起，內地房地產市場進入上升通道。2005 年，內地地產市場大幅上揚，中央政府出台"新國八條"掀起內地房地產調控的第一波。這一年，香港地產商在內地大手吸納土地約 30 幅，面積超過 880 萬平方米。到 2005 年，香港長江實業、新鴻基地產、恒基地產、新世界發展、信和地產、恒隆、嘉里等地產商在內地經過幾年的發展，其在內地的土地儲備量已超過 4,100 萬平方米，是其在香港土地儲備量的 10 倍以上。2006年，香港地產商將購地的範圍從一綫城市擴展到二三綫城市，包括武漢、青島、長沙、無錫、長春、瀋陽等。據統計，到 2006 年，李嘉誠旗下的長和系所持有的土地可發展樓面面積為 2,550 萬平方米，其中 94% 在內地，5% 在英國和海外，在香港只有 1%。2006 年度，和記黃埔的內地房地產業務盈利 56.67 億港元、同比增長 44%。

2008 年全球金融危機，香港地產公司一度放緩在內地房地產市場的發展步伐，但 2010 年以後又加快了投入。如 2011 年，香港地產公司在內地市場的投入超過 200 億元人民幣。其中，在內地購地最活躍的包括和記黃埔、九龍倉集團、恒隆地產、嘉里建設等。經過十多年的發展，香港地產商已突破香港一城的局限，發展為全國範圍的地產集團。

三、地產業的市場結構：寡頭壟斷形成

在亞洲金融危機的衝擊下，1997 至 1998 年，香港地價、樓價大幅下跌，對擁有大量樓宇現貨、期貨以及地皮的地產發展商形成了沉重的財政壓力，各大地產商惟有以減價及各種形式促銷新樓盤，以減低持有量套現資金。結果，新樓盤的減價戰成為這次地產危機中的一大特色。當時，業內人士表示，其慘烈程度為過渡時期以來所罕見。[16] 危機中，大批中小地產商處於破產或瀕臨破產的境地，而大地產商則因其財力雄厚及土地儲備充足而得以安渡難關。危機過後，隨著地產市場的復蘇和反彈，大地產商的實力更形雄厚，地產業經營的集中度進一步提高，寡頭壟斷的市場結構

16 /
馮邦彥著：《香港地產業百年》，三聯書店（香港）有限公司，2001 年，第293 頁。

形成。

　　潘慧嫻在《地產霸權》中概述：中小地產商"因在土地拍賣會上購入昂貴地皮而債台高築，被迫在跌市蝕賣。兩家中型地產商 —— 百利保和麗新 —— 在 1998 年樓市暴跌時無力短期內恢復元氣，幾乎變得一無所有。在那次樓市暴跌之後，多家中小型地產商慘敗，主要原因是他們沒有足夠的土地儲備。相比擁有大量廉價土地儲備的大地產商，中小型地產商要承擔的風險高得多。當市場急轉直下時，他們的處境便岌岌可危"。**[17]**在危機中，連百利保和麗新發展的情況都如此糟糕，其他中小地產商更苦不堪言。相反，大地產發展商因擁有雄厚財力及龐大的土地儲備，在危機中以減價促銷加快資金周轉，從而安渡難關。

　　以新鴻基地產為例，整個亞洲金融危機期間，儘管樓價持續大幅下跌，但新鴻基地產仍保持每年 400 萬方平方呎以上的新盤推出，在最低迷的 2003 年也推出了 620 萬平方呎的新盤，比 2005 年以後的高峰年份還多。通過不斷消化開發物業的土地存量，新鴻基減少了開發物業的資產比重，並盡可能將存貨周轉天數控制在 300 天左右，將總資產周轉率維持在 0.15 倍水平，並維持了公司的利潤。據統計。樓市低迷的 2002 年，香港最大的五家地產發展商仍然實現了可觀的利潤，其中，長江實業錄得盈利 88.2 億港元，新鴻基地產 85.2 億港元，恒基兆業地產 21.5 億港元，九龍倉及會德豐 30.5 億港元，新世界發展則為 13 億港元。

　　2003 年以後，香港地產市場復蘇反彈，土地價格更加昂貴，大地產商的經營集中度進一步提高。正如潘慧嫻在《地產霸權》中所指出："隨著中小型地產商幾乎全部退出市場，可以肯定的是，市場力量將更加集中。擁有市場主導力量的企業，會濫用其影響力。如此，由寡頭企業緊緊操縱市場結構，競爭將變得更弱。"**[18]**我們可以從以下數字看出這種趨勢：2008 年至 2012 年，香港上市公司中，由 213 家地產建築公司組成的"地產建築"組別，其市值總額從 2008 年底的 12,751.43 億港元，上升到 2012 年底 33,200.90 億港元，4 年間升幅高達 1.6 倍，佔香港股市總值的比重則從 12.44% 上升到 15.18%。2012 年底，香港 6 大地產公司，包括新鴻基地產、長江實業、九龍倉、太古地產、恒隆地產和恒基地產，其市值合共達 11,890.58 億港元，佔香港股市總值的 5.43%，佔在香港上市 213 家地產建築股總市值的 35.81%（表 8-19）。

17 /
潘慧嫻著：《地產霸權》，中國人民出版社，2011 年，第 142-143 頁。

18 /
潘慧嫻著：《地產霸權》，中國人民出版社，2011 年，第 143 頁。

資料來源 /
香港交易所：《香港交易
所市場資料》。

表 8-19　　2012 年前 50 大市值股中地產股概況

排序	地產公司	發行股本（億股數）	收市價（港元）	公司市值（億港元）	佔股市總值（%）
10	新鴻基地產	26.57	116.20	3,087.17	1.41
15	長江實業	23.16	119.00	2,756.24	1.26
27	九龍倉	30.29	60.60	1,835.72	0.84
31	太古地產	58.50	25.85	1,512.23	0.69
37	恒隆地產	44.75	30.8	1,378.30	0.63
38	恒基地產	24.15	54.70	1,320.92	0.60
合計	—	—	—	11,890.58	5.43
213 隻地產建築股市值（億港元）	—	—	—	33,200.90	15.26

　　從 20 世紀 80 年代以來，這些大地產公司通過業務的多元化，把經營的業務範圍從地產發展和地產投資擴展到包括基礎設施建設、物流倉儲、電力水利、電信服務、交通運輸，甚至大型超市或小型便利店等各個領域，從而成為香港經濟的重要支配力量。潘慧嫻在《地產霸權》書中認為，香港"六大家族"——李嘉誠家族、郭氏家族、李兆基家族、鄭裕彤家族、包玉剛、吳光正家族以及嘉道理家族所代表的地產財團"透過把持沒有競爭的各種經濟命脈，有效操控全港市民需要的商品及服務的供應及價格"。[19] 以李嘉誠的家族旗艦長江實業為例，該集團旗下核心業務包括房地產投資開發與管理、電訊、酒店、零售及製造、港口及相關服務、能源及基礎設施等。

19 /
潘慧嫻著：《地產霸
權》，中國人民出版社，
2011 年，第 47-57 頁。

　　根據《福布斯》雜誌的計算，長實主席李嘉誠在 1998 年時個人財富為 106 億美元，1999 年危機中不降反升至 127 億美元，在 2008 年達到破紀錄的 265 億美元，進入全球前 10 位。2012 年，根據《福布斯》的香港富豪排行榜，長實主席李嘉誠擁有淨資產 300 億美元（約合 2,340 億港元），連續 6 年蟬聯香港首富；第二位是恒基地產主席李兆基，淨資產約 200 億美元；第三位是新鴻基地產的郭炳江、郭炳聯兄弟及其家族，淨資產 192 億美元；第四位是新世界發展創辦人鄭裕彤，淨資產 160 億美元。四大地產商位居富豪榜前列，《福布斯》稱為"房地產的勝利"。

Chapter ——————————————————— 09

第九章

第三次轉型：
邁向全球性國際
金融中心

| 第一節 | **香港國際金融中心地位的國際評價**

2008 年 1 月，美國《時代》周刊（亞洲版）發表一篇由該雜誌副主編邁克爾・埃利奧特（Michael Elliott）所寫的題為〈三城記〉"A Tale of Three Cities" 的署名文章。該文章創造了一個新概念——"紐倫港"（Nylonkong），即世界上三個最重要城市紐約、倫敦及香港的合稱。文章指出：現在大銀行都將其總部和關鍵的地區辦事處設於"紐倫港"三地，如花旗銀行集團、高盛公司、滙豐銀行和摩根公司。這三地也是那些雄心勃勃的公司前往融資或謀求上市的地方。特別是香港，成千上萬希望在全球市場籌資的中國公司帶來的業務使它獲益匪淺。香港股市資本總金額在 1996 年後的 10 年中幾乎增長了 3 倍。文章強調：在金融全球化時代，香港金融業的重要性正迅速提升，香港有可能成為金融全球化總體格局中的重要一環。然而，香港要成為與倫敦、紐約並駕齊驅的全球性金融中心，仍然受到經濟規模細小、經濟腹地有限等因素的制約。香港要發揮其金融業的比較優勢，躋身全球性金融中心行列，必須突破制度上的制約，有效拓展其龐大的經濟腹地，特別是廣東珠三角地區。

2007 年 3 月，倫敦金融城公司（GFCI）聯手英國專業機構 ZyenZ/Yen 研究諮詢公司共同發表《全球金融中心指數》（*Global Financial Center Index 1*，簡稱 "GFCI1"）報告，列出 46 個城市的金融中心排名。決定排名的 5 個方面包括：人力、商業環境、市場準入、基礎設施和總體競爭力。該報告對數百名金融機構主管進行網上調查並對另外 47 種單獨的競爭指數進行了綜合考察。按照 1 至 1,000 的得分範圍，倫敦得分最高，為 765 分；紐約其次，為 760 分；香港排名第 3 位，為 684 分。緊隨其後的是新加坡（第 4）、悉尼（第 7）和東京（第 9）。上海居第 24 位。該報告稱倫敦和紐約堪稱 "全球" 絕無僅有的兩個金融中心，而香港只能算是 "國際" 金融中心。香港在人力因素方面得分很高，在專業服務領域形成強大的專業特長。香港擁有的註冊金融分析師的數量排名全球第 4，僅次於美國、加拿大和英國。香港的註冊金融分析師有近 3,000 名，而 1995 年僅有 200 名。金融服務人群還包括精通法律人員，香港有 5,000 名訴狀律師和 1,000 名出庭律師。

從全球主要金融中心的特點看，美國及英國的金融體系均已進入證券化階段，屬於證券化金融體系（securitized financial system）。根據國際清算銀行的資料，目前這兩國企業融資的 70% 透過證券市場運作，個人金融資產的 80% 左右交由證券公司、基金、保險公司管理；相比之下，日本個人金融資產的 60% 以上存放銀行管理，企業融資亦主要利用銀行進行，屬於銀行主導型金融體系；德國及法國的投融資結構類似日本，亦屬於銀行主導型金融體系。香港的法律及金融體系深受英國的影響，較接近英美式金融中心，是金融業較先進的表現。GFCI1 將香港列為全球 46 個金融城市的第三位，其中一條理由便是認為香港近幾年資本市場規模與證券化水準獲得較大提升。

從 2007 年 3 月起，倫敦金融城公司與 ZyenZ/Yen 公司合作每半年發表一份《全球金融中心指數》報告，以連續反映全球金融中心城市競爭力的動態變化與排名。目前，"全球金融中心指數"已成為國際公認的全球金融中心排名的最權威指標。根據該指數，2007 年 3 月以來，除了 GFCI4 和 GFCI5 兩期（2008 年 9 月至 2009 年 3 月）外，香港一直排在第 3 位，僅次於倫敦和紐約，居於新加坡之前。而在亞洲太平洋區，香港、新加坡的排名則一直領先於東京、首爾、悉尼。根據 2013 年 3 月倫敦金融城公司（GFCI）最新公佈的《全球金融中心排名指數》（*Global Financial Center Index 13*）報告，香港的總評分為 761 分，位居第 3，僅次於倫敦（807 分）、紐約（787 分）（表 9-1）。從表 9-1 可以看出，自 GFCI7 以來，倫敦拉開了與紐約、香港的距離，分別從 0 和 36 分拉開至 20 和 46 分；而新加坡則一直緊追香港，兩者的距離從 6 分拉近到 2 分。GFCI13 認為，倫敦、紐約、香港、新加坡這四大金融中心控制了全球大部分的金融交易，他們在可預見的未來將仍然是最強大的金融中心。[1]

《全球金融中心指數》報告根據 "聯繫性"（Connectivity）、"多元化"（Diversity）和 "專業性"（Speciality）三個指標，將全球金融中心劃分為不同的等級，其中，倫敦、紐約、香港、新加坡、蘇黎世、東京、波士頓、巴黎、多倫多、法蘭克福、悉尼等 11 個金融中心，因為開展廣泛而專業的金融活動，並且與世界其他金融中心有密切的聯繫，均被評為 "全

1/
GFCI：Global Financial
Center Index 13，pp.6.

球領先的金融中心"（Global Leaders）。從金融業的行業分類來看，香港在保險業排第 2 位，僅次於紐約；在銀行業、財富管理 / 私人銀行、政府監管等方面排在第 3 位，僅次於倫敦和紐約；在資產管理排第 4 位，僅次於倫敦、紐約和新加坡。在競爭力分類排名方面，香港在人才、商業環境、市場準入、基礎設施、一般競爭力等各個方面都排第 3 位，僅次於倫敦、紐約而居於新加坡之前。

表 9-1　　國際金融中心指數綜合得分及排名

註 /
括號內數字為當期的排名。

數據來源 /
GFCI13, The city of London.

金融中心	GFCI13	GFCI12	GFCI11	GFCI10	GFCI9	GFCI8	GFCI7
倫敦	807（1）	785（1）	781（1）	774（1）	775（1）	772（1）	775（1）
紐約	787（2）	765（2）	772（2）	773（2）	769（2）	770（2）	775（1）
香港	761（3）	733（3）	754（3）	770（3）	759（3）	760（3）	739（3）
新加坡	759（4）	725（4）	729（4）	753（4）	772（4）	728（4）	733（4）
蘇黎世	723（5）	691（5）	689（6）	686（8）	665（8）	669（8）	677（7）
東京	718（6）	684（7）	693（5）	695（6）	694（5）	697（5）	692（5）
日內瓦	712（7）	682（9）	679（14）	672（13）	659（9）	661（9）	671（8）
波士頓	711（8）	680（11）	679（12）	656（12）	656（12）	655（13）	652（14）
首爾	710（9）	685（6）	686（9）	679（11）	651（16）	621（24）	615（28）
法蘭克福	703（10）	677（13）	681（13）	667（16）	654（14）	659（11）	660（13）
上海	674（24）	656（19）	687（8）	724（5）	694（5）	693（6）	668（11）
深圳	650（38）	637（32）	638（32）	642（25）	653（15）	654（14）	670（9）
北京	622（58）	626（43）	644（26）	642（25）	653（15）	654（14）	670（15）

| 第二節 | **香港作為全球性金融中心的比較優勢與差距**

一、香港作為全球性金融中心的比較優勢

目前，全球性金融中心實際上只有兩個，即歐洲的倫敦和北美的紐約。緊隨其後的香港是否有條件成為全球性金融中心呢？香港的比較優勢在哪裏呢？

第一，香港在金融全球化格局中的區位優勢。

從全球區位來看，香港與紐約、倫敦三分全球，在時區上相互銜接，使全球金融業保持 24 小時運作。從東亞區位來看，香港位於東亞中心，從香港到東亞大多數城市的飛行時間不超過 4 小時，而東京則位於東亞北端，新加坡位於東南端。從中國區位看，香港背靠經濟快速發展的中國內地，與新加坡相比，經濟腹地遼闊，且與廣東珠三角地區經濟正日趨融合。

第二，香港的制度優勢，包括審慎而穩健的金融監管制度、全球最自由的經濟體，以及完善有效的司法體制。

回歸以來，香港金融制度改革最顯著之處是銀行業管制的放鬆。從1994 至 2001 年間香港分階段全部撤銷實施了 30 年的 "利率協議"，解除了透過銀行公會對利率市場的管制；對外資銀行擴展分支網絡的限制以及對外資銀行進入本地市場設立的門檻亦大幅放寬。在證券市場監管制度方面，調整了證監會架構，將原證監會主席職能分拆為主席及行政總裁，以更好地兼顧市場監管與市場發展戰略。此外，還加強了對香港交易所履行上市職能的監察，並增強交易所的調查權利；同時加強跨境執法力度等。這些制度調整，促進了金融市場的自由競爭，令金融監管更趨完善。從資金配置效率來看，利率協議解除令資金價格更加市場化，促進了企業及個人更方便、更自由地選擇較低成本的融資管道；從運作效率看，金融市場進入障礙的大幅降低以及金融基建的改善，降低了金融市場的交易成本及

交易風險，亦提升了市場效率及透明度。

研究表明，香港作為國際金融中心的比較優勢，除了金融監管審慎而穩健，資金貨幣自由流通，稅制簡單且稅率低，還包括擁有全球最自由的經濟體及完善有效的司法體制。目前，香港已連續 17 年被美國傳統基金會評為全球最自由的經濟體。2006 年國際證券交易所聯合會的調研認為，香港能夠與紐約、倫敦抗衡的優勢，包括：金融條例較美國寬鬆，資金貨幣自由流通，擁有全球最自由的經濟體，稅率比美國和英國低等。在完善有效的司法體制方面，美國耶魯大學教授陳志武就表示："香港的法治、新聞自由以及職業監管團隊的優勢，加上外國金融機構和從業者對香港制度的熟悉，這些使香港在未來許多年內具有上海難以逾越的優勢。" [2]

第三，香港金融業的比較優勢：資本市場、資產管理和銀行業。

香港金融業中，資本市場一直是其強項。據統計，至 2010 年底，香港在全球 10 大證券市場中，僅次於紐約泛歐交易所（美國）、納斯達克 OMX（美國）、東京證券交易所集團、倫敦證券交易所集團、紐約泛歐交易所（歐洲）、上海證券交易所而排第 7 位，而股票交易額的排名則僅次於紐約泛歐交易所（美國）、納斯達克 OMX（美國）、上海證券交易所、東京證券交易所集團、深圳證券交易所、倫敦證券交易所集團、紐約泛歐交易所（歐洲）、德意志證券交易所、韓國證券交易所而居第 10 位（表9-2）。若以市值佔 GDP 比重計算，香港股市市值佔 GDP 的比重，則在全球 10 大證券市場中高居首位。目前，香港已形成多層次的資本市場體系。除了股票市場外，金融衍生工具市場也獲得迅速發展。金融衍生工具市場主要包括股市指數期貨、股票期貨、黃金期貨、港元利率期貨、三年期外匯基金債務期貨等 5 類期貨產品和股市指數期權、股票期權等兩類期權產品。2010 年，香港交易所金融衍生產品的交易額達 5,430 億美元，在全球各交易所中高居首位。[3]

回歸以來，香港作為資產管理中心的功能也顯著增強。香港的資產管理業務發展迅速，不僅形式多樣、規模越來越大，而且專業程度和影響力亦都趨升。越來越多的國際知名基金管理公司和投資者紛紛進駐香港，以香港作為亞太地區的總部和基地拓展業務。香港已發展成為亞洲區內最大的資產管理中心之一，基金管理業務在香港金融體系中正發揮越來越重要的作用。基金管理業務的強勁增長主要由於香港資產管理市場能夠提供不

2 /
參閱〈專訪耶魯大學教授：如何看待香港的金融地位？〉，《國際融資》，2007 年第 8 期，第 37 頁。

3 /
World Federation of Exchanges,2010 WFE Market Highlights, 26 January 2011，第 13 頁。

表 9-2　2010 年底全球十大證券交易所市值和股票交易額概況（單位：10 億美元）

名稱	股票市值		股票交易額		股票投資流（IPO 和二板市場股票發行額）	
	總額	排名	總額	排名	總額	排名
紐約泛歐交易所（美國）	13,394	1	17,796	1	208.1	1
納斯達克 OMX（美國）	3,889	2	12,659	2	N.A.	N.A.
東京證券交易所集團	3,828	3	3,788	4	50.2	9
倫敦證券交易所集團	3,613	4	2,714	6	60.7	6
紐約泛歐交易所（歐洲）	2,930	5	2,018	7	79.1	5
上海證券交易所	2,716	6	4,496	3	83.5	4
香港交易所	2,711	7	1,496	10	109.5	2
TMX 集團（多倫多）	2,170	8	N.A.	N.A.	N.A.	N.A.
孟買交易所	1,632	9	N.A.	N.A.	N.A.	N.A.
印度國家證券交易所	1,597	10	N.A.	N.A.	N.A.	N.A.
深圳證券交易所	N.A.	N.A.	3,573	5	60.3	7
WFE 會員交易所股票市值總額	54,884	—	63,090	—	296.2	—

資料來源 /
World Federation of Exchanges, 2010 WFE Market Highlights, 26 January 2011.

同類型的證券會認可單位信託及互惠基金予投資者選擇，包括債券基金、股票基金、多元化基金、貨幣市場基金、指數基金、保證基金、對沖基金等等。而由於基金公司將客戶的投資分佈在不同的現存投資組合或產品的同時，也會按需要在市場尋找新的投資工具，這將催化市場出現更多元化的投資產品組合，促使融資活動更加擴大及深化，從而使香港作為國際金融中心的地位更趨鞏固。

　　銀行業也一直是香港金融業中的強項。經過數十年的快速擴張，到 1997 年，香港銀行業的發展規模達到高峰，持牌、有限制牌照和接受存款公司等各類銀行機構接近 400 家，分行多達 1,000 多間。雖然，其後相繼經歷了金融風暴，地產泡沫和網絡股泡沫破滅及 SARS 衝擊，經濟衰退導致了香港企業投資和消費信貸需求持續疲弱，樓宇按揭、貿易融資、銀團貸款等銀行傳統支柱業務基礎萎縮，再加上息差的持續縮窄，以利息收入為主的傳統銀行盈利模式面臨空前挑戰。不過，2004 年 CEPA 與人民幣業務開放、2006 年內地銀行業全面開放，促成香港銀行業的轉型：
從簡單的存貸款業務，發展到全方位的資金融通和理財業務，包括零售業
務、資產管理、收費服務等中間業務領域。隨著人民幣業務包括存款、兌
換、匯款、信用卡以及發行債券等業務的相繼開辦，香港正式向人民幣離
岸中心邁進。

二、香港作為全球性金融中心的存在的主要差距

當然，也應該看到，香港要真正發展成為全球性金融中心，仍然存在
不少差距，主要表現在：

第一，金融市場、金融機構的發展不平衡，存在眾多的"短板"。

誠然，香港作為全球日趨重要的國際金融中心，其市場發展並不平
衡，包括債券市場、外匯市場規模與國際金融中心實力不相匹配；一些金
融市場中創新型的交易工具，如指數期貨、期權交易等還遠遠沒有得到普
及；同時幾乎沒有大宗商品期貨交易。這些方面甚至落後於亞洲地區其他
主要的國際金融中心。

香港債券市場一直是金融業中較為薄弱的環節，過去 10 年在多方努
力下，配合低息等市場環境的轉變，債券市場出現了加速發展的良好勢
頭。根據香港金管局的調查，2006 年底港元債券市場未償還餘額為 7,481
億港元，比 1998 年增加 3,515 億元，1998 至 2006 年間年均增長率達到
8.2%。然而，與新加坡相比，香港的債市規模仍然較小，無論在上市債
券的總市值還是成交額，都遠落後於新加坡。2009 年 2 月，新加坡債券
總值為 1,121 億美元，而香港僅 791 億美元，約為新加坡的 71%。在外匯
市場上，香港與新加坡一樣都是亞洲地區繼東京之後兩個主要的外匯交易
市場，但香港一直落後於新加坡。根據國際清算銀行發佈調查報告顯示，
2010 年 4 月，新加坡外匯日平均交易量為 2,660 億美元，在過去三年增加
了 9.9%；而香港僅為 2,376 億美元，在過去三年增加了 31.27%，雙方的
差距有所拉近，但香港仍然不及新加坡。

在全球急速增長的另類投資產品市場、商品期貨市場，香港也沒佔有
足夠的份額。近年來香港在另類投資產品市場雖然有不俗的發展，例如，
香港已成為亞洲第二大私募基金中心，但這個行業規模仍然偏小。在商品
期貨市場方面，香港儘管早在 1977 年已開辦商品期貨市場，但發展一直

不順利，已落後於上海。不過，由於中國內地對期貨市場存在龐大的潛在需求，香港若能在這些業務中找到合適的定位，其潛力仍不容忽視。

在機構體系中，與高度發達的銀行體系相比，香港的非銀行金融機構發展呈現不平衡。香港非銀行金融機構主要有保險公司、投資基金公司、租賃公司。而新加坡的非銀行金融機構則較為強大，種類繁多，包括投資銀行，從事抵押貸款、消費貸款、樓宇建築貸款、一般商業貸款、租賃、票據融資、代客收帳等業務的各種金融公司，保險業也相當活躍，還有從事貨幣經紀、證券經紀等業務的各種金融中介公司。

第二，金融創新不足。

金融中心的競爭主要表現在金融創新的競爭，集中在兩大領域：一是金融衍生產品的開發；二是金融資產證券化水平。金融資產證券化的創新空間主要在二級證券市場。香港從事這類金融創新遇到兩個瓶頸：一是市場或投資者不足；二是金融機構與人才不足。目前，香港從事這類金融產品開發的主要是歐美大型金融機構，它們主要以倫敦及紐約為基地，香港主要在其中扮演亞太地區產品分銷中心的角色。近年來資本市場的快速發展令香港開始聚集這方面的功能與人才，但遠未達到要發展成區內金融產品創新中心的程度；而香港的債務市場不發達，以及欠缺根植本土的大型國際銀行，更成為提升金融創新水平的先天缺陷。

第三，金融業發展腹地比較狹小，總體規模偏小。

與紐約、倫敦、東京相比，香港金融業的發展腹地明顯偏小。紐約、東京金融業的基礎是全球第一、第二大經濟體。紐約金融中心的基礎是佔據全球 GDP 三成左右的美國經濟；倫敦的腹地絕不僅僅是英國本土，歐洲不少大型企業的股票都在倫敦上市。但香港只是一個都會城市，香港與內地的經濟聯繫，還在相當程度上在受到彼此之間屬不同關稅區、不同市場的制約。香港要發揮其金融業的比較優勢，躋身全球金融中心行列，必須突破制度上的制約，有效拓展其龐大經濟腹地，甚至包括整個大中華經濟圈乃至東南亞諸國。

正因為如此，目前香港與紐約、倫敦兩大全球性金融中心的總體規模和實力仍有相當大的差距。根據 2009 年 4 月底數據，香港證券市場的總市值僅為紐約證券交易所總市值 8,917.4 億美元的 17%，為倫敦交易所總市值 1,946.2 億美元的 76%。《香港金融管理局季報》2007 年 12 月的一份報告指出，根據所有金融市場標準化得分的簡單平均數，香港整體金

4 /
2009 年香港新股集資額超逾紐約及倫敦，但上市後再集資額不及紐約和倫敦的四分之一及二分之一，創業板新股集資額佔本港新股總集資額不到 1%，創業板 / 主板集資比例遠低於紐約（33%:66%）及倫敦（20%:80%）。綜合來看，香港的集資功能與紐約及倫敦兩地仍存在一定差距。

融活動集中度名列世界第 6 位。除新股上市集資額在全球市場所佔比重較大外 [4]，相比其他國家或地區，香港國際債券市場已發行總額僅佔全球的 0.3%。香港股市成交額佔全球的 1.2%。外匯及衍生工具活動佔全球的比重與發達的經合組織國家相比仍有明顯差距（表 9-3）。由此可見，香港作為國際金融中心，其金融市場活動的集中度不夠，在全球金融市場活動中所佔的比重有限。

表 9-3　　傳統金融活動的全球集中情況

地區	金融活動集中程度（平均標準化得分）	在全球個別市場所佔比重（%）							
		股市成交額	新股上市集資額	國際債券市場已發行總額	本土債券市場已發行總額	銀行海外資產	銀行海外負債	外匯成交額	外匯 / 利率衍生工具市場成交額
美國	100.0	49.0	16.3	23.3	44.6	8.9	11.7	19.2	19.4
英國	90.6	10.9	16.9	12.6	2.4	19.8	22.5	31.3	38.1
日本	32.7	8.3	3.7	0.9	18.1	7.6	3.2	8.3	6.0
德國	23.0	3.9	3.6	10.6	4.4	10.6	7.3	4.9	4.1
法國	22.1	2.8	3.8	6.2	4.4	9.1	9.3	2.6	6.6
香港	13.2	1.2	12.9	0.3	0.1	2.3	1.4	4.2	2.7
荷蘭	10.9	1.3	3.7	7.1	1.5	3.8	3.7	2.0	2.0
瑞士	9.9	2.0	0.8	0.1	0.5	4.6	4.4	3.3	2.4
新加坡	9.9	0.3	1.5	0.3	0.2	2.4	2.6	5.2	3.2

資料來源 /
《評估香港的國際金融中心地位》，香港金融管理局季報，2007 年 12 月。

| 第三節 | **香港發展成全球性國際金融中心的基本策略**

一、深化與深、穗、滬金融合作，構建大珠三角金融中心圈

目前，能夠真正稱之為全球性國際金融中心的實際上只有紐約和倫敦。一個全球性國際金融中心必然會以一個巨大的經濟體作為後盾，紐約依託的是北美經濟體，倫敦依託的是歐盟經濟體。在全球 24 小時前全天候運作的金融體系中，紐約和倫敦分別各佔了一個 8 小時時區，換言之，剩餘的 8 小時時區即亞洲區需要第 3 個全球性金融中心，這樣的金融體系才能完整。而在亞洲特別是東亞的經濟體當中，剛剛超越日本的中國內地經濟、日本經濟和東盟 10 國經濟，分別位居前 3 位，依託這些經濟體的香港、上海、東京、新加坡等城市正在激烈角逐亞太時區的全球性金融中心的戰略地位。其中，香港作為亞太地區國際性金融中心，具有資金流通自由、金融市場發達、金融服務業高度密集、法制健全和司法獨立、商業文明成熟等種種優勢，最有條件發展成為全球性國際金融中心。香港最明顯的弱勢是經濟體積小。我們認為，香港要揚長避短，發展成為全球性金融中心，其基本策略是：

第一，與深圳、廣州聯手共同構建以香港為龍頭的大珠三角金融中心圈。

香港在 GFCI 排名中，僅次於倫敦和紐約，但香港作為一個小型開放的經濟體，如果僅憑自身發展肯定很難成為全球性國際金融中心的"第三極"，更受到東京、新加坡甚至上海等其他亞洲城市的嚴重挑戰。香港只有高度融入中國經濟體系中，加強與內地合作，才有可能發展成為世界級國際金融中心。香港與內地金融體系接通的最好、最理想的區域無疑是毗鄰的廣東珠江三角地區。從廣東方面來看，隨著經濟的持續快速發展，經濟總量的迅速擴大，金融發展滯後的情況日趨明顯。廣東要轉變經濟增長方式，構建現代產業體系，其中重要途徑之一，就是要借助香港金融體系

的優勢，大力發展金融業，將廣州、深圳兩大中心城市建設成為與香港互補及錯位發展的區域性金融中心。

從廣東方面看，1997 年亞洲金融危機對廣東金融業造成嚴重衝擊，先是 1998 年廣東國際投資信託公司破產，香港粵海集團債務重組，其後又有上千家中小型金融機構發生人民幣支付危機，影響了廣東金融業的健康發展。近年來，隨著經濟的持續快速發展，經濟總量的迅速擴大，廣東金融發展滯後的情況日趨明顯與突出。2005 年，廣東金融業佔第三產業增加值及 GDP 的比重分別為 7.02% 和 3.01%，大幅低於上海（14.61% 和 7.37%）、浙江（12.54% 和 5.02）和江蘇（8.67% 和 3.07%）。2007 年，廣東省召開金融工作會議，提出＂金融強省＂的戰略，大力發展金融業，金融業在第三產業和 GDP 的比重才有了較大幅度的提升，2011 年分別上升至 12.10% 和 5.48%，但是仍然低於上海（20.44% 和 11.86%）和浙江（19.25% 和 8.44%），滯後於客觀經濟發展的需要。

正基於此，近年來粵港雙方對於加強兩地的金融合作都表現出較大的積極性。2009 年初國務院頒佈的《珠江三角洲地區改革發展規劃綱要（2008-2020）》就明確提出：要＂發展與香港國際金融中心相配套的現代服務業體系＂，並且授予廣東＂在金融改革與創新方面先行先試，建立金融改革創新綜合試驗區＂的權限。2010 年 4 月粵港兩地政府共同簽署的《粵港合作框架協議》更首次提出，要＂建設以香港金融體系為龍頭，廣州、深圳等珠江三角洲城市金融資源和服務為支撐的具有更大空間和更強競爭力的金融合作區域＂。CEPA 補充協議六規定，允許香港銀行在廣東開設的分行，可在廣東省內設立＂異地支行＂。目前已有多家香港銀行，包括滙豐、恒生、東亞、永亨等在佛山開設支行。這項規定被認為是 CEPA 先行先試的重大突破。

香港應積極加強與廣東方面的合作，充分利用中央政府授予的 CEPA＂先行先試＂的制度安排和授予的建立＂金融改革創新綜合試驗區＂權限，推動廣東擴大和深化金融業對香港的開放，提高區域內金融要素的流動性，實現區域內金融資源的優化配置，建立粵港澳金融共同市場，形成以香港國際金融中心為龍頭，深圳和廣州為兩翼、珠三角地區其他城市為主要支點的大珠三角金融中心圈。在大珠三角金融中心圈中，香港與深圳、廣州之間實現錯位發展。根據各自的比較優勢，香港重點發展成為內地企業最重要的境外上市和投融資中心、亞太區特別是大中華地區主要的資產與財富管理中心、全球首要的人民幣離岸業務中心、亞洲人民幣債券市場；深圳則發展成為香港國際金融中心的功能延伸和重要補充、中國首要的創業投資中心和中國的"納斯達克市場"；而廣州則發展成為南方金融總部中心和區域性資金結算中心，華南地區銀行業務中心、銀團貸款中心和金融創新基地，以及區域性商品期貨交易中心和產權交易中心。[5] 可以說，合作共建大珠三角金融中心圈，將是香港與廣東金融業合作發展最重要的策略。

第二，與上海形成"上港"[6]：中國的"紐約和芝加哥"。

香港要發展成為全球性國際金融中心面臨的一個挑戰，是如何處理好與上海國際金融中心的關係。上海是一個中國金融中心，背靠的是一個統一監管的、沒有內部壁壘的、基於人民幣的巨大金融市場，這是香港所沒有的優勢。有學者認為，將來誰是人民幣金融業務的中心，誰就是今後中國最重要的國際金融中心，也是將來世界的第 3 個全球金融中心。但是，上海與香港比較，最大的弱勢將是制度建設的滯後和開放度不足。可以說，上海和香港兩地各有優勢：受腹地經濟的驅動，上海比香港更好一些；而香港的制度、法規和其他各項軟硬件配套設施更為完善。不過，從目前的情況看，即使不考慮中國仍會在較長時間內對資本帳戶進行管制等制度性因素，僅就市場本身的力量來看，上海在相當長的時間內仍不會成為香港作為全球性資源配置中心的強而有力的競爭對手。

根據上海交通大學安泰經濟與管理學院潘英麗教授的分析，亞洲國際金融中心的發展有四種可能的趨勢：一是東京成為全球性金融中心，上海、香港、新加坡、孟買、悉尼成為二綫國際金融中心，前提條件是日本經濟強勁復蘇；二是香港成為類似倫敦的全球金融中心，上海等大都市成為二綫國際金融中心，前提是中國經濟持續高速增長，人民幣資本帳戶迅速開放，香港承擔起更多的國家責任；三是上海成為類似紐約的全球金融中心，香港成為類似芝加哥或法蘭克福式的金融中心；四是亞洲不存在全球性金融中心。潘英麗教授認為，中國的目標應是排除第一和第四種可能性，20 年以後在中國建成與紐約、倫敦齊名的第 3 個全球金融中心。她認為，未來中國作為一個超大經濟體，完全可以有兩個金融中心構成的組合，猶如美國的紐約和芝加哥。她認為，在資本帳戶完全可兌換之前，香港的定位應該是中國的離岸國際金融中心，上海的定位是內地金融中心，並逐步增加其國際成分；而在人民幣完全可兌換之後，上海與香港則可完

5 /
馮邦彥著：《香港：打造全球性金融中心——兼論構建大珠三角金融中心圈》，三聯書店（香港）有限公司，2012 年，第 234-253 頁。

6 /
美國耶魯大學管理學院教授傑弗里·加滕著：〈經濟危機當中"上海"將崛起〉，英國：《金融時報》網站，2009 年 5 月 10 日。

全互補：香港走倫敦模式，上海走紐約模式，中國大經濟體可以支撐兩個國際金融中心。

　　總體而言，香港若能打通與廣東珠三角地區的金融聯繫，利用廣東乃至內地經濟社會發展的金融需求推動香港的金融創新，與廣東珠三角地區的廣州、深圳，甚至華東地區的上海聯成一體、錯位發展，將可大幅提高香港金融資源的聚集程度，拓寬香港金融發展的腹地，提高香港國際金融中心的競爭力，發展為僅次於紐約、倫敦的全球性國際金融中心。

二、發展重點之一：中國企業首要的境外上市和投融資中心地位

　　從過去十多年的實踐來看，對於內地企業而言，香港、紐約、新加坡是最主要的境外上市市場。其中，香港作為亞太區國際金融中心，擁有除日本之外亞洲最大的證券交易所，資本市場規模龐大，市場成熟及規範，有著眾多包括國際基金、信託基金、財務機構、專業投資者、投資大眾的多元化投資者，參與性極高；特別是由於不少香港股票分析員對中國了解較深，因此研究報告在質量和數量上均遠勝其他市場。大部分在香港上市的公司，上市後都能夠再進行股本集資，有利公司長遠的發展。從法律的角度看，香港更擁有強大的優勢，不但擁有廉潔的政府、健全的法制、簡單的稅制，還有自由的流動市場制度，對海外與內地的投資者均一視同仁。至於證券及期貨條例、上市規則、收購合併守則等資本市場法規也日趨完善。與此同時，香港特別行政區政府、香港證監會及香港交易所，多年來均做了大量工作，訂立確保市場公平有效運作的法律和法規，為企業和投資者創造適的法律和監管環境。2004 年，香港聯交所修訂了上市規則，放寬大型企業赴港上市在盈利與業績連續計算方面的限制，為大型國有企業赴港上市創造了更為便利的條件。香港證監會不僅對收購合併守則進行修訂，香港聯交所也修訂創業板的規則，保證監管架構能與時俱進，其中就包括港交所對於主板上市實行預披露計劃的修改。[7]

　　2003 年以來，隨著中國人壽、交通銀行、中國建設銀行和神華能源等大型國企先後在香港上市，香港作為中國企業境外上市最重要的資本市場和境外融資中心地位得到了極大的提升。香港已發展成為內地最主要的境外上市集資市場，並有效引導國際資金投資於香港上市的內地企業。在香港努力鞏固提升這方面的功能外，也有優勢可以讓內地企業和機構在香

7/
遠東貿易服務中心駐香港辦事處：〈香港仍是中國企業境外上市首選〉，新華網，2008 年 2 月 4 日，http://big5.xinhuanet.com/gate/big5/news.xinhuanet.com/fortune/2008-02/04/content_7564179.htm。

港發行以外幣計價的債券。此外，香港高度市場化和國際化的金融體系，可為內地進行境外投資的機構和個人，提供豐富的投資產品、全面的服務及完善的風險管理，成為它們管理對外投資最有效的平台。因此，發揮香港發達的資本市場、國際資本聚集的優勢，推動廣東和內地企業赴港上市、發行債券，並鼓勵廣東企業以香港金融市場為平台開展境外投資，可將香港發展成為中國企業最重要的境外上市和投融資中心。

當然，從長期的眼光看，香港要真正成為中國企業首要的境外上市和投融資中心，在發展策略方面還需要加強以下幾方面：

第一，香港證券監管當局須進一步完善對中國企業的上市監管制度。

從實踐來看，目前內地國企在香港上市仍存在不少值得關注和重視的問題，諸如一些國有企業上市後並未能真正與國際慣例接軌，在經營管理、會計審核制度、業務評估等方面同香港慣用的規則還存在著不少的距離；部分國企的公司治理不規範，管理水平低，盲目投資，導致經營虧損嚴重；部分國有企業在業務運作、政策變動及監管等方面的信息披露不及時，投資者無法清晰、及時地獲得第一手資料，造成投資者產生信任危機，等等。2011 年 7 月，國際評級機構穆迪投資者服務公司（Moody's Investors Service）公佈一份名為《新興市場公司的 "紅旗" [8]：中國焦點》的研究報告，對 61 家在香港上市的中國民營企業發出風險警示，直指這些企業的財務報表和信息披露方面存在不透明、虛報誇大等問題，對其中 49 家企業予以警告，包括 26 家在香港上市的內地房企。穆迪的報告引發投資者拋售內地企業股的風潮。

因此，香港證監當局必須進一步完善對內地企業的上市監管制度。這可借鑒美國的做法，根據香港的實際情況推出更加透明的審計報表模式，致力推動兩地證監當局對跨境上市企業進行實地調研；同時，加強香港審計機構和內地中介機構的合作，以便能夠更專業和準確地處理因兩地之間會計、稅法差異而產生的財務數據差異，避免出現申報資料與實際數據相差很大的情況。此外，要進一步完善在香港上市的內地企業的信息披露制度，加強和完善 H 股在信息披露方面的制度建設，提高 H 股上市公司的透明度，最大限度地保護投資者的合法權益。

第二，積極推動更多經營規範的大中型民營企業和科技型民營企業到香港上市。

近年來，越來越多的民營企業到香港上市集資，正成為香港股市的一

8 /
穆迪採用新設計的 "紅旗"（Red Flags）測試系統，在 5 個不同的方面設置了 20 項指標，上市公司有某項指標不符合的即被插上紅旗。這些指標包括企業管治偏弱、高風險或不透明的經營模式、企業制定了快速發展的計劃，以及盈利或現金流質素不佳和企業審計及財務報告方面的擔憂。按照穆迪所制定的紅旗制度，被插上的紅旗越多，則表明該企業潛在的風險越大。穆迪還指出，對這些公司發出紅旗警告，並不是它的評級方式和評級標準出現了改變，這只是對公司發出的一種警告信號，並未進行正式的評級。

個重要上市來源。民營企業謀求到香港上市，原因是多方面的，除了因為在國內民營企業存在融資"瓶頸"之外，也與香港本身的資本市場密切相關，尤其是香港較為寬鬆的上市條件、上市時間較短及效率高、可控制的上市成本以及再融資程度較為容易等。民營企業到香港上市，可借助資本社會化的契機，轉變經營模式和管理機制，改善公司治理，提高國際競爭力，從而實現以香港為"跳板""走出去"參與國際經營。因此，從長遠角度來看，內地民營企業到香港上市將是未來發展的大趨勢。特別是內地經營較為規範的大中型民企和科技型民企，目前正處於快速發展時期，可為香港主板市場和創業板市場提高源源不斷的優質上市證券。

　　不過，當前民營企業到香港上市並不順暢，除了民企主自身經營的規範性問題外，最大的問題是到香港上市的制度"瓶頸"。2006 年 8 月，中國商務部等六部委聯合頒佈了修訂的《關於外國投資者併購境內企業的規定》（10 號文），對內地企業在香港作紅籌上市進行了重新界定和規範。文件規定中國法人或自然人為海外上市設立的特殊目的公司應向商務部申請辦理核准手續；特殊目的公司境外上市交易，應經國務院證券監督管理機構批准；特殊目的公司應在商務部核准後的一年內完成上市，否則境內公司股權結構必須恢復。有關規定對企業紅籌上市加強了監管，完善了制度條例，如首次明確了換股併購的規定，並且對特殊目的公司的併購和上市，重新明確了國家商務部、證監會、工商總局等多層次的監管體制。這種多層次監管，一方面固然有效防範了一直困擾監管層的"假外資"問題，另一方面，也大大增加了內地民企以紅籌在香港上市的難度和風險[9]。而中小民營企業若以發行 H 股的方式在香港上市，則需要同時滿足中國證監會和香港聯交所規定的上市條件，實施起來並非易事，大部分具有發展潛質的中小民營企業只能選擇到香港創業板上市融資。

　　因此，香港證券監管當局要推動更多經營規範的大中型民營企業和科技型民營企業到香港上市，必須與中國監管當局加強合作，協助民企解決好到香港上市的制度"瓶頸"問題。2011 年 1 月，中國證監會主席尚福林在出席亞洲金融論壇時表示："我們將繼續支持符合條件的內地企業根據自身需要到境外上市，並支持企業到境外上市首選香港。目前中國證監會正在修訂境外上市的有關規則，以便為中小企業包括民營企業到香港上市提供便利。"

　　第三，積極推進香港與深圳證券交易所的合作，乃至合併。

9 /
SystemMaster：《中國企業海外上市法律政策回顧與展望》，山東英良泰業律師事務所，http://www.yingliang-law.com/jiang/html/?389.html。

　　從國際交易所的發展歷程來看，香港交易及結算所有限公司（Hong Kong Exchanges and Clearing Ltd.，簡稱"香港交易所"）與上海證券交易所、深圳證券交易所的合併將是大勢所趨，有助於鞏固和提升香港及內地證券市場在全球的地位。香港交易所主席夏佳理曾公開表示，將積極加強港交所的上市平台地位，不排除在三年內與其他交易所合併。事實上，近年來，香港交易所與上海證券交易所、深圳證券交易所之間的合作已經展開。2009 年 1 月，港交所與上交所合作簽訂更緊密合作協議，內容包括雙方管理層每年會晤兩次，回顧年內業務交流和培訓的進度，並訂立來年交流及培訓計劃；在產品發展方面雙方將以 ETF 為切入點，在資產證券化產品、權證、牛熊證、期權等方面加強合作，並探討合作編制以兩所證券為成分股的指數。同年 6 月，港交所與深交所亦簽訂合作協議，內容涉及到管理層定期會晤、信息互換與合作，包括 QDII 等產品開發的合作研究、技術合作等。當時，就有分析人士認為，在國家提出將上海建成中國的全球金融中心之際，深港面臨的競爭壓力加劇，兩地決心加快合作步伐，全力拓展兩地金融合作空間，並爭取將深港打造成全球重要的金融中心。在香港與中國內地證券交易所合作、對接過程中，香港與毗鄰的深圳可"先行先試"，積極推進港深兩家證券交易所深度合作，推動兩地交易所建立長期合作戰略聯盟。具體內容包括：

　　（1）加強港深兩家交易所在市場資訊交流、產品發展、跨市場監管和人員培訓等業務領域深度合作。從"先易後難，逐步推進"的原則出發，港深兩家交易所的合作可首先從業務層面展開，在技術、產品、跨市場監管、信息和人員培訓等領域實現深度合作，包括就兩地掛牌企業及證券加強信息互通及就聯合監管建立定期交流機制；兩地在支持業務發展的技術、交易產品發展、信息產品發展、人員培訓等方面加強交流及合作，探討合作編制以兩所證券為成分股的指數，等等。

　　（2）積極推動深港證券交易所的互聯互通、互設交易代理平台試驗。2009 年 5 月內地與香港簽署的 CEPA 6 建議，研究在內地引入港股組合的 ETF（即交易所交易基金），其實就是積極推動深港證券交易所的互聯互通、互設交易代理平台試驗的開始。目前，由於內地資本流動限制及外匯管制等原因，香港與內地兩地市場對跨境金融產品的需求十分巨大。因此，深港證券交易所的互聯互通、互設交易代理平台的試驗，可以先從在深交所引入港股交易所買賣基金 ETF 開始，進而發展至深交所和港交所互掛交易所買賣基金 ETF。如果港深兩地 ETF 互掛取得成功，兩所在 ETF 的合作可進一步擴展至開發債券 ETF、黃金 ETF 及交叉掛牌，以及 B 股和 H 股在兩地交易所相互掛牌交易，並且可在資產證券化產品、股指期貨、利率期貨、遠期結售匯、掉期期權等產品尋求進一步合作，先行先試。此外，還可在深交所進行港股 CDR（China Depository Receipt，簡稱 CDR，即"中國預託憑證"）和紅籌公司發行 A 股試點；鼓勵廣東企業通過 A+H 的形式同時在深圳和香港上市。發展跨境金融產品，一方面可以擴充市場容量，增加兩地交易所的收入，減少兩地的套利行為，另一方面，也可以進一步加強兩家交易所的深度合作。

（3）推動港深創業板加強合作，最終實現兩板的整合、合併。從整體上看，深圳創業板在內地市場具有優勢，香港創業板則具有國際化優勢，兩者具有互補性。然而，兩者之間存在明顯的競爭，特別是人民幣在資本項目下實現可自由兌換以後，兩市面對上市資源和投資者基本上都是相同的。因此，從長遠發展看，港深創業板的合作乃至將來最終合併是大勢所趨。從中長期看，兩板合作可以有許多模式，如"一板兩市"（任何在香港創業板或深圳創業板上市的公司，均可同時在另一市場掛牌交易）、"循 A+H 模式，兩次上市"、"以預託憑證（類似 ADR 的操作模式，以 CDR 或 HDR 的方式來運作）的方式掛牌交易"等。不過，無論是何種方式，在現階段都受制於人民幣在資本帳項下不可兌換這條紅綫。從中短期看，香港和深圳兩地創業板可在廣東省"先試先行"的框架下加強互動合作，逐步推進，為兩板合一創造條件。

（4）香港交易所與深圳證券交易所結成戰略聯盟，進而實行港交所與深交所互相持股，最終實現兩所合併，打造統一的資本市場。香港交易所與深圳證券交易所彼此之間具有很強的互補性：港交所具備國際監管水平，市場全球開放，資金出入自由，流量龐大，為國際和內地機構投資者提供高增長的發展條件，又為眾多個人投資者提供投資機會；而深交所則擁有完備的內地網絡、行業運作經驗、大量的客戶群、多樣的金融服務品種，無疑豐富了港交所的產品綫，補充香港進入內地金融市場的不足。港深兩地交易所相互協作，共同提供跨區域金融服務，資金便能有效轉到港深兩地甚或珠三角地區內最具生產力的企業，投資者也可受到更完備的保護。香港由此可繼續吸引各地公司、投資者、資金和人才，鞏固香港作為國際金融中心的地位；深交所可引進港交所的管理經驗，為深交所上市鋪路。從長遠的角度看，港交所與內地兩家交易所的合作、合併乃大勢所趨，勢在必行。在這方面可以深交所為試點，"先行先試"，先行改制，轉變為公司法人，形成股東管理體制，再掛牌上市，其運作模式逐步與國際接軌，包括上市規則、證券交易的管理、對上市公司的監督、交易所本身的管理等方面與國際接軌。接軌以後，深交所現有的主板、中小企業板和 B 股的上市公司可到香港證券交易所主板再上市。在此基礎上，深港兩個證券交易所結成的戰略聯盟，便形成連通境內外的統一資本市場。這樣可迅速擴大港深兩地資本市場的規模和實力，吸引海內外更多優質公司在港深兩地上市，提高人民幣在香港的結算作用，強化香港作為金融中心的地位。

第四，進一步完善香港與中國內地金融監管，特別是證券監管的合作。

隨著越來越多的內地企業在香港上市，香港與內地的證券監管機構之間逐步建立起一套有效的監管合作機制。1993 年 6 月 19 日，中國證券監督管理委員會、上海證券交易所、深圳證券交易所、香港證券及期貨事務監察委員會及香港聯合交易所有限公司在北京簽署了《監管合作備忘錄》，確立了各方監管合作應遵守的基本原則、監管合作的具體範圍和方式。1995 年 7 月 4 日，中國證監會與香港證監會又簽署了《有關期貨事宜的監管合作備忘錄》。2003 年 6 月 29 日，香港與內地簽署 CEPA 協議，其中第 13 條指出兩地要進一步加強包括證券業在內的合作；應本著尊重市場規律、提高監管效率的原則，支持符合條件的內地保險企業以及包括民營企業在內的其他企業到香港上市。這些監管合作文件，規範了兩地證券監管機構之間信息互通，協商解決問題的機制等問題，特別是對內地企業到香港上市的審批及操作程序以及技術問題的解決發揮了重要作用。

然而，從過去十多年的監管實踐看，香港與內地之間的證券監管合作制度本身，仍然存在著不少的問題，包括對兩地協作處理一些具體問題時應該如何具體劃分各自的權限和責任等等。因此，有必要進一步明確劃分香港與內地之間監管機構對內地在香港上市公司的各自監管權限和責任的劃分，以免出現法律真空和監管的漏洞；進一步推進在內幕交易、操縱市場以及其他就證券交易和上市公司的活動中欺詐行為方面的協助調查，並對此採取制裁措施；通過定期聯絡和人員培訓和交流，促進互相磋商和合作。

三、發展重點之二：亞太地區首要的國際資產管理中心

從中長期看，東亞特別是中國內地，作為全球經濟增長最快的地區，將吸引大量區外資金到區內投資，資產與財富管理業務的增長潛力龐大。而香港金融市場高度成熟，擁有良好的發展基礎，得天獨厚，具備成為世界一流資產管理中心的潛質。國家"十二五"規劃綱要指出："支持香港發展成為離岸人民幣業務中心和資產管理中心。"資產管理業作為香港金融業未來重點發展的範疇之一，將佔有越來越大的比重，並且成為鞏固香港金融中心地位、增強全球影響力的一個重要支撐環節。因此，香港作為全球性國際金融中心，應該進一步鞏固和發展基金管理、私人銀行、財富管理以及企業資本性融資、金融衍生產品等方面的高附加值和資本市場業務，發展成為亞太地區（包括香港、台灣、澳門及內地等大中華地區）首要的資產管理中心。

目前，在亞太地區，作為國際資產管理中心，香港與新加坡可以說是旗鼓相當。據有關方面的統計，2007 年，香港資產管理業的規模約為 834 億美元，而新加坡的國際資產管理業規模約為 811 億美元。而根據 GFCI13，香港在資產管理方面已落後於新加坡而排第 4 位。香港要超越新加坡而成為亞太地區首要的資產管理中心，當前需要注意以下發展策略：

第一，加強在資產管理方面的軟硬件、監管及人才等方面的建設，使香港金融業發展更趨完備。

毋庸置疑，在發展成為世界一流的國際資產管理中心方面，香港已具備一定基礎，擁有不少優勢，也迎來了"十二五"規劃的重大發展機遇，但是要最終達成目的，仍須繼續努力，在發展資產管理業務的軟硬件、監管及人才等方面不斷改善，增強競爭力。[10] 香港特區政府在這方面已推出不少政策措施去促進基金管理業發展，包括早幾年撤銷遺產稅及離岸基金利得稅，香港證監會公佈一套有關精簡海外基金經理發牌程序的措施，針對結構性產品的公開發售、產品數據、從業人員手法和操守等方面做出更嚴格和明確的規範。

為了促進資產管理業的進一步發展，香港金融監管當局必須進一步完善有關的配套措施，加強在資產管理的軟硬件建設，改善營商環境，要盡量簡化審批程序，以方便市場推出新的投資產品；特別是要完善監管制

10 /
黃啟聰著：〈打造世界級資產管理中心〉，《香港商報》，2011 年 8 月 1 日。

度，提高監管水平，增強市場透明度。因應市場發展和金融創新，各類投資產品日新月異、越趨複雜多元，給監管當局帶來巨大挑戰，資產管理業務亦不例外。如果對資產管理的監管水平跟不上，不單會削弱對投資者的保障，亦將增加投資機構的經營風險，影響金融市場穩定。金融監管當局應汲取全球金融危機時發生的"雷曼債券"事件的教訓，平衡監管及發展，為投資者提供健康和穩定的市場環境，才能推動資產管理業持續發展。

第二，充分發揮"中國因素"的重要作用，將香港發展成為大中華地區主要的資產管理中心。

香港之所以能成為全球重要的投資平台、國際資金的集散地，歸根究底，"中國因素"居功至偉。2008 年全球金融危機爆發以來，歐美等西方國家債台高築，經濟復蘇緩慢，而以中國為代表的新興市場國家卻迅速崛起，對全球經濟的影響力越來越大，成為拉動全球經濟復蘇的火車頭。近年來，內地經濟持續和快速的發展，個人儲蓄存款提高，大大增加內地對投資產品及財富管理的需求。作為中國經濟與國際經濟的橋樑，香港越來越成為內地資金走出去和外來資金流入來的資金交流平台和國際資產管理中心。據中國商務部對外投資與經濟合作司統計，中國 2012 年對外直接投資累計淨額（存量）達 5,319.4 億美元，其中 512.38 億美元，即流量總額的 43.7% 是投資到香港或經香港投資到全球各地的。香港已成為內地公司接觸全球金融市場的平台，越來越多內地相關金融機構來港開展業務。截至 2013 年 5 月底，約有 73 家內地相關金融集團，包括 22 家證券公司，6 家期貨公司、16 家基金管理公司、7 家保險公司和其餘從事不同業務的 22 家企業，在香港設立了合共 196 家持牌法團或註冊機構。2012年，內地在港企業的資產管理及顧問業務（非房地產）總值達 4,147 億元港，同比增長 56.4%，但僅佔香港全行業規模的 5%，具有巨大的發展潛力。

在持續的經濟增長帶動下，內地的企業和民眾將繼續累積財富，境外投資的需求也會持續增加，為香港的資產管理業帶來持續的商機。2011年，中國銀監會、中國證監會和中國保監會公佈了進一步擴大 QDII（合資格境內機構投資者計劃）的投資範圍，讓內地商業銀行、證券公司、基金管理公司及保險公司投資內地以外的股票和基金等產品。新措施大大便利內地資金的流出。截至 2014 年 1 月 27 日，國家外匯管理局根據 QDII

11 /
所謂 QDII2，就是 QDII
的個人版本。與合格的
境外個人投資者（QFII2）
同為個人投資者跨境投
資股債的渠道。不同的
是，QDII2 為境內個人
投資者投資境外資本市
場，QFII2 則反之。

計劃合共批出 850.43 億美元投資額度，獲批准的內地金融機構達 116 家，包括 29 家銀行，47 家基金、證券公司，32 家保險公司，以及 8 家信託公司，准許這些機構進行境外投資，其中主要是香港地區。據了解，目前國內合格境內個人投資者（QDII2）[11] 的基本方案已接近完成，首批 QDII2 額度或為 500 億美元，正準備推出。因此，香港金融當局和金融業界應充分利用這種發展態勢，使香港首先成為大中華地區主要的資產管理中心。可以預期，未來十年，香港資產管理業務的增長速度將會加快，發展潛力巨大。

第三，積極把握伊斯蘭金融帶來發展機遇。

12 /
參閱《全球多城市爭建
伊斯蘭金融中心，香港
寧夏欲參與》，21 世紀
經濟報道，2010 年 5 月
26 日。

根據伊斯蘭金融服務委員會（Islamic Financial Services Board）發佈的報告，隨著亞洲出口導向型經濟與海灣國家石油收入的增長，穆斯林富裕階層的需求正逐步擴大，伊斯蘭金融資產可望從 2005 年的 7,000 億美元飆升至 2015 年的 2.8 萬億美元，獲得 3 倍擴張。而由於受世界金融危機影響，富有石油、美元和閑置資金的伊斯蘭國家投資歐美國家意願轉趨低迷，而願意與亞洲國家尋求更多合作，目前香港、新加坡、吉隆坡、東京等城市都在角逐成為「國際伊斯蘭金融中心」[12]。香港是全球最活躍的國際金融中心之一，具有完善的司法體系、穩定開放的社會環境，高效的服務體系、國際化的語言環境，優惠的稅率，以及富有管理經驗和專業化的

13 /
劉柳著：〈港迎來國際
資產管理中心大發展機
遇〉，香港：《紫荊》雜
誌網版，2011 年 5 月
6 日，http://www.zijing.
org。

團隊，這些都是香港發展資產管理業務得天獨厚的優勢條件[13]。更重要的是，香港毗鄰內地，而內地則是世界上最大的經濟體系之一，經濟持續快速增長，市場發展的潛力非常可觀，各地區的投資者都覷準這裏的機會。香港作為國際投資者投資中國的跳板，在吸引中東投資方面具備優勢。因此，香港應積極把握伊斯蘭金融帶來發展機遇，致力發展成為伊斯蘭金融資產的管理中心。

四、發展重點之三：全球主要的人民幣離岸業務中心、亞洲人民幣債券市場

2004 年以來，隨著人民幣國際化進程的展開，境外人民幣交易的存在及其迅速發展的勢頭已經成為國際金融市場上不爭的事實。根據滙豐銀行 2011 年 5 月發佈的一項針對全球 21 個市場 6,000 多家貿易企業展開的一項調查顯示：在全球範圍內，在未來半年最受貿易企業青睞的五種結算

貨幣將依次為美元、歐元、人民幣、英鎊和日圓，預期人民幣將首次超越英鎊成為全球貿易企業在未來半年考慮採用的三種主要結算貨幣之一。

隨著人民幣離岸業務的快速發展，香港作為人民幣離岸業務中心的地位逐步凸顯。香港背靠中國內地、地處東北亞和東南亞的中心位置，傳統上與東北亞和東南亞各國有著廣泛的經濟往來。香港巨大的貿易和投資往來，為發展人民幣業務提供了巨大市場，香港境內的人民幣規模迅速擴大。2010 年，香港全年實現人民幣貿易結算總額為 3,692 億元，約佔全國人民幣跨境結算額七成以上 [14]；自中國政府在年中允許香港居民在帳戶中持有人民幣以來，人民幣存款增至 5,540 億元，約佔香港存款總量的十分之一。2012 年這一數值達到 26,325 億人民幣，較上年增加 37%。2013 年 1 至 6 月，香港辦理的跨境貿易人民幣結算額達 16,953 億元，佔中國跨境貿易人民幣結算總額的八成左右。

在人民幣存貸款業務方面，自 2010 年起，香港的人民幣存款開始出現爆發性增長，年底人民幣存款餘額達到 3,150 億元，是上年的 5 倍。2013 年 6 月底，人民幣存款餘額及未償還人民幣存款證增加到 8,607 億元，同比增長 19.5%。人民幣存款佔香港銀行體系存款總額的比例達到10.4%。同時，獲准經營人民幣業務的機構也由最初的 38 家增加到 2013 年的 142 家。目前，香港已形成了一個具規模的人民幣交易市場，人民幣在香港已成為僅次於港幣的第二大交易貨幣。與此同時，人民幣貸款業務也取得了長足進展。2013 年 6 月，未償還人民幣貸款餘額達到了 1,105 億元，同比增長 39.8%。2013 年 1 月，15 家香港銀行首次向在前海註冊的 15 家企業發放了總額超過 20 億人民幣的貸款，標誌著跨境人民幣貸款業務的實質性起動。這項業務為香港銀行拓展人民幣業務開闢了新渠道。

在人民幣債券業務發展方面，2010 年，共有 50 隻人民幣債務工具（包括債券、存款證，及股票掛鈎票據）在香港發行，總值約 427 億元人民幣；其中債券佔 360 億元人民幣，較 2009 年增加 200 億元人民幣。發行機構也由國家財政部及內地銀行，擴展至包括香港及跨國企業及國際金融機構。2011 年 8 月，中國國務院副總理李克強訪港期間，宣佈中國財政部將在香港發行 200 億元人民幣國債，在規模上超越過去兩年發行的總和。而中國人民銀行則表示，將落實中央政府支持香港發展的新政策措施，增加香港發行人民幣債券的境內金融機構，允許境內企業在香港發行人民幣債券，擴大境內機構在香港發行人民幣債券規模。2012 年後，

14 /

陳德霖著：《香港離岸人民幣業務和港元地位》，香港金融管理局，2011 年 5 月 30 日，http://news.etnet.com.cn/financial-EtnetcolB80/5579.htm。

香港人民幣離岸市場發展步入"快車道"。當年，國家財政部在香港發行
200 億元公債，人民幣債券發行總額達到 800 億元。

香港交易所行政總裁李小加預計，人民幣國際化會為香港帶來變革性
發展，在不遠的將來，香港人民幣離岸市場的規模可望超過 2 萬億元，人
民幣國際化對香港的金融業將帶來重大且深遠的影響。香港金融市場將進
入高收益、更大規模、品種更全、二級市場交易更加活躍的發展階段。在
此階段，香港的證券、資本市場將得到巨大發展，香港的整體經濟也會隨
著金融市場的興旺而獲益 [15]。

不過，香港要真正發展成為全球最重要的人民幣離岸業務中心、亞洲
人民幣債券市場，目前還存在不少問題和困難，突出表現在：（1）人民幣
資金池的規模整體上仍然偏小；（2）人民幣資產創造的進程仍然較緩慢。
香港金融市場上的人民幣投資產品的相對匱乏，導致了香港人民幣持有收
益非常低，背後隱藏了嚴重的供需失衡問題。人民幣產品在香港叫好不叫
座，重要原因是缺乏對應投資產品及資金用途。（3）人民幣回流機制的建
設仍剛起步發展，有待深化、完善。針對上述問題，當前香港推動人民幣
離岸業務中心的發展，還需加強以下幾方面的工作：

第一，鞏固和擴大香港與廣東兩地跨境貿易人民幣結算規模，拓展與
貿易結算相關的人民幣跨境業務。

根據中國社科院世界經濟與政治研究所研究員何帆等人於 2011 年 3
月在廣東的調查，當前人民幣跨境結算仍存在不少問題，包括加工貿易可
能使人民幣結算在貿易額中的比例低於預期；部分人民幣結算工作的開展
情況與政策初衷並不一致，人民幣跨境貿易並不對應貿易合同以人民幣計
價結算；在政策層層加碼的背景下，企業被迫採用"以美元報價、以人民
幣結算"或"合同上以美元報價和結算，但企業支付人民幣給境內銀行"
等方式，勉為其難地在貿易中使用人民幣結算；同業競爭迫使銀行及境內
外金融機構積極推動人民幣跨境結算業務，都是基於對未來市場佔有率的
考慮，等等。[16]

為了切實解決人民幣跨境結算業務開展過程中存在的問題，進一步深
入探索人民幣跨境業務的方向、渠道和市場工具，粵港應共同推動人民幣
跨境結算"先行先試"，為全國跨境貿易人民幣結算業務發展積累經驗、
探索路徑。粵港政府應共同推動兩地企業鞏固和擴大現有跨境貿易人民幣
結算規模，在繼續擴大進口貿易結算規模的同時，進一步提升出口貿易結

15 /
參閱〈人民幣離岸業務與
香港金融中心的未來〉，
《第一財經日報》，2011
年 5 月 3 日。

16 /
何帆、張斌、張明、徐
奇淵、鄭聯盛：〈人民
幣跨境結算的現狀和問
題 —— 基於廣東的實地
調研〉，國際經濟評論，
2011 年 5 月 30 日，
http://cn.reuters.com/
article/currenciesNews/
idCNnCN107022820110530?sp=true。

算的規模和比例；積極開展對港供電、供水以及農副產品、食品貿易以人民幣進行計價結算業務，引導粵港雙邊貿易企業多採用人民幣結算；擴大服務貿易的人民幣結算規模，包括跨境的旅遊、電信、運輸、金融等服務貿易的結算項目，拓寬人民幣對服務貿易的結算範圍。此外，粵港兩地還積極拓展與貿易結算相關的人民幣跨境業務，包括推進省內企業在香港進行人民幣融資，推動開展海外工程的人民幣項目融資，鼓勵企業的人民幣對外投資業務；試行開通有限額的中國境內居民和特定機構投資於香港離岸人民幣市場。

　　第二，進一步擴大人民幣資金池規模，建立多元化的人民幣交易市場，推出多元化的人民幣投資產品，拓寬人民幣投資渠道。

　　近年來，隨著中國經濟貿易的發展和人民幣國際化進程的推進，人民幣離岸業務市場的規模越來越大，除了香港之外，新加坡、倫敦等金融中心都提出了建立人民幣離案業務中心的要求（表 9-4）。近期，新加坡人民幣市場增長加速，中國工商銀行首個境外"人民幣業務中心"已在新加坡掛牌。2011 年 4 月 20 日，英國《金融時報》頭條刊文〈新加坡欲成首個人民幣離岸中心〉，引發了市場對於人民幣國際化及中國佈局全球離岸中心的關注。同時，作為世界級國際金融中心的倫敦也躍躍欲試。2011 年 4 月，英國倫敦金融城榮譽市長白爾雅（Alderman Michael Bear）在上海接受《中國經濟周刊》採訪時表示："伴隨著中國全球貿易和金融的發展，（人民幣離岸）這個市場的蛋糕會越來越大，不是中國香港一個中心可以獨享這一市場的，多個人民幣離岸中心對人民幣的發展是更為有利的。"他認為："倫敦總有一天會成為另一個離岸人民幣中心。" [17]

17 /
參閱〈香港新加坡倫敦競爭，人民幣需要幾個離岸中心？〉，《中國經濟周刊》，2011 年 5 月 10 日，http://news.xinhuanet.com/fortune/2011-05/10/c_121400223.htm。

表 9-4　　香港人民幣離岸業務中心的可能競爭對手

中心城市	覆蓋區域
新加坡	東南亞
迪拜	中東及北非
約翰內斯堡	撒哈拉以南的非洲地區
倫敦、盧森堡或蘇黎世	西歐和中歐
莫斯科	獨聯體國家
紐約	北美
聖保羅	南美

資料來源 /
法國農業信貸銀行，http://cn.wsj.com/photo/Yuan_0601h.jpg。

　　香港要在眾多的競爭者之中強化領先優勢，真正建設成為全球主要的人民幣離岸業務中心，當前須首先解決兩個問題：一是人民幣資金池的規模要進一步擴大；二是要有多元化的投資產品和交易市場。總體而言，香港人民幣離岸市場發展，首先取決於內地金融開放和人民幣國際化的步伐。2011 年 8 月 17 日，國務院副總理李克強在香港出席國家“十二五”規劃與兩地經貿金融合作發展論壇中，公佈了一系列支持香港人民幣離岸市場發展的措施，這些措施大大擴展了人民幣在經貿往來、直接投資、間接融資乃至清算發展和網點互通等方面的使用範圍，有利於進一步擴大香港的人民幣資金池，拓展多元化的投資產品和渠道。從香港的角度看，香港金融監管當局在制定未來金融業發展規劃時將人民幣國際化這個國家戰略背景考慮問題，跳出“在商言商”的局限，加強政策研究，多作長遠考慮。

　　近年來，隨著香港人民幣資金池擴大，人民幣投資產品也陸續推出。2007 年以來，香港金融市場上陸續推出人民幣債券供香港投資者認購，先是有內地金融機構來香港發行零售債券，繼而有數家香港銀行通過內地的附屬公司推出人民幣債券，財政部也在香港發行國債；其後，多家紅籌公司、香港企業和國際金融機構相繼推出人民幣債券，業界又在這些債券的基礎上，推出了其他人民幣投資產品，包括人民幣債券基金、銀行及保險產品等。但總體而言，正如有學者所指出，香港市場創造人民幣資產的進程仍然相當緩慢。

　　現階段，人民幣離岸業務發展仍面臨著一些制度性的約束：人民幣只是在貿易項下可兌換，資本項下不可兌換，兌換自由度受到限制。企業手中的人民幣如何保值增值，存在著不少約束。因此，香港金融界應積極推動人民幣產品創新，大力發展人民幣投資產品，包括開發以人民幣計價或交割的貿易融資、保值避險等金融產品，提高人民幣投資收益，推進跨境貿易人民幣結算業務發展；支持境內機構在香港發行人民幣債券，進一步發展香港人民幣債券市場；積極參與並支持香港聯交所在香港股票市場上實行港幣與人民幣的雙幣種報價，允許投資者自由選擇幣種進行交易和交割。同時，要鼓勵粵港兩地銀行開展人民幣及港幣交易結算、票據交換、代理行、項目融資、銀團貸款和 QDII、QFII 等多種業務合作，開辦兩地銀行同業拆借市場；鼓勵境內金融機構參與香港的人民幣與外幣無本金遠期交易市場等。

　　目前，香港債券市場發展都比較弱，而廣東企業的融資需求正越來越大，兩地在人民幣債券市場方面合作空間很大。要充分發揮香港金融資源優勢和廣東實體經濟優勢，積極推動廣東金融機構及省內企業在香港發行人民幣債券，將赴港發行人民幣債券主體從金融機構擴大到工商企業，可以先推動已在香港發行 H 股、紅籌股的廣東企業及其相關聯企業在香港發行人民幣債券；探索發行項目債券，增加債券發行品種；鼓勵兩地銀行業、證券業等金融機構參與債券的承銷和交易，在區域內形成一個與股權市場互補的債權市場。支持香港發展人民幣離岸業務，進行人民幣亞洲化、國際化試驗，加快資本與金融項目下的投融資業務創新。未來商業銀行的跨境人民幣業務，將從經常項目下的貿易結算，擴展到資本與金融項目下的跨境人民幣投融資業務，在人民幣資本項目下可自由兌換進行積極探索，最終實現粵港澳地區人民幣自由兌換和自由流動。使香港在人民幣國際化進程中，發揮試驗田、突破口、排頭兵作用。當然，香港人民幣債券市場發展，還要解決二級市場交易問題，即人民幣債券在交易所掛牌買賣問題。

　　第三，進一步拓寬人民幣投資渠道，完善和優化人民幣回流機制。

　　目前，香港作為人民幣離岸業務中心面臨的挑戰之一，就是"良好且有效的人民幣回流循環機制尚未建立"[18]。隨著香港離岸市場沉澱了越來越龐大的人民幣數量，這些人民幣不僅需要在離岸市場的人民幣投資產品尋找出路，更需改變當前人民幣以往"只出不進停滯在境外"的態勢，解決人民幣的回流問題。當前亟需構建人民幣"有進有出"的良性循環機制，解決人民幣的回流問題。

　　2011 年 8 月，國務院副總理李克強訪港期間，宣佈了包括金融、經貿及粵港合作等方面的 36 項惠港措施，其中允許以人民幣境外合格機構投資者（RQFII）方式投資境內證券市場，起步金額為 200 億元，以及港企人民幣境外直接投資（FDI）政策，實際上就是為境外人民幣資金回流內地資本市場打通一條重要的渠道，形成人民幣全球流通的"有出有進"的完整路徑。8 月 22 日，中國商務部發佈的《商務部關於跨境人民幣直接投資有關問題的通知》中，規定允許外國投資者以境外合法獲得的人民幣在華開展直接投資業務（FDI）。這就意味著在 RQFII 機制之後，又新增了一條人民幣 FDI 方式的境外人民幣回流渠道。商務部的徵求意見稿向市場傳遞的信息是，中國政府正準備建立一個更為透明和標準的監管框

18 /
馬蓉、王文帥著：〈回流機制建設成跨境貿易人民幣結算發展突破口〉，新華網，2011年 7 月 6 日，http://finance.stockstar.com/SS2011070600003041.shtml。

架，以允許離岸人民幣市場的投資者能夠將離岸人民幣資金投資於在岸各類資產市場。香港證監會署理行政總裁張灼華指出："RQFII 將會拓寬香港現有產品種類，它提供了新的投資渠道，讓香港的人民幣資金能夠直接投資於內地的 A 股市場和債券市場，進而可為香港的人民幣平台吸引更多的外來投資者和資金。"[19] 滙豐集團經濟研究亞太區聯繫主管屈宏斌則認為："長期而言，人民幣 FDI 渠道的打開將刺激香港離岸人民幣市場產品平台的發展，它將激勵外國投資者在跨境貿易和交易中更多地使用人民幣，最終加速人民幣境內外的流通。"

19 /
張灼華著：〈拓展香港人民幣投資產品市場正當時〉，《中國證券報》，2011 年 9 月 8 日。

目前，人民幣回流機制的建設才剛起步。正如有專家所指出，在人民幣回流機制建設中，最基礎的是利率市場化改革、匯率形成機制的完善和包括股票、債券和衍生品在內的人民幣金融市場的充分發展。目前，中國金融體系還比較脆弱，銀行體系缺乏競爭，股市炒作嚴重。資本項目開放後，金融體系可能難以有效抵禦境外金融市場大幅波動的衝擊。有業內人士擔心，人民幣境外合格機構投資者的資金具有相當高的流動性，它的快進快出可能會加大內地資本市場的流動性風險，也會加大通脹的壓力。因此，人民幣回流機制的建設，在制度安排上只能是循序漸進，逐步開放。在這方面，粵港可聯手"先行先試"，率先探索建立風險可控的人民幣回流機制，為進一步的開放積累經驗。

第四，積極推動深圳前海發展成為人民幣國際化的境內橋頭堡以及香港的後援基地，支持香港人民幣離岸業務中心的發展。

現階段，深圳前海金融發展最大的戰略價值，就是充分發揮前海保稅港和毗鄰香港的優勢，在人民幣國際化過程中發揮積極作用。中國人民銀行副行長杜金富公開表示，人民銀行支持前海金融創新和先行先試，鼓勵前海區域開展境內人民幣"走出去"和境外人民幣"流進來"兩個方向的跨境人民幣業務創新。人民銀行將通過若干人民幣跨境政策的新安排，來促進前海地區現代服務業合作的深化，只要市場需要、風險可控，不與國家既有法律法規相衝突，符合國家宏觀調控政策的各種政策需求和創新，人民銀行都將予以積極支持。對此，深圳有關方面提出了前海與香港合作共同發展人民幣離岸中心、探索資本開放以及在合作區內實施人民幣自由兌換的設想，建議前海與香港金融市場以及全球金融市場實施資金流通自由，不受現有金融政策的管制。

國家開發銀行副行長李吉平亦建議，要建立前海人民幣跨境業務試驗區，嘗試在區域內實現人民幣資本大範圍的開放，要嘗試不斷拓展境外人民幣的投資渠道，吸引境外人民幣在前海建立產業基金和房地產產業的信託資金，先行開展境外人民幣的一些投資試點，嘗試發行境外人民幣的市政債券，探討在前海建立人民幣離岸資產證券化交易。他還建議在前海區域內對境外資本逐步地開放國內金融市場，通過對外合作逐步地完善金融衍生品市場，嘗試逐步開放股票、銀行間的債券、拆借，允許境外期貨通過批准進入前海的金融機構，開展匯率、利率的即期、遠期、掉期等金融產品交易，為境外期貨提供人民幣投資和避險工具，逐步將前海建設成為中國的一個金融衍生品交易中心。李吉平認為，可以研究、借鑒香港模式，在前海成立金融監管局，探索創新金融行業的監管模式，提升監管效率。

換言之，深圳前海地區的金融發展，可以考慮在中國尚未放開資本項目、人民幣尚不能自由兌換的總體宏觀背景下，通過中央政府和人民銀行的政策和制度創新安排，在前海"撕開一道口子"，積極試行人民幣有限度的自由兌換，探索人民幣國際化和資本項目的開放路徑及其風險防範措施，為人民幣國際化積累經驗、探索路徑。當然，亦有業界擔心在前海開放人民幣資本項目所帶來的風險。但是，由於開放是一個逐步的過程，在前海小範圍區域試點，影響有限。另一方面，隨著香港人民幣離岸業務中心的建設、發展，前海亦可擔當香港人民幣離岸業務的後台中心，為香港提供支援服務。目前，一些在港金融機構推出的人民幣產品銷售非常火爆，表明人民幣業務在香港市場非常受歡迎。隨著人民幣投資內地渠道打通，企業在香港進行人民幣籌資或者在港人民幣能夠到內地投資，將極大地刺激港深兩地的金融融合，前海可在這方面發揮積極作用。

第五，處理好香港人民幣離岸業務與上海人民幣在岸業務之間的協議發展和錯位發展。

在 2010 年倫敦金融城金融中心排名中，香港和上海分別排在第 3 和第 6 位，可見兩地自身經濟金融基礎良好。同時，因為兩地背靠的都是中國經濟體，所以對於兩者之間的競爭與合作關係的討論尤為激烈。根據金融中心分工理論，任何一個國家都不局限於一個金融中心，像美國的以紐約為中心，輔之以華盛頓、新澤西、芝加哥相配合的金融中心格局，可見只要明確確定各個金融中心的功能定位，各有側重，上海和香港就可以各施所長，發揮各自的金融中心的功能。此外，香港與上海作為金融中心的輻射範圍也不同，一個主要以珠三角經濟圈為腹地，一個主要以長三角經濟圈為腹地，兩個金融中心的相互配合才可以最大程度的支持中國經濟的全面發展。正如香港交易所總裁李小加所說："香港和上海兩個金融中心的關係，10% 是競爭，20% 是合作，70% 至 80% 是要把各自的市場做好"。

香港應發揮聯繫內地與國際市場的橋樑作用，一方面通過建立香港人民幣離岸市場吸引境外投資，將海外資金轉投內地，另一方面通過建立亞洲資產管理中心，為內地企業走向國際、中國儲蓄投資海外創造平台。通過與廣東的密切合作，打造大珠三角金融中心，最終樹立亞洲國際金融中心的 "龍頭地位"。而上海應首先實現確立全國的金融中心的地位，在上海建成規範、高效、具有國際影響力的資本市場體系，使其成為中國金融資產的定價中心、市場交易規則的形成中心、國內資金集散中心和信息集散中心，並逐步發展為國際金融中心。

第十章

第三次轉型：
鞏固提升
三大中心
戰略地位

| 第一節 | **鞏固、提升國際貿易中心及物流樞紐地位**

一、香港貿易及物流業發展的比較優勢與不足

　　長期以來，香港一直是亞太地區最著名的自由港和貿易轉口港。香港的區位條件極佳，背靠經濟快速增長的中國內地，位居亞洲太平洋的要衝，是日本東北亞和東南亞諸國的航運要道樞紐，擁有全球第三大天然良港──維多利亞海港和良好的基礎設施。香港是一個信息高度發達的國際大都會，擁有自由開放的市場經濟，加上長期實行的簡單且低稅率的稅制和健全的法律制度，這些都為企業家和商人提供了得天獨厚的營商環境。香港的貿易地位長期位居全球前列，目前是全球第 9 大貿易經濟體。香港共擁有逾 10 萬家貿易公司，匯集了各類採購公司、貨運代理商和貿易融資專材，組成了全球最龐大、技術最先進的專業隊伍，其市場網絡已伸延全球逾 150 個國家和地區。

　　正是基於這些地理、歷史、經濟及制度上的優勢，香港在可預見的將來以及未來相當長時期內，將會繼續是亞太區著名的國際貿易中心、航運中心、航空中心和物流樞紐。貿易及物流產業將是香港最主要的支柱產業之一，目前則是香港最大的產業。然而，也應該看到，一些不利的因素正在影響香港國際貿易中心的地位，這些因素包括：香港產業的“空心化”；港資企業在廣東珠三角地區的製造業正在向外遷移或向越南等東南亞地區轉移；香港的轉口貿易正向離岸貿易轉變；香港本土的貿易、物流成本持續上升，等等。最明顯的例子是，自 2005 年起，香港失去了保持多年的世界吞吐量最大集裝箱港的地位，取而代之的是新加坡；2007 年香港進一步被上海超越。目前，香港集裝箱港的地位已跌至第 3 位，居於上海、新加坡之後，而深圳則緊隨其後排第 4 位。隨著生產基地的再轉移和內地港口的興起，香港轉口港地位的重要性已相對下降。

　　從統計數據看，香港的貿易及物流產業儘管仍然是香港經濟的最大

產業，但其在香港本地生產總值中所佔比重已從 2005 年的 28.6% 下降至
2011 年的 25.3%；就業人數從 2007 年的 93.62 萬下降至 2011 年的 77.44 萬
人，所佔就業總人數的比重從 2005 年的 24.7% 下降至 2011 年的 21.6%。
貿易產業中，進出口貿易業的增加值和就業人數儘管仍在持續增加，但其
在香港本地生產總值和就業總人數中所佔比重卻現輕微下跌的趨勢，反映
出香港進出口貿易業正受到中國內地日趨蓬勃發展的同業的激烈競爭的客
觀現實。同時，隨著越來越多客戶與生產商直接洽談業務，以及香港離岸
貿易的迅速崛起，香港貿易中介地位受到削弱，香港貿易公司的營商環境
日見困難。2010 年，商貿服務的毛利比率[1]僅 6.1%，低於 2009 年的 6.9%
及 2004 年的 8.6%，反映利潤不斷收縮的趨勢。[2]

二、 鞏固、提升香港作為國際貿易中心及物流樞紐地位的基本策略

因此，有必要進一步鞏固、提升貿易及物流產業的國際競爭力，進而
鞏固、提升香港作為國際貿易中心及物流樞紐的戰略地位。當前需重視的
主要有以下幾方面：

第一，鞏固美歐等傳統市場，積極拓展亞洲市場特別是中國內地市
場，發展離岸貿易。

鞏固美歐等傳統市場對於香港維持、鞏固其國際貿易中心的地位具有
極端的重要性。目前，美國是香港的第二大出口市場和第五大進口產品來
源地。2012 年，香港對美國出口總額達 433.98 億美元，同比增長 2%，其
中，香港對美國轉口總額達 425.31 億美元，同比增長 3%；香港從美國進
口總額為 262.13 億美元，同比減少 3%，其中來自美國的轉口為 140.36 億
美元，同比減少 2%。香港對美國的貿易總額為 696.11 億美元，佔香港對
外貿易總額的 7.39%。同期，香港對歐盟出口總額為 426.77 億美元，同比
下降 7%；其中，香港對歐盟轉口為 423.00 億美元，同比下降 7%；香港
從歐盟進口總額為 391.63 億美元，同比增長 1%，其中來自歐盟的轉口為
209.83 億美元。香港對歐盟的貿易總額為 818.39 億美元，佔香港對外貿易
總額的 8.69%。換言之，香港對美歐市場的貿易總額為 1,514.50 億美元，
合共約佔香港對外貿易總額的 16.08%，其中轉口貿易額達 1,198.50 億美
元，佔美歐市場貿易總額的 79.14%。這些轉口貿易大都與亞洲特別是中
國內地市場有關。因此，香港對美歐的貿易直接或間接地會影響到其作為

1 /
"毛利比率" 是指從商貿
服務賺取的毛利佔所涉
貨物銷售價值的百分比。

2 /
香港貿易發展局：《香港
進出口貿易業概況》，
2012 年 5 月 9 日。

亞太區貿易中心的地位。

2010 年 1 月 27 日，美國總統奧巴馬發表首份國情咨文，宣佈推出國家出口振興計劃，目標是在未來 5 年把美國出口增加 1 倍。這是美國首次推行的跨部門出口促進策略，得到美國政府的高度重視。美國還表示將嚴厲執行傾銷法例。2011 年 1 月，美國消費品安全委員會在北京設立首個海外辦事處，藉此進一步改善內地生產商以及出口商遵守美國產品安全標準的情況。[3] 2011 年 5 月，美國政府修訂《消費品安全改進法》並於同年 8 月 12 日簽署成為法例，進一步收緊進口產品的安全標準。目前，歐盟已對內地一些產品實施反傾銷措施，包括兩輪腳踏車、緊固件、熨衣板和鞍座等，這些產品均涉及香港的利益。2012 年 8 月和 2013 年 1 月，歐盟先後實施修訂後的《電器及電子設備廢料指令》（WEEE 指令）和《限制有害物質指令》（RoHS 指令）。[4] 香港特區政府和港商必須研究和適應這些新變化，否則將會影響香港對美歐等傳統市場的貿易。

2008 年全球金融危機後，世界經濟重心進一步由西方向東方轉移，很多亞洲國家的經濟及貿易發展均錄得強勁增長。據統計，2001 年至 2011 年的 10 年間，發達經濟體佔全球 GDP 的比重從 62.3% 降至 51.1%，而亞洲發展中經濟體佔全球 GDP 的比重則由 15.7% 增加至 25%，其中中國佔全球 GDP 的比重達 14.3%，相當於亞洲發展中經濟體總 GDP 一半以上。2005 至 2011 年，發達經濟體佔全球產品及服務出口的比重從 68.9% 降至 62.3%，亞洲發展中經濟體所佔比重則由 12.1% 上升至 16.1%。[5] 因此，越來越多發達經濟體系的公司把亞洲視為出口市場。世貿組織的數

3 /
陳永健著：《美國市場概況》，香港貿易發展局，2013 年 5 月 8 日。

4 /
陳永健著：《歐盟市場概況》，香港貿易發展局，2013 年 5 月 13 日。

5 /
何達權著：《亞洲：從生產基地到多元化消費市場》，香港貿易發展局，2012 年 12 月 7 日。

註 /
AUS ＝澳大利亞，JPN ＝日本，KOR ＝韓國，IND ＝印度，IDN ＝印尼，MYS ＝馬來西亞，PHL ＝菲律賓，THA ＝泰國，VNM ＝越南。

資料來源 /
何達權著：《亞洲：從生產基地到多元化消費市場》，香港貿易發展局，2012 年 12 月 7 日。

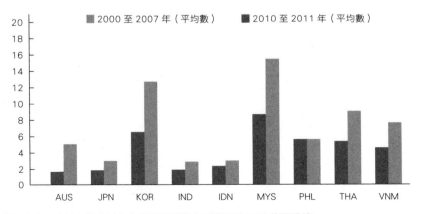

圖 10-1　2000 至 2011 年亞洲各國對中國出口佔 GDP 的百分比

據顯示，2010 年北美對亞洲的出口增長 27%，而對歐洲的出口僅增加 13%；同期，歐洲對亞洲的出口上升 22%，遠高於對北美 13% 的出口增長。這一時期，亞洲各國簽訂了多項自由貿易協定，包括 2010 年中國—東盟自由貿易區完成關稅撤銷安排，令亞洲區內貿易更趨蓬勃。在截至 2010 年為止的 5 年內，亞洲各國區內出口的年均增長達 12%，對歐洲及北美的出口增長分別僅為 10% 及 6%。其中，亞洲各國對中國的出口有增無減（圖 10-1）。因此，香港要順應潮流，積極拓展亞洲區內貿易，特別要重視拓展中國內地市場，包括轉口貿易和離岸貿易。目前，香港仍然是內地最重要的轉口港。2012 年，香港有 62% 的轉口貨物原產地為內地，而有 54% 則以內地為目的地。據中國海關統計，香港是內地繼美國之後的第 2 大貿易夥伴，2012 年佔貿易總額的 8.8%。

隨著香港轉口貿易向離岸貿易的轉變，香港貿易公司進行離岸採購貨品再在國際市場銷售的趨勢，正與日俱增。由於香港擁有鄰近內地的地理優勢，加上香港的生產基地已北移，尤其是遷往珠江三角洲地區，因此內地是香港大部分離岸貿易的來源。隨著香港生產商將生產活動分散至其他低成本國家，預料離岸貿易的模式亦會追隨這個趨勢發展。香港特區政府和港商應重視和積極發展離岸貿易，鞏固香港作為亞太區貿易樞紐的戰略地位。

第二，鞏固和提升香港作為亞太區航運中心和航空貨運中心的戰略地位。

2008 年全球金融危機以來，世界經濟增長放緩，歐洲主權債務危機持續，對國際航運業造成嚴重打擊。2011 年 11 月，在香港舉辦的首屆亞洲物流及航運會議中，參加的業界領袖、船東、管理人員、銀行家、律師、保險承保人和港口營運商對國際航運前景大多持悲觀態度。香港的航運業亦面對同樣的困境，香港作為全球最繁忙港口的地位亦先後被上海和新加坡超越。有評論表示，香港航運業已失去競爭力，新加坡和內地的航運業的迅速發展，令香港的國際航運中心地位蒙上陰影。不過，香港仍然擁有多種優勢令其能夠繼續保持國際航運中心的地位。由於歷史和地理因素，香港航運集群基礎雄厚，航運服務專才匯集。目前，香港已形成一個包括船東、船舶代理及管理人、船公司，以及提供融資、法律、保險、管理及營運服務等多種機構的航運集群，涉及的業務包括訂購和建造船舶、安排簽約、融資、評級、管理及租貸、貨物及船舶（或其建造）保險，以及解決糾紛等。2012 年，香港提供跨境航運服務的機構達 456 家，從事跨境航運的人數約 1.5 萬人。

1997 年以來，香港註冊的船舶總噸位數增長了 12 倍，至 2011 年達 7,000 萬噸，在全球排名第 4，僅次於巴拿馬、利比利亞和馬紹爾群島；其中的重要原因是來自中國內地的船東崛起。從發展趨勢看，香港作為國際航運中心的地位有利於中國內地航運業的發展，對有意跨境發出訂單的內地船東來說，香港可以作為平台，提供造船融資、法律及簽訂合同，以及保險等服務；對在港註冊的內地船舶來說，香港可以進一步提供船舶租賃、經紀、管理、營運服務、船舶和貨物保險，以及海事仲裁和訴訟服務。[6] 因此，國家發展改革委員會在制定《全國沿海港口佈局規劃》、《珠江三角洲地區港口建設規劃》等過程中，支持香港國際航運中心與內地港口協調發展，形成了以香港為中心、內地港口為補充、兩地港口共同發展的格局。有鑒於此，香港特區政府現正研究在青衣西南部興建十號貨櫃碼頭的可行性，並展開《香港港口發展策略 2030 研究》的研究，配合未來發展。

2008 年全球金融危機亦對香港的國際航空貨運業造成嚴重打擊。香港的航空貨運量先後於 2008 年和 2009 年出現負增長。2008 年 3 月，國泰航空獲批合約興建和營運香港第三個空運貨站，面積 10 公頃。但是由於全球貨運量在 2009 年銳減，建造工程被迫一度暫停。不過，隨著香港對外貿易的轉型，航空貨運對香港的貿易越來越重要。2011 年，香港 33.5% 總出口及 39.0% 進口是以航空運送，比 1980 年的 26% 及 19% 分別提高了 7.5 及 20 個百分點。其中的重要原因是香港作為自由港，清關手續簡便，加上機場 24 小時運作，付運中國內地的產品通過香港循陸路運往內地十分方便。香港空運出口的產品主要包括電子產品及零部件、電訊設備、服裝及配飾、珠寶（製成品及半製成品）、鐘錶及眼鏡等；空運進口產品主要包括電子產品及零部件、電訊設備、珠寶（製成品及半製成品）、鐘錶、玩具及運動用品等。香港的空運貿易中，內地、美國及印度是最大的出口市場，新加坡、內地及日本則是香港空運進口的最大來源地。[7]

根據中國民用航空局的預測，由現在至 2020 年，內地航空客運量將以每年 11.4% 的速度增長；到 2025 年，中國內地將成為全球最大的空運市場。為了爭奪這一快速增長的市場，2009 年 2 月美國聯邦快遞（Fedex）設於廣州白雲國際機場的亞太區轉運中心啟用，成為該公司在美國以外

6 /
香港貿易發展局：《香港航運業：無懼風浪》，2012 年 4 月 16 日。

7 /
袁淑妍著：《香港航空運輸業概況》，香港貿易發展局，2012 年 3 月 27 日。

最大的物流中心，運作初期每小時可處理多達 24,000 個包裹；2010 年 5 月聯合包裹運送服務公司（UPS）位於深圳的亞太轉運中心開幕，每小時能處理 18,000 件貨物，面積較位於菲律賓的舊設施大 1.4 倍。2011 年 12 月，香港與台灣簽署《新航空運輸協議》，規定雙方每周客運量從 170 班增至 205 班；貨運量擴大 70%，由 1,700 公噸增至 3,000 公噸。受惠於內地航空貨運市場的增長，香港有機會鞏固和提升其作為國際及區內首要航空中心的地位。據估計，隨著香港國際機場客貨運量的增長，預料現有兩條跑道的容量到 2020 年將告飽和。因此，目前香港機場管理局正展開建設第三條跑道的前期研究。

第三，進一步提升香港作為全球供應鏈管理中心和亞洲區域配送中心的戰略地位。

近年來，隨著越來越多客戶與生產商直接洽談業務，香港貿易公司的營商環境日見困難。2004 年，香港的商貿服務的毛利比率為 8.6%，到 2009 年下降到 6.9%，2010 年進一步下降到 6.1%，反映貿易公司利潤的不斷收縮。不過，面對香港貿易中介地位的削弱，越來越多的香港貿易商一方面積極尋找更具競爭力的貨源，另一方面提供更多增值服務，如協助海外客戶檢驗廠商生產的產品，確保產品符合標準，監督生產日程，保證準時交貨。當海外買家的訂單激增或需要迅速交貨，港商更協助買家統籌生產活動。

根據香港貿易發展局的研究，目前香港的貨運及倉庫服務行業正受到全球多個發展趨勢的影響，包括供應鏈全球化、度身訂造服務普及化、產品周期縮短、降低存貨和快速回應要求等。面對這些趨勢，越來越多企業認為有需要尋求外界幫助，以優化其供應鏈管理，因此第三方及第四方物流服務供應商遂應運而生。[8] 這種發展趨勢正推動著香港貿易商的轉型。據了解，過去香港的貿易商主要是那些"左手交右手"的貿易商。這些公司採購時通常在內地或香港尋找貨品，然後主要運往海外市場，在整個過程中沒有提供多大增值。他們的競爭優勢，在於得到供應商提供低成本的貨品，以及對區內的貨源瞭如指掌。其後，隨著貿易形勢發展的需要，越來越多的貿易公司開始提供若干增值服務，如為供應商採購原材料，並提供融資，有的則與多家工廠建立外判關係，並對這些工廠的生產管理，特別是品質控制進行監管。其中，更有一部分貿易商提供全球供應鏈管理服務，包括選擇生產商和供應商、融資、產品設計、生產管理，直至出口、

8 /
袁淑妍著：《香港貨運代理業概況》，香港貿易發展局，2012 年 8 月 12 日。

9 /
馮邦彥著:《百年利豐:
跨國集團亞洲再出發》,
三聯書店(香港)有限公
司,2012 年,第 216-
242 頁。

10 /
何達權著:《香港作為亞
洲具競爭力的區域配送
中心:市場現況》,香港
貿易發展局,2013 年 9
月 6 日。

11 /
何達權著:《香港作為亞
洲區域配送中心:觀感
與實況》,香港貿易發展
局,2013 年 11 月 22
日。

12 /
何達權著:《香港作為亞
洲區域配送中心 — 相對
排名》,香港貿易發展
局,2013 年 11 月 22
日。

銷售。其中的典型就是香港的利豐集團。[9] 特區政府和香港業界應積極推動這一轉變,致力將香港發展成為全球供應鏈管理中心。

與此同時,香港可發展為亞太區具競爭力的配送中心。根據香港貿易發展局的研究,區域配送中心的定義是,把製成品或零部件配送至亞洲兩個或以上國家或經濟體位於亞洲的設施,而且區域配送中心往往提供增值服務,為貨物作好準備在市場分銷。常見的增值服務包括儲存、包裝及再包裝、標籤及再標籤、品質檢查、文件處理及清關、合規管理及修改等。[10] 根據香港貿易發展局的統計,2010 年,香港區域配送中心業務的增加值為 223.62 億港元,就業人數為 3.8 萬人,分別佔香港物流業增加值的 27.5% 和就業總人口的 27.8%,佔香港 GDP 的 1.3% 和就業總人口的 1.1%。[11] 據調查,香港作為區域配送中心的比較優勢,在於其區位、法律制度、基建設施、交通連繫性 / 連接性,以及操作靈活性和支援服務;而其弱勢主要是高成本,包括高土地及租金成本、勞力成本及營運成本。但根據香港貿易發展局的調查研究結論,高價值產品的貨主認為香港是最具競爭力的區域配送中心所在地;而貨物有 50% 或以上進出中國內地的營運商也認為,香港是最佳的區域配送中心所在地。大致上,香港與新加坡均比上海與深圳更具競爭力。雖然新加坡看起來更勝一籌(整體評分較高,惟有關差距在統計上不大重要),但香港在多項競爭力考慮因素中都較為優勝;而香港則是 4 個城市中成本最高的城市。[12]

| 第二節 | 鞏固、提升世界旅遊中心的戰略地位

一、香港旅遊及相關產業發展的比較優勢與不足

　　香港旅遊業，是從 20 世紀 60 至 70 年代起步發展的。80 至 90 年代，香港發展成為亞太區著名的貿易中心、航運中心、航空中心和金融中心，推動了旅遊業迅速發展。憑藉著"自由港"及低稅制的優勢，以及迷人的維多利亞海港景色、風貌多樣的名勝景點、郊野景致、購物及美食、位居亞太地區中心及國際交通樞紐地位、完美的酒店設施和優質的服務、高效便捷的航運交通、旅遊業的綜合意識和教育成就，以及殖民地色彩和中西文化交匯的獨特都會文化，都令香港發展成為亞太區著名的旅遊中心，享有"東方之珠"和"購物天堂"的盛譽。

　　回歸以後，由於先後受到 1997 年亞洲金融危機、2001 年美國"9·11"事件以及 2003 年"非典"疫情的影響，香港旅遊業一度受到嚴重衝擊。1997 年，香港旅遊業增加值為 335 億港元，到 1998 年大幅下降到 252 億港元，其後雖然有所恢復，但 2003 年又下降至 275 億港元。2003 年 7 月 28 日，為了使香港能夠早日從"非典"的陰影中走出來，中央政府宣佈實施內地居民赴港澳"自由行"政策，規定廣東省的中山、東莞、江門和佛山四市居民可以個人身分辦理"自由行"簽證，自由來往港澳地區。同年 9 月，"自由行"範圍擴大到北京、上海、廣州、深圳、珠海等市。其後，更擴大至全國內地 49 個城市，涵蓋內地約 2.6 億居民。

　　在"自由行"政策推動下，香港旅遊業迅速復蘇並取得了快速的發展。據統計，1997 年，訪港旅客人數為 1,127.3 萬人次，到 2012 年增加到 4,861.5 萬人次，15 年間增長了 3.31 倍；與入境旅遊相關的消費總額亦從 1998 年 568.31 億港元增加到 2012 年的 2,965.64 億港元，14 年間增長了 4.22 倍。同期，內地旅客的人數從 236.4 萬人次增加到 3,491.1 萬人次，15 年間大幅增長了 12.25 倍；內地旅客佔訪港旅客總人數的比重從 21.0%

上升到 71.8%。與此形成鮮明反差的是，這一時期來自台灣的訪港旅客人數一直徘徊在 200 萬人次左右，其佔訪港旅客總人數的比重從 1997 年的 17.0% 下降至 2012 年的 4.3%；同期，來自歐美等其他地區的訪港旅客人數雖然從 698.9 萬人次增加到 1,161.5 萬人次，15 年間增長了 66.19%，但其佔訪港旅客總人數的比重則從 62.0% 大幅下降至 23.9%（表 10-1）。由此可見，這一時期香港的旅遊業主要是由內地遊客帶動的。

表 10-1　1997 年以來訪港旅客人數及消費（單位：千人次）

資料來源 /
香港特區政府統計處：
《香港統計年鑒》，歷年；香港旅遊發展局：
《與入境旅遊相關的消費》，歷年。

年份	訪港旅客總人數	中國內地旅客數	中國台灣旅客數	其他地區旅客數	與入境旅遊相關的總消費（億港元）
1997	11,273（100.0）	2,364（21.0）	1,920（17.0）	6,989（62.0）	N.A.
1998	10,160（100.0）	2,672（26.3）	1,886（18.6）	5,602（55.1）	568.31
1999	11,328（100.0）	3,206（28.3）	2,063（18.2）	6,059（53.5）	569.91
2000	13,059（100.0）	3,786（29.0）	2,386（18.3）	6,887（52.7）	639.15
2001	13,725（100.0）	4,449（32.4）	2,418（17.6）	6,858（50.0）	617.97
2002	16,566（100.0）	6,825（41.2）	2,429（14.7）	7,312（44.1）	768.21
2003	15,536（100.0）	8,467（54.5）	1,852（11.9）	5,217（33.6）	702.35
2004	21,810（100.0）	12,246（56.2）	2,075（9.5）	7,489（34.3）	926.16
2005	23,359（100.0）	12,541（53.7）	2,131（9.1）	8,687（37.2）	1,059.86
2006	25,251（100.0）	13,591（53.8）	2,177（8.6）	9,483（37.6）	1,207.15
2007	28,169（100.0）	15,486（55.0）	2,238（7.9）	10,445（37.1）	1,422.50
2008	29,507（100.0）	16,862（57.1）	2,240（7.6）	10,405（35.3）	1,578.36
2009	29,591（100.0）	17,957（60.7）	2,010（6.8）	9,624（32.5）	1,582.75
2010	36,030（100.0）	22,684（63.0）	2,165（6.1）	11,181（31.0）	2,122.24
2011	41,921（100.0）	28,100（67.0）	2,149（5.1）	11,732（28.0）	2,631.43
2012	48,615（100.0）	34,911（71.8））	2,089（4.3）	11,615（23.9）	2,965.64

在內地居民赴港"自由行"的帶動下，旅遊業及其相關行業成為香港四大支柱產業之一。據統計，2011 年，旅遊業增加值達 862 億港元，比1998 年大幅增長 2.42 倍，旅遊業佔香港本地生產總值的比重從 1998 年的2.2% 上升至 2011 年的 4.5%。同期，旅遊業就業人數從 9.58 萬人增加到23.59 萬人，佔香港就業總人數的比重從 2.2% 上升到 6.6%。旅遊業的蓬勃發展不僅促進了餐飲、酒店、交通、零售業的發展，還帶動了房地產、股市、銀行、公用事業等相關行業的發展。據世界旅行及旅遊理事會的估計，2011 年旅遊業對香港經濟的直接及間接貢獻，約佔本地生產總值15.2%；香港從事旅遊業及相關行業的就業人口逾 4.63 萬人，佔香港總就業人口的 12.8%。香港旅遊發展局主席田北俊指出，在香港 300 多萬就業人口當中，從事旅遊及相關產業的約 50 萬人，旅遊業為解決香港的就業問題發揮了重要作用。

2012 年，國際旅遊網站 Trip Advisor 根據數以百萬計用戶的投票，已將香港評選為亞洲第 1 位及全球第 10 位好去處；[13] 同年，由萬事達卡公佈的 2012 年全球最佳旅遊城市報告中，香港在全球 132 座城市中排名第6。[14] 根據香港旅遊發展局的預測，未來 10 年，訪港旅客人數可能達到8,000 萬至 1 億人次。因此，在香港第三次產業轉型中，旅遊業將是香港經濟中越來越重要的支柱產業之一。不過，當前香港旅遊業的發展，仍然存在不少障礙和問題，特別是近年來香港經營成本大幅上漲，租金、地價高企，增加了各行業的經營成本，直接造成了物價的高漲，直接或間接地影響了香港作為"購物天堂"的地位。

二、鞏固和提升香港作為世界旅遊中心和購物天堂地位的基本策略

根據上述分析，香港旅遊業的發展戰略和定位，是要致力發展成為全球首屈一指的旅遊勝地，鞏固和提升香港作為世界旅遊中心和購物天堂的地位。為實現這一戰略目標，香港旅遊業的發展必須重視以下幾個方面的問題：

第一，積極拓展旅遊資源，開發新的人文景觀，加強旅遊業基礎設施建設，進一步強化對國際遊客的吸引力。

作為世界級的旅遊中心，香港的弱點是地域狹窄，旅遊資源不足，

13 /
參閱〈港躋亞洲最佳去處〉，《星島日報》，2012 年 1 月 25 日。

14 /
參閱〈全球最佳旅遊城市香港第六〉，《明報》，2012 年 6 月 12 日。

接待能力有限，基礎設施發展相對滯後。香港應利用其雄厚的資金、優秀的設計策劃人才，積極拓展旅遊資源，開發新的人文景觀，彌補名勝古蹟的缺乏，使香港的旅遊景點更趨多元化。事實上，回歸以來，香港也一直致力於這方面的發展，如 2004 年尖沙咀星光大道海濱長廊建成；2005 年位於大嶼山的香港迪士尼公園首期完成並投入營運，海洋公園重新發展計劃和山頂改善工程啓動；2006 年香港濕地公園和昂坪 360 正式開放，新界東北部旅遊發展計劃動工，等等。為了強化旅遊資源的協同發展，2012年 11 月，香港旅遊同業組織——遊樂園及景點協會正式成立。協會由香港九大旅遊景點攜手創立，包括香港海洋公園、香港迪士尼樂園、諾亞方舟主題公園、香港杜莎夫人蠟像館、亞洲國際博覽館、昂坪 360、天際100 觀景台、山頂纜車及凌霄閣等。該協會以連結香港各旅遊景點及主題公園為宗旨，注重加強會員與廠商、供應商的聯繫交流，以期創造更佳經濟效益。

香港應在此基礎上，根據世界旅遊中心的戰略定位，從長遠規劃著眼發展和加強旅遊業的基礎設施建設，切實改善香港旅遊業發展基礎設施和基本條件。要以政府為主導有序推動促進香港旅遊業長遠發展的交通基礎設施、旅遊設施、大型新興景點和酒店等硬件建設，打造一批能引領時尚和滿足高端消費需求的旅遊項目和活動；切實改善購物環境狹窄、交通擁堵、中低端酒店不足、營商成本高企等根本問題，維護香港“購物天堂”美譽，從而不斷增強香港作為世界級旅遊目的地的多元特色和吸引力。在這方面，香港應借鑒鄰近地區如新加坡的經驗。新加坡與香港一樣，也是地域狹窄，旅遊資源不足。但近年來，新加坡就耗巨資建設“名勝世界”旅遊區、濱海灣郵輪中心和新加坡郵輪中心等，大大加強了對國際遊客的吸引力。

2013 年，香港啓德郵輪碼頭首個泊位已經落成啓用，第二個泊位預計將於 2015 年落成啓用。新郵輪碼頭及其旅遊配套設施的發展，可參照尖沙咀的商業模式，打造商業購物與休閑旅遊於一體的旅遊集散中心，配合觀塘、九龍灣區不斷新增的甲級寫字樓，有望帶動整個東九龍實現轉型，成為香港全新旅遊商業地標。香港政府應該加強整個郵輪碼頭旅遊區的規劃建設，以此帶動整個區域實現“華麗的轉身”，從而提高香港旅遊業的接待能力。此外，香港政府還應加快香港仔旅遊發展項目、尖沙咀露天廣場等發展項目的規劃建設，加快對舊城區的改造，使“東方之珠”更具魅力。

第二，大力發展商務旅遊、會展旅遊等高端旅遊，積極拓展海外市場尤其是長途市場客源，致力發展為世界級的商務和度假旅遊目的地。

相較周邊國家和地區旅遊業的快速發展，香港旅遊業近年來過於依賴內地優勢，對海外市場尤其是長途客源市場開拓不夠進取，高端旅遊增長乏力，長遠發展存在很多隱憂，後繼乏力。這一時期，由於香港實行聯繫匯率制度，港元比價相對堅挺，而其他亞洲地區特別是東南亞地區的貨幣相對疲軟，使香港的相對消費指數過高，直接影響了訪客的數量及其消費意願，成為影響香港旅遊業發展的一個重要原因，導致香港旅遊市場發展的嚴重不平衡。

從長遠發展戰略來看，香港應大力發展商務旅遊、會展旅遊等高端旅遊，積極拓展海外市場尤其是長途市場客源。香港背靠內地，尤其是珠江三角洲地區，面向世界，最有條件發展成為前特首董建華所說的"亞洲的國際都會和中國的主要城市"。隨著全球經濟一體化和中國加入WTO，香港的中介地位在中短期內不但不會減弱，而且會進一步加強。香港將繼續成為中國通往國際的平台，同時亦成為外國企業進入中國內地市場的跳板。目前，香港已成為跨國企業設立亞洲地區總部的首選城市。因此，在這種宏觀經濟背景下，來港的商務、會展旅客將持續增加。香港特區政府和旅遊界應高度重視商務旅遊、會展旅遊的發展，致力將香港發展為世界級的商務和度假旅遊目的地。

第三，大力整頓旅遊市場秩序，規範旅遊業的發展，加強對旅遊業發展的監管和對外形象宣傳。

回歸以來，隨著旅遊業的快速發展，旅遊市場秩序混亂、業界自律不足、發展不規範、監管不力的事件不時發生，已經嚴重損害了香港作為世界旅遊中心的聲譽。如2010年5月，香港導游強逼遊客購物間接導致內地遊客、前乒乓球國手陳佑銘失救死亡事件；同年7月，在互聯網上廣泛流傳著一段香港導游在旅遊巴士上強逼遊客購物的片段等，香港旅遊業議會認為這些事件都嚴重損壞了香港旅遊業的形象；有立法會議員認為，事件顯示香港旅遊業議會無能力監管香港旅行社，業界自律機制並不可行，並建議應由香港政府直接監管。香港特區政府和旅遊業界應高度重視這些事件對香港造成的長遠影響，高度重視旅遊業健康發展的制度環境建設，進一步加強政府對旅遊業發展的宏觀調控能力，進一步理順和解決阻礙香港旅遊業長遠發展的體制機制障礙；要全面推動旅遊業整體規劃和旅遊法規體系的制定，加大對業界的監管力度，淨化環境和市場秩序，提升遊客與市民對旅遊業的滿意度，提升香港旅遊業發展的軟實力，為香港旅遊業實現更大突破提供良好的體制機制保障。

目前，香港旅遊發展局是特區政府中專責在世界各地宣傳和推廣香港作為商務及消閑旅遊目的地的法定機構。其前身是香港旅遊協會，2001年4月1日根據《香港旅遊發展局條例》進行改組並易名而成。其主要任務，是向世界各國遊客宣傳，吸引他們到香港旅遊，並透過提高設備及服務水平，令旅客在香港有更好的旅遊體驗。香港旅遊發展局應加強香港旅遊業和香港形象的對外宣傳。目前，香港所處的亞太地區旅遊業競爭異常激烈。香港的主要競爭對手如新加坡、泰國、馬來西亞及韓國等，近年來紛紛加大促銷力度，爭奪客源市場。因此，香港旅遊發展局及業界要密切注視國際市場的變化並研究主要競爭對手的發展策略和促銷手法，因時制宜地調整具體措施；針對主要旅遊市場，包括內地、台灣、東南亞、北亞、歐洲、北美等地區，須加大宣傳推廣力度，努力擴大海外旅遊市場，推動香港旅遊業的發展。

第四，加強粵港澳旅遊業的合作與錯位發展，共同建設"世界級旅遊休閑中心"。

CEPA及其補充協議中涉及旅遊措施的貫徹落實，為香港旅遊業與澳門、中國內地的合作提供了更廣泛的空間。目前，內地和香港已形成全球最大雙向客源市場，內地先後開放49個城市居民赴港"自由行"，香港在內地旅遊投資總額約200億美元，設立旅遊企業約3,000家，兩地雙向旅遊市場規模超過1億人次，在CEPA及補充協定中先後簽署超過20項旅遊合作措施，並建立定期旅遊工作磋商等長效機制。2015年，香港通往中國內地28座主要城市的廣深港高速鐵路香港段將會啟用；2016年，連接珠江東西兩岸的港珠澳大橋將落成啟用。這些都為粵港澳三地旅遊業的合作奠定了堅實的基礎。

從粵港澳三地的旅遊資源來看，香港作為亞太區的國際大都會，匯集了中西文化精粹，充滿現代化城市的活力，素以"東方之珠"、"魅力之都"、"動感之都"稱譽世界。澳門則兼容中國傳統及葡萄牙文化，瀰漫著獨特的歐陸風情，是世界三大賭城之一，被譽為"東方蒙地卡羅"。2002年開放博彩專營權以來，澳門的博彩業發展超過美國拉斯維加斯，澳門的長遠戰略目標是要發展成為"世界旅遊休閑中心"。至於歷史文化悠久的廣東省，是中國近代史的發源地，也是中國現代經濟發展最迅速的地區。目前，廣東共有 7 個國家級歷史名城、3 個國家級和 34 個省級風景區、29 個高爾夫球場和約 2,000 個旅遊景點。這些景點促進了整片旅遊區的發展，形成了規模效應和品牌效應。正基於此，國家旅遊局在"十二五"旅遊規劃中，明確提出打造"粵港澳旅遊金三角"的戰略目標。因此，香港特區政府和旅遊業界應高度重視加強與澳門、廣東三地旅遊業的合作的錯位發展，積極"支持雙方旅遊企業拓寬合作範疇"、"聯合推廣一程多站旅遊綫路"、"強化無障礙旅遊區域建設"、"研究互為雙方居民提供旅遊通關、交通、支付等便利措施"、"建立旅遊市場監管和投訴處理協調機制"和"共同編制旅遊合作規劃"，從而共同建設一個世界級的旅遊休閑目的地。

| 第三節 | **鞏固、提升國際創意產業及科技創新的戰略地位**

一、香港創意及科技創新產業發展的比較優勢與不足

其實，早在 20 世紀 90 年代，香港社會就有不少有識之士提出香港要發展科技創新產業，以改變香港經濟結構過分依賴地產、金融業的狀況。回歸前，港英政府在這方面已做了一些工作，1996 年末任港督彭定康在施政報告中承諾："我們會支持興建第 4 個工業村的計劃，以及研究科學園的財政和各項籌檢安排"。港英政府更就香港科學園的發展項目展開了前期研究。回歸後，尤其是亞洲金融風暴後，香港經濟所受到的重創在在凸顯了產業轉型的重要性，加上當時美國以資訊科技革命為特徵的"新經濟"浪潮迅速席捲全球，以知識為本的理念漸成潮流，以董建華為首的特區政府於是改變政策重點，積極推動香港高科技產業的發展。

1997 年 10 月，行政長官董建華在他的首份施政報告中表示："我的目標，是要使香港成為一個產品發明中心，而且服務對象不只是本地，更是華南和整個亞太地區。"他宣佈成立策略發展委員會和創新科技委員會，以便就香港的長遠發展需要和目標，及香港高科技產業的發展，向政府提供意見。1998 年 10 月，董建華在第二份施政報告中表示，政府的目標是致力將香港建設成發展及運用資訊科技的全球首要城市，尤其是在電子商業和軟件開發上處於領導地位；世界一流的設計和時裝中心；亞洲的多媒體資訊及娛樂中心；將中藥研製成健康食品及藥物的國際中藥中心；全球主要高增值產品和零件供應中心，範圍集中於目前香港已經享有優勢的行業；亞洲的專業與科技人才及服務中心；促進中國內地和世界各國進行技術轉移的最佳市場等。為實現這些目標，他在施政報告中提出一系列落實措施，包括斥資 33 億港元在大埔白石角興建科學園第 1 期；向應用基金注資 7.5 億港元並設立應用科技研究院；撥款 50 億港元設立創新及

技術基金；研究成立中醫藥科研中心，集中進行應用研究以促進中藥商品化等。

　　2000 年 2 月，由董建華出任主席的策略發展委員會發表題為《共瞻遠景，齊創未來》的研究報告。該報告指出，香港要在未來 30 年內發展成為亞洲的首要國際都會和中國的主要城市，有 7 個行業和領域是關鍵所在，其中包括創新和科技。[15] 報告認為，香港面對的最大困難，是香港進行科技研究的基礎仍較薄弱。香港要發展成為創新及科技中心，應繼續在多媒體、互聯網、軟件開發等資訊科技領域推進，積極發掘以中醫藥為本的行業的發展潛力。此外，香港亦應在其他科技知識領域，例如生物科技、微型電子、微型電機系統、新物料、能源、海洋和環境等，探討發展機會，以推動香港經濟的長遠發展。

　　為推動科技產業發展，香港特區政府於 2000 年成立創新科技署，專責推動科技創新工作，以 "引領香港成為以知識為本的世界級經濟體系"；2001 年成立香港科技公司，專責香港科學園的營運。2002 年，投資 30 億港元的香港科學園一期正式開幕。在特區政府的政策推動下，香港部分財團開始投資資訊科技產業。1999 年 3 月，盈科集團宣佈與特區政府合作在香港薄扶林鋼綫灣發展 "數碼港" 的計劃，使之成為香港發展資訊科技的主要基地；[16] 新鴻基地產與香港工業科技中心合作成立數碼培育中心，又成立 i Hon 提供光纖服務以進軍互聯網基建業務。其他一些公司也先後提出 "中藥港"、"矽港" 等計劃。為配合科技創新產業的發展，香港交易所於 1999 年推出創業板市場，為以科技為本的香港中小企業提供集資途徑，並為市場的投資基金提供投資套現的渠道。可惜的是，正當香港科技創新產業起步發展時，就遇到 2000 年 3 月的美國互聯網泡沫破滅，其後香港經濟在金融危機後持續多年的通縮環境下掙扎求存，科技創新產業的發展遂陷入低潮。

　　2008 年，面對全球金融及經濟危機的衝擊，特首曾蔭權領導的特區政府接納了香港經濟機遇委員會提出的關於發展教育、醫療、檢測和認證、環保、創新科技和文化及創意產業等六項優勢產業的建議。實際上是再次回到董建華時期特區政府關於發展科技創新產業的基本思路上，只不過這次的產業涵蓋面更廣，包含了科技創新與創意產業。及至 2013 年梁振英出任特首後，更明確表示特區政府決定再次啓動成立創新及科技局的工作，並與各界共同制定香港創新及科技發展的目標和政策。他還表示，

15 /
香港發展策略委員會：《共瞻遠景，齊創未來——香港長遠發展需要及目標》，2000 年，第 8 頁。

16 /
不過，該計劃後來被不少社會評論有力抨擊為只是一個地產項目。

將會致力提升創意產業的整體競爭力，特別是培育人才、開拓市場、支援新企業、促進持續發展。這種產業轉型思路的回歸，反映了一個客觀現實，即在新的歷史發展時期，香港繞不開科技創新及創意產業的發展。對此，香港特區政府、工商界和社會各界應達成共識，形成發展合力。

總體而言，經過 20 世紀 90 年代以來的發展，香港的創意及科技創新產業的發展已具備了初步的基礎。正如前香港中文大學校長高錕教授所指出："科技的快速發展正全球性地進行，美國矽谷的文化及經驗正全球性地蔓延開去，一切已無從逆轉。惟有直接參與研發（R&D）工作，才有機會掌握未來，知道怎樣開發及改進產品。先進的高新技術已可以令世界各地得到即時聯繫。統籌分散於遙遠他方的工作，現在已方便容易得如同彼此共處一棟大廈。對於香港來說，在這不可逆轉的資訊年代裏，我們的目標不是要生產技術，而是聰明地盡早及在最有利的時間運用已存在的成熟技術做增值工作。唯其如此，競爭力才會得到改善。"[17] 因此，在香港第三次產業轉型中，創意產業及科技創新無疑將是香港經濟中不可或缺的重要一環。但是，香港的投資文化偏向短期內追求高回報、科技基礎薄弱、科技發展水平不高、科技人才缺乏、經濟營運成本高昂，能否成功發展起創意及科技創新產業，不容樂觀，或者說是任重道遠。

二、香港發展為國際性的創意產業及科技創新中心的基本策略

香港要成功發展成為國際性的創意產業及科技創新中心，其基本策略有以下幾個方面：

第一，以"六項優勢產業"為基礎，制定明確的、傾斜性的產業政策，重點發展文化及創意、創新科技、檢測及認證、環保等具發展潛力的新興產業。

"六項優勢產業"中，香港最具比較優勢且發展最好的是創意產業，或者說是文化及創意產業。根據特區政府統計處的定義，文化及創意產業包括藝術品、古董及工藝品；文化教育及圖書館、檔案保存和博物館服務；表演藝術；電影及錄像和音樂；電視及電台；出版；軟件、電腦遊戲及互動媒體；設計；建築；廣告和娛樂服務等 11 個界別。[18] 根據特區政府統計處的數據，2005 年至 2011 年，文化及創意產業的增加值從522.58 億港元增加到 895.53 億港元，6 年間增長了 71.4%，其佔香港本地

17 /
高錕著：〈香港的全球競爭力〉，載《香港高新科技創業檔案》，三聯書店（香港）有限公司，1999年，第 6 頁。

18 /
香港特區政府統計處：《香港的文化及創意產業在 2011 年的情況》，2013 年 5 月，第 FB3頁。

生產總值的比重從 3.8% 增加到 4.5%；其中，增長最快的組別是設計，軟件、電腦遊戲及互動媒體、廣告，6 年間分別增長了 2.61 倍、97.86% 和 84.23%。同期，文化及創意產業的就業人數從 17.20 萬人增加到 19.23 萬人，佔總就業人口的比重從 5.1% 增加到 5.4%。由此可見，香港的文化及創意產業具有很大的發展潛力，特區政府應對此深入研究，制定相關的扶持政策。

　　"六項優勢產業"中，創新科技產業、檢測及認證產業、環保產業等三項產業仍剛起步發展，但其發展對香港具有長遠的戰略意義。其中，創新科技產業以商業化、應用和工業工程為主，已形成了多個由本地及外資科技企業組成的集群。目前，進駐香港科學園的科技公司 430 家，僱用員工約 9,600 人。[19] 這些公司主要從事生物科技、電子、綠色科技、資訊科技及電訊，以及精密工程業務。不少知名外資科技公司已在香港營運，包括美國的 NVIDIA、德州儀器、IBM，加拿大的 Sierra Wireless，韓國的三星，日本的日立，德國的西門子，荷蘭的飛利浦，以及中國內地的華為和台灣的旺宏電子。其中，許多和電子業有關的企業，包括經營半導體及各類零部件業務的公司，都在香港的技術集群中擔當重要角色。根據香港政府統計處的最新調查，2011 年共有 4,129 家香港公司從事研發活動，商界的研發總開支達 7.94 億美元，年增長 7.4%；同時，有 9,274 家公司從事創新活動，商界的創新活動總開支達 19.03 億美元，年增長 2.9%。[20] 由此可見，與回歸前相比，香港的科技創新已有了良好的發展潛力。

　　根據香港檢測和認證局的統計，2011 年香港約有 700 家從事檢測及認證業的機構，包括 600 家提供測試、檢驗及認證服務的私營獨立機構，45 家人數達 100 人以上並設有內部實驗室進行測試活動的製造商和出口商，55 家提供測試服務的政府部門和公營機構，僱員總數約 17,000 名。[21] 這些機構根據海外買家的要求，為珠三角製造的消費品提供大量檢測服務及認證服務，所涉產品包括玩具及兒童用品、電器及電子產品，以及紡織品及服裝；其他測試服務包括化學測試、環境測試、醫務化驗、驗證試驗以及物理和機械測試。由於香港擁有健全的認證制度及良好的國際聲譽，地理位置優越，毗鄰中國內地，是通往這個規模龐大、增長快速的市場的大門，因而極具潛力發展成為區內主要的產品檢測及認證中心。

　　環保產業是香港正在起步發展的行業。據香港貿易發展局的估計，該行業目前約有 300 家機構，大部分是中小企業，從事的業務主要包括：節

19 /
香港科技園公司：《香港科技園公司 2012-2013 年報》，第 3 頁。

20 /
趙永礎著：《香港科技業概況》，香港貿易發展局，2013 年 7 月 26 日。

21 /
馬穎德著：《香港檢測及認證業概況》，香港貿易發展局，2013 年 12 月 11 日。

約用水及污染控制；空氣及臭味污染控制；節約能源；廢物處理、棄置及回收；噪音控制及緩和；環境顧問服務等。2011 年，香港環保產業的增加值為 65 億港元，按年增長 16.3%；就業人數達 38,350 人，佔香港總就業人數 1.1%。[22] 目前，已有多家環保企業進駐香港科學園，致力發展環保和清潔能源相關技術，其中既有香港公司，也有來自其他國家或地區的環保企業，如美國杜邦太陽能、比亞迪（香港）及創益太陽能控股（香港）等。2009 年，香港科學園設立太陽能技術支援中心，主力開發創新的太陽能解決方案及相關產品。2011 年，特區政府注資 49 億港元展開香港科學園第三期工程，預計於 2016 年完成後，將可容納約 150 家綠色科技公司。近年來，隨著廣東珠三角地區產業轉型，粵港澳合作共建"大珠三角優質生活圈"，香港的環保產業在內地有廣闊的發展空間。

總體而言，創新科技、檢測及認證、環保等產業儘管目前仍然規模細小，但均已具備良好的發展基礎，尤其是與內地合作空間巨大，香港特區政府應制定明確的、傾斜性的產業政策，積極推動這些產業在 CEPA "先行先試"的框架下加強與廣東珠三角地區的合作發展。

第二，提升香港科技創新產業政策制定的級別和權威，加強統籌規劃，重整香港創意及科技創新的發展平台和基礎設施。

回歸以來，經過多年的努力，香港已初步建立起以"香港科技園"為核心的科技創新的發展平台和基礎設施。香港科技園公司於 2001 年 5 月 7 日正式開始運營，2002 年香港科學園一期工程完成並正式投入營運，2007 年科學園二期工程完成並投入營運。2011 年，科學園三期工程動工，預計將於 2016 年完成。屆時將總共建成 26 幢先進大樓，共提供面積達 33 萬平方米的科研辦公空間及配套設備，包括科研辦公室、實驗室和會議及展覽（會議、獎勵活動、大型會議及展覽）等。整個園區佔地 22 公頃。

目前，香港科技園公司還管轄 2006 年開幕的創新中心及位於大埔、將軍澳及元朗的三個工業村。創新中心位於九龍塘市區的核心地帶，是一幢重建的現代建築物，樓高六層，設有高級辦公空間，專門為從事設計的公司和培育公司而設，提供寬敞的展覽廳、培訓和會議設施，以及各式各樣的宣傳活動和支持服務，曾協助超過 100 家設計公司實現夢想。大埔工業村則佔地 75 公頃，距離大埔市中心約 1.5 公里，透過港鐵東綫或沿吐露港公路連接市區，大埔工業村土地已全部售出。將軍澳工業村佔地 75

22 /

趙永礎著：《香港環保業概況 》，香港貿易發展局，2013 年 7 月 29 日。

公頃，在將軍澳市中心東南面 3 公里處，通過將軍澳隧道連接東九龍。元朗工業村佔地 67 公頃，離元朗市中心約 1 公里，距離內地入境口岸落馬洲只有 12 公里，通過 3 號幹綫和屯門公路與葵涌貨櫃碼頭連接，交通方便。這些工業村除以往的工業，已有更多元化的產業進駐，如數據中心、生物醫藥、綠色科技、多媒體產業等。為配合這些產業的發展，香港科技園公司正尋求活化工業村的機會，並積極物色可供擴充的選址。香港科技園公司透過大埔、將軍澳及元朗工業村提供開發完備的工業用地，致力擴闊工業基礎及提升科技水平。

　　除了香港科技園公司之外，香港還有多個科技創新平台，包括在政府推行的香港研發中心計劃下的 5 所研發中心、數碼港和香港生產力促進局系統。此外，還包括香港大學、香港科技大學、香港中文大學、香港理工大學、香港城市大學等多家大學機構的科技創新系統。5 所研發中心成立於 2006 年 4 月，以策劃及統籌選定核心技術範疇的應用研發工作，推動研發成果商品化及技術轉移。它們分別是：汽車零部件研發中心（該中心於 2012 年 11 月併入香港生產力促進局）、資訊及通訊技術研發中心（由香港應用科技研究院承辦，研究範疇涵蓋 5 個主要技術領域，即通訊技術、企業與消費電子、集成電路設計、材料與構裝技術，以及生物醫學電子）、紡織及成衣研發中心（由香港理工大學承辦，旨在推動技術創新，以促進本港紡織、服裝、皮革和鞋類等產業，以及化工、機械、電子及營銷等相關或支援行業的發展）、物流及供應鏈管理應用技術研發中心（由香港大學、香港中文大學及香港科技大學協辦）和納米及先進材料研發院（由香港科技大學承辦，致力研發 5 個市場領域的技術，包括可持續能源、固態照明及顯示技術、建築材料、環保技術，以及生物及保健產品）。

　　數碼港是由香港政府全資擁有的創意數碼社區，社區內設有尖端的資訊及通訊科技設施和先進的寬頻網絡，並有 4 座甲級智能辦公大樓，提供約 10 萬平方米的寫字樓面積，可容納超過 100 家不同規模的資訊科技及相關企業。數碼港內設有香港無綫發展中心，該中心是香港無綫科技商會旗下的重點項目，旨在為本地業者特別是應用方案開發商提供無綫連接及測試服務，藉此促進無綫科技在本港的應用。香港生產力促進局成立於 1967 年，是香港法定的工業支持機構。20 世紀 90 年代以來，隨著香港製造業北移以及轉型升級，香港生產力促進局的職能實際上也在轉型。目前，該局擁有近 60 名資深顧問及員工，共設有 28 個卓越中心、10 個實驗室、展覽廳及一系列培訓設施，因應環境轉變和不同企業的需要，設計一站式的專業管理顧問及培訓服務，服務範圍涵蓋生產科技、管理系統、資訊科技及環境科技四個範疇。每年為超過 4,000 家企業提供服務，包括超過 1,500 項顧問服務、1,200 個培訓課程及研討會、近 150 個考察團（其中內地考察團逾百個）。

目前，香港特區政府的科技創新統籌機構是香港創新科技署。2004年 1 月，香港政府成立的創新及科技督導委員會，由工商及科技局局長出任主席，成員包括政府相關部門、學術界、產業界和科技支援機構的代表，負責確立香港科技發展的重點項目及次序，並為制定政策及資源分配提供意見，確保科技創新體系中各項元素能更有效發揮協作效應，以發揮科技計劃的成效及對經濟的貢獻。不過，從目前的情況看，香港創新科技的發展，仍然缺乏一個高瞻遠矚的總體規劃，不能將各項措施集合於該規劃中使之達到最佳效果。建議提高政策制定的級別，考慮成立創新及科技局，以推動制訂香港創新及科技發展的總體規劃、發展目標和實施政策；同時，成立向行政長官負責的常設諮詢組織，就有關政策向行政長官和創新及科技局提供意見。要加強香港各科技創新平台之間的整合和協調配合發展，以形成更大的發展合力。可以考慮以香港科技園公司為核心，加強統籌規劃，重整香港創意及科技創新的發展平台和基礎設施，從而引領香港發展成為為亞洲的創新科技中心。

第三，加強粵港科技合作，構建 "香港—珠三角科技創新灣區"。

香港要發展科技創新產業，實現產業結構轉型，除了要加強本身的科技基礎和科技實力之外，還應充分利用內地的優勢，實現雙方的優勢互補。從地域看，香港與中國內地科技創新產業的合作，可以分為三個層次，一是香港與深圳的合作，二是香港與廣東珠三角地區的合作，三是香港與以北京、上海為代表的中國內地的合作。其中，核心和關鍵是香港與深圳、廣東珠三角的合作，在這方面可借鑒美國矽谷的模式，構建 "香港—珠三角科技創新灣區"。不過，要實現這一設想，必須解決以下幾個關鍵性的問題：

——建立粵港兩地科技創新合作的統籌協調機制，制定長遠的區域性發展計劃。粵港兩地政府應建立創新科技統籌領導機構之間的定期聯席會議，並設有跟進發展的常設工作機構，就兩地協調配合事宜加強溝通、交流信息，解決具體問題，進而建立粵港創新科技合作協調委員會，以便就兩地的合作、區域性的長遠發展制定藍圖、規劃。當然，具體的規劃、政策則由兩地政府各自制定。

　　——深化粵港科技創新合作，共同構建"香港—珠三角科技創新灣區"。回歸以來，粵港兩地科技創新合作取得了一定的進展。2004 年，由兩地政府牽頭成立的粵港高新技術專責小組推出了"粵港科技合作資助計劃"，旨在鼓勵粵港兩地的大學、科研機構和科技企業加強合作，及提升大珠三角地區產業的科技水平。2005 年深圳市政府加入了該計劃。2007 年，該計劃增加了一個項目類別，由粵港或深港當局聯合資助有關項目。2007 年 5 月 21 日，深港兩地政府共同簽訂《"深港創新圈"合作協議》，標誌著雙方科技合作邁入新的階段。"深港創新圈"成立以來，雙方已達成多項合作計劃及成功舉辦多次海外路演。2009 年 6 月，香港科技大學與廣州南沙區政府、華南理工大學等機構在廣州南沙創建"粵港科技創新合作平台"。2010 年粵港兩地政府簽署《粵港合作框架協議》提出在 2020 年前將珠三角地區打造成為世界最具競爭力的區域之一，其中的成敗關鍵就是創新科技產業的合作發展。總體而言，香港擁有健全的知識產權保護機制、可靠的司法制度，而且與國際聯繫緊密，為交流新意念、新技術營造出最理想的環境；而廣東珠三角地區特別是深圳，則緊貼創新科技發展的脈搏，既能提供大量人才，並擁有大量的科技創新產業，能協助企業把創新意念實踐。因此，兩地科技發展的比較優勢具有很強的互補性。因此，加強、深化與廣東的科技合作，加快深港創新圈的建設和發展，充分利用廣東省已建立 25 個國家級和省級高新技術區的有利條件，共同構建"香港—珠三角科技創新灣區"，將有利於促進香港科技創新產業的大發展。

　　——加強粵港兩地科研機構、科技創新平台及高等院校之間的科技創新合作，加大政策力度吸引海外優秀華人科學家、海外留學人員和內地優秀科技人才到來從事科研、創業。在兩地研究機構、高等院校的科技合作中，要突出重點，爭取在雙方都有優勢的領域取得突破。目前，香港科技大學、中文大學醫學院在生物醫藥和疫苗的研發領域，擁有實力較強的研究團隊和優異的研究成果，香港生物科技研究院的"中藥制程開發及生產中心"已獲香港特別行政區衛生署頒發製造商證明書。在粵港合作中，香港科研機構可繼續強化與中科院廣東各研究所等的合作，例如與廣東生物醫藥與健康研究院合作，借助肇慶禽流感疫苗生產基地，整合各自生物醫藥領域研發優勢，共同推動粵港生物醫藥產業的合作與發展。粵港兩地在科技合作中，除了要加強對現有科研開發機構、高等院校的合作之外，還可考慮聯合創辦科研開發機構，諸如台灣的工業科技研究院、新加坡的標準及工業研究院、國家科學與科技局、國家電腦局等機構，形成密集型的科研、院校群體。

　　——香港與深圳加強合作，共建科技創新灣區的風險／創業投資營運中心。目前，香港是亞洲第二大的私募基金中心，所管理的基金總額約佔整個地區的 18%，僅次於內地，為本地及區內剛起步或發展的企業提供便捷的股本融資渠道。至 2012 年底，共有 377 個以香港為基地的私募基金，總額約為 800 億美元。[23] 這些基金大部分來自海外，並投資到區內公司，包括澳大利亞、新加坡、印度、韓國、日本及內地的公司。香港的私募基金業者擅長在亞洲特別是內地進行投資，與內地相關的投資項目也是本港創業資本集資活動的重點。在區域金融合作中，深圳最大的優勢就是擁有全國兩大證券交易所之一的深圳證券交易所，深交所已開通主板、中小企業板和創業板（Growth Enterprises Market）市場。經過十多年的積極探索，深圳已初步形成了由項目、資金、股權交易市場和中介機構組成的創業投資市場體系，風險投資已成為推動深圳高新技術產業迅速發展的重要力量。據統計，截至 2012 年 6 月底，深圳各類創投機構已達 2,500 多家，管理資金超過 3,000 億元人民幣，累計投資項目 3,000 多個，創投機構數量、管理創業資本總額及投資項目數額已佔全國三分之一。[24] 因此，加強香港與深圳在創業投資領域的合作，包括創業板的合作，可以共同構建中國的創業投資中心和中國的"納斯達克市場"。

　　香港與深圳以至整個廣東珠三角科技創新產業的合作，不但將推動兩地經濟合作模式的升級，而且將有力促進香港產業結構的升級轉型。

23 /
凌寶鋒著：《香港私募基金業概況》，香港貿易發展局，2013 年 7 月 12 日。

24 /
參閱〈深圳創投數量佔全國 1/3 創業板投資數全國第 1〉，《深圳晚報》，2012 年 11 月 15 日。

| 第四節 | 結束語：構建"1+3"產業體系的政策前提

　　1997 年回歸以來，特別是經歷了 1997 年亞洲金融危機及 2008 年全球金融海嘯兩次衝擊，香港原有經濟發展模式和產業結構的缺陷及問題已充分暴露，第三次產業結構轉型已不可避免，實際上亦已啓動。根據香港的資源稟賦和比較優勢，香港第三次產業結構轉型的趨勢，是邁向全球性國際金融中心，同時鞏固和提升其作為國際貿易及物流中心、國際旅遊中心和國際創新中心的戰略地位，構建"1+3"的產業體系，從而繼續保持和提高其在國際經濟中的競爭力。

　　回顧過去的半個世紀，面對風雲變幻的世界經濟形勢，香港憑藉自己特有的優勢，成功地進行了兩次產業結構的轉型，推動了經濟的持續發展，躋身世界先進經濟體系之列，並從中締造出一套極富彈性和靈活性的經濟制度和經濟發展模式，積累了豐富的國際經驗，在國際經濟中確立了其獨特的角色和地位。應該說，香港有條件、也有優勢成功實現產業結構的第三次轉型，從而建立起其作為"亞洲的紐約"或"亞洲的倫敦"的世界大都會地位。

　　然而，值得指出的是，香港在未來的發展道路上實際上存在不少值得憂慮的深層次問題，香港在過去數十年間的一些導致成功的因素似乎正在消失。根據我們的研究，香港要成功實現第三次產業結構轉型，其政策前提是：

　　第一，維持香港政治、經濟、社會的繁榮穩定，進一步改善投資營商環境。

　　回歸之前，特別是進入過渡時期之前，香港是一個高度經濟化的城市，這是它經濟發展成功的奧秘之一。然而，回歸以後，在本土政黨政治迅速崛起的影響下，香港正快速發展成為一個高度政治化的地區。2003 年 7 月 1 日由亞洲金融危機、通縮、"非典"及基本法 23 條立法等一系列事件觸發的 50 萬人上街遊行就是這一轉變的標誌。2013 年，香港特區政府宣佈啓動為期 5 個月的 2017 年普選行政長官的政改諮詢，而這邊廂 "佔領中環" 的運動卻已準備得密鑼緊鼓。這一年，香港還爆發了二戰以來歷時最久的工人運動，數百名香港國際貨櫃碼頭外判工人要求加薪 20%，長達 40 天的罷工以資方同意加薪 9.8%、碼頭工人讓步結束。種種跡象顯示，香港正成為各種矛盾交織的焦點。政治、經濟、社會的種種不穩定、不確定性，直接影響了香港特區政府的施政及其效率，影響了香港的投資營商環境及投資意欲。因此，在 "一國兩制" 的框架下如何有效維持香港政治、經濟、社會的繁榮穩定，進一步改善香港的投資營商環境，將是第三次產業成功轉型的重要政策前提。

第二，特區政府和香港社會轉變 "積極不干預" 的思維方式，制定和實施 "適度有為" 的產業政策，積極推動經濟轉型。

長期以來，香港政府實行的是 "積極不干預" 政策。20 世紀 70 年代，港英政府時期的財政司司長夏鼎基最早提出了這一政策。英國權威雜誌《經濟學人》曾這樣描述當時的香港："一個在香港開店的商人會發現這裏的稅率低…… 有一個放下架子鼓勵他盡其所能賺錢的政府。他會幸運地發現這裏沒有政治。" 已故諾貝爾經濟學獎得主弗里德曼曾將香港的經驗視為 "良好經濟政策的持久樣板"。不過，"積極不干預" 的前提是市場結構的高度競爭性，市場價格能夠發揮自動調節社會資源的作用。然而，時移勢易，今天 "積極不干預" 的基礎已改變。香港回歸後，特區政府在面對金融風暴的衝擊時，已加強了對經濟的干預，典型例子是大規模入市干預。而在 2008 年、2009 年全球的金融風暴中，歐美等號稱自由經濟的實體，他們的政府出手力度比香港更強。目前，全球的經濟大環境正發生極大的變化，新的科技、互聯網、大數據、新材料、3D 打印、生化科技等等都在衝擊著全球經濟，特區政府如果仍然抱著過去那套思維方式，無為而治，必將落伍。以金融業為例，長期以來，香港金融市場實行的是拿來主義，金融變革與創新大體是仿效紐約與倫敦的成功經驗。當香港還只是一個區域性國際金融中心時，這種做法無疑風險小，成效大。但是，香港倘若要發展為全球性國際金融中心，就必須克服過去這種拿來主義的思維。特區政府和香港社會要真正有所作為，就應借鑒新加坡的經驗，制定金融發展的長遠戰略規劃，實施 "適度有為" 的產業發展政策，積極推動經濟轉型。

第三，深化與中國內地特別是廣東珠江三角洲地區的經濟融合，重建香港在國際經濟中的戰略優勢。

在過去相當長時期內，香港得益於中國的封閉。香港與內地互相聯繫又相區別的特點，使它成功擔當起國際經濟與內地的中介角色。然而，在中國加入 WTO 之後，香港面對的是一個全方位開放的內地，傳統的優勢已無可避免消失。值得重視的是，隨著長江三角洲地區的迅速崛起，上海在全國經濟中的中心地位凸顯，對香港的地位構成壓力；而廣東經濟特別是廣州經濟實力上升，亦使香港在華南地區"龍頭"城市的地位受到質疑。

香港回歸中國後，其與中國內地的關係構建在"一國兩制"的框架上，香港與內地是不同的獨立關稅區，兩者之間的經貿交往受到"邊界"的限制。這是全球任何一個商業大都會都沒有的特例。在經濟全球化、區域經濟一體化的時代，這制約了香港的發展。為突破這一限制，2003 年香港與內地簽署 CEPA 協議，其後中央政府又在廣東實行 CEPA 先行先試政策。從香港的角度看，香港要發展成為全球性金融中心，其中關鍵是要打通香港與中國內地特別是廣東珠三角地區之間的金融經貿聯繫，構建大珠三角金融中心圈。因此，香港特區政府的重要政策之一，就是如何深化與內地特別是廣東珠江三角洲地區的經濟融合、金融聯繫，重建香港對這地區的戰略優勢，進而重建其在國際經濟中的戰略優勢。

當然，從當前香港的現實情況來看，香港要成功實施上述政策，面對不少的困難和障礙。正因為如此，不少論者認為香港經濟的最高峰已經過去，未來的發展很可能會走下坡路，問題是走得快還是慢。這種觀點並非沒有道理，實在值得引起警號。在亞太區的競爭格局中，香港將面對新加坡、上海甚至廣州、深圳的挑戰，如果應對不當，香港從燦爛歸於黯淡絕非危言聳聽。

因此，可以這樣說：香港產業結構的第三次轉型，前途是樂觀的，但道路卻是曲折的，或者說任重道遠，甚至充滿不確定性。

參考文獻

1. 陳湜、李史翼編：《香港——"東方的馬爾太"》，上海華通書局，1930年。

2. 賴連之：《香港紀略》，香港上海萬有書局，1931年。

3. 香港上海滙豐銀行編：《百年商業》，香港光明文化事業公司，1941年。

4. 〈最現代化的工廠：棉紡織業〉，香港經濟導報編：《香港工業手冊》，1958年。

5. 〈廖創興銀行擠兌事件及銀行管制問題〉，香港經濟導報社編：《香港經濟年鑒》，1962年。

6. 高貞白：〈從元發行的盛衰看南北行的發展〉，香港《信報財經月刊》，第1卷第8期，1977年。

7. 林友蘭：《香港史話》，香港上海印書局，1978年。

8. 安德葛（G.B. Endacott）：《晦暗無光的香港》，牛津大學出版社，1978年。

9. 歐陽儀：〈英之傑集團如何掌握這個市場〉，香港《信報財經月刊》，第2卷第8期，1978年。

10. 伍少庭：〈香港華洋公司管理上的特色〉，香港《信報財經月刊》1978年11月號。

11. 柯立斯著、中國人民銀行金融研究所譯：《滙豐銀行百年史》，北京中華書局，1979年。

12. 香港經濟多元化諮詢委員會：《1979年經濟多元化諮詢委員會報告書》，1979年。

13. 夏鼎基：〈政府政策與經濟的成功〉，香港《信報財經月刊》，第60期。

14. 韋怡仁：〈老牌英資財團怡和何去何從？〉，香港《信報財經月刊》，第 6 卷第 10 期。

15. 聶寶璋編：《中國近代航運史資料》第一輯（上冊），上海人民出版社，1983 年。

16. 戴維・萊思布里奇編著：《香港的營業環境》，上海翻譯出版社，1984 年。

17. 謝家駒：〈華資企業如何邁向管理現代化〉，香港經濟導報社：《香港經濟年鑒》，1984 年。

18. 饒餘慶：《香港的銀行與貨幣》，上海翻譯出版公司，1985 年。

19. 鄭宇碩編：《八十年代中期的香港》，香港大學出版印務公司，1985 年。

20. 邢慕寰、金耀基合編：《香港之發展經驗》，中文大學出版社，1985 年。

21. 陳寧生、張學仁編譯：《香港與怡和洋行》，武漢大學出版社，1986 年。

22. 陳謙：《香港舊事見聞錄》，香港中原出版社，1987 年。

23. 元邦建：《香港史略》，香港中流出版社，1988 年。

24. 香港華商銀行公會研究小組著，饒餘慶編：《香港銀行制度之現況與前瞻》，香港銀行公會，1988 年。

25. 香港證券業檢討委員會：《證券業檢討委員會報告書》，1988 年。

26. 查濟民：〈上海大亨壟斷香港紡織業〉，載香港《信報財經月刊》，1988 年 10 月。

27. 薛鳳旋：《香港工業——政策、企業特點及前景》，香港大學出版社，1989 年。

28. SRI 國際公司：《共建繁榮：香港邁向未來的五個經濟策略》，1989 年。

29. 長江實業小冊子：《積極建設發展，繪畫香港新貌——長江實業九十年代發展計劃》，1989 年。

30. 甘長求：《香港對外貿易》，廣東人民出版社，1990 年。

31. 楊奇主編：《香港概論》，三聯書店（香港）有限公司，1990 年。

32. 佐牧主編：《香港經濟運行規則評介》，上海社會科學院出版社，1991 年。

33. 湯偉康、杜黎：《租界 100 年》，上海畫報出版社，1991 年。

34. 梁福麟：〈香港財團無法衝出香港〉，載香港《信報財經月刊》，1991年 9 月號。

35. 哈特臣著、黃佩儀譯：《錦霞滿天——利豐發展的道路》，廣州中山大學出版社，1993 年。

36. 馮國經：《香港——海外華人的地區匯點〉，載《第二屆世界華商大會（22-24、11、1993）紀念特刊》，香港中華總商會，1993 年。

37. 香港工商專業聯會：《香港廿一：展望香港經濟十年路向》，1993 年。

38. 饒美蛟：〈香港產業結構的轉型——兼論香港華南經濟"一體化"的構思〉，載香港《信報財經月刊》，1993 年 12 月。

39. 吳多泰：〈分層出售的回憶〉，載吳多泰：《私語拾記》，國際鴻星集團投資有限公司，1994 年。

40. 林江：《香港產業結構論》，四川人民出版社，1994 年。

41. 沈永興主編：《從砵甸乍到彭定康——歷屆港督傳略》，新天出版社，1994 年。

42. 余繩武、劉存寬主編：《十九世紀的香港》，麒麟書業有限公司，1994 年。

43. 盧永忠：《陳坤耀論香港經濟轉型》，香港《資本》雜誌，1995 年11 期。

44. 盧永忠：《霍英東再創新高峰（霍英東訪問記）》，載香港《資本》雜誌，1995 年 5 月號。

45. 馮邦彥：《香港英資財團（1840-1996）》，三聯書店（香港）有限公司，1996 年。

46. 香港金融管理局：《香港的貨幣與銀行體系：回顧與前瞻》，1996 年。

47. 約翰‧奈思比著、林蔭庭譯：《亞洲大趨勢》，台灣天下文化出版股份有限公司，1996 年。

48. 香港消費者委員會：《香港私人住宅物業市場："安得廣廈千萬間"？》，1996 年 7 月。

49. 高希均、石磁宜著：《競爭力手冊》，台灣天下文化出版股份有限公司，1996 年。

50. 馮邦彥：《香港華資財團（1841-1997）》，三聯書店（香港）有限公司，1997 年。

51. 劉志強、沙振林：《九十年代香港金融改革與發展》，三聯書店（香港）有限公司，1997 年。

52. 莫凱：《香港經濟的發展和結構變化》，三聯書店（香港）有限公司，1997 年。

53. 高承恕、陳介玄主編：《香港：文明的延續與斷裂》，聯經出版事業公司，1997 年。

54. 冷夏：《霍英東傳》（上卷），香港名流出版社，1997 年。

55. 饒餘慶：《香港國際金融中心》，商務印書館（香港）有限公司，1997 年。

56. 〈香港銀行業離岸業務的發展〉，中銀集團編：《港澳經濟．季刊》，1997 年第 4 期。

57. 劉蜀永：《簡明香港史》，三聯書店（香港）有限公司，1998 年。

58. 鄭國漢、武常岐：《競爭政策與企業監管》，商務印書館（香港）有限公司，1998 年。

59. 吳越主編：《中國保險史》上篇，中國金融出版社，1998 年。

60. 香港貿易發展局研究部編著：《香港製造業現況與前景》，1998 年。

61. 香港貿易發展局研究部：《離岸貿易及境外投資發展前景》，1998 年。

62. 香港金融管理局：《金融市場檢討報告》，1998 年。

63. 饒餘慶：〈預算案外抗國際炒家，內增港人信心〉，《香港經濟日報》，1998 年 2 月 19 日。

64. 周錦基：〈學者論香港競爭力〉，香港《資本》雜誌，1998 年 6 月號。

65. 〈香港地產活動回顧〉，香港政府統計處：《香港統計月報》，1998 年 11 月。

66. 〈1986 年至 1996 年主觀製造業結構的轉變〉，香港政府統計處《香港統計月刊》，1998 年 12 月。

67. 米高．恩萊特等：《跨越危機：香港競爭優勢綜論》，香港貿易發展局研究部，1999 年。

68. 黃紹倫、鄭宏泰：〈富不過三代的現實與假象——以香港富家為例分析逐個家族企業的分合〉，香港《信報財經月刊》，1999 年 6 月號。

69. 高錕：〈香港的全球競爭力〉，《香港高新科技創業檔案》，三聯書店（香港）有限公司，1999 年。

70. 董新保主編：《高科技與香港經濟》，三聯書店（香港）有限公司，

2000 年。

71. 雷鼎鳴：〈香港的經濟轉型〉，劉兆佳編：《香港二十一世紀藍圖》，香港中文大學出版社，2000 年。

72. 香港發展策略委員會：《共瞻遠景，齊創未來──香港長遠發展需要及目標》，2000 年。

73. 香港金融管理局：〈1999 年港元債務市場的發展〉，《金融管理局季報》，2000 年第 5 期。

74. 馮邦彥：《香港地產業百年》，三聯書店（香港）有限公司，2001 年。

75. 張曉輝：《香港近代經濟史（1840-1949）》，廣東人民出版社，2001 年。

76. 馮邦彥：《香港金融業百年》，三聯書店（香港）有限公司，2002 年。

77. 趙蘭亮：《近代上海保險市場研究（1843-1937）》，復旦大學出版社，2003 年。

78. 香港證券監察委員會：《香港基金業活動調查》，2003-2012 年。

79. 馮邦彥：《百年利豐：從傳統商號到現代跨國集團》，三聯書店（香港）有限公司，2006 年。

80. 《香港金融十年》編委會：《香港金融十年》，中國金融出版社，2007 年。

81. 郭國燦：《回歸十年的香港經濟》，三聯書店（香港）有限公司，2007 年。

82. 〈專訪耶魯大學教授：如何看待香港的金融地位？〉，《國際融資》，2007 年第 8 期。

83. 香港金融管理局：〈評估香港的國際金融中心地位〉，《香港金融管理局季報》，2007 年 12 月。

84. 遠東貿易服務中心駐香港辦事處：〈香港仍是中國企業境外上市首選〉，新華網，2008 年 2 月 4 日。

85. 香港特別行政區政府統計處：《工業的業務表現及營運特色的主要統計數字》，2008-2011 年。

86. 馮邦彥、饒美蛟：《厚生利群：香港保險史（1841-2008）》，三聯書店（香港）有限公司，2009 年。

87. 陳廣漢主編：《香港回歸後的經濟轉型和發展研究》，北京出版社，2009 年。

88. 經濟機遇委員會:《有關六項優勢產業的小組研討會討論摘要》,文件編號:TFEC-INFO-12,2009 年 6 月 20 日。

89. 范博宏、羅綺萍:〈家族企業價值為何在繼承中蒸發六成〉,《新財富》,2009 年 12 月 30 日。

    http://finance.sina.com.cn/leadership/mroll/20091230/16517176523.shtml

90. 美國耶魯大學管理學院教授傑弗里加滕:《經濟危機當中"上港"將崛起》,英國:《金融時報》網站,2009 年 5 月 10 日。

    http://big5.xinhuanet.com/gate/big5/news.xinhuanet.com/fortune/2008-02/04/content_7564179.htm

91. System Master:《中國企業海外上市法律政策回顧與展望》,山東英良泰業律師事務所。

    http://www.yingliang-law.com/jiang/html/?389.html

92. 潘慧嫻:《地產霸權》,中國人民出版社,2011 年。

93. 劉柳:《港迎來國際資產管理中心大發展機遇》,香港:紫荊雜誌網絡版,2011 年 5 月 6 日。http://www.zijing.org

94. 陳德霖:《香港離岸人民幣業務和港元地位》,香港金融管理局,2011 年 5 月 30 日。

    http://news.etnet.com.cn/financial-EtnetcolB80/5579.htm

95. 何帆、張斌、張明、徐奇淵、鄭聯盛:〈人民幣跨境結算的現狀和問題—— 基於廣東的實地調研〉,《國際經濟評論》,2011 年 5 月 30 日。

    http://cn.reuters.com/article/currenciesNews/idCNnCN107022820110530?sp=true

96. 馮邦彥:《在國家金融開放和金融安全總體戰略下推進粵港金融合作"先試先行"專題研究》,香港金融研究中心特別報告,2011 年 6 月。

97. 馬蓉、王文帥:《回流機制建設成跨境貿易人民幣結算發展突破口》,新華網,2011 年 7 月 6 日。

    http://finance.stockstar.com/SS2011070600003041.shtml

98. 黃啟聰:〈打造世界級資產管理中心〉,《香港商報》,2011 年 8 月 1 日。

99. 馮邦彥:《香港:打造全球性金融中心—— 兼論構建大珠三角金融中心圈》,三聯書店(香港)有限公司,2012 年。

100. 馮邦彥:《百年利豐:跨國集團亞洲再出發》,三聯書店（香港）有限公司,2012 年。

101. 香港貿易發展局:《香港銀行業概況》,2012 年 3 月 15 日。

102. 香港貿易發展局:《香港進出口貿易業概況》,2012 年 5 月 9 日。

103. 袁淑妍:《香港航空運輸業概況》,香港貿易發展局,2012 年 3 月 27 日。

104. 香港貿易發展局:《香港航運業:無懼風浪》,2012 年 4 月 16 日。

105. 袁淑妍:《香港貨運代理業概況》,香港貿易發展局,2012 年 8 月 12 日。

106. 何達權:《亞洲:從生產基地到多元化消費市場》,香港貿易發展局,2012 年 12 月 7 日。

107. 陳永健:《美國市場概況》,香港貿易發展局,2013 年 5 月 8 日。

108. 陳永健:《歐盟市場概況》,香港貿易發展局,2013 年 5 月 13 日。

109. 香港貿易發展局:《香港:跨出邊境的增長》,2013 年 6 月 27 日。

110. 香港金融管理局:〈2012 年香港債券市場概況〉,《香港金融管理局季報》,2013 年 3 月。

111. 香港特區政府統計處:《香港的文化及創意產業在 2011 年的情況》,2013 年 5 月。

112. 趙永礎:《香港環保業概況》,香港貿易發展局,2013 年 7 月 29 日。

113. 凌寶鋒:《香港私募基金業概況》,香港貿易發展局,2013 年 7 月 12 日。

114. 趙永礎:《香港科技業概況》,香港貿易發展局,2013 年 7 月 26 日。

115. 袁淑妍:《香港海上運輸業概況》,香港貿易發展局,2013 年 8 月 15 日。

116. 袁淑妍:《香港速遞業務概況》,香港貿易發展局,2013 年 8 月 15 日。

117. 何達權:《香港作為亞洲具競爭力的區域配送中心:市場現況》,香港貿易發展局,2013 年 9 月 6 日。

118. 何達權:《香港作為亞洲區域配送中心:觀感與實況》,香港貿易發展局,2013 年 11 月 22 日。

119. 何達權:《香港作為亞洲區域配送中心——相對排名》,香港貿易發展局,2013 年 11 月 22 日。

120. 馬穎德：《香港檢測及認證業概況》，香港貿易發展局，2013 年 12 月 11 日。

121. Building Reconstruction Advisory Committee, Final Report, Hong Kong, 1946.

122. BalassaBala, *The Theory of Economic Integration*, London: Allen AND Unwin, 1962.

123. Richard Hughes, *Hong Kong: Borrowed Place-Borrowed Time*, London: Dentsch, 1968.

124. Nigel Cameron, *The Hong Kong Land Company Ltd.—A Brief History*, Offset Printing Co., 1979.

125. Y.C. Jao, "The Financial Structure", in David Lethbridge(ed), *The Bussiness Environment in Hong Kong*, Oxford University Press, 1984.

126. T. K. Ghose, *The Banking System of Hong Kong*, Butterworth & Co(Asia) Ltd, 1987.

127. Frank H. H. King, *The History of The Hongkong and Shanghai Banking Corporation* Volume IV, The Hongkong Bank in the Period of Development and Nationalism, 1941-1984, Hong Kong and Shanghai Banking Corporation, 1988.

128. Alan Chalakley, *Adventures and Perils: The First Hundred and Fifty Years of Union Insurance Society of Canton, Ltd.*, Ogilvy & Mather Public Relations (Asia) Ltd.

129. Jamie O'Connell，Li & Fung (Trading) Ltd., *Harvard Business Case Studies*, 1996.

130. Michael J. Enright, Edith E.Scott, David Dodwell, *The Hong Kong Advantage*, Oxford University Press, 1997.

131. Suzanne Berger and Richard K. Lester, *Made by Hong Kong*, Oxford University Press, 1997.

132. The Swire Group, *Key Years in The History of The Swire Group*.

133. World Federation of Exchanges, 2010 WFE Market Highlights, 26 January 2011.

134. IMD, *The World Competitiveness Yearbook, Lauanne, 1995-2013*.

135. GFCI, *Global Financial Center Index 1-13*.